구·속·사·로·본
광야교회의 여정

장관홍 지음

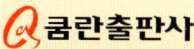
쿰란출판사

구·속·사·로·본
광야교회의 여정

장관홍 지음

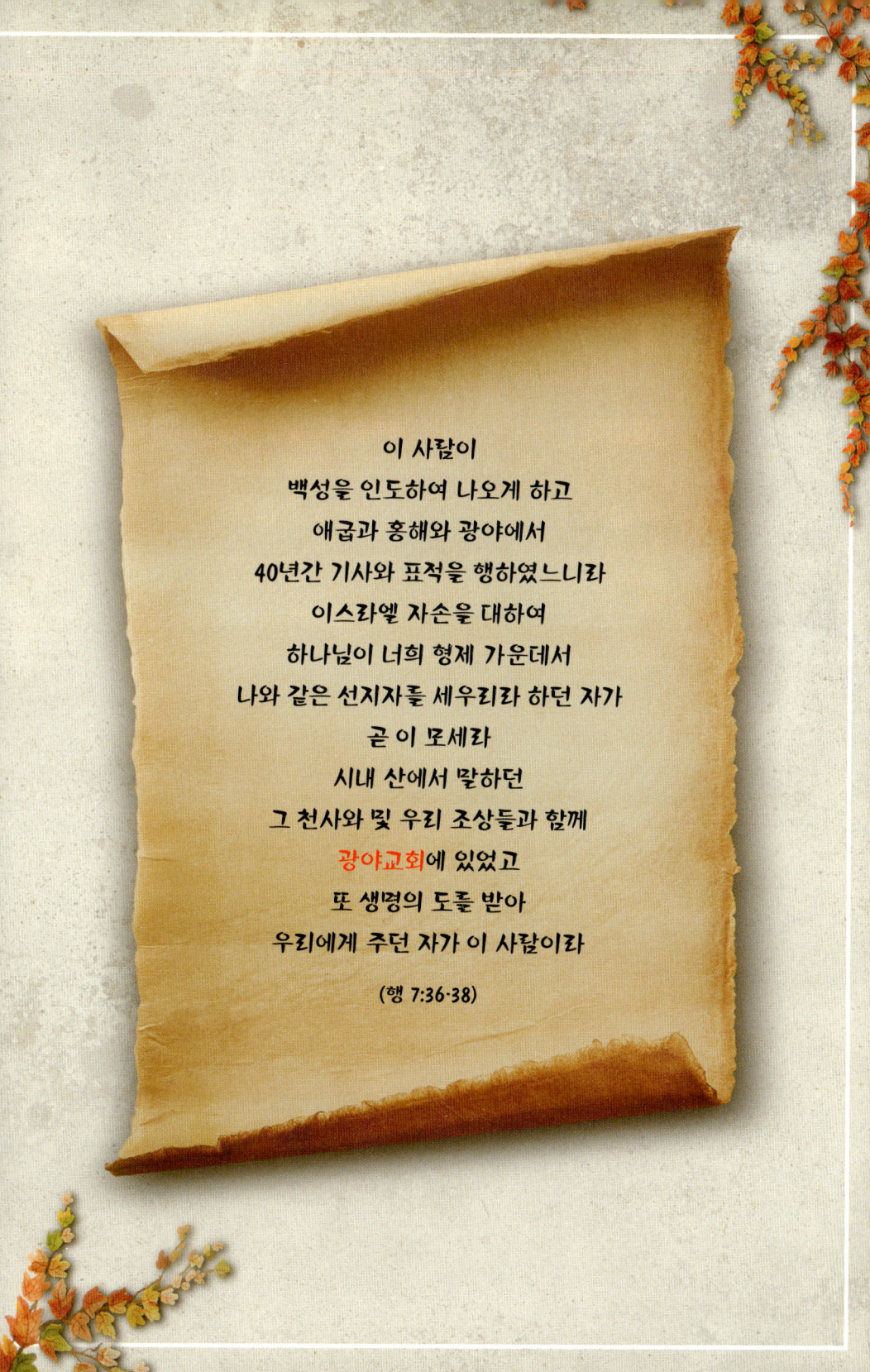

이 사람이
백성을 인도하여 나오게 하고
애굽과 홍해와 광야에서
40년간 기사와 표적을 행하였느니라
이스라엘 자손을 대하여
하나님이 너희 형제 가운데서
나와 같은 선지자를 세우리라 하던 자가
곧 이 모세라
시내 산에서 말하던
그 천사와 및 우리 조상들과 함께
광야교회에 있었고
또 생명의 도를 받아
우리에게 주던 자가 이 사람이라

(행 7:36·38)

들어가는 말

　광야교회의 여정은 한마디로 아브라함과 맺은 횃불언약에 따른 하나님의 구속사적 경륜이다(창 15장). 애굽 왕 바로의 학정 아래 고통받던 아브라함의 후예 선민 이스라엘이, 하나님의 특별한 은총으로 종에서 해방되어 자유를 누리게 된 것이 하나님의 구속사이다. 이렇듯 광야교회의 사십 년 여정은, 하나님의 구속의 강물로 역사의 굽이마다 면면히 흘러, 오늘날 이 시대를 살아가는 신앙인들의 갈급한 심령을 영적 교훈과 큰 은혜의 물줄기로 적셔 주고 있다.

　본서는 이스라엘이 출애굽 직전에서부터 광야 사십 년의 생활과, 가나안 진입 직전 요단 강 동편 모압 평지에 장막을 치기까지의 행로를 기록하고 있다. 가나안을 향한 행로에서 광야교회의 사건 속에 나타난 이적들은 예수에 대한 예표와 상징을 담고 있다. 이처럼 오실 예수가 없이는 해결할 수 없는 것이 광야교회임을 잘 보여준다고 하겠다.
　또한 본서는 광야교회의 사건과 이적이 구속사로 귀결되는 예수와, 또 현대를 살아가는 성도들의 신앙에 적용되게끔 복음서와 서신서에 연관된 구절들을 찾아 실어 놓았다. 그리고 본문은 광야교회의 역사적 배경을 보다 쉽게 이해하도록 간략히 정리하였으며, 구속사적 의미와 영적 의미 및 교훈의 핵심을 요약하여 도표에 담았다.
　광야교회의 한 가지 실례를 들면, 하나님은 이스라엘 백성이 출애굽

할 당시 각 식구대로 어린양의 고기를 먹되(출 12:3), '허리에 띠를 띠고', '발에 신을 신고', '손에 지팡이를 잡은 채'(출 12:11) 먹을 것을 지시하셨는데, 이는 여호와의 군대(출 12:41)로 출애굽 할 준비 태세를 갖추게 한 것이었다.

또한 육적 이스라엘이 양고기를 먹고 출애굽 할 준비 태세를 갖추는 모습이 구속사적 및 영적 의미를 보여주는 바, 훗날 어린양이신 예수로 인해 구원받은 영적 이스라엘 성도가 행할 성찬을 의미하고 있다(눅 22:14-20). 동시에 그리스도의 군사로 모집된 자(딤후 2:3-4)는 전신갑주로 무장해야 함을 의미한다고 하겠다(엡 6:13-17).

사도 바울은 과거 조상들의 출애굽 회상과 더불어 로마군을 연상하여, 이스라엘의 육적 여호와의 군대를, 신약 성도들에게 영적 그리스도의 군사로 연계·부각시켜 한층 업그레이드(upgrade)시켰다. 그것은 구약 성도가 어린양의 고기를 먹을 때 '허리에 띠를 띠고', '발에 신을 신고', '손에 지팡이'를 잡았듯이, 바울은 신약 성도에게 '진리의 허리띠', '화평의 복음의 신', '손에 성령의 검'을 잡으라는 영적 해석을 하였고, 더 나아가 '머리에 구원의 투구', '가슴에는 의의 흉배' 또 다른 손에는 '믿음의 방패'를 잡으라고 하였다.

위의 실례를, 본문의 도표를 통해 한눈에 볼 수 있게끔 간략히 요약하여 핵심만 실어 놓았다.

또한 본서는 역사적인 사건 속에서 구속사적 의미와 영적 의미를 찾아 구분하여 설명하였고, 또 성경을 일일이 찾는 번거로움을 덜어 주기 위해 도표 안에 성구를 달아 주어 성경 공부 교재로도 유용하게끔 하였다.

* 도표 안에 요약된 내용은 구약에서 신약(①에서 ①로, ㉠에서 ㉠)으로 연결짓는 목회자의 기술적인 방법을 요구하고 있다. 이는 목회자 나름대로 성경적인 설명을 덧붙이도록 요약한 것이다.

이처럼 본문은 이스라엘 백성의 광야 생활 사십 년을 통해, 현시대를 살아가는 성도들의 인생사를 고스란히 보여준다.
* 애굽의 노예(마귀의 종) → 홍해(세례) → 광야(세상에서의 삶)
→ 요단강(죽음의 사선) → 가나안(영원한 천국).

비록 내용 면에서는 간략히 요약되었지만, 성도들이 하나님의 구속사에 대한 사랑을 체험할 때 신앙의 방향도 제시해 줄 것이다.

끝으로, 본서 《구속사로 본 광야교회의 여정》에 실린 지도는 이스라엘 백성이 광야에서 장막을 친 경로로, 이에 관련된 출애굽기, 민수기, 신명기 그 외 성구를 발췌하여 지리적 위치와 방향 그리고 거리를 측정하여 출애굽 루트(route)를 추적하였고, 광야에서 사건과 이적이 일어난 장소는 본문에 지도를 오려 붙여 부호로 표시하여 성구를 적어 두었다.

특히 이 지도는 '신 출애굽 루트'의 주장자들이 주장하지 못하게끔 저자의 저서 제1권《성경에서 본 출애굽 루트》에 성경과 과학(Google Earth)을 접목시켜 자세히 언급해 놓았던 지도를 실은 것이다.

또한 출애굽 지도에 나와 있는 이스라엘 백성이 장막을 친 지리적 위치와 장소를 교회 내의 대형 스크린을 통해 활용한다면, 당시 광야에서 일어났던 사건과 이적에 대해 보다 현장감 있게 접근함으로 독자들의 이해의 폭을 넓혀 줄 것이다.

제1권《성경에서 본 출애굽 루트》를 참고하시면 더 큰 도움이 되리라 확신한다.

2017년 12월

장관흥

- 들어가는 말 … 6
- 출애굽 지도 _ 구속사로 본 광야교회의 여정 … 15
- 광야교회의 40년 여정 핵심 도표 … 16

제1부 애굽에서의 생활 및 할례

제1장 이스라엘과 유월절 … 20
제1절 유월절의 기원 … 22
제2절 유월절 전후의 할례 의식 … 30

제2부 두 기둥과 홍해의 기적

제1장 구름기둥과 불기둥의 기적 … 36
제1절 이스라엘 백성과 두 기둥 … 38

제2장 광명과 흑암의 기적 … 44
제1절 구름기둥은 구원의 방어벽 … 44

제3장 홍해의 기적 ··· 50
제1절 이스라엘의 홍해 진입 ··· 50

제4장 마라에서의 쓴 물이 단물로 ··· 60
제1절 마라의 쓴 물이 단물로 ··· 60

제5장 엘림의 오아시스 ··· 67
제1절 엘림의 안식처 ··· 67

제3부 만나와 생수의 식음

제1장 하늘의 양식 만나 ··· 76
제1절 광야에서의 만나 ··· 77
제2절 만나를 공급받은 백성의 외모 ··· 83

제2장 반석에서의 생수 ··· 88
제1절 르비딤에서의 생수 사건 ··· 88

제3장 아말렉과의 전투 ··· 93
제1절 이스라엘과 아말렉의 전투 ··· 93

제4부 시내 산에서의 언약

제1장 시내 산의 십계명과 우상 숭배 ··· 102
제1절 시내 산에서의 십계명 ··· 104
제2절 금송아지 숭배 사건 ··· 110
제3절 안식일은 하나님의 성일 ··· 114

제2장 하나님의 성소와 기구 ··· 117
제1절 성막 본체와 기구 제작 ··· 118
제2절 성막 앙장과 세마포장 및 대문 ··· 120
제3절 성막 널판(띠) 및 성소 휘장·성막 문장 ··· 126
제4절 지성소의 법궤 제작 ··· 133
제5절 지성소의 속죄소 제작 ··· 138
제6절 지성소로 불리는 성도의 몸 ··· 141
제7절 성소 내부의 진설병 상 제작 ··· 145
제8절 성소 내부의 등대 제작 ··· 149
제9절 성소 내부의 금향단 제작 ··· 153
제10절 성막 뜰의 번제단 제작 ··· 158
제11절 성막 뜰의 물두멍 제작 ··· 162

제3장 대제사장의 예복 ··· 166
제1절 대제사장의 예복은 거룩한 옷 ··· 166

제5부 이스라엘의 사건들

제1장 이스라엘의 원망과 시기로 인한 징계 … 174
제1절 다베라의 화재 사건 … 175
제2절 만나에 대한 불평 사건 … 182
제3절 하세롯에서의 문둥병 사건 … 189

제2장 가데스에서의 신앙적 행위 … 195
제1절 열두 정탐꾼 파견과 보고 … 195

제6부 가나안을 향한 이스라엘

제1장 고라의 행위와 지팡이 증표 … 206
제1절 고라의 월권 행위 … 207
제2절 아론의 싹 난 지팡이 … 212

제2장 가데스에서 미리암과 므리바의 물 사건 … 217
제1절 가데스에서 미리암의 죽음 … 218
제2절 가데스 반석에서의 생수 … 220

제3장 호르 산에서의 위임식과 전투 ··· 227
제1절 호르 산에서의 제사장 위임식 ··· 228
제2절 호르 산 부근에서의 전투 ··· 235
제3절 불뱀과 놋뱀 사건 ··· 239
제4절 구세대와 신세대의 갈림길 ··· 245
제5절 두 왕국을 정복한 이스라엘 ··· 255

제7부 이스라엘이 받은 유혹

제1장 우상의 제물과 미인계 ··· 264
제1절 모압 왕 발락과 선지자 발람 ··· 265
제2절 모압 여인의 미인계 사건 ··· 275
제3절 우상 제물과 바알 숭배 사건 ··· 282

제2장 가나안 정복을 향한 이스라엘 ··· 287
제1절 가나안 정복을 위한 신세대의 준비 ··· 287
제2절 하나님의 도피성 건축 ··· 295
제3절 모세의 별세 ··· 301

■ 광야교회 여정의 핵심 성구 ··· 312

□ 출애굽 지도

구속사로 본 광야교회의 여정

♣ 특허청에 특허 등록된 지도(등록 제30-0854431호)

광야교회의 40년 여정 핵심 도표

광야교회의 여정

구분 순서	장막 친 장소	성구	내용	비고
	라암셋(고센 땅)	민 33:3, 5 출 12:37, 13:18, 19 출 13:17	· 이스라엘 백성이 유월절 다음날 발행 · 모세가 애굽에서 요셉의 유골을 가지고 나옴 · 블레셋 땅의 진입 금지	출애굽 하는 해 1월 15일
1	숙곳	민 33:5 출 13:20	▶ 애굽, 라암셋 → 홍해를 지나 광야로 들어설 때 만 3일 길이 걸림 사흘 길쯤 광야로 가기로 허락하소서'(출 3:18), / 하나님이 모세에게… '우리가 사흘 길쯤 광야에 가서', '우리가 사흘 길쯤 광야로 들어가서'(출 5:3, 8:27)	
2	에담	민 33:6 출 13:20-22	· 불기둥과 구름기둥의 기적	
3	바알스본 (믹돌)	민 33:7 출 14:2/3-9, 18-20	· 애굽의 군대가 접근 · 흑암과 광명의 기적	**원망 애굽 군대 추격 (출 14:10-12)
▶	홍해 도하	민 33:8 출 14:4-25	· 이스라엘 백성이 바다를 건넘 · 바로의 군대가 홍해에서 수장	
4	마라	민 33:8 출 15:22-26	· 홍해를 건너온 백성이 광야에서 3일 길을 방랑 · 하나님의 지시로 한 나무를 던져 쓴 물을 달게 함	**원망 / 식수 (출 15:24)
5	엘림	민 33:9 출 15:27	· 열두 샘물과 종려나무 칠십 주의 안식처	
6	홍해 변	민 33:10		
7	신 광야	민 33:11 출 16:13-20	· 만나와 메추라기의 양식을 주심	**원망 / 양식 그해 2월 15일(출 16:1-3)
8	돕가	민 33:13		
9	알루스	민 33:13		
10	르비딤(맛사)	민 33:14 출 17:1-16	· 지팡이로 반석을 쳐서 생수를 냄(므리바) · 아말렉과 전쟁에서의 승리	**원망 / 식수 (출 17:3-4)
11	시내 광야	민 33:15 출 19:1-2 출 20:1-23:19 출 24:12-31:11/12-18 출 2:1-29/30-33 출 33:1, 23 출 34:1-35 출 35:1-35 출 36:1-38 출 37:1-38:31 출 39:1-31 출 39:32-43 출 40:1-33	· 이스라엘 백성이 시내 산에 도착 · 십계명 및 율법과 규례를 받음 · 성막 계시를 받음/ 안식일 명령 · 금송아지 우상 숭배/ 모세의 중보기도 · 가나안 입성 지시/ 모세가 하나님을 봄 · 모세가 다듬은 돌판에 십계명 새기심 · 성막 건축 준비 · 성막 본체 제작 · 성소 기구 제작(법궤, 진설병상, 등대, 분향단, 번제단, 물두멍, 성막 포장) · 제사장의 의복 제작 · 성막 제작 완성 · 성막 봉헌식	그해 3월 (3월 15일) 다음해, 2년 1월 1일 (출 40:17)
		민 9:1-5 민 1:1-4:49 민 10:11-12	· 시내 광야에서 유월절을 지킴 · 인구 조사 및 군대를 편성=1차(장정 603,550명) · 이스라엘 백성이 시내 산 광야에서 출발	2년 1월 14일 2년 2월 1일 2년 2월 20일

※ ① 고센 땅, 라암셋 ~ 시내 산까지의 기간 = 약 2개월 (1월 15일~3월)
　② 시내 산의 체류 기간 = 약 11개월 (출애굽 그해 3월~다음해 1월)

구분 순서	장막 친 장소	성 구	내 용	비 고
12	기브롯 핫다아와 (다베라)	민 33:16 민 11:1-35	·악한 말로 원망하여 불을 진 끝에 사름 ·만나를 싫증 내어 불평 ·성막에 70장로가 예언, 2인이 진중에 예언 ·메추라기로 인해 탐욕의 무덤	**원망**(민11:1) 메추라기 이적 징계: 장막 불사름
13	하세롯	민 33:17 민 12:1-16	·미리암과 아론이 모세를 비방 ·미리암에게 문둥병 발생	
14	가데스 바네아 가데스 (릿마) 및 바란 광야	민 33:18 민 13:1-33 민 14:1-45 민 14:1-10 민 14:11-19 민 14:26-33 민 14:34-35 민 14:36-37 민 14:39-45	·가나안에 정탐꾼 파견과 보고(1세대) ·가데스에서의 반역과 38년간의 방랑 시작 ·애굽으로의 회군을 안돈시키는 갈렙 ·하나님의 진노(전염병)와 모세의 중보기도 ·원망한 1세대는 광야에서 죽음(20세 이상) ·가나안 탐지 40일을 1일 1년 환산(광야 40년) ·10정탐꾼은 악평하여 재앙으로 죽음 ·불신한 백성은 가나안 1차 진입에 실패(호르마까지 패배)	**원망**(민14:2) 10명의 정탐꾼 부정적 보고 징계: 10명, 죽음 광야 생활 40년 선언 가데스(1차)

15
16
17
18
19
20
21
22
23
24
25
26
27
28
29
30
	림몬베레스
	립나
	릿사
	그헬라다
	세벨산
	하라다
	막헬롯
	다핫
	데라
	밋가
	하스모나
	모세롯
	브네야아간
	홀하깃갓
	욧바다
	아브로나
		민 33:19
		민 33:20
		민 33:21
		민 33:22
		민 33:23
		민 33:24
		민 33:25
		민 33:26
		민 33:27
		민 33:28
		민 33:29
		민 33:30
		민 33:31
		민 33:32
		민 33:33
		민 33:34
			▶이스라엘 백성이 장막 친 림몬베레스에서부터
			  아브로나까지 37년 6개월 동안 광야 생활,
			  이 기간에 대한 성경에 별다른 기록이 없음
			
			▶막헬롯은 지도상에 표기	

31	에시온게벨	민 33:35		에시온게벨(1차)
▶		민 16:1-35 민 16:1-33 민 16:34-35 민 16:41-50 민 17:1-13	·고라당의 제사장 직분 월권 행위 ·분향하는 족장 250명 불사름 ·염병 14,700명 죽음 ·아론의 싹 난 지팡이	**원망**(민16:41) 38년 광야 방랑 끝날 무렵 징계: 염병
32	가데스 가데스 바네아	민 33:36 민 20:1 민 20:2-13 민 20:14-21	·미리암의 죽음 (약130세?) ·반석에서 생수를 냄(므리바 사건) ·에돔 땅의 통과를 거부당한 백성	가데스(2차) 출애굽 한 지 40년 1월
33	호르 산	민 33:37-39 민 20:22-24 민 20:25-29	·아론이 생을 마침 (123세) ·하나님 말씀을 거역하여 가나안 금지 ·제사장 위임과 아론의 임종	40년 5월 1일
▶	아랏 전투	민 33:40 민 21:1-3	·아랏 왕과 족속들을 진멸함	

구분 순서	장막 친 장소	성 구	내 용	비 고
34	살모나	민 33:41 민 21:4-9	·불뱀과 놋뱀 사건(살모나 가까운 지역?) (호르 산에서 아랏 족속을 진멸하고 다시 호르 산에서 홍해 길로 좇아 에돔 땅을 둘러 행하려다가 험로로 인해 원망)	**원망**(민21:5) 만나를 박한 식물이라 함 **징계**: 불뱀들
▶	에시온 게벨 (곁)	신 2:8	·아라바를 지나서 에시온 게벨 곁을 지나감	에시온 게벨 (2차)
35	부논	민 33:42		
36	오봇	민 33:43 민 21:10 (신 2:13-15)	·2세대(신세대)가 가나안을 진입함	세렛 시내를 건넘
37	이예아바림 (이임)	민 33:44 민 21:11		
38	디본갓 (세렛 골짜기)	민 33:45 민 21:12	■ 가데스 바네아(1차) ~ 세렛 시내까지 38년간의 기간을 마침(신 2:14)	모세의 고별 연설에서
39	알몬디블라다임 (아르논 건너편)	민 33:46 민 21:13-35 민 21:13-15 민 21:16-18 민 21:19-20 민 21:21-32 민 21:33-35 *신 1:4-5	·아모리 바산 족속을 정복 ·여호와의 전쟁기, 즉 전쟁의 주관자 하나님 ·브엘에서 솟아난 우물 ·고난의 행군을 거쳐 도착한 비스가 산 ·아모리의 왕 시혼을 헤스본에서 죽임, 정복 ·바산 왕 옥을 에드레이에서 죽이고 정복	두 왕국의 정복은 2세대가 가나안 정복의 전초전임
40	아바림 산맥의 정상 비스가 산	민 33:47 민 21:20	·모압 들에 있는 골짜기 산 - 광야가 보임	느보 앞
41	모압 평지	민 22:1-24:25 민 25:1-18 민 25:1 민 25:2-3 민 25:6-8(14, 15) 민 25:9 민 26:1-27:11 민 27:12-23 민 28:1-30:16 민 31:1-54 민 32:1-42 **민 33:1-49** 민 33:50-35:8 민 35:9-34 민 33:48/신 1:3-5	·모압 왕 발락과 이방 선지자 발람과의 상봉 ·모압 여자들의 유혹으로 영육간 음행 ·모압 여자들과의 음행 ·우상의 제물을 먹음, 바알브올 숭배(절) ·비느하스가 시므온 족장과 미녀 고스비를 살해 ·염병으로 24,000명 죽음 ·이스라엘 민족의 계수와 재정비, 슬로브핫의 딸 기업 ·모세의 후계자 여호수아의 안수식 ·희생제사의 예물 및 서원 관련의 규례 ·미디안 다섯 왕과 발람을 죽임(8절) - 정복 ·요단 동편 세 지파 땅 분배(르우벤, 갓, 므낫세 반) **·이스라엘이 광야에서 장막을 친 경로** ·가나안 정복과 땅 분배 지시 ·도피성 6곳 건축 지시 ·모세가 2세대에게 율법을 재설명	미인계의 유혹에 **징계** 40년 11월 1일 **광야교회가 장막을 친 장소는 민수기 33장을 중심한 도표
★	비스가 산	신 34:1-8	·모세의 별세/ 미가엘과 마귀가 모세의 시체, 변론(유 1:9)	**가나안 입성 원함 (신 3:23-27)
광야 기간	출애굽 출발의 해 1월 15일 ~ 모압 평지까지 40년 11월 1일 = 만 39년 10개월 출애굽 출발 해 1월 15일 ~ 가나안 입성(요단 강 도하) 후 첫 장막 친 길갈까지 41년 1월 10일 = 만 39년 11개월 25일 가나안 소산을 먹은 1월 14일 다음날 만나 공급 중단 = 만 39년 11개월 29일 (수 4:19, 1차, 병력 입성/ 수 5:10, 2차, 백성들 입성)			

제1부
애굽에서의 생활 및 할례

제1장 이스라엘과 유월절 ···20
   제1절 유월절의 기원 ···22
   제2절 유월절 전후의 할례 의식 ···30

제1장 이스라엘과 유월절

하나님은 갈대아 우르에서 셈의 후손인 아브라함을 부르시고 그에게 복의 근원이 되게 하셨다(창 11:31, 12:1-2). 이 같은 선택은, 훗날 아브라함의 후손으로 오실 그리스도에 대한 약속의 성취 때문이다(마 1:1). "이 약속들은 아브라함과 그 자손에게 말씀하신 것인데 여럿을 가리켜 그 자손들이라 하지 아니하시고 오직 하나를 가리켜 네 자손이라 하셨으니 곧 그리스도라"(갈 3:16)고 하였다. 이로써 하나님은 '산 영인 첫 사람 아담의 범죄로 인해 타락한 인류를 구원하시기 위해 마지막 아담이신 예수를 살려 주는 영으로 보내심'(고전 15:45)으로 구속사를 완성하셨던 것이다.

실로 하나님의 구속사의 성취 과정은 이스라엘이 광야 40년의 생활에서 드러난 것으로, 백성들의 원망과 불평에서 발생한 사건과 이적이 구속사의 의미를 담는 그리스도의 예표와 모형, 그리고 상징들로 가득 차 있다. 구약은 그리스도에 관하여 크게 두 가지를 보여주고 있는데, 첫째는 그리스도로 이어질 혈통의 계보이고, 둘째는 구약의 전 부분이 특히 출애굽 한 이스라엘이 광야 40년의 사건과 이적에서 전형적인 그리스도를 잘 드러내고 있다는 사실이다.

이스라엘의 출애굽 사건은 야곱이 사랑하는 라헬에게서 출생한 열한 번째 아들 요셉으로부터 시작된다. 요셉은 형들의 미움을 받아 상인들에게 은 20에 팔렸고, 또 애굽 왕의 시위대장 보디발의 집에 팔려 그의 아내로 인하여 억울한 누명으로 투옥되었으나 바로의 꿈을 해몽하는 하나님의 꿈의 은사로 애굽 총리로 등용되었다. 이 무렵 하나님은 가나안을 중심한 애굽을 비롯해 인근 국가에 속한 지역까지 풍년 7년과 흉년 7년의 기근을 내리셨고, 이때 요셉은 아비 야곱의 집안 70명의 가족을 애굽 고센 땅에 이주시켜 구원하였다. 그러나 요셉을 알지 못한 애굽의 새 왕이 집권, 군림하면서 이스라엘 백성이 고역을 겪게 되었다. 이로 인해 출애굽 사건이 전개된다.

하나님은 일찍이 '아브라함과의 횃불언약'에서 그의 후손이 이방의 객이 되어 400년 동안 고난 받은 후에 그들을 이끌어내실 것'(창 15:13-14)을 아브라함과 약속하셨는데, 그것이 출애굽 사건이라 하겠다. 이에 하나님은 모세를 통해 이스라엘 백성의 해방과 자유를 위해 그들을 애굽에서 불러내셨다. 여기서 광야 40년의 경로에서 일어났던 사건과 이적에 대하여 하나님의 의도가 무엇인지를 살펴보고자 한다.

유월절은 이스라엘 백성과 밀접한 관계가 있는 절기로 생명과 연관이 되어 있다. 하나님께서 애굽의 열 재앙 중 마지막 재앙인 장자 사망 재앙으로 어린양을 잡아 문설주 좌우와 인방에 피를 바르고 살코기를 구워 먹되 허리에 띠를 띠고 발에 신을 신고 손에 지팡이를 잡고 급히 먹는 그것을 여호와의 유월절이라 하였다.

그뿐만 아니라 그 밤에 하나님의 사자가 애굽 땅을 두루 다니실 때, 양의 피가 문에 발라진 집은 넘어갈 것을 약속하신 하나님은 "너희는 이날을 기념하여 여호와의 절기를 삼아 영원한 규례로 대대에 지킬지니라"(출 12:14)고 말씀하셨다.

제1절 유월절의 기원

> "여호와께서 애굽 땅에서 모세와 아론에게 일러 가라사대 이달로 너희에게 달의 시작 곧 해의 첫 달이 되게 하고 너희는 이스라엘 회중에게 고하여 이르라 이달 열흘에 너희 매인이 어린양을 취할지니 각 가족대로 그 식구를 위하여 어린양을 취하되 그 어린양에 대하여 식구가 너무 적으면 그 집의 이웃과 함께 인수를 따라서 하나를 취하며 각 사람의 식량을 따라서 너희 어린양을 계산할 것이며 너희 어린양은 흠 없고 일 년 된 수컷으로 하되 양이나 염소 중에서 취하고 이달 십사 일까지 간직하였다가 해질 때에 이스라엘 회중이 그 양을 잡고 그 피로 양을 먹을 집 문 좌우 설주와 인방에 바르고 그 밤에 그 고기를 불에 구워 무교병과 쓴 나물과 아울러 먹되 날로나 물에 삶아서나 먹지 말고 그 머리와 정강이와 내장을 다 불에 구워 먹고 아침까지 남겨 두지 말며 아침까지 남은 것은 곧 소화하라 너희는 그것을 이렇게 먹을지니 허리에 띠를 띠고 발에 신을 신고 손에 지팡이를 잡고 급히 먹으라 이것이 **여호와의 유월절**이니라 내가 그 밤에 애굽 땅에 두루 다니며 사람과 짐승을 무론하고 애굽 나라 가운데 처음 난 것을 다 치고 애굽의 모든 신에게 벌을 내리리라 나는 여호와로라"(출 12:1-12).

1. 유월절의 역사적 의미

1) 이스라엘 백성의 고통(출 1:1-22)

이스라엘 백성의 고난은 생명을 부지하기 위한 노동이었다. 이는 육신의 고역으로 흙 이기기와 벽돌 굽기로 건축 자재를 생산하는 노동이었다. 그뿐만 아니라 이스라엘 백성이 기하급수적으로 불어나자 애굽의 왕명에 의해 유아 학살 정책에 정신적 고통까지 더해졌다.

2) 모세의 출생과 성장 그리고 도피 생활(출 2:1-22)

모세는 바로의 유아 학살 시기에 그의 부모 아므람과 요게벳 사이에서 태어났다. 나일 강에 어린 생명 모세가 갈대 상자 안에서 보호받고 있었다. 이때 모세를 발견한 바로 왕의 공주가 시녀로 더불어 아기를 물에서 건져 왕궁에서 40년간 아들로 키웠다. 그 후 모세는 애굽인의 살인과 암매장 사건이 발각되어 미디안 광야로 도피했다가 그곳에서 십보라와 가정을 꾸려 40년간 양 치는 목자 생활을 했던 것이다.

3) 모세의 사명(출 3:1-4:31)

하나님은 양치는 모세를 꺼지지 않는 떨기나무 불길로 유인하셨다. 하나님의 힘에 이끌린 모세는 호렙 산 떨기나무 불꽃 속에서 하나님의 음성을 들었다. 이로써 하나님께 사명을 받은 모세는 하나님의 지시대로 지팡이를 잡고 애굽으로 향했다. 모세는 바로를 만나기 전에 자기 대변인이 되어 줄 그의 형 아론과 하나님의 산에서 상봉하게 되었다.

4) 바로와의 대화와 애굽의 10재앙(출 5:1-11:10)

바로 왕을 만난 모세는 하나님의 명대로 "히브리 사람의 하나님 여호와께서 우리에게 임하셨은즉 우리가 우리 하나님 여호와께 희생을 드리려 하오니 사흘 길쯤 광야로 가기를 허락하소서"라고 하였으나 바로는 이를 묵살하였다(출 3:18, 5:3-9). 9재앙, 즉 피, 개구리, 이, 파리, 악질, 독종, 우박, 메뚜기, 흑암 재앙이 있었으나 바로는 반복적으로 이스라엘 백성의 해방을 거부하다가, 마지막 10재앙인 장자 사망 재앙을 당하고서야 이스라엘의 해방에 대한 승낙을 하였다.

5) 유월절과 라암셋에서 탈출한 지리적 위치(출 12:1-15:21)

이스라엘 백성은 하나님의 명에 따라 장자 사망의 재앙 직전에 유월절 규례로 어린양을 잡아 그 피로 좌우 문설주와 인방에 피를 바르고 가족이 함께 모여 양고기를 나눠 먹었다. 그리고 하나님의 사자로 인해 애굽의 장자 사망의 재앙으로 전 애굽이 호곡할 그 밤에 백성은 모세의 인도를 받아 고센 땅 라암셋에서 탈출을 감행하게 되었다. *(지도에 부호 ①을 참고하라)

> "이스라엘 자손이 라암셋에서 발행하여 숙곳에 이르니 유아 외에 보행하는 장정이 육십만 가량이요 중다한 잡족과 양과 소와 심히 많은 생축이 그들과 함께하였으며 그들이 가지고 나온 발교되지 못한 반죽으로 무교병을 구웠으니 이는 그들이 애굽에서 쫓겨남으로 지체할 수 없었음이며 아무 양식도 준비하지 못하였음이었더라 이스라엘 자손이 애굽에 거주한 지 사백삼십 년이라"(출 12:37-40).

그렇다. 유월절은 여호와의 절기로 구약시대는 육적 이스라엘이 지킨 절기였지만, 이는 훗날 신약시대에 와서 영적 이스라엘 성도와 밀접하게 연관된 예수 그리스도의 구속사까지 이어지는 영원한 규례라고 할 수 있다.

바로와 애굽인을 향한 10대 재앙과 그 의미(성구)

순서		애굽의 신들	재앙의 의미
애굽의 10대 재앙	피	'크눔', '하피' - 나일 강의 수호신	죽음의 임박성에 대한 경고
	출 7:20	모세와 아론이 여호와의 명하신 대로 행하여 바로와 그 신하의 목전에서 지팡이를 들어 하수를 치니 그 물이 다 피로 변하고	
	개구리	'헤크트' - 개구리 형상의 다산의 신	풍요와 다산은 허구와 무익함을 알림
	출 8:6	아론이 팔을 애굽 물들 위에 펴매 개구리가 올라와서 애굽 땅에 덮이니	
	이	'셉' - 땅의 신	악인들이 해충에 겪게 될 고통 시사
	출 8:17	그들이 그대로 행할새 아론이 지팡이를 잡고 손을 들어 땅의 티끌을 치매 애굽 온 땅의 티끌이 다 이가 되어 사람과 생축에게 오르니	
	파리	'하트콕' - 날벌레의 신	전염병으로 대적하는 자들이 겪을 고충을 예시
	출 8:24	여호와께서 그와 같이 하시니 무수한 파리 떼가 바로의 궁에와 그 신하의 집에와 애굽 전국에 이르니 파리 떼로 인하여 땅이 해를 받더라	
	악질	'아피스', '므네비스' - 존엄한 황소의 신	모든 생축을 각종 신으로 삼는 애굽에 대한 심판 예고
	출 9:3	여호와의 손이 들에 있는 네 생축 곧 말과 나귀와 약대와 우양에게 더하리니 심한 악질이 있을 것이며	
	독종	'임호텝'과 '타이폰' - 의술의 신	고열과 극심한 가려움 증세의 피부병 재앙
	출 9:10	그들이 풀무의 재를 가지고 바로 앞에 서서 모세가 하늘을 향하여 날리니 사람과 짐승에게 붙어 독종이 발하고	
	우박	'누트' - 하늘의 여신, '수' - 공기의 신	하나님의 재앙으로 생명을 해치는 심판의 경고
	출 9:23	모세가 하늘을 향하여 지팡이를 들매 여호와께서 뇌성과 우박을 보내시고 불을 내려 땅에 달리게 하시니라 여호와께서 우박을 애굽 땅에 내리시매	
	메뚜기	'세라피아' - 곤충의 재앙을 막는 신	하나님의 심판 시 양식이 없어 생명 부지가 어려움
	출 10:13	모세가 애굽 땅 위에 그 지팡이를 들매 여호와께서 동풍을 일으켜 온 낮과 온 밤에 불게 하시니 아침에 미쳐 동풍이 메뚜기를 불어들인지라	
	흑암	'라' - 태양의 신, '세케트' - 태양의 여신	빛과 어두움의 주관자이신 하나님을 나타내심
	출 10:22	모세가 하늘을 향하여 손을 들매 캄캄한 흑암이 삼 일 동안 애굽 온 땅에 있어서	
	장자 사망	'이시스' - 생명의 수호의 신	생사를 주관하시는 하나님이심을 보여주심
	출 12:29	밤중에 여호와께서 애굽 땅에서 모든 처음 난 것 곧 위에 앉은 바로의 장자로부터 옥에 갇힌 사람의 장자까지와 생축의 처음 난 것을 다 치시매	

2. 유월절의 구속사적 의미

	유월절의 예식(기능)	유월절의 영적 의미
제물	① 이스라엘을 위해 희생된 **어린양**(출12:3) ㉠ 이스라엘 각 사람을 위해 희생된 어린양 ㉡ 살코기와 내장 전체적으로 희생된 어린양 ㉢ 뼈는 꺾지 않은 희생된 어린양(출12:46)	① 택자를 위해 희생되신 어린양 **예수**(요1:29, 사53:1-12) ㉠ 선택된 각 사람을 위해 희생되신 예수(요10:15) ㉡ 십자가에서 자신의 전체가 희생되신 예수 ㉢ 성경대로 뼈는 꺾이지 않으신 예수(요19:36)
유월절 규례	① 어린양과 **무교병**을 먹은 유월절(출12:8) ㉠ 불순물이 없는 떡을 사용한 유월절 ㉡ 순수한 떡을 사용한 유월절 ㉢ 누룩 없는 떡을 사용해 드리는 제사(레2:11) ② 유월절에 **쓴 나물**을 먹은 이스라엘(출12:8) ㉠ 애굽의 노예 생활을 생각하며 사는 백성 ㉡ 인생의 쓰디쓴 고충을 상기하는 백성 ㉢ 구속하신 하나님의 은혜에 감사하는 생활 ③ **하나님의 군대**로 조직된 이스라엘(출12:41) ㉠ 하나님께서 직접 이끄시는 이스라엘 군대 ㉡ 출애굽 시 목민으로 무장해야 할 백성 ㉢ 완전 무장해야 하는 하나님 군대(출12:11) ・허리에 띠를 띠고 ・발에 신을 신고 ・손에 지팡이를 잡아야 한다. 사도 바울은 출애굽 회상과 로마 군을 연상하며 영적으로 전신갑주로 무장하게 한다. ➔	① **죄(누룩)**가 없으신 어린양 예수(고전5:7) ㉠ 묵은 누룩, 괴악하고 악독한 누룩 금지(고전5:8, 마16:6,11) ㉡ 순전과 진실한 누룩(죄) 없는 떡 사용(고전5:8하) ㉢ 죄를 회개하고 정결한 마음에서 드리는 예배 ② 예수의 **십자가** 생각하며 믿음으로 사는 성도(엡2:1,2) ㉠ 과거에 마귀의 종노릇을 생각하고 깨닫는 성도 ㉡ 타락했던 과거를 돌아보고 새롭게 사는 성도 ㉢ 구원해 주신 주님의 은혜에 감사하는 성도(엡2:3, 4) ③ **그리스도의 군사**로 조직된 영적 이스라엘(딤후2:3,4) ㉠ 예수께서 직접 이끄시는 그리스도의 군사 ㉡ 세상에서 영적으로 무장해야 할 성도 ㉢ 전신갑주로 무장해야 할 예수의 군사(엡6:13-17) ・허리에 진리의 띠를 띠고 ・발에 화평한 복음의 신을 신고 ・손에 성령의 검 곧 하나님 말씀을 잡아야 한다. 더 나아가, ・머리에 구원의 투구를 쓰고 ・가슴에 의의 흉배를 착용하고 ・또 다른 손에 믿음의 방패를 가져야 한다.
유월절 희생양	① 양의 **피흘림**과 **살코기**를 먹는 백성(출12:7,11) ㉠ 양고기를 먹어 구원(생명)에 참예한 백성 ㉡ 살을 찢고 피를 흘려 희생된 어린양 ㉢ 어린양으로 하나님과 하나가 된 백성 ② 문틀에 바른 **어린양의 피**로 구원(출12:22,23) ㉠ 이스라엘이 구원받은 것은 어린양의 피 ㉡ 양의 피가 묻은 문 안에 있을 때 구원받은 백성 ・문인방과 좌우 설주에 바른 양의 피 ・'그릇'은 '싸프'로서 '문턱'으로도 번역 ・문틀(ㄷ=입구) 전체에 발린 양의 피 ㉢ 애굽에서의 생명 구원은 어린양의 피	① 유월절에 **떡**과 **포도주**로 제정한 예수(마26:26-28) ㉠ 떡을 먹음은 주님의 몸을 나누는 성찬 기념 ㉡ 포도주를 마심은 주님의 피를 나누는 성찬 기념 ㉢ 예수로 예수와 교회(지체)가 하나 된 성도(엡5:29, 30) ② 십자가 나무에 흘러내린 **예수의 피**로 구원(요19:34) ㉠ 신약 성도가 죄에서 구원받는 길은 예수의 피 ㉡ 십자가에 죽으신 예수 안에 거할 때 받는 구원 ・양의 문(피)이신 예수 안에서 받는 구원(요10:7) ・좁은 문(고난)으로 들어갈 때만이 구원(마7:13-14) ・피의 문은 고난과 희생의 문, 곧 십자가의 문 ㉢ 세상에서 영혼 구원은 오직 어린양 예수뿐(벧전1:19)

	③ **우슬초**에 묻혀 뿌린 어린양의 피(출12:22) 　㉠ 우슬초에 묻혀서 문틀에 뿌린 어린양의 피 　㉡ 부정한 것을 정결케 하는 우슬초(민19:18) 　㉢ 정결을 상징하는 우슬초(레14:1-9)	③ 죄인의 **정결** 예식은 언약의 **피**(보혈)(히9:19-22) 　㉠ 죄인의 마음 문에 뿌려져 정결케 하는 보혈 　㉡ 죄의 정결은 피를 묻혀 사용하는 우슬초(시51:7) 　㉢ 심령을 항상 정결케 씻어 주는 보혈
예 식	① **유월절**을 제정하신 하나님(출12:14) ② 유월은 '넘어가다' 곧 죽음을 통과한다는 의미 ③ 유월절은 영원히 지켜야 할 예식(출12:24-25)	① **유월절**을 제정하신 예수(눅22:19-20) ② 성찬은 유월(멸망)을 통과한 성도들의 구원 표식 ③ 성찬은 영원히 기념할 예식

3. 유월절의 구속사적 의미(성구)

제 물	**어린양**	
	출 12:3	너희는 이스라엘 회중에게 고하여 이르라 이 달 열흘에 너희 매 인이 어린양을 취할지니 각 가족대로 그 식구를 위하여 어린양을 취하되
	출 12:46	한 집에서 먹되 그 고기를 조금도 집 밖으로 내지 말고 뼈도 꺾지 말지며
	예수	
	요 1:29	이튿날 요한이 예수께서 자기에게 나아오심을 보고 가로되 보라 세상 죄를 지고 가는 하나님의 어린양이로다
	사 53:4-7	그는 실로 우리의 질고를 지고 우리의 슬픔을 당하였거늘 우리는 생각하기를 그는 징벌을 받아서 하나님에게 맞으며 고난을 당한다 하였노라 그가 찔림은 우리의 허물을 인함이요 그가 상함은 우리의 죄악을 인함이라 그가 징계를 받음으로 우리가 평화를 누리고 그가 채찍에 맞음으로 우리는 나음을 입었도다 우리는 다 양 같아서 그릇 행하여 각기 제 길로 갔거늘 여호와께서는 우리 무리의 죄악을 그에게 담당시키셨도다 그가 곤욕을 당하여 괴로울 때에도 그 입을 열지 아니하였음이여 마치 도수장으로 끌려가는 어린양과 털 깎는 자 앞에 잠잠한 양같이 그 입을 열지 아니하였도다 *(사 53:1-7)
	요 10:15	아버지께서 나를 아시고 내가 아버지를 아는 것 같으니 나는 양을 위하여 목숨을 버리노라
	요 19:36	이 일이 이룬 것은 그 뼈가 하나도 꺾이우지 아니하리라 한 성경을 응하게 하려 함이라
유 월 절 규 례	**무교병**	
	출 12:8	그 밤에 그 고기를 불에 구워 무교병과 쓴 나물과 아울러 먹되
	레 2:11	무릇 너희가 여호와께 드리는 소제물에는 모두 누룩을 넣지 말지니 너희가 누룩이나 꿀을 여호와께 화제로 드려 사르지 못할지니라
	죄(누룩)	
	고전 5:7	너희는 누룩 없는 자인데 새 덩어리가 되기 위하여 묵은 누룩을 내어버리라 우리의 유월절 양 곧 그리스도께서 희생이 되셨느니라
	고전 5:8상	이러므로 우리가 명절을 지키되 묵은 누룩도 말고 괴악하고 악독한 누룩도 말고
	마 16:6	예수께서 이르시되 삼가 바리새인과 사두개인들의 누룩을 주의하라 하신대
	마 16:11	어찌 내 말한 것이 떡에 관함이 아닌 줄을 깨닫지 못하느냐 오직 바리새인과 사두개인들의 누룩을 주의하라 하시니
	고전 5:8하	오직 순전함과 진실함의 누룩 없는 떡으로 하자

	쓴 나물	
유월절 규례	출 12:8	그 밤에 그 고기를 불에 구워 무교병과 쓴 나물과 아울러 먹되
	십자가	
	엡 2:1,2	너희의 허물과 죄로 죽었던 너희를 살리셨도다 그때에 너희가 그 가운데서 행하여 이 세상 풍속을 좇고 공중의 권세 잡은 자를 따랐으니 곧 지금 불순종의 아들들 가운데서 역사하는 영이라
	엡 2:3,4	전에는 우리도 다 그 가운데서 우리 육체의 욕심을 따라 지내며 육체와 마음의 원하는 것을 하여 다른 이들과 같이 본질상 진노의 자녀이었더니 긍휼에 풍성하신 하나님이 우리를 사랑하신 그 큰 사랑을 인하여
	군대	
	출 12:41	사백삼십 년이 마치는 그날에 여호와의 군대가 다 애굽 땅에서 나왔은즉
	출 12:11	너희는 그것을 이렇게 먹을지니 허리에 띠를 띠고 발에 신을 신고 손에 지팡이를 잡고 급히 먹으라 이것이 여호와의 유월절이니라
	군사	
	딤후 2:3,4	네가 그리스도 예수의 좋은 군사로 나와 함께 고난을 받을지니 군사로 다니는 자는 자기 생활에 얽매이는 자가 하나도 없나니 이는 군사로 모집한 자를 기쁘게 하려 함이라
	엡 6:13-17	그러므로 하나님의 전신갑주를 취하라 이는 악한 날에 너희가 능히 대적하고 모든 일을 행한 후에 서기 위함이라 그런즉 서서 진리로 너희 허리띠를 띠고 의의 흉배를 붙이고 평안의 복음의 예비한 것으로 신을 신고 모든 것 위에 믿음의 방패를 가지고 이로써 능히 악한 자의 모든 화전을 소멸하고 구원의 투구와 성령의 검 곧 하나님의 말씀을 가지라
유월절 희생양	피, 살코기	
	출 12:7	그 피로 양을 먹을 집 문 좌우 설주와 인방에 바르고
	출 12:11	너희는 그것을 이렇게 먹을지니 허리에 띠를 띠고 발에 신을 신고 손에 지팡이를 잡고 급히 먹으라 이것이 여호와의 유월절이니라
	떡, 포도주	
	마 26:26-28	저희가 먹을 때에 예수께서 떡을 가지사 축복하시고 떼어 제자들을 주시며 가라사대 받아 먹으라 이것이 내 몸이니라 하시고 또 잔을 가지사 사례하시고 저희에게 주시며 가라사대 너희가 다 이것을 마시라 이것은 죄 사함을 얻게 하려고 많은 사람을 위하여 흘리는바 나의 피 곧 언약의 피니라
	엡 5:29,30	누구든지 언제든지 제 육체를 미워하지 않고 오직 양육하여 보호하기를 그리스도께서 교회를 보양함과 같이 하나니 우리는 그 몸의 지체임이니라
	어린양 피	
	출 12:22,23	너희는 우슬초 묶음을 취하여 그릇에 담은 피에 적시어서 그 피를 문 인방과 좌우 설주에 뿌리고 아침까지 한 사람도 자기 집 문밖에 나가지 말라 여호와께서 애굽 사람을 치러 두루 다니실 때에 문 인방과 좌우 설주의 피를 보시면 그 문을 넘으시고 멸하는 자로 너희 집에 들어가서 너희를 치지 못하게 하실 것임이니라
	예수 피	
	요 19:34	그중 한 군병이 창으로 옆구리를 찌르니 곧 피와 물이 나오더라
	요 10:7	그러므로 예수께서 다시 이르시되 내가 진실로 진실로 너희에게 말하노니 나는 양의 문이라
	마 7:13,14	좁은 문으로 들어가라 멸망으로 인도하는 문은 크고 그 길이 넓어 그리로 들어가는 자가 많고 생명으로 인도하는 문은 좁고 길이 협착하여 찾는 이가 적음이니라
	벧전 1:19	오직 흠 없고 점 없는 어린양 같은 그리스도의 보배로운 피로 한 것이니라

유월절 희생양	우슬초	
	출 12:22	너희는 우슬초 묶음을 취하여 그릇에 담은 피에 적시어서 그 피를 문 인방과 좌우 설주에 뿌리고 아침까지 한 사람도 자기 집 문밖에 나가지 말라
	민 19:18	정한 자가 우슬초를 취하여 그 물을 찍어서 장막과 그 모든 기구와 거기 있는 사람들에게 뿌리고 또 뼈나 죽임을 당한 자나 시체나 무덤을 만진 자에게 뿌리되
	레 14:1-9	여호와께서 모세에게 일러 가라사대 문둥 환자의 정결케 되는 날의 규례는 이러하니 곧 그 사람을 제사장에게로 데려갈 것이요 제사장은 진에서 나가서 진찰할지니 그 환자에게 있던 문둥병 환처가 나았으면 제사장은 그를 위하여 명하여 정한 산새 두 마리와 백향목과 홍색실과 우슬초를 가져오게 하고 제사장은 또 명하여 그 새 하나는 흐르는 물 위 질그릇 안에서 잡게 하고 다른 새는 산 대로 취하여 백향목과 홍색실과 우슬초와 함께 가져다가 흐르는 물 위에서 잡은 새 피를 찍어 문둥병에서 정결함을 받을 자에게 일곱 번 뿌려 정하다 하고 그 산새는 들에 놓을지며 정결함을 받는 자는 그 옷을 빨고 모든 털을 밀고 물로 몸을 씻을 것이라 그리하면 정하리니 그 후에 진에 들어올것이나 자기 장막 밖에 칠 일을 거할 것이요 칠 일 만에 그 모든 털을 밀되 머리털과 수염과 눈썹을 다 밀고 그 옷을 빨고 몸을 물에 씻을 것이라 그리하면 정하리라
	정결	
	히 9:19-22	모세가 율법대로 모든 계명을 온 백성에게 말한 후에 송아지와 염소의 피와 및 물과 붉은 양 털과 우슬초를 취하여 그 책과 온 백성에게 뿌려 이르되 이는 하나님이 너희에게 명하신 언약의 피라 하고 또한 이와 같이 피로써 장막과 섬기는 일에 쓰는 모든 그릇에 뿌렸느니라 율법을 좇아 거의 모든 물건이 피로써 정결케 되나니 피흘림이 없은즉 사함이 없느니라
	시 51:7	우슬초로 나를 정결케 하소서 내가 정하리이다 나를 씻기소서 내가 눈보다 희리이다

"이튿날 요한이 예수께서
자기에게 나아오심을 보고 가로되
보라
세상 죄를 지고 가는 하나님의 어린양이로다"
(요 1:29)

"오직
흠 없고 점 없는 어린양 같은
그리스도의
보배로운 피로 한 것이니라"
(벧전 1:19)

제2절 유월절 전후의 할례 의식

> "너희와 함께 거하는 타국인이 여호와의 **유월절**을 지키고자 하거든 그 모든 남자는 **할례**를 받은 후에야 가까이하여 지킬지니 곧 그는 본토인과 같이 될 것이나 할례 받지 못한 자는 먹지 못할 것이니라 본토인에게나 너희 중에 우거한 이방인에게나 이 법이 동일하니라"
> (출 12:48-49).

1. 할례의 역사적 의미

1) 아브라함과의 할례 약속

하나님은 율법을 제정하시기 이전의 족장 시대부터 할례를 시행하게 하셨다. 그것은 하나님이 아브라함의 이름을 개명하신 후 열국의 아비 됨과 그의 후손에서 열왕이 일어날 뿐만 아니라 가나안 땅을 영원한 기업으로 주셨기 때문이다. 그리고 중요한 것은 하나님이 아브라함과 할례 언약을 약속하셨다는 점이다(창 17:10).

할례로 아브라함의 몸에서 난 자들만 아니라 그의 식솔(食率)들까지 하나님의 백성이 되는 자격이 부여되었다. 이로써 하나님은 할례를 통해 이방인도 하나님의 백성이 되는 길을 열어 주셨다. 이는 후일에 아브라함의 후손인 예수를 통해 이방인의 구원에 대하여 미리 예시하신 것이라 하겠다.

2) 모세와 세운 할례 제도

하나님은 시내 산에서 모세에게 할례에 대한 율법을 제정하여 주셨다. 이는 이미 율법 이전 아브라함과 약속하신 것이지만, 여기서 모세와의 할례는 유월절 예식과도 관련이 되어 있다. 다시 말해 할례를 받는 자들에 한하여 유월절에 참예할 수 있었다. 남자가 어릴 때 할례를 받았거나 이방인이 하나님의 권속(眷屬)이 되기 위해 할례를 받을 때 남자만 아니라 한 남편의 아내인 여자도 자연히 하나님의 권속으로 인정을 받았다.

2. 세대별 할례 의식의 구속사적 의미

		할례 언약	
		육적 할례	영적 할례
이스라엘	족장시대	① 아브라함의 **할례**(창17:10,26) ② 이삭의 할례(창21:4) ③ 야곱과 열두 아들의 할례(창34:14,15)	① 할례를 반드시 받아야 하는 **마음** (행7:51; 롬2:28,29; 신10:16,30:6; 렘9:26; 겔44:9) ② 할례 받아야 하는 영적인 **귀**(행7:51; 렘6:10) 　㉠ 말씀을 듣는 귀가 열려야 하는 성도(계2:7,17) ③ **그리스도**의 할례를 받아야 하는 성도(골2:11-13) 　㉠ 그리스도의 할례는 **육적** 몸을 벗는 영적 할례 　　・추하고 더러운 부분을 자르는 육적 할례식 　　・추하고 더러운 죄를 끊는 영적 할례식 　㉡ 예수와 장사(葬事)하는 **세례**는 **할례** 의식(롬6:3,4) 　　・세례는 더러운 죄를 버리는 할례 의식 　　・세례는 주님과 함께 옛 사람(육의 것)을 　　　수장시키는 할례 의식 　㉢ 성도는 **진짜** 영적 **할례당**(빌3:2,3) 　　・성령으로 봉사하는 자가 영적 할례자 　　・예수님을 자랑하는 자가 영적 할례자 　　・육체를 신뢰하지 않는 자가 영적 할례자
	모세및이후	① **할례** 받은 모세(출4:26) ② 이스라엘 후손의 할례식(수5:2-7)	::::
이방인	노예(종)	① 이방인들과 종들이 받은 **할례** (창17:12,13) ② 아브라함에게 속한 식솔들이 받은 할례 ③ 종들의 자식도 받은 할례	::::
	할례여부	① **육적 무할례**자는 참예할 수 없는 　유월절 예식(창17:14; 출12:48) 　・추하고 더러운 부분을 끊지 않은 자	① **영적 무할례**자로 성찬 예식에 참예치 못할 세 부류 　㉠ 더러운 죄를 회개치 않은 자(고전11:27-29) 　㉡ 육신을 장사하지 못한 자, 즉 세례 받지 못한 자 　㉢ 심령에 성령이 없는 자
		② **할례**를 받은 자만이 참예할 수 있는 　유월절 예식(출12:44)	② 회개와 성령이 없어도 **성찬**에 참예할 수 있는 자(역설) 　㉠ 중생되지 않아도 외적으로 물세례만 받은 자 　㉡ 가룟 유다는 세례 받고도 성찬에 참예(요13:26-30)

3. 세대별 할례 의식의 구속사적 의미(성구)

이스라엘	**족장시대**	
	창 17:10	너희 중 남자는 다 할례를 받으라 이것이 나와 너희와 너희 후손 사이에 지킬 내 언약이니라
	창 17:26	당일에 아브라함과 그 아들 이스마엘이 할례를 받았고
	창 21:4	그 아들 이삭이 난 지 팔 일 만에 그가 하나님의 명대로 할례를 행하였더라
	창 34:14,15	야곱의 아들들이 그들에게 말하되 우리는 그리하지 못하겠노라 할례 받지 아니한 사람에게 우리 누이를 줄 수 없노니 이는 우리의 수욕이 됨이니라 그런즉 이같이 하면 너희에게 허락하리라 만일 너희 중 남자가 다 할례를 받고 우리같이 되면
	모세 및 이후	
	출 4:26	여호와께서 모세를 놓으시니라 그때에 십보라가 피 남편이라 함은 할례를 인함이었더라
	수 5:2-7	그때에 여호와께서 여호수아에게 이르시되 너는 부싯돌로 칼을 만들어 이스라엘 자손들에게 다시 할례를 행하라 하시매 여호수아가 부싯돌로 칼을 만들어 할례산에서 이스라엘 자손들에게 할례를 행하니라 여호수아가 할례를 시행한 까닭은 이것이니 애굽에서 나온 모든 백성 중 남자 곧 모든 군사는 애굽에서 나온 후 광야 노중에서 죽었는데 그 나온 백성은 다 할례를 받았으나 오직 애굽에서 나온 후 광야 노중에서 난 자는 할례를 받지 못하였음이라 이스라엘 자손들이 여호와의 말씀을 청종치 아니하므로 여호와께서 그들에게 대하여 맹세하사 그들의 열조에게 주마 하신 땅 곧 젖과 꿀이 흐르는 땅을 그들로 보지 못하게 하리라 하시매 애굽에서 나온 족속 곧 군사들이 다 멸절하기까지 사십 년 동안을 광야에 행하였더니 그들의 대를 잇게 하신 이 자손에게 여호수아가 할례를 행하였으니 길에서는 그들에게 할례를 행치 못하였으므로 할례 없는 자가 되었음이었더라
이방인	**식솔(이방)**	
	창 17:12,13	대대로 남자는 집에서 난 자나 혹 너희 자손이 아니요 이방 사람에게서 돈으로 산 자를 무론하고 난 지 팔 일 만에 할례를 받을 것이라 너희 집에서 난 자든지 너희 돈으로 산 자든지 할례를 받아야 하리니 이에 내 언약이 너희 살에 있어 영원한 언약이 되려니와
	마음 할례	
	행 7:51	목이 곧고 마음과 귀에 할례를 받지 못한 사람들아 너희가 항상 성령을 거스려 너희 조상과 같이 너희도 하는도다
	롬 2:28,29	대저 표면적 유대인이 유대인이 아니요 표면적 육신의 할례가 할례가 아니라 오직 이면적 유대인이 유대인이며 할례는 마음에 할지니 신령에 있고 의문에 있지 아니한 것이라 그 칭찬이 사람에게서가 아니요 다만 하나님에게서니라
	신 10:16	그러므로 너희는 마음에 할례를 행하고 다시는 목을 곧게 하지 말라
	신 30:6	네 하나님 여호와께서 네 마음과 네 자손의 마음에 할례를 베푸사 너로 마음을 다하며 성품을 다하여 네 하나님 여호와를 사랑하게 하사 너로 생명을 얻게 하실 것이며
	렘 9:26	곧 애굽과 유다와 에돔과 암몬 자손과 모압과 및 광야에 거하여 그 머리털을 모지게 깎은 자들에게라 대저 열방은 할례를 받지 못하였고 이스라엘은 마음에 할례를 받지 못하였느니라 하셨느니라
	겔 44:9	나 주 여호와가 말하노라 이스라엘 족속 중에 있는 이방인 중에 마음과 몸이 할례를 받지 아니한 이방인은 내 성소에 들어오지 못하리라
	귀 할례	
	렘 6:10	내가 누구에게 말하며 누구에게 경책하여 듣게 할꼬 보라 그 귀가 할례를 받지 못하였으므로 듣지 못하는도다 보라 여호와의 말씀을 그들이 자기에게 욕으로 여기고 이를 즐겨 아니하니
	행 7:51	목이 곧고 마음과 귀에 할례를 받지 못한 사람들아 너희가 항상 성령을 거스려 너희 조상과 같이 너희도 하는도다
	계 2:7	귀 있는 자는 성령이 교회들에게 하시는 말씀을 들을지어다 이기는 그에게는 내가 하나님의 낙원에 있는 생명나무의 과실을 주어 먹게 하리라
	계 2:17	귀 있는 자는 성령이 교회들에게 하시는 말씀을 들을지어다 이기는 그에게는 내가 감추었던 만나를 주고 또 흰 돌을 줄 터인데 그 돌 위에 새 이름을 기록한 것이 있나니 받는 자밖에는 그 이름을 알 사람이 없느니라

이방인	**그리스도 할례**	
	골 2:11-13	또 그 안에서 너희가 손으로 하지 아니한 할례를 받았으니 곧 육적 몸을 벗는 것이요 그리스도의 할례니라 너희가 세례로 그리스도와 함께 장사한 바 되고 또 죽은 자들 가운데서 그를 일으키신 하나님의 역사를 믿음으로 말미암아 그 안에서 함께 일으키심을 받았느니라 또 너희의 범죄와 육체의 무할례로 죽었던 너희를 하나님이 그와 함께 살리시고 우리에게 모든 죄를 사하시고
	할례·세례	
	롬 6:3,4	무릇 그리스도 예수와 합하여 세례를 받은 우리는 그의 죽으심과 합하여 세례 받은 줄을 알지 못하느뇨 그러므로 우리가 그의 죽으심과 합하여 세례를 받음으로 그와 함께 장사되었나니 이는 아버지의 영광으로 말미암아 그리스도를 죽은 자 가운데서 살리심과 같이 우리로 또한 새 생명 가운데서 행하게 하려 함이니라
	진짜 할례당	
	빌 3:2,3	개들을 삼가고 행악하는 자들을 삼가고 손할례당을 삼가라 하나님의 성령으로 봉사하며 그리스도 예수로 자랑하고 육체를 신뢰하지 아니하는 우리가 곧 할례당이라
할례 여부	**육적 무할례**	
	창 17:14	할례를 받지 아니한 남자 곧 그 양피를 베지 아니한 자는 백성 중에서 끊어지리니 그가 내 언약을 배반하였음이니라
	출 12:48	너희와 함께 거하는 타국인이 여호와의 유월절을 지키고자 하거든 그 모든 남자는 할례를 받은 후에야 가까이하여 지킬지니 곧 그는 본토인과 같이 될 것이나 할례 받지 못한 자는 먹지 못할 것이니라
	영적 무할례	
	고전 11:27-29	그러므로 누구든지 주의 떡이나 잔을 합당치 않게 먹고 마시는 자는 주의 몸과 피를 범하는 죄가 있느니라 사람이 자기를 살피고 그 후에야 이 떡을 먹고 이 잔을 마실지니 주의 몸을 분변치 못하고 먹고 마시는 자는 자기의 죄를 먹고 마시는 것이니라
	할례	
	출 12:44	각 사람이 돈으로 산 종은 할례를 받은 후에 먹을 것이며
	회개 없는 성찬	
	요 13:26-30	예수께서 대답하시되 내가 한 조각을 찍어다가 주는 자가 그니라 하시고 곧 한 조각을 찍으셨다가 가룟 시몬의 아들 유다를 주시니 조각을 받은 후 곧 사탄이 그 속에 들어간지라 이에 예수께서 유다에게 이르시되 네 하는 일을 속히 하라 하시니 이 말씀을 무슨 뜻으로 하셨는지 그 앉은 자 중에 아는 이가 없고 어떤 이들은 유다가 돈 궤를 맡았으므로 명절에 우리의 쓸 물건을 사라 하시는지 혹 가난한 자들에게 무엇을 주라 하시는 줄로 생각하더라 유다가 그 조각을 받고 곧 나가니 밤이러라

"네 하나님 여호와께서
네 마음과 네 자손의 마음에 할례를 베푸사
너로 마음을 다하며 성품을 다하여
네 하나님 여호와를 사랑하게 하사
너로 생명을 얻게 하실 것이며"
(신 30:6)

결론

하나님은 선민 이스라엘을 택하여 할례를 거행하게 하셨다. 이 할례는 일찍이 아브라함과 체결한 할례언약으로 하나님의 선민이 되는 표로서 인침을 받는 행위언약이다. 이는 아브라함뿐 아니라 그의 후손에게까지 세워진 할례언약이었다. 더구나 아브라함의 종들까지 할례를 행하게 함으로써 하나님의 권속이 되는 은혜를 입게 하였다(창 17:9-14).

그 후 모세를 비롯해 이스라엘 민족과 이에 속한 이방인들이 할례를 받음으로써 하나님의 구속에 참예하는 특권을 받았다. 실로 구약의 할례언약은 신약에 와서 그리스도의 할례로 구원받은 성도의 할례이다. 이는 내적으로는 영적 할례요, 외적으로는 세례로 구원의 표이기도 하다(벧전 3:21).

제 2 부

두 기둥과 홍해의 기적

제1장 구름기둥과 불기둥의 기적 ··· 36
    제1절 이스라엘 백성과 두 기둥 ··· 38
제2장 광명과 흑암의 기적 ··· 44
    제1절 구름기둥은 구원의 방어벽 ··· 44
제3장 홍해의 기적 ··· 50
    제1절 이스라엘의 홍해 진입 ··· 50
제4장 마라에서의 쓴 물이 단물로 ··· 60
    제1절 마라의 쓴 물이 단물로 ··· 60
제5장 엘림의 오아시스 ··· 67
    제1절 엘림의 안식처 ··· 67

제1장 구름기둥과 불기둥의 기적

하나님은 아브라함과 횃불언약에서 약속하셨고(창 15:13-14), 또 언약하신 하나님은 훗날 그 약속을 이행하셨다. 이스라엘 백성이 출애굽할 때가 유월절 다음날인 그해 1월 15일로(출 12:37), 애굽에서 430년간의 고역 끝에 하나님이 해방의 문을 여셨다(출 12:40). 사실 애굽 라암셋에서 가나안까지는 지름길로 8일 정도면 갈 수 있었다. 하지만 하나님은 지름길을 금지하셨다. 철기문화가 발달한 블레셋 족속이 가나안 남단 지중해 연안에 위치했기 때문이다. 그들은 아브라함이 가나안에 정착하기 이전에 그레데 섬에서 내륙에 들어와 가나안 남단 지중해 연안의 땅을 차지했던 족속들이다.

이스라엘이 가나안에 가려면 블레셋 족속의 땅을 통과해야만 했다. 하지만 그들은 전쟁을 치를 마음이나 군사도 없는 상황이었고 더구나 무기조차 전혀 없었다. 그뿐만 아니라 블레셋 군대와 전쟁을 치르면 그들이 두려워 애굽으로 되돌아갈 수 있었기 때문이다(출 13:17). 그래서 하나님은 가나안의 지름길을 금하셨던 것이다.

또한 모세는 이스라엘이 출애굽 때 요셉의 유골을 가지고 나왔다. 그것은 요셉이 자기 생전에 이스라엘 자손에게 유언을 했기 때문이다(출 13:18-19). 이스라엘은 애굽 고센 땅 라암셋에서 숙곳을 지나 광야 끝 에담에 도착하였다. *(모세가 출애굽기를 기록할 때 요단 강 동편 모압 평지 부근에서 서쪽 애굽을 바라보았기 때문에 지리적 위치로 '광야 끝 에담'이라 하였다). 가나안→광야→애굽 순으로 보았다. 출애굽기 13장 20절을 보면 "그들이 숙곳에서 발행하여 '광야 끝 에담'에 장막을 치니"라고 하였다. 하나님은 이스라엘이 장막을 친 '광야 끝 에담'에서 초자연적인 방법을 통해 구속사를 전개해 나가신다.

애굽 라암셋에서 출애굽 한 이스라엘 백성은 숙곳에서 장막을 치고 다음날인 에담에서 장막을 쳤을 때 하나님의 구름기둥과 불기둥이 출현하게 되었다. 이는 하나님이 라암셋에서 숙곳과 에담까지 모세를 통해 이스라엘을 이끄셨지만, 에담에 도착한 저녁부터는 하나님이 두 기둥으로 친히 이스라엘을 인도하셨다. 출애굽 한 이스라엘이 처음으로 하나님의 임재를 체험하였던 것이다. 이스라엘은 낮에는 구름기둥으로, 밤에는 불기둥의 보호와 인도로, 두 기둥이 이끄는 대로 광야 길을 가야 했다. 엊그제만 해도 이스라엘은 애굽에서 자유를 잃은 노예로서의 삶을 살았지만, 이제는 자유를 찾은 하나님의 백성으로서 전적으로 두 기둥의 인도를 받게 되었다.

제1절 이스라엘 백성과 두 기둥

> "그들이 숙곳에서 발행하여 광야 끝 **에담**에 장막을 치니 여호와께서 그들 앞에 행하사 낮에는 구름기둥으로 그들의 길을 인도하시고 밤에는 불기둥으로 그들에게 비취사 주야로 진행하게 하시니 낮에는 **구름기둥** 밤에는 **불기둥**이 백성 앞에서 떠나지 아니하니라"(출 13:20-22).

1. 두 기둥의 역사적 의미

1) 에담의 의미와 지리적 위치

이스라엘 백성은 애굽 라암셋에서 숙곳을 거쳐 에담에 도착하였다.

에담은 '둠'(Tum)으로 '집' 또는 '요새'라는 의미이다. 에담은 애굽 동쪽 국경 지방을 경계하는 요새의 일부였다. 이곳은 라암셋에서 숙곳까지가 해거름으로 하룻길이며, 또 숙곳에서 에담까지의 길이 하룻길이었다. 이스라엘 백성은 라암셋에서 에담까지 도보로 이틀 길을 걸었다.
*(지도에 부호 ②을 참고하라)

"숙곳에서 발행하여 광야 끝 에담에 진 쳤고"(민 33:6)

2) 이스라엘 백성과 두 기둥

하나님은 애굽에서 불러내신 이스라엘을 광야 40년간 구름기둥과 불기둥으로 보호해 주셨다. 하나님이 두 기둥으로 이스라엘 백성에게 역사하신 것은, 사실 하나님의 임재뿐 아니라 그들을 향한 하나님의 보호와 인도하심에 있다. 그것은 두 기둥이 한낮의 땡볕과 한밤의 추위를 막아 주는, 이스라엘에게 없어서는 안 될 하나님의 특별한 은총이었다. 이제 두 기둥을 따라 하나님의 인도를 받으며 광야 40년간의 삶이 시작된 것이다.

2. 구름기둥과 불기둥의 구속사적 의미

	두 기둥의 기능	두 기둥의 영적 의미
구름기둥의 기능	① **구름(물)** 아래서 세례 받은 구약 성도(고전10:1,2) ㉠ 낮의 열기로부터 천막 속의 가족을 보호한 구름 ㉡ 광야에서의 삶은 구름 아래 머물 때 보호 ㉢ 광야에서 구름으로 인도받은 구약 성도	① **물세례**로 새 생명을 얻는 신약 성도(롬6:3,4) ㉠ 세상에서 가족 구원과 보호는 세례(행16:33,34) ㉡ 영적 삶을 얻는 세례는 구원의 표(벧전3:21) ㉢ 교회에서의 세례로 주님의 인도를 받는 성도
	② **하나님**의 임재를 나타낸 구름기둥(출13:21) ㉠ 이스라엘을 인도한 하나님의 구름기둥 ㉡ 적을 차단·보호한 구름기둥(출14:19,20) ㉢ 구름기둥이 성막에 임할 때 경배한 백성(출33:9,10)	② **예수**로 하나님의 임재를 나타낸 빛난 구름(마17:5) ㉠ 자기의 양들을 각각 불러 인도하는 예수(요10:3) ㉡ 사탄(귀신)을 굴복·지배한 예수(마4:10,17:18) ㉢ 예수로 인해 교회에서 예배하는 성도(행2:46,47)
	③ 구름 속에서 **하나님**의 **말씀** 선포(출19:9,16,20) ㉠ 구름의 현현은 하나님의 임재 곧 말씀 임재 ㉡ 구름기둥이 성막에 임할 때 말씀 선포(출33:9) ㉢ 이스라엘 백성에게 선포된 하나님의 말씀	③ 하나님의 '**말씀이 육신**'이 되어 직접 선포(요1:14) ㉠ 예수의 초림은 임마누엘로서 말씀 임재(마1:23) ㉡ 예수로 인해 교회에서 말씀 선포(행17:11;살전2:13) ㉢ 구원받은 성도에게 선포된 은혜의 말씀(행20:28,31,32)
불기둥의 기능	① 밤을 밝혀 보호한 불기둥은 성신의 역사(출13:21) ㉠ 밤에 추위를 막아 백성을 보호한 불기둥 ㉡ 짐승과 외부의 침입으로부터 보호한 불기둥 ㉢ 밤에 자기 백성을 보호한 하나님의 불기둥	① **죄악**을 태워 성결케 보호하는 성령의 불(사6:5-7) ㉠ 죄악으로부터 성도를 해방시키는 성령(롬8:1,2) ㉡ 우는 사자(마귀)로부터 보호하는 성령(벧전5:8) ㉢ 죄악의 밤에 성령으로 인도받는 성도(롬8:13,14)
	② **성부 하나님**의 임재를 나타낸 불기둥(출19:18) ㉠ 백성들 앞에서 역사하는 불기둥(출13:22) ㉡ 백성들 앞서 선두로 진행한 불기둥(민14:14) ㉢ 밤에도 백성을 이끌어 가는 불기둥(출13:21)	② **성령 하나님**이 현현하신 불의 형체(행2:1-3) ㉠ 성도들의 머리 위에 역사한 성령의 불 ㉡ 자의로 성도들을 이끌어 진행하신 성령(불) ㉢ 밤낮 없이 성도들에게 역사하시는 성령(불)
	③ 초자연적인 **성신**의 **능력**을 나타낸 불기둥 ㉠ 애굽 군대를 차단시킨 불기둥(출14:24,25)	③ 초자연적인 **성령**의 **능력** 표식이 성령의 불(눅3:16) ㉠ 대적자를 심판하는 불기둥 같은 능력의 발(계10:1)
두 기둥은 하나	① 하나님의 임재(**말씀**)의 역사는 구름기둥(출33:9) ② 불기둥은 하나님 임재 곧 **성신**(능력)의 역사 ③ 구름과 불기둥은 **하나**의 기둥(출14:24상) ㉠ 구름기둥과 불기둥은 불가분 관계(민9:15,16) ㉡ 두 기둥의 인도는 하나님과 동행(출40:38) ㉢ 성전 안의 두 기둥은 야긴과 보아스(왕상7:21)	① **말씀**으로 역사하시는 하나님(살전2:13) ② 하나님은 삼위 되신 **성령**으로 역사하심(롬15:18) ③ 하나님의 말씀과 성령은 **하나**이심(엡6:17) ㉠ 진리의 말씀과 성령은 불가분의 관계(요16:13) ㉡ 말씀과 성령의 인도는 하나님과 동행하는 삶 ㉢ 기둥들(베드로,야고보,요한)은 하나의 교회(갈2:9)

이스라엘을 인도한 구름기둥과 불기둥은
초자연적인 성령의 능력과 하나님(말씀)의 임재를 상징함으로써
하나님이 그들과 동행하신다는 것을 보여주는 표징이다.
(출 13:21,22; 요 14:16; 고전 10:1,2; 엡 6:17)

3. 구름기둥과 불기둥의 구속사적 의미(성구)

	구름(물)	
	고전 10:1,2	형제들아 너희가 알지 못하기를 내가 원치 아니하노니 우리 조상들이 다 구름 아래 있고 바다 가운데로 지나며 모세에게 속하여 다 구름과 바다에서 세례를 받고
	물세례	
	롬 6:3,4	무릇 그리스도 예수와 합하여 세례를 받은 우리는 그의 죽으심과 합하여 세례 받은 줄을 알지 못하느뇨 그러므로 우리가 그의 죽으심과 합하여 세례를 받음으로 그와 함께 장사되었나니 이는 아버지의 영광으로 말미암아 그리스도를 죽은 자 가운데서 살리심과 같이 우리로 또한 새 생명 가운데서 행하게 하려 함이니라
	행 16:33,34	밤 그 시에 간수가 저희를 데려다가 그 맞은 자리를 씻기고 자기와 그 권속이 다 세례를 받은 후 저희를 데리고 자기 집에 올라가서 음식을 차려 주고 저와 온 집이 하나님을 믿었으므로 크게 기뻐하니라
	벧전 3:21	물은 예수 그리스도의 부활하심으로 말미암아 이제 너희를 구원하는 표니 곧 세례라 육체의 더러운 것을 제하여 버림이 아니요 오직 선한 양심이 하나님을 향하여 찾아가는 것이라
구름기둥의 기능 (세례·임재·말씀)	**하나님**	
	출 13:21	여호와께서 그들 앞에 행하사 낮에는 구름기둥으로 그들의 길을 인도하시고 밤에는 불기둥으로 그들에게 비취사 주야로 진행하게 하시니
	출 14:19,20	이스라엘 진 앞에 행하던 하나님의 사자가 옮겨 그 뒤로 행하매 구름기둥도 앞에서 그 뒤로 옮겨 애굽 진과 이스라엘 진 사이에 이르러 서니 저편은 구름과 흑암이 있고 이편은 밤이 광명하므로 밤새도록 저편이 이편에 가까이 못하였더라
	출 33:9,10	모세가 회막에 들어갈 때에 구름기둥이 내려 회막문에 서며 여호와께서 모세와 말씀하시니 모든 백성이 회막문에 구름기둥이 섰음을 보고 다 일어나 각기 장막문에 서서 경배하며
	예수	
	마 17:5	말할 때에 홀연히 빛난 구름이 저희를 덮으며 구름 속에서 소리가 나서 가로되 이는 내 사랑하는 아들이요 내 기뻐하는 자니 너희는 저의 말을 들으라 하는지라
	요 10:3	문지기는 그를 위하여 문을 열고 양은 그의 음성을 듣나니 그가 자기 양의 이름을 각각 불러 인도하여 내느니라
	마 4:10	이에 예수께서 말씀하시되 사탄아 물러가라 기록되었으되 주 너의 하나님께 경배하고 다만 그를 섬기라 하였느니라
	마 17:18	이에 예수께서 꾸짖으시니 귀신이 나가고 아이가 그때부터 나으니라
	행 2:46,47	날마다 마음을 같이하여 성전에 모이기를 힘쓰고 집에서 떡을 떼며 기쁨과 순전한 마음으로 음식을 먹고 하나님을 찬미하며 또 온 백성에게 칭송을 받으니 주께서 구원받는 사람을 날마다 더하게 하시니라
	하나님 말씀	
	출 19:9	여호와께서 모세에게 이르시되 내가 빽빽한 구름 가운데서 네게 임함은 내가 너와 말하는 것을 백성으로 듣게 하며 또한 너를 영원히 믿게 하려 함이니라 모세가 백성의 말로 여호와께 고하였으므로
	출 19:20	여호와께서 시내 산 곧 그 산꼭대기에 강림하시고 그리로 모세를 부르시니 모세가 올라가매
	출 33:9	모세가 회막에 들어갈 때에 구름기둥이 내려 회막 문에 서며 여호와께서 모세와 말씀하시니
	말씀이 육신	
	요 1:14	말씀이 육신이 되어 우리 가운데 거하시매 우리가 그 영광을 보니 아버지의 독생자의 영광이요 은혜와 진리가 충만하더라
	마 1:23	보라 처녀가 잉태하여 아들을 낳을 것이요 그 이름은 임마누엘이라 하리라 하셨으니 이를 번역한즉 하나님이 우리와 함께 계시다 함이라
	행 17:11	베뢰아 사람은 데살로니가에 있는 사람보다 더 신사적이어서 간절한 마음으로 말씀을 받고 이것이 그러한가 하여 날마다 성경을 상고하므로

	살전 2:13	이러므로 우리가 하나님께 쉬지 않고 감사함은 너희가 우리에게 들은 바 하나님의 말씀을 받을 때에 사람의 말로 아니하고 하나님의 말씀으로 받음이니 진실로 그러하다 이 말씀이 또한 너희 믿는 자 속에서 역사하느니라
	행 20:28	너희는 자기를 위하여 또는 온 양 떼를 위하여 삼가라 성령이 저들 가운데 너희로 감독자를 삼고 하나님이 자기 피로 사신 교회를 치게 하셨느니라
	행 20:32	지금 내가 너희를 주와 및 그 은혜의 말씀께 부탁하노니 그 말씀이 너희를 능히 든든히 세우사 거룩하게 하심을 입은 모든 자 가운데 기업이 있게 하시리라
불기둥의 기능 (성령·능력)	밤	
	출 13:21	여호와께서 그들 앞에 행하사 낮에는 구름기둥으로 그들의 길을 인도하시고 밤에는 불기둥으로 그들에게 비취사 주야로 진행하게 하시니
	죄악	
	사 6:5-7	그때에 내가 말하되 화로다 나여 망하게 되었도다 나는 입술이 부정한 사람이요 입술이 부정한 백성 중에 거하면서 만군의 여호와이신 왕을 뵈었음이로다 때에 그 스랍의 하나가 화저로 단에서 취한 바 핀 숯을 손에 가지고 내게로 날아와서 그것을 내 입에 대며 가로되 보라 이것이 네 입에 닿았으니 네 악이 제하여졌고 네 죄가 사하여졌느니라 하더라 *(사 6:1-7)
	롬 8:1,2	그러므로 이제 그리스도 예수 안에 있는 자에게는 결코 정죄함이 없나니 이는 그리스도 예수 안에 있는 생명의 성령의 법이 죄와 사망의 법에서 너를 해방하였음이라
	벧전 5:8	근신하라 깨어라 너희 대적 마귀가 우는 사자같이 두루 다니며 삼킬 자를 찾나니
	롬 8:13,14	너희가 육신대로 살면 반드시 죽을 것이로되 영으로써 몸의 행실을 죽이면 살리니 무릇 하나님의 영으로 인도함을 받는 그들은 곧 하나님의 아들이라
	성부 하나님	
	출 19:18	시내 산에 연기가 자욱하니 여호와께서 불 가운데서 거기 강림하심이라 그 연기가 옹기점 연기같이 떠오르고 온 산이 크게 진동하며
	출 13:22	낮에는 구름기둥, 밤에는 불기둥이 백성 앞에서 떠나지 아니하니라
	민 14:14	이 땅 거민에게 고하리이다 주 여호와께서 이 백성 중에 계심을 그들도 들었으니 곧 주 여호와께서 대면하여 보이시며 주의 구름이 그들 위에 섰으며 주께서 낮에는 구름기둥 가운데서 밤에는 불기둥 가운데서 그들 앞에서 행하시는 것이니이다
	출 13:21	여호와께서 그들 앞에 행하사 낮에는 구름기둥으로 그들의 길을 인도하시고 밤에는 불기둥으로 그들에게 비취사 주야로 진행하게 하시니
	성령 하나님	
	행 2:1-3	오순절 날이 이미 이르매 저희가 다 같이 한곳에 모였더니 홀연히 하늘로부터 급하고 강한 바람 같은 소리가 있어 저희 앉은 온 집에 가득하며 불의 혀같이 갈라지는 것이 저희에게 보여 각 사람 위에 임하여 있더니
	성신 능력	
	출 14:24,25	새벽에 여호와께서 불 구름기둥 가운데서 애굽 군대를 보시고 그 군대를 어지럽게 하시며 그 병거 바퀴를 벗겨서 달리기에 극난하게 하시니 애굽 사람들이 가로되 이스라엘 앞에서 우리가 도망하자 여호와가 그들을 위하여 싸워 애굽 사람들을 치는도다
	성령 능력	
	눅 3:16	요한이 모든 사람에게 대답하여 가로되 나는 물로 너희에게 세례를 주거니와 나보다 능력이 많으신 이가 오시나니 나는 그 신들메를 풀기도 감당치 못하겠노라 그는 성령과 불로 너희에게 세례를 주실 것이요
	계 10:1	내가 또 보니 힘센 다른 천사가 구름을 입고 하늘에서 내려오는데 그 머리 위에 무지개가 있고 그 얼굴은 해 같고 그 발은 불기둥 같으며
	말씀·성신	
	출 33:9	모세가 회막에 들어갈 때에 구름기둥이 내려 회막 문에 서며 여호와께서 모세와 말씀하시니
	출 14:24상	새벽에 여호와께서 불 구름기둥 가운데서

두 기둥은 하나	민 9:15,16	성막을 세운 날에 구름이 성막 곧 증거막을 덮었고 저녁이 되면 성막 위에 불 모양 같은 것이 나타나서 아침까지 이르렀으되 항상 그러하여 낮에는 구름이 그것을 덮었고 밤이면 불 모양이 있었는데
	출 40:38	낮에는 여호와의 구름이 성막 위에 있고 밤에는 불이 그 구름 가운데 있음을 이스라엘의 온 족속이 그 모든 행하는 길에서 친히 보았더라
	왕상 7:21	이 두 기둥을 전의 낭실 앞에 세우되 우편의 기둥을 세우고 그 이름을 야긴이라 하고 좌편의 기둥을 세우고 그 이름을 보아스라 하였으며
	말씀·성령	
	살전 2:13	이러므로 우리가 하나님께 쉬지 않고 감사함은 너희가 우리에게 들은바 하나님의 말씀을 받을 때에 사람의 말로 아니하고 하나님의 말씀으로 받음이니 진실로 그러하다 이 말씀이 또한 너희 믿는 자 속에서 역사하느니라 *(마 8:16)
	롬 15:18	그리스도께서 이방인들을 순종케 하기 위하여 나로 말미암아 말과 일이며 표적과 기사의 능력이며 성령의 능력으로 역사하신 것 외에는 내가 감히 말하지 아니하노라
	엡 6:17	구원의 투구와 성령의 검 곧 하나님의 말씀을 가지라
	요 16:13	그러하나 진리의 성령이 오시면 그가 너희를 모든 진리 가운데로 인도하시리니 그가 자의로 말하지 않고 오직 듣는 것을 말하시며 장래 일을 너희에게 알리시리라
	갈 2:9	또 내게 주신 은혜를 알므로 기둥같이 여기는 야고보와 게바와 요한도 나와 바나바에게 교제의 악수를 하였으니 이는 우리는 이방인에게로, 저희는 할례자에게로 가게 하려 함이라

"이 땅 거민에게 고하리이다
즉 여호와께서 이 백성 중에 계심을 그들도 들었으니
곧 주 여호와께서 대면하여 보이시며
주의 구름이 그들 위에 섰으며
주께서 낮에는 구름기둥 가운데서, 밤에는 불기둥 가운데서
그들 앞에서 행하시는 것이니이다"
(민 14:14)

제2장 광명과 흑암의 기적

이스라엘 백성은 구름기둥과 불기둥의 인도를 받으며 광야 길을 향했다. 그들은 에담에서부터 두 기둥의 인도를 받으며 가슴 벅찬 기쁨과 함께 다음 장소로 행군하였다. 두 기둥으로 인해 하나님의 임재를 체험한 이스라엘은 의기양양하게 다음 장소인 비하히롯에 도착했다. 하지만 이스라엘을 추격하던 애굽 군대가 도착하자 하나님은 구름기둥으로 구원의 방어벽을 치시고, 하나님의 사자를 통해 광명과 흑암으로 자유로이 역사하시며 구속사를 전개해 나가신다.

제1절 구름기둥은 구원의 방어벽

"여호와께서 모세에게 일러 가라사대 이스라엘 자손을 명하여 돌쳐서 바다와 믹돌 사이의 **비하히롯** 앞 곧 바알스본 맞은편 바닷가에 장막을 치게 하라"(출 14:1-2; 민 33:7).

"이스라엘 진 앞에 행하던 하나님의 사자가 옮겨 그 뒤로 행하매 구름기둥도 앞에서 그 뒤로 옮겨 애굽 진과 이스라엘 진 사이에 이르러 서니 저편은 구름과 **흑암**이 있고 이편은 밤이 **광명**하므로 밤새도록 저편이 이편에 가까이 못하였더라"(출 14:19-20).

1. 광명과 흑암의 역사적 의미

1) 애굽 왕 바로의 분노

바로는 하나님의 마지막 열 재앙째에 장자를 잃었던 아멘호텝 2세 (B.C. 1448-1424)였다. 한편 애굽의 왕들은 18대 왕조 때부터 병거를 타고 전쟁터로 나갔다. 본서의 바로 역시 예외는 아니었다. 그것은 열 재앙에 패배했고, 또 애굽 자국의 430년간 부렸던 풍부한 노예 인력을 잃었기 때문이다(출 12:40-41). 바로는 히브리인의 노동력을 상실한 데 대한 분을 참지 못한 나머지 이스라엘 백성의 뒤를 추격했던 것이다.

바로의 분노는 애굽의 군장비인 특별 병거 600승과 일반 병거와 전 군대의 장관과 군인을 총동원하게 하였다. 이는 바로가 무장된 병력과 함께 이스라엘 백성을 추격하기 위해서였다. 이 무렵 이스라엘은 에담 지역에 저녁 무렵 출현한 구름기둥과 불기둥의 인도를 받으며, 주야로 걸어 만 하루 만에 홍해 앞 비하히롯까지 도착하였다.

2) 비하히롯에서의 기적과 지리적 위치

이스라엘 백성은 애굽 군대가 추격해 온 사실을 알고는 모세에게 "애굽에 매장지가 없어 광야에서 죽게 하느냐"고 소리치며 원망 어린 후회와 불평을 쏟아냈다(출 14:10-11). 이는 출

애굽 자체를 후회하는 소리로 마음은 여전히 애굽의 노예 생활에 머물러 있음을 보여준다. 하지만 이스라엘을 추격하던 애굽 군대가 비하히롯(믹돌)에 도착하였을 때, 하나님의 사자가 후미로 이동하여 애굽 군대와 이스라엘 백성 사이를 구름기둥으로 가로막았다. 그러자 애굽 군대 편에는 암흑이, 이스라엘 백성 편에는 광명이 비취게 되었다. 이로 인해 흑암에 갇힌 불신자의 세력이 광명이 비취는 이스라엘 백성에게 접근할 수 없게 되었다. *(지도에 부호 ③을 참고하라)

"여호와께서 모세에게 일러 가라사대 이스라엘 자손을 명하여 돌쳐서 바다와 믹돌 사이의 비하히롯 앞 곧 바알스본 맞은편 바닷가에 장막을 치게 하라"(출 14:1-2).

2. 광명과 흑암의 구속사적 의미

	광명과 흑암의 기능	광명과 흑암의 영적 의미
인도자	① 하나님의 **사자**가 현현하여 구속사 진행(출14:19) ㉠ '사자' '말아크'란 '보내다' '파견자'라는 뜻 ㉡ מַלְאָךְ, 말아크'는 메시지 전달하는 '선지자' ㉢ 하나님의 말씀의 지시대로 행한 '사자'	① 하나님의 아들 **예수**가 구속사의 주역(마2:11) ㉠ 하늘로부터 세상에 파견되신 예수 ㉡ 대선지자로 세상에 증거하러 오신 예수(행7:37) ㉢ 말씀이 육신이 되어 순종하신 예수(요1:14)
	② 양쪽 진 사이로 **구름기둥**을 옮긴 사자(출14:19) ㉠ 구름기둥을 직접 옮겨 시행한 사자 ㉡ 바로와 죽음을 경계로 가로막은 사자 ㉢ 구름기둥으로 삶과 죽음을 나눈 사자(출14:20)	② 골고다로 **십자가 기둥**을 옮기신 예수(요19:16,17) ㉠ 십자가에서 직접 죽음을 실천하신 예수(요10:18) ㉡ 마귀와 사망의 세력을 없이하신 예수(히2:14) ㉢ 십자가로 구원과 멸망을 나누신 예수(요3:17,18)
	③ 구름기둥으로 **광명**과 **흑암**을 구분(출14:20) ㉠ 구름기둥 저편에 있는 흑암의 세력 ㉡ 구름기둥 이편에 비춰진 광명 ㉢ 광명에 가까이할 수 없는 흑암	③ 십자가 기둥으로 **빛**과 **어둠**을 구분(요12:46) ㉠ 십자가 기둥 저편에는 흑암의 세력(요3:19) ㉡ 십자가 기둥 이편에 비춰진 광명(요8:12) ㉢ 빛에 가까이할 수가 없는 어둠
흑암	① 애굽 바로의 진에는 **흑암**의 **세력**(출14:20하) ㉠ 죄(흑암)의 세력에 지배를 받고 있는 애굽인 ㉡ 흑암에 처한 애굽인은 결국 죽음(멸망) ㉢ 배후에 애굽인을 조종한 마귀의 세력	① 세상에 어둠의 주관자는 **악령**의 **세력**(엡6:12) ㉠ 죄의 세력을 지배하는 공중 권세(엡2:1-3) ㉡ 사망의 권세를 잡은 자 마귀의 패배(히2:14) ㉢ 사망(멸망)의 세력을 잡은 자 마귀(히2:14하)
	② 광명과 흑암과의 관계는 **접근 금지**(출14:20하) ㉠ 하나님의 백성과 합류할 수 없는 어둠의 세력 ㉡ 죄악에 속한 자와 이스라엘 백성과의 대치 ㉢ 마귀에 속한 자는 하나님의 백성에게 접근 금지 ③ 어둠에 속한 바로 군대는 왕의 명령을 복종	② 빛과 어둠이 사귈 수 없는 **부조화**(고후6:14) ㉠ 하나님과 원수가 되는 세상 세력과의 벗(약4:4) ㉡ 죄와 싸우되 피 흘리기까지 싸워 승리(히12:4) ㉢ 마귀를 대적하여 영적 전투로 승리(약4:7) ③ 어둠에 속한 불신자는 악령에 복종(엡2:2,3)
광명	① 이스라엘 백성에게 비췬 **광명**(출14:20하) ② '광명'이 밤을 비추어 지속적인 낮 생활 ③ 광명으로 자기 백성을 보호하신 하나님	① 주님은 성도를 세상에 **빛**으로 명령(마5:14) ② 어둠에서 돌아온 성도가 빛의 자녀로 삶(엡5:8) ③ 주의 광명 중에 광명을 보게 된 성도(시36:9)

이스라엘과 애굽의 차이는
빛과 어둠의 차이요, 신자와 불신자의 차이이며,
하나님의 백성과 마귀의 자식과의 차이이다
(엡 2:1-5).

3. 광명과 흑암의 구속사적 의미(성구)

인도자	**사자**	
	출 14:19	이스라엘 진 앞에 행하던 하나님의 사자가 옮겨 그 뒤로 행하매 구름기둥도 앞에서 그 뒤로 옮겨
	예수	
	마 2:11	집에 들어가 아기와 그 모친 마리아의 함께 있는 것을 보고 엎드려 아기께 경배하고 보배합을 열어 황금과 유향과 몰약을 예물로 드리니라 *(마 2:1-11)
	행 7:37	이스라엘 자손을 대하여 하나님이 너희 형제 가운데서 나와 같은 선지자를 세우리라 하던 자가 곧 이 모세라
	요 1:14	말씀이 육신이 되어 우리 가운데 거하시매 우리가 그 영광을 보니 아버지의 독생자의 영광이요 은혜와 진리가 충만하더라
	구름기둥	
	출 14:19	이스라엘 진 앞에 행하던 하나님의 사자가 옮겨 그 뒤로 행하매 구름기둥도 앞에서 그 뒤로 옮겨
	출 14:20	애굽 진과 이스라엘 진 사이에 이르러 서니 저편은 구름과 흑암이 있고 이편은 밤이 광명하므로 밤새도록 저편이 이편에 가까이 못하였더라
	십자가 기둥	
	요 19:16-18	이에 예수를 십자가에 못 박히게 저희에게 넘겨주니라 저희가 예수를 맡으매 예수께서 자기의 십자가를 지시고 해골(히브리 말로 골고다)이라 하는 곳에 나오시니 저희가 거기서 예수를 십자가에 못 박을새 다른 두 사람도 그와 함께 좌우편에 못 박으니 예수는 가운데 있더라
	요 10:18	이를 내게서 빼앗는 자가 있는 것이 아니라 내가 스스로 버리노라 나는 버릴 권세도 있고 다시 얻을 권세도 있으니 이 계명은 내 아버지에게서 받았노라 하시니라
	히 2:14	자녀들은 혈육에 함께 속하였으매 그도 또한 한 모양으로 혈육에 함께 속하심은 사망으로 말미암아 사망의 세력을 잡은 자 곧 마귀를 없이 하시며
	요 3:17,18	하나님이 그 아들을 세상에 보내신 것은 세상을 심판하려 하심이 아니요 저로 말미암아 세상이 구원을 받게 하려 하심이라 저를 믿는 자는 심판을 받지 아니하는 것이요 믿지 아니하는 자는 하나님의 독생자의 이름을 믿지 아니하므로 벌써 심판을 받은 것이니라
흑암	**광명·흑암**	
	출 14:20	애굽 진과 이스라엘 진 사이에 이르러 서니 저편은 구름과 흑암이 있고 이편은 밤이 광명하므로 밤새도록 저편이 이편에 가까이 못하였더라
	빛·어두움	
	요 12:46	나는 빛으로 세상에 왔나니 무릇 나를 믿는 자로 어두움에 거하지 않게 하려 함이로라
	요 3:19	그 정죄는 이것이니 곧 빛이 세상에 왔으되 사람들이 자기 행위가 악하므로 빛보다 어두움을 더 사랑한 것이니라
	요 8:12	예수께서 또 일러 가라사대 나는 세상의 빛이니 나를 따르는 자는 어두움에 다니지 아니하고 생명의 빛을 얻으리라
	흑암 세력	
	출 14:20상	애굽 진과 이스라엘 진 사이에 이르러 서니 저편은 구름과 흑암이 있고…
	악령 세력	
	엡 6:12	우리의 씨름은 혈과 육에 대한 것이 아니요 정사와 권세와 이 어두움의 세상 주관자들과 하늘에 있는 악의 영들에게 대함이라
	엡 2:1-3	너희의 허물과 죄로 죽었던 너희를 살리셨도다 그때에 너희가 그 가운데서 행하여 이 세상 풍속을 좇고 공중의 권세 잡은 자를 따랐으니 곧 지금 불순종의 아들들 가운데서 역사하는 영이라 전에는 우리도 다 그 가운데서 우리 육체의 욕심을 따라 지내며 육체와 마음의 원하는 것을 하여 다른 이들과 같이 본질상 진노의 자녀이었더니

	히 2:14	자녀들은 혈육에 함께 속하였으매 그도 또한 한 모양으로 혈육에 함께 속하심은 사망으로 말미암아 **사망**의 세력을 잡은 자 곧 마귀를 없이하시며
	히 2:14하	…사망으로 말미암아 사망의 세력을 잡은 자 곧 **마귀**를 없이 하시며
	접근금지	
	출 14:20	…저편은 구름과 흑암이 있고 이편은 밤이 광명하므로 밤새도록 저편이 이편에 가까이 못하였더라
흑암	부조화	
	고후 6:14	너희는 믿지 않는 자와 멍에를 같이 하지 말라 의와 불법이 어찌 함께하며 빛과 어두움이 어찌 사귀며
	약 4:4	간음하는 여자들이여 세상과 벗 된 것이 하나님의 원수임을 알지 못하느뇨 그런즉 누구든지 세상과 벗이 되고자 하는 자는 스스로 하나님과 원수 되게 하는 것이니라
	히 12:4	너희가 죄와 싸우되 아직 피 흘리기까지는 대항치 아니하고
	약 4:7	그런즉 너희는 하나님께 순복할지어다 마귀를 대적하라 그리하면 너희를 피하리라
	엡 2:2,3	그때에 너희가 그 가운데서 행하여 이 세상 풍속을 좇고 공중의 권세 잡은 자를 따랐으니 곧 지금 불순종의 아들들 가운데서 역사하는 영이라 전에는 우리도 다 그 가운데서 우리 육체의 욕심을 따라 지내며 육체와 마음의 원하는 것을 하여 다른 이들과 같이 본질상 진노의 자녀이었더니
	광명	
	출 14:20하	이편은 밤이 광명하므로 밤새도록 저편이 이편에 가까이 못하였더라
광명	빛	
	마 5:14	너희는 세상의 빛이라 산 위에 있는 동네가 숨기우지 못할 것이요
	엡 5:8	너희가 전에는 어두움이더니 이제는 주 안에서 빛이라 빛의 자녀들처럼 행하라
	시 36:9	대저 생명의 원천이 주께 있사오니 주의 광명 중에 우리가 광명을 보리이다

> "나 예수는
> 교회들을 위하여 내 사자를 보내어
> 이것들을 너희에게 증거하게 하였노라
> 나는 다윗의 뿌리요 자손이니
> 곧 광명한 새벽별이라 하시더라"
> (계 22:16)

제3장 홍해의 기적

이스라엘 백성은 무장한 애굽 군대가 자기들의 뒤를 추격한다는 사실을 알았다. 이에 그들은 하나님께 대한 원성과 함께 애굽의 매장지를 거론하였다(출 14:5-12). 하지만 하나님은 진퇴양난의 위기에서 당황하는 이스라엘을 향해 긴급하고도 확실한 보호책을 마련해 놓으셨다. 그것은 이스라엘이 위급한 상황에서 애굽 군대가 더 이상 추격하지 못하도록 구름기둥으로 방어벽을 쳐놓았기 때문이다.

제1절 이스라엘의 홍해 진입

"여호와께서 모세에게 이르시되 너는 어찌하여 내게 부르짖느뇨 이스라엘 자손을 명하여 앞으로 나가게 하고 지팡이를 들고 손을 **바다** 위로 내밀어 그것으로 갈라지게 하라 이스라엘 자손이 바다 가운데 육지로 행하리라"(출 14:15-16).

"모세가 바다 위로 손을 내어민대 여호와께서 큰 동풍으로 밤새도록 바닷물을 물러가게 하시니 물이 갈라져 바다가 마른땅이 된지라 이스라엘 자손이 **바다** 가운데 육지로 행하고 물은 그들의 좌우에 벽이 되니"(출 14:21-22).

1. 홍해 도하의 역사적 의미

1) 이스라엘이 도하한 홍해와 지리적 위치

당시 이스라엘이 홍해를 건넌 곳은 수에즈 만 홍해 끝자락에서 남쪽 약 10km지점 아래로 추정된다. 그렇다면 애굽 라암셋에서 이스라엘이 홍해를 도하했다는 수에즈 만 홍해 앞 비하히롯까지 직선거리는 130km이며 도보 거리는 약 150km가 된다. *[구글 어스(Google Earth)로 측정한 거리이다].

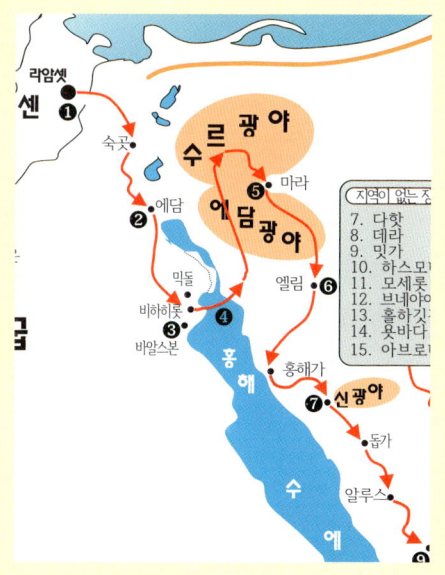

하나님은 모세에게 "애굽 왕에게 이르기를 히브리 사람의 하나님 여호와께서 우리에게 임하셨은즉 우리가 우리 하나님 여호와께 희생을 드리려 하오니 '사흘 길쯤 광야'로 가기를 허락하소서 하라"(출 3:18)고 하셨다. 여기서 '사흘 길쯤 광야'는 청장년이 하루 해거름으로 약 35-40km를 걷는다고 할 때 3일을 계산하면 105-120km정도 될 것이다. *(지도에 부호 ④을 참고하라)

"그러므로 하나님이 홍해의 광야 길로 돌려 백성을 인도하시매 이스라엘 자손이 애굽 땅에서 항오를 지어 나올 때에"(출 13:18).

2) '사흘 길쯤 광야'의 거리와 시간별

이스라엘이 도보한 3일 길을 거리(km)와 시간별로 계산해 보자. 라암셋에서 숙곳까지 약 55km인데 15시간에 주파했을 것이다. 이스라엘이 유월절 다음날 1월 15일 새벽 2시경쯤 출발한 것으로 보인다. 그들은 장자 사망 재앙으로 정월 14일 유월절 밤에(레 23:5), 어린양을 잡아 문설주 좌우와 인방에 피를 바르고 그 밤에 가족이 모여 양고기를 먹었다. 그리고 '유월절 다음날'(민 33:3)이란, 아침이 아니라 유월절 밤과 이어지는 자정을 지나 새벽 2시경쯤 되었을 것이다. 그렇다면 이스라엘은 라암셋에서 새벽 2시경쯤 도보하여 아침과 낮 시간, 즉 그날 해거름에 걸어 숙곳까지 총 55km를 걸었을 것으로 본다.

다시 말해 새벽 4시간과 아침부터 저녁까지 11시간을 합해 15시간을 도보한 것으로 볼 때, 그들의 걸음은 속도전이었다. 조상 때부터 430년의 고역을 겪은 노예생활에서 해방이라는 자유의 기쁨과, 애굽의 장자 사망으로 인한 통곡 속에 출애굽 하는 이스라엘로서는 긴장과 흥분의 도가니가 아닐 수 없었다. 이로써 그들의 도보 거리 55km의 15시간은 속도전이었음을 알 수 있다. 하나님이 양고기를 '급히 먹으라'(출 12:11)는 말씀과, '그릇을 옷에 싸서', '애굽에서 쫓겨남으로 지체할 수 없었음이며', '아무 양식도 준비하지 못하였음이라' 등을 성경이 언급하여 뒷받침해 주기 때문이다(출 12:34, 39).

저녁에 숙곳에 도착한 백성들은 그곳에서 유숙하고 아침에 일어나 해거름으로 에담까지 약 34km를 걸어 도착하였고, 에담에서 수에즈 만 홍해 앞 비하히롯까지 약 61km를 걸음으로써 도보 거리는 총 150km가 된다. 에담에서 홍해 앞 비하히롯까지 약 61km를 걸었다고

보는 것은, 이스라엘이 두 번째 장막을 친 에담 저녁 무렵에 도착했을 때 구름기둥과 불기둥이 출현하여 그들을 '주야로 진행하게 하였기' 때문이다. 그렇다면 에담 저녁부터 밤새도록 걸은 백성들이 다음날 낮에도 계속 걸었던 것이다. 그래서 성경은 에담에서부터 (수에즈 만) 홍해 앞 비하히롯까지 '주야로 진행하였다'고 한다.

"그들이 숙곳에서 발행하여 광야 끝 에담에 장막을 치니 여호와께서 그들 앞에 행하사 낮에는 구름기둥으로 그들의 길을 인도하시고 밤에는 불기둥으로 그들에게 비취사 주야로 진행하게 하시니 낮에는 구름기둥, 밤에는 불기둥이 백성 앞에서 떠나지 아니하니라"(출 13:20-22).

♣ 아래는 이스라엘이 애굽 라암셋에서 숙곳, 에담, 홍해 앞 비하히롯을 거쳐 바다 건너까지 '사흘 길쯤 광야'를 대략적으로 시간별로 도표화하였다.

'사흘 길쯤 광야'의 시간별 도표

유월절 다음날 1월 15일(새벽) ① 라암셋 출발		② 숙곳		③ 에담		④ 비하히롯	⑤ 홍해 도하 ⑥ 새벽 도착
새벽 2시	아침 6시	저녁 5시	아침 5시	저녁 5시		오후 4시	새벽 2시
14일(밤) 유월절 양 (장자 재앙)	밤 4시간 주야 15시간	낮 11시간	밤 12시간 장막 설치, 해체 주야 24시간	낮 12시간 해거름 도보	밤, 낮 주야 도보 23시간 구름기둥과 불	23시간 기둥 출현·인도	동풍 7시간 도하 3시간 총 10시간	(밤새도록) (새벽 도착) 찬양
	14km	41km	유숙	35km	60km	홍해 폭 9.5km	
	속도전 걸음	보통 걸음		속도전 걸음		속도전 걸음	
⑦	"이스라엘 자손이 라암셋에서 발행하여 숙곳에 진 쳤고"(민 33:5). "백성이 발교되지 못한 반죽 담은 그릇을 옷에 싸서 어깨에 메니라"(출 12:34). "그들이 애굽에서 쫓겨남으로 지체할 수 없었음이며 아무 양식도 준비하지 못하였음이었더라"(출 12:39하).		"숙곳에서 발행하여 광야 끝 에담에 진 쳤고"(민 33:6).	"그들이 숙곳에서 발행하여 광야 끝 에담에 장막을 치니 여호와께서 그들 앞에 행하사 낮에는 구름기둥으로 그들의 길을 인도하시고 밤에는 불기둥으로 그들에게 비취사 주야로 진행하게 하시니 낮에는 구름기둥, 밤에는 불기둥이 백성 앞에서 떠나지 아니하니라"(출 13:20-22).		"이스라엘 자손이 바다 가운데 육지로 행하고 물은 그들의 좌우에 벽이 되니 애굽 사람들과 바로의 말들, 병거들과 그 마병들이 다 그 뒤를 쫓아 바다 가운데로 들어오는지라"(출 14:22,23).	
	← 라암셋에서 홍해 도하까지 → 만 3일(72시간) "'사흘 길쯤 광야'로 가기를 허락하소서 하라"(출 3:18).						
	이스라엘이 도하했다는 수에즈만 홍해의 폭은 약 9.5km 정도이다. 장정이 하루 해거름(낮 12시간)까지 약 35km를 걷는다고 계산하면 1시간에 2.92km를 걷는데, 3시간 걸었을 때는 8.76km가 된다. 이스라엘이 홍해 9.5km의 폭을 속도전으로 걸을 때 3시간이면 충분히 걸을 수 있는 거리이다.						
	라암셋에서 수에즈만 홍해 앞까지 직선거리는 약 130km, 도보거리는 150km다. ♣ 직선거리는 구글 어스(Google Earth)로 측정한 거리이다.						

3) 이스라엘이 행군한 대열

이스라엘 백성의 행렬이 얼마나 길었을까? 아마 약 2km 이상의 행렬로 추정해 본다. 그것은 군인 603,550명(민 2:32)과 또한 군대 징집을 제외한 레위 지파와 노인과 부녀자와 청소년과 어린아이를 감안하면 적게나마 약 200만 명으로 추산할 수 있기 때문이다. 이스라엘의 대열을 생각하면, 그들이 행군할 때 한 사람의 폭을 가로와 세로 50㎝의 정사각형으로 보고, 한 줄에 800명이 횡대로 섰다면 선두 앞 열의 가로 너비가 400m요, 종대로 한 줄에 2,500명이 섰을 때 세로 길이가 1,250m가 된다. 그들의 행렬 간격은 그리 좁지 않았을 것이고, 가축까지 몰고 갔다면 그 행렬은 엄청났을 것이다.

게다가 하나님이 동풍으로 바닷길을 여실 때 갈라지는 바다의 폭은 500m 이상이 되었을 것이다. 그뿐만 아니라 이스라엘 백성 200만 명이 도하한 홍해 폭 9.5km 정도의 거리를 건널 때 약 3시간이 소요되었을 것이다.

♣ 이스라엘의 대략적 홍해 도하 도표

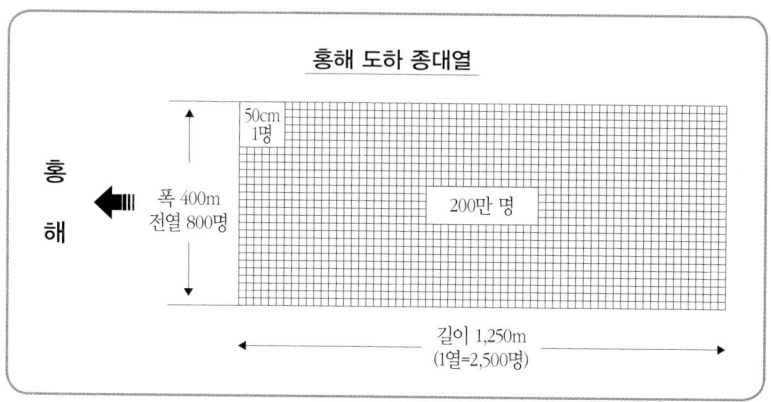

4) 이스라엘 백성의 홍해 도하

하나님은 모세로 하여금 그의 손에 잡은 지팡이로 바닷길을 열게 하셨다. 모세가 잡은 지팡이는 하나님의 지팡이로서 놀라운 이적을 행하였다(출 4:20, 8:5). 모세가 지팡이를 사용함으로써 하나님의 권위와 능력을 대변하게 되었다. 하나님은 동풍으로 밤새도록 바닷물을 밀어붙여 마른땅이 되게 하셨다. 만약 땅이 마르지 않았다면 바다 밑에 진흙이 퇴적되어 노인이나 아이들이 걷기가 여간 불편하지 않았을 것이다.

이스라엘 백성이 바다 가운데로 통과할 때 좌우에 물이 벽을 이루었다. "이스라엘 자손이 바다 가운데 육지로 행하고 물은 그들의 좌우에 벽이 되니"(출 14:22). 그들은 웅장한 물 벽을 올려다보며 바다 밑을 걸을 때 감격과 두려움이 교차하였을 것이다. 어찌 그들이 하나님을 찬양하지 않을 수 있겠는가? 하나님은 갈라진 홍해를 통해 이스라엘 백성이 안전하게 건너도록 지켜 주셨다.

5) 애굽 군대의 홍해 수장(水葬)

하나님은 이스라엘 백성을 추격하던 바로의 군대를 홍해에 모조리 수장시키기로 계획하셨다. 실로 홍해의 기적은 이스라엘을 보호하기 위함이었지 애굽 군대가 이적의 해택을 누리게 하기 위한 것이 아니었다. 애굽 군대가 바다 밑으로 병거를 타고 이스라엘 백성에게로 다가올 때 하나님은 구름기둥과 불기둥으로 그들의 머리를 어지럽게 함으로 정신을 혼동시키셨다.

이와 동시에 병거 바퀴가 벗겨지고 사람과 말의 비명소리로 바다를 메우면서 그들은 혼비백산하여 도망치려고 했다(출 14:23-25). 하지만 하나님은 모세에게 지팡이를 쥔 손을 내밀어 바다의 세력이 회복되게 함으로써 바닷속에 있던 애굽 군대를 모두 수장시켜 버리셨다(출 14:26-

28). 하나님은 자기의 구속사를 방해하려는 바로와 그 군대를 결코 용납하지 않으셨다. 그 결과는 죽음뿐이었다.

2. 홍해 도하의 구속사적 의미

	홍해 도하의 기능	홍해 도하의 영적 의미
세례식	① 이스라엘을 애굽에서 불러내신 하나님(출12:51) ㉠ 이스라엘을 추격한 바로와 군대(출14:6-9) ㉡ 이스라엘을 바로 손에서 지켜 주시는 하나님 ㉢ 바로에게 벗어난 이스라엘은 홍해를 도하 ② **바닷**속에서 죽음을 경험한 백성(출14:22) ㉠ 바닷속을 통과해야 할 백성들(출14:29) ㉡ 제2의 생명을 갖기 위한 이스라엘 백성 ㉢ 바다에서 세례를 받은 백성들(고전10:1,2) ③ 바다 위로 올라와 육의 **생명**을 건진 백성(출14:29) ㉠ 홍해를 통과한 백성은 애굽을 잊고 사는 삶 ㉡ 벽을 이뤄 백성의 생명을 보호한 바닷물 ㉢ 바닷물은 구원과 멸망의 표식(출14:27-30)	① 택한 성도를 **세상**에서 불러내신 하나님(롬8:30) ㉠ 성도를 넘어뜨리려는 마귀의 추종자(마24:24) ㉡ 성도를 마귀의 손에서 지켜주시는 하나님 ㉢ 마귀에게 벗어난 신자는 세례를 받음 ② 옛 사람이 죽고 새 사람으로의 **물세례** (롬6:3,4,6) ㉠ 물세례를 반드시 받아야 할 신자들(행10:47,48) ㉡ 새 생명으로 살아가기 위한 성도들 ㉢ 물세례로 예수님의 옷을 입는 성도들(갈3:27) ③ 물세례로 **영**의 **생명**을 얻은 성도(롬6:7-11) ㉠ 물세례를 받은 성도는 옛것을 잊고 사는 삶 ㉡ 물세례로 하나님의 권속으로 보호받는 성도 ㉢ 물세례는 영생을 얻는 구원의 표(벧전3:20-21)
집례	① 땅에서 선지자로 세움을 받은 **모세**(신18:15) ② 구약시대에 세례를 집례한 모세(고전10:2) ③ 홍해에서 세례식을 거행한 모세(출14:21,22)	① 하늘로부터 대선지자로 오신 **예수**(행3:22,23) ② 신구약 세례를 총괄하시는 분은 예수(요3:22,26) ③ 제자에게 세례식을 위임하신 예수(요4:1,2;마28:19)
예표·상징	♣ 이스라엘과 애굽 : 성도와 마귀 · 모세 = 예수님 → "하나님이 너희 형제 가운데서 나와 같은 선지자를 세우리라"(행7:37) · 이스라엘 = 성도 → "… 그리스도 예수로 자랑하고 육체를 신뢰하지 아니하는 우리가 곧 할례당이라"(빌3) · 애굽 = 세상 → 애굽에 속박된 이스라엘이 해방을 맞았듯이, 성도가 죄악 세상에서 자유 함을… · 바로 = 마귀 → 이스라엘을 해치는 애굽 군대의 우두머리 · 군대 = 마귀의 세력 → 바로의 추종 세력들 · 홍해 = 세례 → "모세에게 속하여 다 구름과 바다에서 세례를 받고"(고전10:1-2)	

"베드로가 가로되 너희가 회개하여
각각 예수 그리스도의 이름으로 세례를 받고 죄 사함을 얻으라
그리하면 성령을 선물로 받으리니"
(행 2:38)

3. 홍해 도하의 구속사적 의미(성구)

	애굽	
	출 12:51	그 같은 날에 여호와께서 이스라엘 자손을 그 군대대로 애굽 땅에서 인도하여 내셨더라
	출 14:6-9	바로가 곧 그 병거를 갖추고 그 백성을 데리고 갈새 특별 병거 육백 승과 애굽의 모든 병거를 발하니 장관들이 다 거느렸더라 여호와께서 애굽 왕 바로의 마음을 강퍅게 하셨으므로 그가 이스라엘 자손의 뒤를 따르니 이스라엘 자손이 담대히 나갔음이라 애굽 사람들과 바로의 말들, 병거들과 그 마병과 그 군대가 그들의 뒤를 따라 바알스본 맞은편 비하히롯 곁 해변 그 장막 친 데 미치니라
	세상	
	롬 8:30	또 미리 정하신 그들을 또한 부르시고 부르신 그들을 또한 의롭다 하시고 의롭다 하신 그들을 또한 영화롭게 하셨느니라
	마 24:24	거짓 그리스도들과 거짓 선지자들이 일어나 큰 표적과 기사를 보이어 할 수만 있으면 택하신 자들도 미혹하게 하리라
	바다	
	출 14:22	이스라엘 자손이 바다 가운데 육지로 행하고 물은 그들의 좌우에 벽이 되니
	출 14:29	그러나 이스라엘 자손은 바다 가운데 육지로 행하였고 물이 좌우에 벽이 되었었더라
	고전 10:1,2	형제들아 너희가 알지 못하기를 내가 원치 아니하노니 우리 조상들이 다 구름 아래 있고 바다 가운데로 지나며 모세에게 속하여 다 구름과 바다에서 세례를 받고
세 례 식	**물세례**	
	롬 6:3,4	무릇 그리스도 예수와 합하여 세례를 받은 우리는 그의 죽으심과 합하여 세례 받은 줄을 알지 못하느뇨 그러므로 우리가 그의 죽으심과 합하여 세례를 받음으로 그와 함께 장사되었나니 이는 아버지의 영광으로 말미암아 그리스도를 죽은 자 가운데서 살리심과 같이 우리로 또한 새 생명 가운데서 행하게 하려 함이니라
	롬 6:6	우리가 알거니와 우리 옛 사람이 예수와 함께 십자가에 못 박힌 것은 죄의 몸이 멸하여 다시는 우리가 죄에게 종노릇하지 아니하려 함이니
	행 10:47,48	이에 베드로가 가로되 이 사람들이 우리와 같이 성령을 받았으니 누가 능히 물로 세례 줌을 금하리요 하고 명하여 예수 그리스도의 이름으로 세례를 주라 하니 저희가 베드로에게 수일 더 유하기를 청하니라
	갈 3:27	누구든지 그리스도와 합하여 세례를 받은 자는 그리스도로 옷 입었느니라
	육의 생명	
	출 14:29	그러나 이스라엘 자손은 바다 가운데 육지로 행하였고 물이 좌우에 벽이 되었었더라
	출 14:27-30	모세가 곧 손을 바다 위로 내어밀매 새벽에 미쳐 바다의 그 세력이 회복된지라 애굽 사람들이 물을 거스려 도망하나 여호와께서 애굽 사람들을 바다 가운데 엎으시니 물이 다시 흘러 병거들과 기병들을 덮을 그들의 뒤를 쫓아 바다에 들어간 바로의 군대를 다 덮고 하나도 남기지 아니하였더라 그러나 이스라엘 자손은 바다 가운데 육지로 행하였고 물이 좌우에 벽이 되었었더라 그날에 여호와께서 이같이 이스라엘을 애굽 사람의 손에서 구원하시매 이스라엘이 바닷가의 애굽 사람의 시체를 보았더라
	영의 생명	
	롬 6:7-11	이는 죽은 자가 죄에서 벗어나 의롭다 하심을 얻었음이니라 만일 우리가 그리스도와 함께 죽었으면 또한 그와 함께 살줄을 믿노니 이는 그리스도께서 죽은 자 가운데서 사셨으매 다시 죽지 아니하시고 사망이 다시 그를 주장하지 못할 줄을 앎이로라 그의 죽으심은 죄에 대하여 단번에 죽으심이요 그의 살으심은 하나님께 대하여 살으심이니 이와 같이 너희도 너희 자신을 죄에 대하여는 죽은 자요 그리스도 예수 안에서 하나님을 대하여는 산 자로 여길지어다
	벧전 3:20-21	그들은 전에 노아의 날 방주 예비할 동안 하나님이 오래 참고 기다리실 때에 순종치 아니하던 자들이라 방주에서 물로 말미암아 구원을 얻은 자가 몇 명뿐이니 겨우 여덟 명이라 물은 예수 그리스도의 부활하심으로 말미암아 이제 너희를 구원하는 표니 곧 세례라 육체의 더러운 것을 제하여 버림이 아니요 오직 선한 양심이 하나님을 향하여 찾아가는 것이라

집례	**모세**	
	신 18:15	네 하나님 여호와께서 너의 중 네 형제 중에서 나와 같은 선지자 하나를 너를 위하여 일으키시리니 너희는 그를 들을지니라
	고전 10:2	모세에게 속하여 다 구름과 바다에서 세례를 받고
	출 14:21,22	모세가 바다 위로 손을 내어민대 여호와께서 큰 동풍으로 밤새도록 바닷물을 물러가게 하시니 물이 갈라져 바다가 마른 땅이 된지라 이스라엘 자손이 바다 가운데 육지로 행하고 물은 그들의 좌우에 벽이 되니
	예수	
	행 3:22,23	모세가 말하되 주 하나님이 너희를 위하여 너희 형제 가운데서 나 같은 선지자 하나를 세울 것이니 너희가 무엇이든지 그 모든 말씀을 들을 것이라 누구든지 그 선지자의 말을 듣지 아니하는 자는 백성 중에서 멸망 받으리라 하였고
	요 3:22	이후에 예수께서 제자들과 유대 땅으로 가서 거기 함께 유하시며 세례를 주시더라
	요 3:26	저희가 요한에게 와서 가로되 랍비여 선생님과 함께 요단 강 저편에 있던 자 곧 선생님이 증거하시던 자가 세례를 주매 사람이 다 그에게로 가더이다
	요 4:1,2	예수의 제자를 삼고 세례를 주는 것이 요한보다 많다 하는 말을 바리새인들이 들은 줄을 주께서 아신지라 (예수께서 친히 세례를 주신 것이 아니요 제자들이 준 것이라)
	마 28:19	그러므로 너희는 가서 모든 족속으로 제자를 삼아 아버지와 아들과 성령의 이름으로 세례를 주고
예표·상징	**모세·이스라엘·홍해**	
	행 7:37	이스라엘 자손을 대하여 하나님이 너희 형제 가운데서 나와 같은 선지자를 세우리라 하던 자가 곧 이 모세라
	빌 3:3	하나님의 성령으로 봉사하며 그리스도 예수로 자랑하고 육체를 신뢰하지 아니하는 우리가 곧 할례당이라
	고전 10:1,2	형제들아 너희가 알지 못하기를 내가 원치 아니하노니 우리 조상들이 다 구름 아래 있고 바다 가운데로 지나며 모세에게 속하여 다 구름과 바다에서 세례를 받고

"믿음으로 저희가 홍해를 육지같이 건넜으나
애굽 사람들은 이것을 시험하다가 빠져 죽었으며"
(히 11:29)

제4장 마라에서의 쓴 물이 단물로

이스라엘 백성은 홍해에서 애굽 군대가 수장되는 광경을 보며 안도의 한숨과 더불어 하나님의 능력을 실감하였다. 사실 하나님의 장엄한 홍해의 기적은 그들의 심령 속에 찬송과 함께 소망의 꿈을 부풀게 해 주었다(출 15:1-21). 홍해를 건넜던 이스라엘 백성의 기쁨과 감격은 일단 찬송으로 막을 내리고, 그들은 황량한 광야 길로 접어들게 되었다.

제1절 마라의 쓴 물이 단물로

"모세가 홍해에서 이스라엘을 인도하매 그들이 나와서 **수르 광야**로 들어가서 거기서 사흘 길을 행하였으나 물을 얻지 못하고 **마라**에 이르렀더니 그곳 물이 써서 마시지 못하겠으므로 그 이름을 마라라 하였더라 백성이 모세를 대하여 원망하여 가로되 우리가 무엇을 마실까 하매 모세가 여호와께 부르짖었더니 여호와께서 그에게 한 나무를 지시하시니 그가 물에 던지매 물이 달아졌더라"(출 15:22-25상).

"하히롯 앞에서 발행하여 바다 가운데로 지나 광야에 이르고 **에담 광야**로 삼 일 길쯤 들어가서 **마라**에 진 쳤고"(민 33:8).

1. 마라의 쓴 물이 단물로의 역사적 의미

1) 에담과 수르 광야의 노정

이스라엘 백성이 구름기둥과 불기둥의 인도를 받은 기쁨도 잠시뿐이었다. 그것은 광야에서 3일 길을 걷는 동안에 물을 마시지 못했기 때문이다.

a. 이스라엘이 마라에 도착하기 전에 두 광야를 언급하고 있다. 출애굽기는 '수르 광야로 들어가서 거기서 사흘 길을 행하였으나 물을 얻지 못하고 마라에 이르렀다'(출 15:22-23)고 하였고, 민수기는 '에담 광야로 삼 일 길쯤 들어가서 마라에 진 쳤다'(민 33:8)고 하였다. 여기서 수르 광야와 에담 광야는 같은 지역이 아니라 각기 다른 두 광야이다. 두 광야는 애굽 앞부분에 서로 맞닿아 있었다. 이는 홍해를 건너 에담 광야와 수르 광야를 거쳐 마라에 갔기 때문에 각기 달리 기록하였을 뿐이다. 실로 애굽 앞 광야의 두 지명을 잘 아는 모세는 출애굽기는 수르 광야로, 민수기는 에담 광야로 각기 명기했던 것이다.

b. 그들은 출애굽 때 이끌고 나온 가축 떼와 짐들을 광야에서 힘들게 운반하였다. 이 같은 수고와 번거로움 속에 그들의 목마름은 물론이요, 늙으신 부모와 연약한 처자식들을 바라볼 때 이루 말할 수 없는 안타까운 심정이었을 것이다.

이스라엘이 인구 약 200만 명의 대집단을 이루어 거칠고 무더운 광야길을 여행한다는 것은 결코 순탄한 일이 아니었다. 그들은 사람뿐만 아니라 짐승들도 많았기 때문에 광야 삼 일 길을 도보하려면 대량의 물이 필요했을 것이다.

2) 마라에 도착한 백성과 지리적 위치

마라는 이스라엘이 홍해를 건넌 후 최초로 장막을 친 곳으로 수에즈 만 홍해 끝자락 동쪽 부분에 위치한다. 이스라엘은 마라에 도착하였을 때 물을 발견하였다. 그들은 갈증을 해결하기 위해 마라의 샘물로 갔지만 그 물은 써서 마실 수가 없었다. 그러자 백성들은 모세를 향하여 원망과 불평을 쏟아내고 말았다. 이스라엘은 며칠 전 홍해의 기적을 체험하고도 단지 물을 마시지 못한 이유로 하나님의 깊으신 사랑과 은혜, 그리고 구속사의 일을 그르치는 자들이 되고 말았다.
*(지도에 부호 ⑤을 참고하라)

"하히롯 앞에서 발행하여 바다 가운데로 지나 광야에 이르고 에담 광야로 삼일 길쯤 들어가서 마라에 진 쳤고"(민 33:8).

3) 마라에서 지시하신 한 나무

이스라엘의 원망을 본 모세가 하나님께 부르짖었을 때 하나님은 모세에게 물에 던져 넣을 '한 나무'를 지시해 주셨다. 광야에 다른 나무도 있었지만 하나님은 '한 나무', 즉 '그' 나무를 지시하셨다. 이에 모세가 하나님께로부터 지시 받은 '한 나무'를 주워 던졌더니 쓴 물이 단물로 변하였고, 그들은 단물로 갈증을 해갈하였다.

하나님은 마라에서 '한 나무'로 쓴 물을 단물로 변화시켜 백성에게 먹이신 후 그들을 위해 법도와 율례를 정하셨다. 하나님의 말씀을 청종하고 의를 행하며 또 계명과 규례를 지키면, 애굽 사람에게 내린 질병을 이스라엘 백성에게 내리지 않으시는 하나님, 즉 그들을 '치료하는 여호와'라고 하셨다(출 15:25-26).

2. 마라에서 쓴 물이 단물로 변화된 구속사적 의미

	마라의 기능	마라의 영적 의미
마라·나무	① 광야 **마라**에서의 쓴 물(출15:22,23) 　㉠ '마라(מָרָה)'는 '쓰다' '괴롭다'라는 의미 　㉡ 물이 써서 마실 수가 없는 마라의 물 　㉢ 백성에게 쓴 물로 시험하신 하나님(출15:25) ② 광야에 버려진 마라의 **희생 나무**(출15:25) 　㉠ 마라에 한 나무를 예비·지시하신 하나님 　㉡ 쓴 물에 던짐을 받은 마라의 한 나무 　㉢ 백성의 생명을 위해 희생당한 한 나무 ③ 희생된 나무로 인해 **변화**된 단물(출15:25) 　㉠ 쓴 물에 던짐을 받은 나무로 변화된 단물 　㉡ 희생 나무로 인해 백성에게 공급된 단물 　㉢ 마라의 쓴 물이 희생의 나무로 변화된 단물	① 예수님의 **고난**의 쓴잔(마26:39) 　㉠ 겟세마네에서 괴로움을 토로하신 예수 　㉡ 통곡의 눈물로 간구와 소원을 올린 예수(히5:7) 　㉢ 인류의 대표로 고통의 쓴 잔을 받으신 예수 ② 세상에 외면 받은 골고다 **십자가 나무**(요19:17,18) 　㉠ 십자가의 죽음에 예수를 예비하신 하나님 　㉡ 십자가 나무에 던져진 예수(마27:46; 히12:2) 　㉢ 택자의 구원을 위해 희생당한 의로우신 예수 ③ 십자가(예수) 나무로 솟은 **구원**의 샘물(슥13:1) 　㉠ 인류의 죄에 던짐 받으신 예수로 이룬 구원 　㉡ 십자가(예수)의 희생으로 베푼 구원의 은혜 　㉢ 죄악의 물결이 예수로 변화된 은혜의 물결
백성	① 마라에서 **쓴맛**을 경험한 백성들(출15:23) 　㉠ 애굽의 고난을 상기해야 할 백성들(출12:8) 　㉡ 유월절(양, 쓴 나물)을 잊지 않는 백성(출12:1-11) 　㉢ 쓴맛은 광야생활의 고난이 예고된 백성들 ② 쓴맛을 통해 백성을 **시험**하신 하나님(출15:25) 　㉠ 백성의 신뢰의 척도를 시험하시는 하나님 　㉡ 쓴 물(의식주), 즉 마실 물로 시험하신 하나님 　㉢ 말씀의 순종의 여부를 시험하신 하나님 ③ 마라에서 **단맛**을 **경험**한 백성들(출15:25) 　㉠ 마라에서 목마름을 해갈한 백성들 　㉡ 단물을 마시고 생명을 얻은 백성들 　㉢ 단물로 생명을 얻은 백성이 기쁨·감사 없음	① 고난의 **십자가**를 자랑해야 할 성도들(갈6:14) 　㉠ 과거 죄를 후회하고 십자가를 지는 성도(눅9:23) 　㉡ 십자가 고난(성찬)에 참예하는 성도들(눅22:19,20) 　㉢ 감당할 수 있는 시험만 받는 성도들(고전10:13) ② 고난을 통해 **시험**하시는 하나님(시26:2, 66:10) 　㉠ 자기 믿음 척도를 시험해야 할 성도(고후13:5) 　㉡ 떡(의식주)으로 믿음을 시험하신 예수(요6:5-7) 　㉢ 말씀을 파수한 자가 면할 환난의 시험(계3:10) ③ 십자가로 **은혜**를 **체험**한 성도들(행11:21-24) 　㉠ 목마름을 해갈할 수 있는 영혼의 생수(요4:10-15) 　㉡ 은혜의 말씀으로 구원을 얻은 무리(행14:3,4) 　㉢ 꿀보다 단 말씀을 체험한 고백·기쁨(시119:103)
치료	① 말씀을 순종할 때 **치료**하시는 하나님(출15:26) ② 육신의 질병을 치료하시는 하나님 ③ 영적 질병(죄, 허물)도 치료하시는 하나님	① 만병을 **치료**하시는 의사이신 예수(마8:16,17) ② 육신의 질병을 치료하시는 예수(마4:23-25) ③ 영적 병(죄, 허물)을 치료하시는 예수(마9:12,13)

"너희 목마른 자들아 물로 나아오라 돈 없는 자도 오라
너희는 와서 사 먹되 돈 없이, 값없이 와서 포도주와 젖을 사라"
(사 55:1)

3. 마라에서 쓴 물이 단물로 변화된 구속사적 의미(성구)

마라·나무	**마라**	
	출 15:22,23	모세가 홍해에서 이스라엘을 인도하매 그들이 나와서 수르 광야로 들어가서 거기서 사흘 길을 행하였으나 물을 얻지 못하고 마라에 이르렀더니 그곳 물이 써서 마시지 못하겠으므로 그 이름을 마라라 하였더라
	출 15:25	모세가 여호와께 부르짖었더니 여호와께서 그에게 한 나무를 지시하시니 그가 물에 던지매 물이 달아졌더라 거기서 여호와께서 그들을 위하여 법도와 율례를 정하시고 그들을 시험하실새
	고난	
	마 26:39	조금 나아가사 얼굴을 땅에 대시고 엎드려 기도하여 가라사대 내 아버지여 만일 할 만하시거든 이 잔을 내게서 지나가게 하옵소서 그러나 나의 원대로 마옵시고 아버지의 원대로 하옵소서 하시고
	히 5:7	그는 육체에 계실 때에 자기를 죽음에서 능히 구원하실 이에게 심한 통곡과 눈물로 간구와 소원을 올렸고 그의 경외하심을 인하여 들으심을 얻었느니라
	한 나무	
	출 15:25	모세가 여호와께 부르짖었더니 여호와께서 그에게 한 나무를 지시하시니 그가 물에 던지매 물이 달아졌더라 거기서 여호와께서 그들을 위하여 법도와 율례를 정하시고 그들을 시험하실새
	십자가 나무	
	요 19:17,18	저희가 예수를 맡으매 예수께서 자기의 십자가를 지시고 해골(히브리말로 골고다)이라 하는 곳에 나오시니 저희가 거기서 예수를 십자가에 못 박을새 다른 두 사람도 그와 함께 좌우편에 못 박으니 예수는 가운데 있더라
	마 27:46	제구 시 즈음에 예수께서 크게 소리질러 가라사대 엘리 엘리 라마 사박다니 하시니 이는 곧 나의 하나님, 나의 하나님, 어찌하여 나를 버리셨나이까 하는 뜻이라
	히 12:2	믿음의 주요 또 온전케 하시는 이인 예수를 바라보자 저는 그 앞에 있는 즐거움을 위하여 십자가를 참으사 부끄러움을 개의치 아니하시더니 하나님 보좌 우편에 앉으셨느니라
	단물	
	출 15:25	모세가 여호와께 부르짖었더니 여호와께서 그에게 한 나무를 지시하시니 그가 물에 던지매 물이 달아졌더라 거기서 여호와께서 그들을 위하여 법도와 율례를 정하시고 그들을 시험하실새
	구원의 샘물	
	슥 13:1	그날에 죄와 더러움을 씻는 샘이 다윗의 족속과 예루살렘 거민을 위하여 열리리라
백성	**쓴맛**	
	출 15:23	마라에 이르렀더니 그곳 물이 써서 마시지 못하겠으므로 그 이름을 마라라 하였더라
	출 12:8	그 밤에 그 고기를 불에 구워 무교병과 쓴 나물과 아울러 먹되
	출 12:1-11	여호와께서 애굽 땅에서 모세와 아론에게 일러 가라사대 이달로 너희에게 달의 시작 곧 해의 첫 달이 되게 하고 너희는 이스라엘 회중에게 고하여 이르라 이 달 열흘에 너희 매인이 어린양을 취할지니 각 가족대로 그 식구를 위하여 어린양을 취하되 그 어린양에 대하여 식구가 너무 적으면 그 집의 이웃과 함께 인수를 따라서 하나를 취하며 각 사람의 식량을 따라서 너희 어린양을 계산할 것이며 너희 어린양은 흠 없고 일 년 된 수컷으로 하되 양이나 염소 중에서 취하고 이달 십사 일까지 간직하였다가 해질 때에 이스라엘 회중이 그 양을 잡고 그 피로 양을 먹을 집 문 좌우 설주와 인방에 바르고 그 밤에 그 고기를 불에 구워 무교병과 쓴 나물과 아울러 먹되 날로나 물에 삶아서 먹지 말고 그 머리와 정강이와 내장을 다 불에 구워 먹고 아침까지 남겨두지 말며 아침까지 남은 것은 곧 소화하라 너희는 그것을 이렇게 먹을지니 허리에 띠를 띠고 발에 신을 신고 손에 지팡이를 잡고 급히 먹으라 이것이 여호와의 유월절이니라
	십자가	
	갈 6:14	그러나 내게는 우리 주 예수 그리스도의 십자가 외에 결코 자랑할 것이 없으니 그리스도로 말미암아 세상이 나를 대하여 십자가에 못 박히고 내가 또한 세상을 대하여 그러하니라
	눅 9:23	또 무리에게 이르시되 아무든지 나를 따라오려거든 자기를 부인하고 날마다 제 십자가를 지고 나를 좇을 것이니라
	눅 22:19,20	또 떡을 가져 사례하시고 떼어 저희에게 주시며 가라사대 이것은 너희를 위하여 주는 내 몸이라 너희가 이를 행하여 나를 기념하라 하시고 저녁 먹은 후에 잔도 이와 같이 하여 가라사대 이 잔은 내 피로 세우는 새 언약이니 곧 너희를 위하여 붓는 것이라

	고전 10:13	사람이 감당할 시험밖에는 너희에게 당한 것이 없나니 오직 하나님은 미쁘사 너희가 감당치 못할 시험 당함을 허락지 아니하시고 시험 당할 즈음에 또한 피할 길을 내사 너희로 능히 감당하게 하시느니라
	백성 시험	
	출 15:25	모세가 여호와께 부르짖었더니 여호와께서 그에게 한 나무를 지시하시니 그가 물에 던지매 물이 달아졌더라 거기서 여호와께서 그들을 위하여 법도와 율례를 정하시고 그들을 시험하실새
	성도 시험	
	시 26:2	여호와여 나를 살피시고 시험하사 내 뜻과 내 마음을 단련하소서
	시 66:10	하나님이여 주께서 우리를 시험하시되 우리를 단련하시기를 은을 단련함같이 하셨으며
	고후 13:5	너희가 믿음에 있는가 너희 자신을 시험하고 너희 자신을 확증하라 예수 그리스도께서 너희 안에 계신 줄을 너희가 스스로 알지 못하느냐 그렇지 않으면 너희가 버리운 자니라
	요 6:5-7	예수께서 눈을 들어 큰 무리가 자기에게로 오는 것을 보시고 빌립에게 이르시되 우리가 어디서 떡을 사서 이 사람들로 먹게 하겠느냐 하시니 이렇게 말씀하심은 친히 어떻게 하실 것을 아시고 빌립을 시험코자 하심이라 빌립이 대답하되 각 사람으로 조금씩 받게 할지라도 이백 데나리온의 떡이 부족하리이다
	계 3:10	네가 나의 인내의 말씀을 지켰은즉 내가 또한 너를 지키어 시험의 때를 면하게 하리니 이는 장차 온 세상에 임하여 땅에 거하는 자들을 시험할 때라
백	**단맛 경험**	
	출 15:25	모세가 여호와께 부르짖었더니 여호와께서 그에게 한 나무를 지시하시니 그가 물에 던지매 물이 달아졌더라 거기서 여호와께서 그들을 위하여 법도와 율례를 정하시고 그들을 시험하실새
성	**은혜 체험**	
	행 11:21-24	주의 손이 그들과 함께하시매 수다한 사람이 믿고 주께 돌아오더라 예루살렘 교회가 이 사람들의 소문을 듣고 바나바를 안디옥까지 보내니 저가 이르러 하나님의 은혜를 보고 기뻐하여 모든 사람에게 굳은 마음으로 주께 붙어 있으라 권하니 바나바는 착한 사람이요 성령과 믿음이 충만한 자라 이에 큰 무리가 주께 더하더라
	요 4:10-15	예수께서 대답하여 가라사대 네가 만일 하나님의 선물과 또 네게 물 좀 달라 하는 이가 누구인 줄 알았더면 네가 그에게 구하였을 것이요 그가 생수를 네게 주었으리라 여자가 가로되 주여 물 길을 그릇도 없고 이 우물은 깊은데 어디서 이 생수를 얻겠삽나이까 우리 조상 야곱이 이 우물을 우리에게 주었고 또 여기서 자기와 자기 아들들과 짐승이 다 먹었으니 당신이 야곱보다 더 크니이까 예수께서 대답하여 가라사대 이 물을 먹는 자마다 다시 목마르려니와 내가 주는 물을 먹는 자는 영원히 목마르지 아니하리니 나의 주는 물은 그 속에서 영생하도록 솟아나는 샘물이 되리라 여자가 가로되 주여 이런 물을 내게 주사 목마르지도 않고 또 여기 물 길러 오지도 않게 하옵소서
	행 14:3,4	두 사도가 오래 있어 주를 힘입어 담대히 말하니 주께서 저희 손으로 표적과 기사를 행하게 하여 주사 자기 은혜의 말씀을 증거하시니 그 성내 무리가 나뉘어 유대인을 좇는 자도 있고 두 사도를 좇는 자도 있는지라
	시 119:103	주의 말씀의 맛이 내게 어찌 그리 단지요 내 입에 꿀보다 더하니이다
	하나님 치료	
	출 15:26	가라사대 너희가 너희 하나님 나 여호와의 말을 청종하고 나의 보기에 의를 행하며 내 계명에 귀를 기울이며 내 모든 규례를 지키면 내가 애굽 사람에게 내린 모든 질병의 하나도 너희에게 내리지 아니하리니 나는 너희를 치료하는 여호와임이니라
	예수님 치료	
치	마 8:16,17	저물매 사람들이 귀신 들린 자를 많이 데리고 예수 오거늘 예수께서 말씀으로 귀신들을 쫓아내시고 병든 자를 다 고치시니 이는 선지자 이사야로 하신 말씀에 우리 연약한 것을 친히 담당하시고 병을 짊어지셨도다 함을 이루려 하심이더라
료	마 4:23-25	예수께서 온 갈릴리에 두루 다니사 저희 회당에서 가르치시며 천국 복음을 전파하시며 백성 중에 모든 병과 모든 약한 것을 고치시니 그의 소문이 온 수리아에 퍼진지라 사람들이 모든 앓는 자 곧 각색 병과 고통에 걸린 자, 귀신 들린 자, 간질하는 자, 중풍병자들을 데려오니 저희를 고치시더라 갈릴리와 데가볼리와 예루살렘과 유대와 요단 강 건너편에서 허다한 무리가 좇으니라
	마 9:12,13	예수께서 들으시고 이르시되 건강한 자에게는 의원이 쓸데없고 병든 자에게라야 쓸데 있느니라 너희는 가서 내가 긍휼을 원하고 제사를 원치 아니하노라 하신 뜻이 무엇인지 배우라 내가 의인을 부르러 온 것이 아니요 죄인을 부르러 왔노라 하시니라

제5장 엘림의 오아시스

이스라엘 백성은 마라에서 쓴 물을 단물로 체험하였다. 단물로 갈증을 해소한 백성들은 마라에서 출발하여 다음 장소인 엘림에 도착해 장막을 쳤다. 엘림은 광야의 오아시스로 여행하는 나그네들에게 안식을 주는 장소이기도 하다. 이곳은 광야에 없어서 안 될 인생의 안식처이다. 엘림은 이스라엘 백성에게 만족을 주는 광야 생활의 한 부분이었다.

제1절 엘림의 안식처

"마라에서 발행하여 **엘림**에 이르니 엘림에는 샘물 열둘과 종려 칠십 주가 있으므로 거기 진 쳤고"(민 33:9).

"그들이 엘림에 이르니 거기 물샘 열둘과 종려 칠십 주가 있는지라 거기서 그들이 그 물 곁에 장막을 치니라"(출 15:27).

1. 엘림의 역사적 의미

1) 엘림에 도착한 백성과 지리적 위치

엘림은 마라의 남쪽 약 25km 지점으로 수에즈 만 홍해 동쪽에 위치해 있었다. 엘림 지역은 당시 비가 자주 와 개울과 샘이 풍부하였다. 더불어 큰 나무, 즉 종려나무와 아카시아와 큰 풀 등이 어우러져 있는 곳이었다. 엘림은 광야를 오가는 여행객들의 휴식처로 이용되었다. *(지도에 부호 ⑥을 참고하라)

"마라에서 발행하여 엘림에 이르니 엘림에는 샘물 열둘과 종려 칠십 주가 있으므로 거기 진 쳤고"(민 33:9).

2) 엘림에서의 정착

이스라엘 백성이 엘림에 정착한 확실성에 대해서는 샘물과 종려나무의 숫자가 정확하게 기록된 것을 보아 잘 알 수 있다. 이곳에서 이스라엘 백성이 장막을 친 것으로 보아 엘림은 광야의 노정에서 목마름을 해소하고 나무 그늘에서 쉴 수 있는 안식의 장소였음을 알 수 있다.

하나님은 이스라엘의 구속의 역사를 이루심에는 노예에서 자유의 몸으로, 고난에서 영광으로, 절망에서 소망으로, 슬픔에서 기쁨을 주기 위한 것이다. 마라의 쓴 고통 뒤에는 엘림이라는 오아시스의 축복이 있다는 사실을 보여주고 있다. 이처럼 현재 어려움을 극복하는 성도는 반드시 내일의 엘림이 기다리고 있음을 알아야 한다.

2. 엘림의 구속사적 의미

	엘림의 기능	엘림의 영적 의미
엘 림	① 이스라엘의 육신의 안식처는 **엘림**(출15:27) ㉠ '엘림'(אֵילִם)은 '큰 나무', '나무'를 의미 ㉡ 큰 나무 그늘에 올 때 안식할 수 있는 백성 ㉢ 광야의 큰 나무 그늘에서 안식한 백성들 ② 엘림은 **광야**의 오아시스(출15:27) ㉠ 광야 여행길에 나그네가 머물고 쉬는 엘림 ㉡ 목마름을 해갈하는 방법은 엘림의 생수뿐 ㉢ 광야에서의 생명 보장은 엘림의 오아시스뿐 ③ **목이 갈한 자**를 애타게 기다린 엘림(출15:27) ㉠ 남녀노소 구분 없이 다가간 오아시스 엘림 ㉡ 동서고금 차별 없이 마실 수 있는 엘림의 샘 ㉢ 돈 없이 공짜로 마실 수 있는 엘림의 샘	① 성도의 영육간의 안식처는 **예수**(마11:28) ㉠ 인류를 위해 큰 십자가 나무를 지신 예수 ㉡ 십자가(예수)로 나올 때 안식을 얻는 성도 ㉢ 예수는 세상에 억압된 죄로부터 안식의 근원 ② 예수는 **세상**에 오아시스(요10:9,10) ㉠ 세상 나그네 인생이 영원히 쉬는 오아시스(히11:13) ㉡ 영혼의 해갈 방법은 생수 되신 예수께로(계21:6) ㉢ 세상에서 영생을 보장 받는 길은 오직 예수뿐 ② 영혼이 **목마른 자**를 애타게 기다리신 예수(계22:17) ㉠ 남녀노소를 구분 없이 오라 하신 예수 ㉡ 동서고금, 빈부귀천 차별 없이 마시는 예수의 샘 ㉢ 돈 없이 무료로 제공 받는 영혼의 생수 예수
샘 물	① **열두 샘물**이 예비되어 있는 엘림(출15:27) ㉠ 광야에서 열두 지파가 공급받게 된 열두 샘물 ㉡ 한 샘물씩 은혜롭게 나누어 마신 열두 지파 ㉢ 엘림에 머물 때만 갈증을 해갈한 열두 지파 ② **엘림의 샘물**을 예비하신 하나님(출15:27) ㉠ 말씀의 길로 인도받을 때 샘물을 얻는 백성 ㉡ 광야에서의 수고로 얻은 엘림의 샘물 ㉢ 수많은 백성의 생명을 살린 엘림의 샘물 ㉣ 구름기둥의 인도로 마신 엘림의 샘물 ㉤ 광야에서 예비된 축복(구원)의 샘물 엘림	① **생명수 근원** 되신 열두 샘물의 예수(계22:1) ㉠ 열두 제자를 통해 영생의 샘을 공급하신 예수 ㉡ 복음(샘물)의 사명(공급)을 맡은 열두 제자(마10:1,5,6) ㉢ 열두 제자의 전도로 영원히 생수를 마시는 성도 ② **신령한 샘물**로 공급해 주시는 예수 ㉠ 시내(예수)가에 있을 때(말씀)을 공급 받음(시1:1-3) ㉡ 세상에서 속죄의 샘물 되신 희생양 예수(슥13:1) ㉢ 멸망에서 구원하는 영원한 샘물의 예수(요4:14) ㉣ 예수의 인도로 얻는 성령의 샘물(요7:37-39) ㉤ 목자로 예언된 구원(축복)의 샘물 예수(창49:22-24)
종 려 나 무	① **종려나무**가 번성한 엘림(출15:27) ㉠ 야자과로 높이가 15-25m가 되는 종려나무 ㉡ 장수목으로 약 200년을 수명하는 종려나무 ㉢ 승리의 표로 삼았던 종려나무 ② 엘림에 **칠십** 그루의 종려나무(출15:27) ㉠ 칠십 그루는 칠십 장로를 상징(출24:1,9) ㉡ 이스라엘의 장로들의 사역 · 유월절의 양 도살에 동참한 장로(출12:21) · 지팡이로 반석을 칠 목격한 장로(출17:5,6) · 하나님께 제사드리는 일을 도운 장로(레4:13-15) · 성막에서 성역을 수행한 장로(민11:16,17) · 성신이 임하여 예언한 장로(민11:24,25) · 백성의 재판 직무를 맡은 장로(신21:18-21) ③ 종려나무 아래에 **장막**을 친 이스라엘(출15:27) ㉠ 종려나무 아래서 육신의 쉼을 얻은 각 개인 ㉡ 종려나무 아래서 육신의 안식을 얻은 온 가족 ㉢ 종려나무 아래서 생명을 함께 누리는 구약교회	① **예수**를 상징하는 종려나무(요12:13; 계7:9) ㉠ 제일 높은 곳에 계시는 예수(행7:55) ㉡ 영원하신 분으로 계신 예수(히13:8) ㉢ 승리의 왕으로 오신 예수를 환영(요12:13) ② 70은 **완전**하신 예수(7=완전수, 10=만수, 7×10) ㉠ 12제자, 70인을 세워 사역하게 하신 예수(눅10:1,17) ㉡ 장로의 동등 직분으로 사역한 제자들(벧전5:1,5) · 유월절 성만찬에 참예한 제자(마26:19,26-28) · 십자가에 못 박히실 때 목격한 제자(요19:26) · 예배를 인도하고 주재한 제자(행2:42) · 장로회에 받은 성역 임직을 수행(딤전4:14) · 성령의 은사로 감당해야 할 사명(고전12:4-11) · 성도들의 치리권을 맡은 제자(마18:17; 행5:1-11) ③ 예수 안에서 **안식**하는 영적 이스라엘(마11:28) ㉠ 예수 안에서 육신이 거주하며 쉬는 각 성도 ㉡ 예수 안에서 영혼의 안식을 누리는 온 가족 ㉢ 예수 안에서 구원의 은총을 누리는 신약교회

3. 엘림의 구속사적 의미(성구)

엘림		
	출 15:27	그들이 엘림에 이르니 거기 물샘 열둘과 종려 칠십 주가 있는지라 거기서 그들이 그 물 곁에 장막을 치니라
	예수	
	마 11:28	수고하고 무거운 짐 진 자들아 다 내게로 오라 내가 너희를 쉬게 하리라
	광야	
	출 15:27	그들이 엘림에 이르니 거기 물샘 열둘과 종려 칠십 주가 있는지라 거기서 그들이 그 물 곁에 장막을 치니라
엘림	**세상**	
	요 10:9,10	내가 문이니 누구든지 나로 말미암아 들어가면 구원을 얻고 또는 들어가며 나오며 꼴을 얻으리라 도적이 오는 것은 도적질하고 죽이고 멸망시키려는 것뿐이요 내가 온 것은 양으로 생명을 얻게 하고 더 풍성히 얻게 하려는 것이라
	히 11:13	이 사람들은 다 믿음을 따라 죽었으며 약속을 받지 못하였으되 그것들을 멀리서 보고 환영하며 또 땅에서는 외국인과 나그네로라 증거하였으니
	계 21:6	또 내게 말씀하시되 이루었도다 나는 알파와 오메가요 처음과 나중이라 내가 생명수 샘물로 목마른 자에게 값없이 주리니
	목마른 자	
	출 15:27	그들이 엘림에 이르니 거기 물샘 열둘과 종려 칠십 주가 있는지라 거기서 그들이 그 물 곁에 장막을 치니라
	목마른 자	
	계 22:17	성령과 신부가 말씀하시기를 오라 하시도다 듣는 자도 오라 할 것이요 목마른 자도 올 것이요 또 원하는 자는 값없이 생명수를 받으라 하시더라
	열두 샘물	
	출 15:27	그들이 엘림에 이르니 거기 물샘 열둘과 종려 칠십 주가 있는지라 거기서 그들이 그 물 곁에 장막을 치니라
	생명수 근원	
	계 22:1	또 저가 수정같이 맑은 생명수의 강을 내게 보이니 하나님과 및 어린양의 보좌로부터 나서
	마 10:1	예수께서 그 열두 제자를 부르사 더러운 귀신을 쫓아내며 모든 병과 모든 약한 것을 고치는 권능을 주시니라
샘물	마 10:5,6	예수께서 이 열둘을 내어 보내시며 명하여 가라사대 이방인의 길로도 가지 말고 사마리아인의 고을에도 들어가지 말고 차라리 이스라엘 집의 잃어버린 양에게로 가라
	엘림의 샘물	
	출 15:27	그들이 엘림에 이르니 거기 물샘 열둘과 종려 칠십 주가 있는지라 거기서 그들이 그 물 곁에 장막을 치니라
	신령한 샘물	
	시 1:1-3	복 있는 사람은 악인의 꾀를 좇지 아니하며 죄인의 길에 서지 아니하며 오만한 자의 자리에 앉지 아니하고 오직 여호와의 율법을 즐거워하여 그 율법을 주야로 묵상하는 자로다 저는 시냇가에 심은 나무가 시절을 좇아 과실을 맺으며 그 잎사귀가 마르지 아니함 같으니 그 행사가 다 형통하리로다
	슥 13:1	그날에 죄와 더러움을 씻는 샘이 다윗의 족속과 예루살렘 거민을 위하여 열리리라
	요 4:14	내가 주는 물을 먹는 자는 영원히 목마르지 아니하리니 나의 주는 물은 그 속에서 영생하도록 솟아나는 샘물이 되리라

샘물	요 7:37-39	명절 끝 날 곧 큰날에 예수께서 서서 외쳐 가라사대 누구든지 목마르거든 내게로 와서 마시라 나를 믿는 자는 성경에 이름과 같이 그 배에서 생수의 강이 흘러나리라 하시니 이는 그를 믿는 자의 받을 성령을 가리켜 말씀하신 것이라 (예수께서 아직 영광을 받지 못하신 고로 성령이 아직 저희에게 계시지 아니하시더라)
	창 49:22-24	요셉은 무성한 가지 곧 샘 곁의 무성한 가지라 그 가지가 담을 넘었도다 활쏘는 자가 그를 학대하며 그를 쏘며 그를 군박하였으나 요셉의 활이 도리어 견강하며 그의 팔이 힘이 있으니 야곱의 전능자의 손을 힘입음이라 그로부터 이스라엘의 반석인 목자가 나도다
종려나무		
	출 15:27	그들이 엘림에 이르니 거기 물샘 열둘과 종려 칠십 주가 있는지라 거기서 그들이 그 물 곁에 장막을 치니라 *(시 92:12; 아 7:7상)
예수		
	계 7:9	이 일 후에 내가 보니 각 나라와 족속과 백성과 방언에서 아무라도 능히 셀 수 없는 큰 무리가 흰 옷을 입고 손에 종려 가지를 들고 보좌 앞과 어린양 앞에 서서
	행 7:55	스데반이 성령이 충만하여 하늘을 우러러 주목하여 하나님의 영광과 및 예수께서 하나님 우편에 서신 것을 보고
	히 13:8	예수 그리스도는 어제나 오늘이나 영원토록 동일하시니라
	요 12:13	종려나무 가지를 가지고 맞으러 나가 외치되 호산나 찬송하리로다 주의 이름으로 오시는 이 곧 이스라엘의 왕이시여 하더라
칠십 그루		
	출 15:27	그들이 엘림에 이르니 거기 물샘 열둘과 종려 칠십 주가 있는지라 거기서 그들이 그 물 곁에 장막을 치니라
종려나무	출 24:1,9	1. 또 모세에게 이르시되 너는 아론과 나답과 아비후와 이스라엘 장로 칠십 인과 함께 여호와에게로 올라와 멀리서 경배하고 9. 모세와 아론과 나답과 아비후와 이스라엘 장로 칠십 인이 올라가서
	출 12:21	모세가 이스라엘 모든 장로를 불러서 그들에게 이르되 너희는 나가서 너희 가족대로 어린양을 택하여 유월절 양으로 잡고
	출 17:5,6	여호와께서 모세에게 이르시되 백성 앞을 지나가서 이스라엘 장로들을 데리고 하수를 치던 네 지팡이를 손에 잡고 가라 내가 거기서 호렙 산 반석 위에 너를 대하여 서리니 너는 반석을 치라 그것에서 물이 나리니 백성이 마시리라 모세가 이스라엘 장로들의 목전에서 그대로 행하니라
	레 4:13-15	만일 이스라엘 온 회중이 여호와의 금령 중 하나라도 그릇 범하여 허물이 있으나 스스로 깨닫지 못하다가 그 범한 죄를 깨달으면 회중은 수송아지를 속죄제로 드릴지니 그것을 회막 앞으로 끌어다가 회중의 장로들이 여호와 앞에서 그 수송아지 머리에 안수하고 그것을 여호와 앞에서 잡을 것이요
	민 11:16,17	여호와께서 모세에게 이르시되 이스라엘 노인 중 백성의 장로와 유사되는 줄을 네가 아는 자 칠십 인을 모아 데리고 회막 내 앞에 이르러 거기서 너와 함께 서게 하라 내가 강림하여 거기서 너와 말하고 네게 임한 신을 그들에게도 임하게 하리니 그들이 너와 함께 백성의 짐을 담당하고 너 혼자 지지 아니하리라
	민 11:24,25	모세가 나가서 여호와의 말씀을 백성에게 고하고 백성의 장로 칠십 인을 모아 장막에 둘러 세우매 여호와께서 구름 가운데 강림하사 모세에게 말씀하시고 그에게 임한 신을 칠십 장로에게도 임하게 하시니 신이 임하신 때에 그들이 예언을 하다가 다시는 아니하였더라
	신 21:18-21	사람에게 완악하고 패역한 아들이 있어 그 아비의 말이나 그 어미의 말을 순종하지 아니하고 부모가 징책하여도 듣지 아니하거든 그 부모가 그를 잡아가지고 성문에 이르러 그 성읍 장로들에게 나아가서 그 성읍 장로들에게 말하기를 우리의 이 자식은 완악하고 패역하여 우리말을 순종치 아니하고 방탕하며 술에 잠긴 자라 하거든 그 성읍의 모든 사람들이 그를 돌로 쳐죽일지니 이같이 네가 너의 중에 악을 제하라 그리하면 온 이스라엘이 듣고 두려워하리라
완전 수		
	눅 10:1,17	1. 이후에 주께서 달리 칠십 인을 세우사 친히 가시려는 각동 각처로 둘씩 앞서 보내시며 17. 칠십 인이 기뻐 돌아와 가로되 주여 주의 이름으로 귀신들도 우리에게 항복하더이다

종려나무	벧전 5:1,2	1. 너희 중 장로들에게 권하노니 나는 함께 장로 된 자요 그리스도의 고난의 증인이요 나타날 영광에 참예할 자로라 5. 젊은 자들아 이와 같이 장로들에게 순복하고 다 서로 겸손으로 허리를 동이라 하나님이 교만한 자를 대적하시되 겸손한 자들에게는 은혜를 주시느니라
	마 26:19	제자들이 예수의 시키신 대로 하여 유월절을 예비하였더라 *(마 26:26-28)
	요 19:26	예수께서 그 모친과 사랑하시는 제자가 곁에 섰는 것을 보시고 그 모친께 말씀하시되 여자여 보소서 아들이니이다 하시고
	행 2:42	저희가 사도의 가르침을 받아 서로 교제하며 떡을 떼며 기도하기를 전혀 힘쓰니라
	딤전 4:14	네 속에 있는 은사 곧 장로의 회에서 안수 받을 때에 예언으로 말미암아 받은 것을 조심 없이 말며
	고전 12:4,5	은사는 여러 가지나 성령은 같고 직임은 여러 가지나 주는 같으며 *(고전 12:4-11)
	마 18:17	만일 그들의 말도 듣지 않거든 교회에 말하고 교회의 말도 듣지 않거든 이방인과 세리와 같이 여기라 *(행 5:1-11)
장막		
	출 15:27	그들이 엘림에 이르니 거기 물샘 열둘과 종려 칠십 주가 있는지라 거기서 그들이 그 물 곁에 장막을 치니라
안식		
	마 11:28	수고하고 무거운 짐 진 자들아 다 내게로 오라 내가 너희를 쉬게 하리라

"나를 믿는 자는
성경에 이름과 같이
그 배에서
생수의 강이 흘러나리라 하시니"
(요 7:38)

결 론

출애굽 한 이스라엘 백성은 구름기둥과 불기둥의 체험과 더불어 광야로 인도함을 받았다. 그들의 엘림까지의 경로를 보면, 애굽 고센 땅 라암셋(출 12:37)에서 출발하여 숙곳(출 12:37), 에담(출 13:20), 비하히롯(출 14:2), 홍해(출 14:22), 수르 광야(출 15:22), 마라(출 15:23), 엘림(출 15:27)이다.

이스라엘은 하나님의 큰 이적들을 체험하였다. 구름기둥과 불기둥의 이적, 광명과 흑암의 이적, 홍해의 이적, 마라에서 쓴 물이 단물로 변화된 이적, 열두 샘과 종려나무 칠십 주가 있는 엘림의 축복을 누렸다. 하나님이 자기 백성을 시험하시는 목적은 신앙을 성장시키기 위함이다. 더 나아가 하나님의 현존하심과 또 자기 영광을 이방 민족에게 드러내실 뿐 아니라, 선민 이스라엘을 강한 민족으로 세계 만방(신 28:1, 10)에 알리고 축복의 민족으로 세우시기 위함이었다.

제 3 부
만나와 생수의 식음

제1장 하늘의 양식 만나	···· 76
제1절 광야에서의 만나	···· 77
제2절 만나를 공급받은 백성의 외모	···· 83
제2장 반석에서의 생수	···· 88
제1절 르비딤에서 생수 사건	···· 88
제3장 아말렉과의 전투	···· 93
제1절 이스라엘과 아말렉과의 전투	···· 93

제1장 하늘의 양식 만나

　이스라엘 백성은 오아시스인 엘림에서 무작정 안주할 수 없었다. 이는 하나님께서 그들에게 약속하신 땅, 가나안 복지가 있었기 때문이다. 백성들은 다시 일어나 장막을 거두고 온 가족이 함께 광야로 행군하였다. 행군이 계속되는 동안 그들의 마음에는 불평의 싹이 트기 시작하였다. 그것도 한 달 만에 여섯 차례나 장막을 치고 거두어야 하는 불편이 있었기 때문이다. 장막보다 더한 것은 그들의 양식 문제였다. 이스라엘 백성은 신 광야에 도착하자마자 애굽의 떡과 고기를 그리워하며 모세와 아론을 원망하였다. 이는 배고픈 자유인이 되기보다 배부른 노예의 길을 다시 택하고 싶은 그들의 죄악된 모습을 보여준다. 하지만 엘림에서 홍해가를 거쳐 신 광야에서 하나님의 구속사가 전개된다.

　하나님은 신 광야에 도착한 이스라엘 백성에게 아침 일찍이 하늘에서 일용할 양식인 만나를 내려 주셨다. 백성이 아침에 일어나 장막 사면에 내린 만나를 보고 '이것이 무엇이냐'라고 서로가 물었던 물음이 양식의 이름이 되어 만나로 불리게 되었다. 황량한 광야에 덮인 하늘에서 내린 만나는 매일 그들의 양식이 되어 주었고, 광야에서 힘든 노동을 하지 않아도 풍족하게 먹을 수 있는 양식이 되었다.

제1절 광야에서의 만나

> "이스라엘 자손의 온 회중이 엘림에서 떠나 엘림과 시내 산 사이 **신 광야**에 이르니 애굽에서 나온 후 제이월 십오 일이라"(출 16:1).
>
> "저녁에는 메추라기가 와서 진에 덮이고 아침에는 이슬이 진 사면에 있더니 그 이슬이 마른 후에 광야 지면에 작고 둥글며 서리같이 세미한 것이 있는지라 이스라엘 자손이 보고 그것이 무엇인지 알지 못하여 서로 이르되 이것이 무엇이냐 하니 모세가 그들에게 이르되 이는 여호와께서 너희에게 주어 먹게 하신 **양식**이라"(출 16:13-15).

1. 신 광야에서의 역사적 의미

1) 신 광야의 도착과 지리적 위치

신 광야는 엘림과 시내 산 사이에 위치하고 있었다. 여기서 신 광야는 가데스 바네아 근처의 신 광야와는 다른 지역이다. 현재 이스라엘이 도착한 신 광야는 동명이지(同名異地)로 시내 산 북서쪽에 위치한 고원지대였다. 이스라엘이 신 광야에 도착한 기간은 애굽에서 나온 지 30일 만이었다. 애굽 땅 라암셋에서 정월 15일에 출발하여 신 광야에 2월 15일에 도착하였다 (민 33:3; 출 16:1).

이스라엘 백성은 출애굽 후 광야에서 한 달간의 생활을 보내면서 많은 기적들을 체험하였다. 그들은 에담에서 구름기둥과 불기둥으로 시작하는 체험과

비하히롯(믹돌)에서 광명과 흑암의 체험, 또 홍해 도하의 장엄한 체험과 마라에서 쓴 물을 단물로 해갈하는 체험을 하였다. 그리고 엘림의 오아시스를 만끽하고 이제 신 광야에 도착한 것이다. *(지도에 부호 ⑦을 참고하라)

"홍해가에서 발행하여 신 광야에 진 쳤고"(민 33:11).

2) 신 광야에 도착한 백성들의 반응

신 광야에 도착한 백성들은 모세와 아론을 원망하였다. 원망한 이유는 광야에서 한 달간의 생활로 애굽에서 가지고 나온 식량이 거의 바닥이 났을 뿐만 아니라 애굽에서 먹던 음식(고기, 떡)을 광야에서는 먹지 못한다는 것이었다.

하지만 이스라엘 백성은 원망보다는 도리어 감사해야 했다. 왜냐하면 그들은 애굽에서는 인격적으로 사람 대우를 받지 못하고 살았다. 인간의 존엄성을 짓밟힌 채 짐승처럼 노예 생활을 해왔다. 자유를 잃고 고통스럽게 생활한 것이 그들의 삶의 전부였다. 이러한 노예 생활의 대가는 오직 떡과 고기였다.

이스라엘 백성이 신 광야에서 하나님의 구속의 은총을 조금이라도 생각했다면, 애굽에서 노예 생활의 대가로 얻은 떡과 고기보다는 자유로운 현실에 더 감사하였을 것이다. 하나님은 양식이 거의 바닥난 백성에게 하늘의 신령한 음식을 내려 주셨다.

2. 하늘 양식 만나의 구속사적 의미

	만나의 기능	만나의 영적 의미
만 나	① 하늘에서 내려온 **만나**(출16:4) ㉠ '만나'(מָן 만)는 '무엇이냐'는 뜻(출16:13-15) ㉡ 만나의 이름을 지어 불렀던 백성들 ㉢ 만나를 한시적(40년)으로 먹었던 백성(출16:35) ② 만나의 **출처**는 하늘에 계신 하나님(시78:23-25) ㉠ 하나님께로부터 온 준비된 생명 양식(출16:12-14) ㉡ 하늘에서 내려온 일용할 양식 만나(떡) ㉢ 하늘에서 새벽에 소리 없이 내린 만나 ③ 하늘의 만나는 백성들의 **육의 양식**(출16:15) ㉠ 광야에서의 만나는 육신의 생명 양식 ㉡ 광야에서의 생명 보존은 하늘의 만나뿐 ㉢ 안식일을 위해 준비해야 할 만나(출16:23)	① 산 떡(만나)이신 **예수**(요6:51) ㉠ 예수가 "누구냐?"고 질문하는 바리새인(눅5:21) ㉡ 하늘에서 온 예수를 수군거린 유대인(요6:41,42) ㉢ 예수(만나)를 지속적으로 먹어야 할 성도(요6:55-57) ② 예수의 **기원**은 하늘에 계신 하나님(요6:51) ㉠ 하나님이 예비하신 비밀의 산 떡 예수(골1:26,27) ㉡ 천국으로부터 오신 영원한 산 떡 예수 ㉢ 천국에서 고요한 밤 구유에 오신 예수(눅2:7,8) ③ 예수의 산 떡은 성도들의 **영의 양식**(요6:48-51) ㉠ 세상에서 산 떡이신 예수는 영혼의 생명 양식 ㉡ 세상에서 영생의 비결은 산 떡이신 예수뿐 ㉢ 예수를 바라보며 영원한 안식처로의 경주(히12:1,2)
만 나 특 성	♣ 만나의 특징 ① 아주 **작게** 생긴 만나(출16:14) ② **둥근** 모양으로 생긴 만나(출16:14) ③ **서리**같이 하얀색의 만나(출16:14) ④ **세미**(דַּק 다크=세약한, '가냘픈')한 만나(출16:14) ⑤ **꿀**같이 단 만나(출16:31) ⑥ 영롱한 **진주**같이 생긴 만나(민11:7) ⑦ 기름 섞은 **과자 맛** 같은 만나(민11:8)	♣ 예수의 속성 ① **겸손**히 낮아지신 예수(마11:29, 20:28) ② 과거, 현재, 미래도 **영원**하신 예수(요1:1,2, 8:58; 히13:8) ③ **성결**하시며 무죄하신 예수(요일3:5; 고후5:21) ④ 풍채도 없이 **야위신** 예수(사53:2) ⑤ 만족의 근원이 되신 예수(행14:17; 고후3:5) ⑥ **보배**가 되신 예수(고후4:7; 벧전2:4) ⑦ **영육의 맛**을 공급하시는 예수(요2:9, 4:32, 6:55)

만
나
공
급
	♣ 만나 내림
	① 장막을 친 **광야**에 내린 만나(출16:14)
	② **어두운 밤**에 내린 만나(민11:9)
	③ **새벽 이슬**과 함께 **밤**에 내린 만나
	㉠ 새벽에 내린 **육신의 양식** 만나(민11:9)
	  ·매일 새벽마다 공급받은 육신의 양식
	  ·6일 동안 새벽마다 거둔 육신의 양식
	㉡ **안식일**에 거둘 수 없는 양식 만나(출16:23)
	  ·하나님만 의지하고 섬겨야 할 안식일
	  ·매주 마지막 날은 구약 성회(출16:25)
	  ·매주 첫날과 칠 일이 하나님의 성회(출12:16)
		♣ 예수 강림
		① 인간 **세상**에 오신 예수(요3:16)
		② **죄악**이 관영한 세상에 오신 예수(요8:12)
		③ 성령에 의해 **고요한 밤**에 오신 예수(마1:18; 눅2:7,8)
		㉠ 새벽에 공급되는 말씀, 즉 **영혼**의 양식(눅21:37,38)
		  ·매일 새벽에 공급받는 영혼의 양식
		  ·새벽에 이슬같이 내리는 영혼의 말씀(신32:2)
		㉡ **주일**은 영혼의 양식을 위해 금해야 할 노동
		  ·하나님께 예배로 영광 돌려야 할 주일(행20:7)
		  ·매주 첫날은 성도가 모일 신약 성회(행20:7)
		  ·매주 마지막 날 성회가 첫날로 대체(롬14:5,6상)

메 추 라 기	① 메추라기 **고기**를 공급받은 백성(출16:13) ② 육의 양식인 **만나**와 **육식**을 제공받은 백성	① **단단한 식물**(말씀)를 공급받아야 할 성도(히5:12-14) ② 영혼의 **달고 쓴 양식**(말씀)을 균형 있게 섭취

3. 하늘 양식 만나의 구속사적 의미(성구)

만나	**만나**	
	출 16:4	때에 여호와께서 모세에게 이르시되 보라 내가 너희를 위하여 하늘에서 양식을 비같이 내리리니 백성이 나가서 일용할 것을 날마다 거둘 것이라
	출 16:13-15	저녁에는 메추라기가 와서 진에 덮이고 아침에는 이슬이 진 사면에 있더니 그 이슬이 마른 후에 광야 지면에 작고 둥글며 서리같이 세미한 것이 있는지라 이스라엘 자손이 보고 그것이 무엇인지 알지 못하여 서로 이르되 이것이 무엇이냐 하니 모세가 그들에게 이르되 이는 여호와께서 너희에게 주어 먹게 하신 양식이라
	출 16:35	이스라엘 자손이 사람 사는 땅에 이르기까지 사십 년 동안 만나를 먹되 곧 가나안 지경에 이르기까지 그들이 만나를 먹었더라 *(수 5:12)
	예수	
	요 6:51	나는 하늘로서 내려온 산 떡이니 사람이 이 떡을 먹으면 영생하리라 나의 줄 떡은 곧 세상의 생명을 위한 내 살이로라 하시니라 *(요 6:35,38)
	눅 5:21	서기관과 바리새인들이 의논하여 가로되 이 참람한 말을 하는 자가 누구뇨 오직 하나님 외에 누가 능히 죄를 사하겠느냐
	요 6:41,42	자기가 하늘로서 내려온 떡이라 하시므로 유대인들이 예수께 대하여 수군거려 가로되 이는 요셉의 아들 예수가 아니냐 그 부모를 우리가 아는데 제가 지금 어찌하여 하늘로서 내려왔다 하느냐
	요 6:55-57	내 살은 참된 양식이요 내 피는 참된 음료로다 내 살을 먹고 내 피를 마시는 자는 내 안에 거하고 나도 그 안에 거하나니 살아 계신 아버지께서 나를 보내시매 내가 아버지로 인하여 사는 것같이 나를 먹는 그 사람도 나로 인하여 살리라
만나	**출처**	
	시 78:23-25	그러나 저가 오히려 위의 궁창을 명하시며 하늘 문을 여시고 저희에게 만나를 비같이 내려 먹이시며 하늘 양식으로 주셨나니 사람이 권세 있는 자의 떡을 먹음이여 하나님이 식물을 충족히 주셨도다
	출 16:12-14	내가 이스라엘 자손의 원망함을 들었노라 그들에게 고하여 이르기를 너희가 해 질 때에는 고기를 먹고 아침에는 떡으로 배부르리니 나는 여호와 너희의 하나님인 줄 알리라 하라 하시니라 저녁에는 메추라기가 와서 진에 덮이고 아침에는 이슬이 진 사면에 있더니 그 이슬이 마른 후에 광야 지면에 작고 둥글며 서리같이 세미한 것이 있는지라
	기원	
	요 6:51	나는 하늘로서 내려온 산 떡이니 사람이 이 떡을 먹으면 영생하리라 나의 줄 떡은 곧 세상의 생명을 위한 내 살이로라 하시니라
	골 1:26,27	이 비밀은 만세와 만대로부터 옴으로 감추었던 것인데 이제는 그의 성도들에게 나타났고 하나님이 그들로 하여금 이 비밀의 영광이 이방인 가운데 어떻게 풍성한 것을 알게 하려 하심이라 이 비밀은 너희 안에 계신 그리스도시니 곧 영광의 소망이니라
	눅 2:7,8	맏아들을 낳아 강보로 싸서 구유에 뉘었으니 이는 사관에 있을 곳이 없음이러라 그 지경에 목자들이 밖에서 밤에 자기 양 떼를 지키더니
	육의 양식	
	출 16:15	이스라엘 자손이 보고 그것이 무엇인지 알지 못하여 서로 이르되 이것이 무엇이냐 하니 모세가 그들에게 이르되 이는 여호와께서 너희에게 주어 먹게 하신 양식이라
	출 16:23	모세가 그들에게 이르되 여호와께서 이같이 말씀하셨느니라 내일은 휴식이니 여호와께 거룩한 안식일이라 너희가 구울 것은 굽고 삶을 것은 삶고 그 나머지는 다 너희를 위하여 아침까지 간수하라

		영의 양식	
만 나	요 6:48-51		내가 곧 생명의 떡이로라 너희 조상들은 광야에서 만나를 먹었어도 죽었거니와 이는 하늘로서 내려오는 떡이니 사람으로 하여금 먹고 죽지 아니하게 하는 것이니라 나는 하늘로서 내려온 산 떡이니 사람이 이 떡을 먹으면 영생하리라 나의 줄 떡은 곧 세상의 생명을 위한 내 살이로라 하시니라
	히 12:1,2상		이러므로 우리에게 구름같이 둘러싼 허다한 증인들이 있으니 모든 무거운 것과 얽매이기 쉬운 죄를 벗어 버리고 인내로써 우리 앞에 당한 경주를 경주하며 믿음의 주요 또 온전케 하시는 이인 예수를 바라보자
		만나 특징	
	출 16:14		그 이슬이 마른 후에 광야 지면에 **작고** 둥글며 서리같이 세미한 것이 있는지라
	출 16:14		그 이슬이 마른 후에 광야 지면에 작고 **둥글며** 서리같이 세미한 것이 있는지라
	출 16:14		그 이슬이 마른 후에 광야 지면에 작고 둥글며 **서리**같이 세미한 것이 있는지라
	출 16:14		그 이슬이 마른 후에 광야 지면에 작고 둥글며 서리같이 **세미한** 것이 있는지라
	출 16:31		이스라엘 족속이 그 이름을 만나라 하였으며 깟씨 같고도 희고 맛은 **꿀** 섞은 과자 같았더라
	민 11:7		만나는 깟씨와 같고 모양은 **진주**와 같은 것이라
만 나	민 11:8		백성이 두루 다니며 그것을 거두어 맷돌에 갈기도 하며 절구에 찧기도 하고 가마에 삶기도 하여 과자를 만들었으니 그 맛이 기름 섞은 **과자 맛** 같았더라
		예수 속성	
	마 11:29		나는 마음이 온유하고 **겸손**하니 나의 멍에를 메고 내게 배우라 그러면 너희 마음이 쉼을 얻으리니 *(마 20:28)
특 성	히 13:8		예수 그리스도는 어제나 오늘이나 **영원**토록 동일하시니라 *(요 1:1,2; 요 8:58)
	요일 3:5		그가 우리 죄를 없이 하려고 나타내신 바 된 것을 너희가 아나니 그에게는 **죄**가 없느니라 *(고후 5:21)
	사 53:2		그는 주 앞에서 자라나기를 연한 순 같고 마른 땅에서 나온 줄기 같아서 고운 모양도 없고 **풍채**도 없은즉 우리의 보기에 흠모할 만한 아름다운 것이 없도다
	고후 3:5		우리가 무슨 일이든지 우리에게서 난 것같이 생각하여 스스로 만족할 것이 아니니 우리의 **만족**은 오직 하나님께로서 났느니라 *(행 14:17)
	고후 4:7		우리가 이 **보배**를 질그릇에 가졌으니 이는 능력의 심히 큰 것이 하나님께 있고 우리에게 있지 아니함을 알게 하려 함이라 *(벧전 2:4)
	요 2:9		연회장은 물로 된 포도주를 **맛**보고 어디서 났는지 알지 못하되 물 떠온 하인들은 알더라 연회장이 신랑을 불러 *(요 4:32; 6:55)
		만나 내림	
	출 16:14		그 이슬이 마른 후에 광야 지면에 작고 둥글며 서리같이 세미한 것이 있는지라
	민 11:9		밤에 이슬이 진에 내릴 때에 만나도 같이 내렸더라
만 나 공 급	출 16:23		모세가 그들에게 이르되 여호와께서 이같이 말씀하셨느니라 내일은 휴식이니 여호와께 거룩한 안식일이라 너희가 구울 것은 굽고 삶을 것은 삶고 그 나머지는 다 너희를 위하여 아침까지 간수하라
	출 16:25		모세가 가로되 오늘은 그것을 먹으라 오늘은 여호와께 안식일인즉 오늘은 너희가 그것을 들에서 얻지 못하리라
	출 12:16		너희에게 첫날에도 성회요 제칠일에도 성회가 되니 이 두 날에는 아무 일도 하지 말고 각인의 식물만 너희가 갖출 것이니라
		예수 강림	
	요 3:16		하나님이 세상을 이처럼 사랑하사 독생자를 주셨으니 이는 저를 믿는 자마다 멸망치 않고 영생을 얻게 하려 하심이니라

만나 공급	요 8:12	예수께서 또 일러 가라사대 나는 세상의 빛이니 나를 따르는 자는 어두움에 다니지 아니하고 생명의 빛을 얻으리라
	마 1:18	예수 그리스도의 나심은 이러하니라 그 모친 마리아가 요셉과 정혼하고 동거하기 전에 성령으로 잉태된 것이 나타났더니 *(눅 2:7,8)
	눅 21:37,38	예수께서 낮이면 성전에서 가르치시고 밤이면 나가 감람원이라 하는 산에서 쉬시니 모든 백성이 그 말씀을 들으려고 이른 아침에 성전에 나아가더라 *(행 5:21상)
	신 32:2	나의 교훈은 내리는 비요 나의 말은 맺히는 이슬이요 연한 풀 위에 가는 비요 채소 위에 단비로다
	행 20:7	안식 후 첫날에 우리가 떡을 떼려 하여 모였더니 바울이 이튿날 떠나고자 하여 저희에게 강론할새 말을 밤중까지 계속하매 *(고전 16:2)
	롬 14:5,6	혹은 이날을 저 날보다 낫게 여기고 혹은 모든 날을 같게 여기나니 각각 자기 마음에 확정할지니라 날을 중히 여기는 자도 주를 위하여 중히 여기고 먹는 자도 주를 위하여 먹으니 이는 하나님께 감사함이요 먹지 않는 자도 주를 위하여 먹지 아니하며 하나님께 감사하느니라
메추라기	고기	
	출 16:13	저녁에는 메추라기가 와서 진에 덮이고 아침에는 이슬이 진 사면에 있더니
	단단한 식물	
	히 5:12-14	때가 오래므로 너희가 마땅히 선생이 될 터인데 너희가 다시 하나님의 말씀의 초보가 무엇인지 누구에게 가르침을 받아야 할 것이니 젖이나 먹고 단단한 식물을 못 먹을 자가 되었도다 대저 젖을 먹는 자마다 어린아이니 의의 말씀을 경험하지 못한 자요 단단한 식물은 장성한 자의 것이니 저희는 지각을 사용하므로 연단을 받아 선악을 분변하는 자들이니라

> "내가 문이니 누구든지
> 나로 말미암아 들어가면 구원을 얻고
> 또는 들어가며 나오며
> 꼴을 얻으리라"
> (요 10:9)

제2절 만나를 공급받은 백성의 외모

> "이 사십 년 동안에 네 **의복**이 해어지지 아니하였고 네 발이 부릍지 아니하였느니라"(신 8:4).
>
> "주께서 사십 년 동안 너희를 인도하여 광야를 통행케 하셨거니와 너희 몸의 **옷**이 낡지 아니하였고 너희 발의 **신**이 해어지지 아니하였으며"(신 29:5).

1. 백성들 의복과 신발의 역사적 의미

1) 단벌로 출애굽 한 백성들

놀라운 사실은, 출애굽 한 하나님의 선민 이스라엘이 광야 생활 40년간 입고 생활한 의복과 신발이 낡거나 해어지지 않았다는 점이다. 사실 그들은 애굽에서 입고 나온 의복과 신발 외에 여벌 없이 광야로 나왔다. 유월절 그 밤은 장자 사망의 재앙으로 여호와의 사자가 애굽 땅을 두루 다니는 공포의 밤이었다. 게다가 어린양을 잡아 피를 문설주 좌우와 인방에 바르고, 유목민으로서 허리에 띠를 띠고 발에 신을 신고 손에 지팡이를 잡은 채 고기를 급히 먹고 나오느라 양식도 준비하지 못한 백성이 여벌옷과 신발을 어찌 준비할 수 있었겠는가(출 12:11, 39). 이로 볼 때 그들은 겨우 입고 나온 옷이 전부였을 것이다.

2) 광야 사십 년의 생활과 지리적 위치

하나님은 광야 생활 40년간 이스라엘 백성이 입은 옷과 신발이 낡거나 해어지지 않게 해주셨다. 이는 하나님의 이적의 사건이지만 그들에 대한 하나님의 사랑과 세심한 배려였음을 알 수 있다.

여기서 '광야 40년'이 '세상'을 상징한다고 볼 때, 그들이 광야 생활에서 의복과 신발이 낡거나 해어지지 않았다는 것은 또 다른 의미를 담고 있다. 그것은 더 나아가 영적 의복을 상징하고 있다고 할 수 있다. 다시 말해 육적 이스라엘의 광야 40년은 세상을 살아가는 인생의 삶을 축약한 상징일 뿐 아니라, 그들이 착용한 의복과 신발이 낡거나 해어지지 않은 하나님의 이적은, 성도가 영원히 입을 영혼의 의복인 겉옷과 속옷, 그리고 구원받은 은혜의 삶에 대한 의의 겉옷을 상징하고 있다(사 61:10). *(광야 지도에서 '지역이 없는 장소' 부호 ⑧을 참고하라)

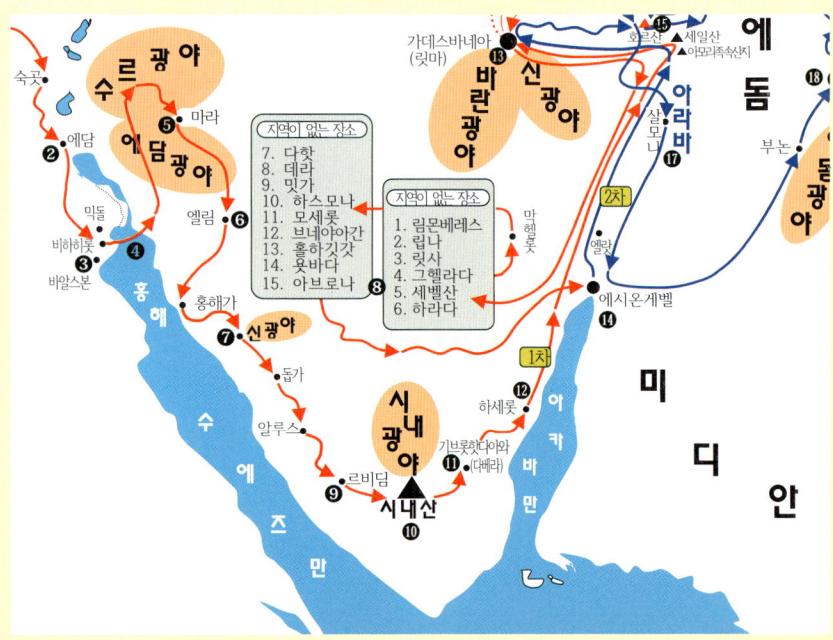

"네 하나님 여호와께서 이 사십 년 동안에 너로 광야의 길을 걷게 하신 것을 기억하라 이는 너를 낮추시며 너를 시험하사 네 마음이 어떠한지 그 명령을 지키는지 아니 지키는지 알려 하심이라"(신 8:2).

2. 백성들 의복과 신발의 구속사적 의미

	의복(신발)의 기능	의복(신발)의 영적 의미
성구	여호수아가 **더러운 옷**을 입고 천사 앞에 섰는지라 여호와께서 자기 앞에 선 자들에게 명하사 그 더러운 옷을 벗기라 하시고 또 여호수아에게 이르시되 내가 네 죄과를 제하여 버렸으니 네게 **아름다운 옷**을 입히리라 하시기로 내가 말하되 정한 관을 그 머리에 씌우소서 하매 곧 정한 관을 그 머리에 씌우며 옷을 입히고 여호와의 사자는 곁에 섰더라 (슥 3:3-5)	
40년 옷	① **광야**에서 40년을 방랑한 이스라엘(신29:5) ② 40년간 단벌옷을 입고 살았던 구약 성도 ③ 광야 생활 40년간 낡지 않은 육신의 옷	① 광야 같은 **세상**에서의 나그네 인생(벧전2:11) ② 영혼의 단벌옷을 입고 사는 신구약 성도(사61:10) ③ 주님이 입혀 주신 옷은 영원히 낡지 않은 영혼의 옷
겉·속옷	① 몸을 싸서 외부로부터 보호하는 **겉옷**(신29:5) ② 몸에 직접 닿아 깨끗하게 구분해 주는 **속옷** ③ 구속을 잊은 백성이 입은 **원망의 옷**(민14:26-30) ㉠ 홍해 앞에서 원망한 백성들(출14:10-12) ㉡ 마라의 쓴 물로 원망한 백성들(출15:22,23) ㉢ 신 광야에서 양식 문제로 원망(출16:2,3) ㉣ 르비딤에서 식수 문제로 원망한 백성(출17:3,4)	① 영육간 세상과 구분 짓는 **구원**과 **의의 겉옷**(사61:10) ② 영육을 죄에서 성결케 한 영혼의 **세마포**(계19:8; 골3:12) ③ 구원의 성도에게 **찬송의 옷**을 입혀 주신 하나님(사61:3) ㉠ 빌립보 옥중에서 바울과 실라의 찬송(행16:24,25) ㉡ 전쟁 시에 찬송한 여호사밧 성가대(대하20:21,22) ㉢ 악신을 추방할 때 찬양을 연주한 다윗(삼상16:23,14-16) ㉣ 하루의 삶을 찬송으로 영광 돌림(시119:164; 사43:21)
신발	① 40년간 닳지 않은 짐승 가죽의 **샌들**(신29:5) ② 애굽 노예근성을 가진 원망한 자가 신은 신발 ③ 광야 40년간 닳지 않은 이적의 신발 한 켤레	① 세상에 성도가 예수로 인해 활보할 **복음의 신**(엡6:15) ② 타락한 자가 신분을 회복할 때 신는 신발(눅15:22) ③ 신분이 회복된 자의 천국을 향한 발걸음(창5:24; 히11:5)

3. 백성들 의복과 신발의 구속사적 의미(성구)

		성 구
		아버지는 종들에게 이르되 제일 좋은 **옷**을 내어다가 입히고 손에 가락지를 끼우고 발에 **신**을 신기라 (눅 15:22)
40년 옷	**광야**	
	신 29:5	주께서 사십 년 동안 너희를 인도하여 광야를 통행케 하셨거니와 너희 몸의 옷이 낡지 아니하였고 너희 발의 신이 해어지지 아니하였으며
	세상	
	벧전 2:11	사랑하는 자들아 나그네와 행인 같은 너희를 권하노니
	사 61:10	내가 여호와로 인하여 크게 기뻐하며 내 영혼이 나의 하나님으로 인하여 즐거워하리니 이는 그가 구원의 옷으로 내게 입히시며 의의 겉옷으로 내게 더하심이 신랑이 사모를 쓰며 신부가 자기 보물로 단장함 같게 하셨음이라

	육신의 옷	
	신 29:5	주께서 사십 년 동안 너희를 인도하여 광야를 통행케 하셨거니와 너희 몸의 옷이 낡지 아니하였고 너희 발의 신이 해어지지 아니하였으며
	민 14:26-30	여호와께서 모세와 아론에게 일러 가라사대 나를 원망하는 이 악한 회중을 내가 어느 때까지 참으랴 이스라엘 자손이 나를 향하여 원망하는 바 그 원망하는 말을 내가 들었노라 그들에게 이르기를 여호와의 말씀에 나의 삶을 가리켜 맹세하노라 너희 말이 내 귀에 들린 대로 내가 너희에게 행하리니 너희 시체가 이 광야에 엎드러질 것이라 너희 이십 세 이상으로 계수함을 받은 자 곧 나를 원망한 자의 전부가 여분네의 아들 갈렙과 눈의 아들 여호수아 외에는 내가 맹세하여 너희로 거하게 하리라 한 땅에 결단코 들어가지 못하리라
겉옷·속옷	출 14:10-12	바로가 가까워 올 때에 이스라엘 자손이 눈을 들어 본즉 애굽 사람들이 자기 뒤에 미친지라 이스라엘 자손이 심히 두려워하여 여호와께 부르짖고 그들이 또 모세에게 이르되 애굽에 매장지가 없으므로 당신이 우리를 이끌어 내어 이 광야에서 죽게 하느뇨 어찌하여 당신이 우리를 애굽에서 이끌어 내어 이같이 우리에게 하느뇨 우리가 애굽에서 당신에게 고한 말이 이것이 아니뇨 이르기를 우리를 버려두라 우리가 애굽 사람을 섬길 것이라 하지 아니하더뇨 애굽 사람을 섬기는 것이 광야에서 죽는 것보다 낫겠노라
	출 15:23,24	마라에 이르렀더니 그곳 물이 써서 마시지 못하겠으므로 그 이름을 마라라 하였더라 백성이 모세를 대하여 원망하여 가로되 우리가 무엇을 마실까 하매
	출 16:2,3	이스라엘 온 회중이 그 광야에서 모세와 아론을 원망하여 그들에게 이르되 우리가 애굽 땅에서 고기 가마 곁에 앉았던 때와 떡을 배불리 먹던 때에 여호와의 손에 죽었더면 좋았을 것을 너희가 이 광야로 우리를 인도하여 내어 이 온 회중으로 주려 죽게 하는도다
	출 17:3,4	거기서 백성이 물에 갈하매 그들이 모세를 대하여 원망하여 가로되 당신이 어찌하여 우리를 애굽에서 인도하여 내어서 우리와 우리 자녀와 우리 생축으로 목말라 죽게 하느냐 모세가 여호와께 부르짖어 가로되 내가 이 백성에게 어떻게 하리이까 그들이 얼마 아니면 내게 돌질하겠나이다
	영혼의 옷	
	사 61:10	내가 여호와로 인하여 크게 기뻐하며 내 영혼이 나의 하나님으로 인하여 즐거워하리니 이는 그가 구원의 옷으로 내게 입히시며 의의 겉옷으로 내게 더하심이 신랑이 사모를 쓰며 신부가 자기 보물로 단장함 같게 하셨음이라
	계 19:8	그에게 허락하사 빛나고 깨끗한 세마포를 입게 하셨은즉 이 세마포는 성도들의 옳은 행실이로다 하더라
	골 3:12	그러므로 너희는 하나님의 택하신 거룩하고 사랑하신 자처럼 긍휼과 자비와 겸손과 온유와 오래 참음을 옷 입고
	사 61:3	무릇 시온에서 슬퍼하는 자에게 화관을 주어 그 재를 대신하며 희락의 기름으로 그 슬픔을 대신하며 찬송의 옷으로 그 근심을 대신하시고 그들로 의의 나무 곧 여호와의 심으신 바 그 영광을 나타낼 자라 일컬음을 얻게 하려 하심이니라
	행 16:24,25	그가 이러한 영을 받아 저희를 깊은 옥에 가두고 그 발을 착고에 든든히 채웠더니 밤중쯤 되어 바울과 실라가 기도하고 하나님을 찬미하매 죄수들이 듣더라
	대하 20:21,22	백성으로 더불어 의논하고 노래하는 자를 택하여 거룩한 예복을 입히고 군대 앞에서 행하며 여호와를 찬송하여 이르기를 여호와께 감사하세 그 자비하심이 영원하도다 하게 하였더니 그 노래와 찬송이 시작될 때에 여호와께서 복병을 두어 유다를 치러 온 암몬 자손과 모압과 세일산 사람을 치게 하시므로 저희가 패하였으니
	삼상 16:23	하나님의 부리신 악신이 사울에게 이를 때에 다윗이 수금을 취하여 손으로 탄즉 사울이 상쾌하여 낫고 악신은 그에게서 떠나더라 *(삼상 16:14-16)
	시 119:164	주의 의로운 규례를 인하여 내가 하루 일곱 번씩 주를 찬양하나이다 *(사 43:21)

	샌들	
신발	신 29:5	주께서 사십 년 동안 너희를 인도하여 광야를 통행케 하셨거니와 너희 몸의 옷이 낡지 아니하였고 너희 발의 신이 해어지지 아니하였으며
	복음의 신	
	엡 6:15	평안의 복음의 예비한 것으로 신을 신고
	눅 15:22	아버지는 종들에게 이르되 제일 좋은 옷을 내다가 입히고 손에 가락지를 끼우고 발에 신을 신기라
	창 5:24	에녹이 하나님과 동행하더니 하나님이 그를 데려가시므로 세상에 있지 아니하였더라
	히 11:5	믿음으로 에녹은 죽음을 보지 않고 옮기웠으니 하나님이 저를 옮기심으로 다시 보이지 아니하니라 저는 옮기우기 전에 하나님을 기쁘시게 하는 자라 하는 증거를 받았느니라

"내가 너를 권하노니
내게서 불로 연단한 금을 사서 부요하게 하고
흰 옷을 사서 입어 벌거벗은 수치를 보이지 않게 하고
안약을 사서 눈에 발라 보게 하라"
(계 3:18)

제2장 반석에서의 생수

이스라엘 백성은 신 광야에서부터 하나님께서 주시는 신령한 식물을 먹으며 광야 길을 순례하였다. 백성들은 '돕가'에 진을 친 후 '알루스'에 정착했다가 '르비딤'에 도착하여 장막을 쳤지만 그곳에는 마실 물이 없었다. 사실 그들은 르비딤까지 오는 노정에 목마름으로 지쳐 있었다. 200만 명이 마셔야 할 물의 양이 얼마큼 있어야 할지는 가히 짐작할 수 있을 것이다.

제1절 르비딤에서의 생수 사건

"이스라엘 자손의 온 회중이 여호와의 명령대로 신 광야에서 떠나 그 노정대로 행하여 **르비딤**에 장막을 쳤으나 백성이 마실 물이 없는지라"(출 17:1).

"여호와께서 모세에게 이르시되 백성 앞을 지나가서 이스라엘 장로들을 데리고 하수를 치던 네 지팡이를 손에 잡고 가라 내가 거기서 **호렙 산 반석** 위에 너를 대하여 서리니 너는 반석을 치라 그것에서 물이 나리니 백성이 마시리라 모세가 이스라엘 장로들의 목전에서 그대로 행하니라"(출 17:5-6).

1. 호렙 산 반석의 역사적 의미

1) 르비딤의 의미와 지리적 위치

르비딤은 신 광야와 호렙 산(시내 산) 사이에 있는 평야이다. 이곳은 호렙 산에서 북서쪽으로 약 30km 지점에 위치하고 있으며, 호렙 산에서 하룻길 정도의 거리였다. '르비딤'(רפידים 레피딤)이란 '평원', '평지'를 말하는데, 이는 쉬어 가는 장소를 의미한다. 이 지역의 이름이 말해 주듯이, 긴 여행을 하는 사람들은 평원이 펼쳐진 르비딤에

서 휴식을 취하며 새 힘을 회복하고 떠났다. 르비딤은 시냇물이 흐르는 곳으로 광야에 지쳐 여행하는 나그네에게는 한없이 좋은 안식의 장소였다. *(지도에 부호 ⑨을 참고하라)

"알루스에서 발행하여 르비딤에 진 쳤는데 거기는 백성의 마실 물이 없었더라"(민 33:14).

2) 이스라엘 백성의 반응

신 광야에서 양식이 떨어진 이스라엘은 하나님이 내려 주신 하늘 양식 만나로 배고픔을 해결한 후 르비딤에 도착하자 때마침 식수가 고갈되고 말았다. 이스라엘이 도착했을 때에는 모든 시냇물이 말라버린

심각한 가뭄에 있었다. 이스라엘은 마라에서 갈증으로 불평했던 것처럼, 르비딤에서 갈증을 이기지 못하고 또다시 원망과 불평의 소리를 높이기 시작했다.

백성들의 험악한 분위기는 모세를 공박하다가 급기야 돌로 치려고까지 하였다(출 17:4). 모세는 이 같은 위기 상황에서 하나님께 부르짖었다. 그때 하나님은 '호렙 산 반석을 치라'는 응답을 주셨다. 이에 장로들과 호렙 산(시내 산)으로 가서 그의 손에 있던 지팡이로 반석을 쳤다. 그러자 반석이 갈라지고 생수가 강같이 흘러나와 백성들의 마른 목을 흡족하게 풀어 주었다.

2. 호렙 산 반석의 구속사적 의미

	반석과 생수의 기능	반석과 생수의 영적 의미
반석	① 구약의 반석은 **하나님**을 예표(시18:2, 19:14) 　㉠ 호렙 산에 반석을 지정하신 하나님(출17:6) 　㉡ 인간 모세 앞에 서신 반석 위의 하나님 ② **지팡이**로 반석을 친 모세(출17:6) 　㉠ 하나님이 서 계신 반석을 지팡이로 친 모세 　㉡ 장로들 앞에서 지팡이로 반석을 친 모세 ③ 호렙 산 **반석**에서 터져 나온 생수(출17:5,6) 　㉠ 땅에서 솟는 자연적 현상이 아닌 생수 　㉡ 반석 자체에서 솟는 초자연적 이적의 생수	① 신약의 반석은 **예수**를 예표(고전10:4) 　㉠ 골고다 산 위에 지정된 반석이신 예수(눅23:33) 　㉡ 죄인들 앞에 서신 반석이신 예수 ② **흉기**로 반석이신 예수를 죽인 유대인(요19:18) 　㉠ 제사장 뜰에서 예수를 손찌검한 유대인(마26:67) 　㉡ 제사장과 장로들 앞에 죽임 당한 예수(마27:41) ③ 골고다 산에 **예수**의 몸에서 터져 나온 피(요19:34) 　㉠ 일반적 죽음이 아닌 예수님의 대속의 피(마10:17,18) 　㉡ 예수는 인류 대속의 피로 공급하신 생명수(마20:28)
생수	① 반석의 **생수**로 목숨을 구한 백성(출17:6) ② 광야에서의 생수는 목숨과 같은 제2의 생명 ③ 반석의 생수 없이 삶을 누릴 수 없는 백성	① 예수의 **보혈**(피)로 구원받는 생명의 길(요14:6) ② 영원한 생수(예수)는 구원에 필수 불가결(벧전1:19) ③ 예수의 보혈(생수)로 택자가 누릴 5가지 영적 특권 　㉠ 죄를 씻는 보혈을 상징하는 생수(슥13:1) 　㉡ 영생을 상징하는 생수(요4:14) 　㉢ 하나님의 말씀을 상징하는 생수(시1:1-3) 　㉣ 성령을 상징하는 생수(요7:37-39) 　㉤ 축복을 상징하는 생수(창49:22)

3. 호렙 산 반석의 구속사적 의미(성구)

반석	**하나님 반석**	
	시 18:2	여호와는 나의 반석이시요 나의 요새시요 나를 건지시는 자시요 나의 하나님이시요 나의 피할 바위시요 나의 방패시요 나의 구원의 뿔이시요 나의 산성이시로다
	시 19:14	나의 반석이시요 나의 구속자이신 여호와여 내 입의 말과 마음의 묵상이 주의 앞에 열납되기를 원하나이다
	출 17:6	내가 거기서 호렙 산 반석 위에 너를 대하여 서리니 너는 반석을 치라 그것에서 물이 나리니 백성이 마시리라 모세가 이스라엘 장로들의 목전에서 그대로 행하니라
	예수 반석	
	고전 10:4	다 같은 신령한 음료를 마셨으니 이는 저희를 따르는 신령한 반석으로부터 마셨으매 그 반석은 곧 그리스도시라
	눅 23:33	해골이라 하는 곳에 이르러 거기서 예수를 십자가에 못 박고 두 행악자도 그렇게 하니 하나는 우편에, 하나는 좌편에 있더라
	지팡이	
	출 17:6	내가 거기서 호렙 산 반석 위에 너를 대하여 서리니 너는 반석을 치라 그것에서 물이 나리니 백성이 마시리라 모세가 이스라엘 장로들의 목전에서 그대로 행하니라

	흉기	
	요 19:18	저희가 거기서 예수를 십자가에 못 박을새 다른 두 사람도 그와 함께 좌우편에 못 박으니 예수는 가운데 있더라
	마 26:67	이에 예수의 얼굴에 침 뱉으며 주먹으로 치고 혹은 손바닥으로 때리며
	마 27:41	그와 같이 대제사장들과 서기관들과 장로들도 함께 희롱하여 가로되
반석	반석	
	출 17:5,6	여호와께서 모세에게 이르시되 백성 앞을 지나가서 이스라엘 장로들을 데리고 하수를 치던 네 지팡이를 손에 잡고 가라 내가 거기서 호렙 산 반석 위에 너를 대하여 서리니 너는 반석을 치라 그것에서 물이 나리니 백성이 마시리라 모세가 이스라엘 장로들의 목전에서 그대로 행하니라
	예수	
	요 19:34	그중 한 군병이 창으로 옆구리를 찌르니 곧 피와 물이 나오더라
	요 10:17,18	아버지께서 나를 사랑하시는 것은 내가 다시 목숨을 얻기 위하여 목숨을 버림이라 이를 내게서 빼앗는 자가 있는 것이 아니라 내가 스스로 버리노라 나는 버릴 권세도 있고 다시 얻을 권세도 있으니 이 계명은 내 아버지에게서 받았노라 하시니라
	마 20:28	인자가 온 것은 섬김을 받으려 함이 아니라 도리어 섬기려 하고 자기 목숨을 많은 사람의 대속물로 주려 함이니라
생수	생수	
	출 17:6	내가 거기서 호렙 산 반석 위에 너를 대하여 서리니 너는 반석을 치라 그것에서 물이 나리니 백성이 마시리라 모세가 이스라엘 장로들의 목전에서 그대로 행하니라 *(시 19:14)
	보혈	
	요 14:6	예수께서 가라사대 내가 곧 길이요 진리요 생명이니 나로 말미암지 않고는 아버지께로 올 자가 없느니라
	벧전 1:19	오직 흠 없고 점 없는 어린양 같은 그리스도의 보배로운 피로 한 것이니라
	슥 13:1	그날에 죄와 더러움을 씻는 샘이 다윗의 족속과 예루살렘 거민을 위하여 열리리라
	요 4:14	내가 주는 물을 먹는 자는 영원히 목마르지 아니하리니 나의 주는 물은 그 속에서 영생하도록 솟아나는 샘물이 되리라
	시 1:1-3	복 있는 사람은 악인의 꾀를 좇지 아니하며 죄인의 길에 서지 아니하며 오만한 자의 자리에 앉지 아니하고 오직 여호와의 율법을 즐거워하여 그 율법을 주야로 묵상하는 자로다 저는 시냇가에 심은 나무가 시절을 좇아 과실을 맺으며 그 잎사귀가 마르지 아니함 같으니 그 행사가 다 형통하리로다
	요 7:37-39	명절 끝 날 곧 큰 날에 예수께서 서서 외쳐 가라사대 누구든지 목마르거든 내게로 와서 마시라 나를 믿는 자는 성경에 이름과 같이 그 배에서 생수의 강이 흘러나리라 하시니 이는 그를 믿는 자의 받을 성령을 가리켜 말씀하신 것이라
	창 49:22	요셉은 무성한 가지 곧 샘 곁의 무성한 가지라 그 가지가 담을 넘었도다

"또 내가 네게 이르노니
너는 베드로라 내가 이 반석 위에 내 교회를 세우리니
음부의 권세가 이기지 못하리라"
(마 16:18)

제3장 아말렉과의 전투

 이스라엘은 아말렉과 대항하여 전투 준비를 하게 되었다. 그들은 출애굽 이후 첫 전투였다. 백성들이 아직 싸워 본 일이 없었던 것은 430년간의 애굽 왕 바로 치하에 있었기 때문이다. 이스라엘은 애굽의 노예로 있다가 광야 생활로 들어온 지 한 달 보름밖에 되지 않았을 무렵에 전투를 치렀다. 그들이 출애굽 하던 날이 1월 15일이었고, 신 광야에 도착할 때가 2월 15일이었다. 그리고 르비딤 다음 지역인 시내 산에 도착할 때는 3월이었다(민 33:3; 출 16:1, 19:1). 전쟁 경험이 전혀 없었던 이스라엘은 오직 하나님만 의지할 수밖에 없었다.

제1절 이스라엘과 아말렉의 전투

> "때에 **아말렉**이 이르러 이스라엘과 **르비딤**에서 싸우니라 모세가 여호수아에게 이르되 우리를 위하여 사람들을 택하여 나가서 아말렉과 싸우라 내일 내가 하나님의 지팡이를 손에 잡고 산꼭대기에 서리라 여호수아가 모세의 말대로 행하여 아말렉과 싸우고 모세와 아론과 훌은 산꼭대기에 올라가서 모세가 손을 들면 이스라엘이 이기고 손을 내리면 아말렉이 이기더니 모세의 팔이 피곤하매 그들이 돌을 가져다가 모세의 아래에 놓아 그로 그 위에 앉게 하고 아론과 훌이 하나는 이편에서 하나는 저편에서 모세의 손을 붙들어 올렸더니 그 손이 해가 지도록 내려오지 아니한지라 여호수아가 칼날로 아말렉과 그 백성을 쳐서 파하니라 여호와께서 모세에게 이르시되 이것을 책에 기록하여 기념하게 하고 여호수아의 귀에 외워 들리라 내가 아말렉을 도말하여 천하에서 기억함이 없게 하리라 모세가 단을 쌓고 그 이름을 여호와 닛시라 하고 가로되 여호와께서 맹세하시기를 여호와가 아말렉으로 더불어 대대로 싸우리라 하셨다 하였더라"(출 17:8-16).

1. 아말렉의 역사적 의미

1) 유목민 아말렉과 그의 조상

이스라엘 백성이 르비딤에서 목마름을 해갈하고 흐트러진 전열을 가다듬은 때 아말렉과 전투를 치르게 되었다. 아말렉은 에서의 손자인 아말렉의 후손들로서 에서의 아들 엘리바스의 첩인 딤나가 낳았다(창 36:12). 아말렉 족속은 유목민으로서 물이 많은 곳을 찾아 이동하며 살았다. 그들은 1년 중에 비가 많이 내리는 하반기에는 팔레스타인 남방이나 시내 반도의 저지대를 중심하여 살다가, 비가 적은 상반기가 되면 목초지가 발달된 고원지대로 이주하며 살았다. 아말렉이 이스라엘 백성을 공략한 것은 자기들의 목초지를 차지할지 모른다는 불안감 때문이었을 것이다.

2) 이스라엘이 아말렉에게 대항

이스라엘이 출애굽 한 지 한 달 남짓 되는 때에 아말렉과 전투가 있었다. 애굽에서 430년의 노예 생활로 전투를 치러 보지 않은 이스라엘이 전투를 치른다는 것은 불가능한 일이었다. 하나님께서 그들을 도우시지 않는다면 아말렉과의 전투에서의 승리는 허상에 불과한 일이었다. 전쟁의 승패는 인간의 능력에 있지 않고 하나님의 손에 의해 결정된다는 사실을 보여준다. 사무엘상 17장 47절을 보면 "또 여호와의 구원하심이 칼과 창에 있지 아니함을 이 무리로 알게 하리라 전쟁은 여호와께 속한 것인즉 그가 너희를 우리 손에 붙이시리라"고 하였다.

이스라엘은 하나님의 도우심으로 아말렉과의 전쟁에서 승리하였다. 이로써 모세는 그곳에 단을 쌓고 '여호와는 나의 깃발'이라는 뜻으로 '여호와 닛시'라 불렀다(출 17:15).

40년 후 모압 평지에서 임종을 앞둔 모세는 과거 아말렉과의 전쟁을 상기시키며 아말렉을 완전히 멸절시키라고 하였다. 이 또한 하나님의 명령이었다. 그 이유는 이스라엘이 애굽에서 나온 지 한 달 남짓 되던 때에, 한 번도 전쟁을 치러 보지 않고 무기도 없는 이스라엘 백성의 후방을 아말렉이 공격함으로써 힘없고 연약하여 저항하거나 도망할 수도 없는 사람들을 쳤기 때문이다(신 25:17-18).

이로 인해 여호수아를 앞세우고 아말렉과 전쟁을 치른다는 것은 어느 모양으로나 상대가 되지 않았다. 하지만 하나님은 이스라엘을 통해 구속사를 이루셔야 했기 때문에 전쟁을 승리로 이끌어야 했다. 아말렉의 이름을 천하에서 도말하라는(신 25:19) 모세의 선언이 있은 후, 이 일은 사울에 의해 부분적으로 성취되었고(삼상 15장), 다윗에 의해 완전히 성취되었다(삼상 30장; 삼하 1:1, 8:12). 다윗 시대 이후로 성경에서 아말렉이라는 이름을 찾을 수가 없다.

하나님은 구속사를 성취해 가시는 과정에서 선민 이스라엘을 해치려는 세력들을 그냥 내버려두지 않으신다. 왜냐하면 구속사의 맥이 끊어진다면 메시아 계보를 이어갈 수 없기 때문이다. 이렇듯 하나님은 당신의 섭리와 계획에 따라 구속사를 전개해 나가신다. 이어 구속사적 의미에서 이스라엘과 아말렉에 대한 상징성을 살펴보자.

2. 아말렉과의 전투에 대한 구속사적 의미

	전투의 기능	전투의 영적 의미
예표·상징	① 모세는 오실 예수의 예표(신18:15,17,18) ② 하나님의 지팡이는 검을 상징 ③ 이스라엘 백성은 신약 성도를 상징 ④ 아말렉 군사는 대적자 마귀를 상징	① 모세가 예언한 **예수**를 인용·설교(행3:22) ② 하나님의 말씀은 검(요1:1; 계1:16, 2:12; 엡6:17) ③ 하나님께로 선택 받은 영적 이스라엘(벧전2:9) ④ 원수 마귀는 성도의 대적자(벧전5:8,9)
이스라엘	① 이스라엘의 **군대**를 소집한 모세(출17:9) ㉠ 아말렉과 전투하기 위해 군대로 조직된 백성 ㉡ 소집된 군대로 전투에 출정할 용맹한 군사 ㉢ 군사는 지휘관 모세에게 절대 복종의 삶 ② 이스라엘 군대가 **전투**에 출정(출17:9,10) ㉠ 이스라엘 군대가 아말렉과 치룰 전투 ㉡ 정신적으로 무장되어야 할 군사 ㉢ 전쟁 시 상관과 부하가 상호 협력관계 ③ 전투에서 **승리**한 이스라엘 군사(출17:13) ㉠ 하나님이 함께할 때 아말렉을 전멸시킨 군사 ㉡ 모세의 기도로 승리한 군사(출17:11,12) ㉢ 하나님의 승리의 깃발을 꽂은 군사(출17:15)	① 그리스도의 **군사**를 소집한 예수(딤후2:3,4) ㉠ 마귀와 전투하기 위해 군사로 조직된 교회 ㉡ 고난과 더불어 싸워야 할 좋은 군사 ㉢ 군사는 기쁨과 함께 예수께 순종하는 삶 ② 그리스도의 군사는 **영적 전투**에 출정(엡6:11-13) ㉠ 영적 전투는 성도가 마귀와 싸우는 전투 ㉡ 영적으로 무장되어야 할 군사인 성도 ㉢ 영적 전투 시 각 성도가 일심으로 협력하는 교회 ③ 영적 전투에서 **승리**한 영적 이스라엘 군사(약4:7) ㉠ 주의 능력으로 사탄을 물리치는 성도(눅10:17,18) ㉡ 주님의 기도 후원으로 승리하는 성도(롬8:34) ㉢ 하나님이 승리의 개가를 부르게 한 성도(계19:5)
아말렉	① 하나님의 선민 이스라엘을 공격한 **아말렉**(출17:8) ㉠ 강세를 보이기 시작한 아말렉(출17:11) ㉡ 이스라엘을 선제 공격한 아말렉 ㉢ 이스라엘에게 공포를 자극한 아말렉 ② 이스라엘의 **후미**를 공격한 아말렉(신25:17,18) ㉠ 이스라엘의 행렬에서 처져 있는 자들을 공격 ㉡ 적에게 약점이 노출된 자를 공격한 아말렉 ㉢ 행군 대열의 후미인지 자기 점검을 확인 ③ 이스라엘에게 결국 **패배**한 아말렉(출17:13) ㉠ 이스라엘의 승리를 도우신 하나님 ㉡ 이스라엘 승리는 선택된 하나님의 백성의 것 ㉢ 이스라엘을 승리케 하신 유일하신 하나님	① 영적 이스라엘인 성도에게 접근한 **마귀**(벧전5:8) ㉠ 사자처럼 강하게 역사하는 마귀(벧전5:8) ㉡ 항상 성도를 공격할 기회를 엿보는 마귀 ㉢ 강한 사자처럼 성도에게 공포를 주는 마귀 ② 신앙의 대열에서 **낙오(시험)**된 자를 공격하는 마귀(약1:13) ㉠ 교회 공동체에서 이탈된 자를 공격하는 마귀 ㉡ 성도의 허점(약점)을 보이는 자를 공격하는 마귀 ㉢ 신앙의 대열에 있는지 자기 점검이 필수(고후13:5) ③ 성도에게 결국 **패배**당하는 마귀(엡6:13; 약4:7) ㉠ 구속된 성도를 도우시는 하나님(히2:18) ㉡ 성도의 승리는 창세전에 선택된 하나님의 백성 것 ㉢ 성도를 승리케 하신 전지전능하신 하나님
승리원인·결과	① 하나님의 **지팡이**를 잡은 모세(출17:9하) ② 승리할 때까지 하나님께 두 팔을 들고 기도한 모세 ③ 아론과 훌이 좌우에서 모세를 보좌(출17:12) ④ 전투에 승리하여 '여호와 닛시'라 한 모세(출17:15) ⑤ 아말렉과 대대로 싸우신다는 하나님(출17:16)	① 하나님의 **말씀(검)**을 붙들고 계신 예수(마4:1-10) ② 성도를 위해 천국에서 중보기도 하시는 예수(롬8:34) ③ 베드로, 야고보, 요한이 예수의 곁에(마17:1, 26:37) ④ 마귀와 싸워 십자가로 승리하신 예수(골2:15) ⑤ 마귀와 대대로 싸워 승리하시는 예수(요12:31)

3. 아말렉과의 전투에 대한 구속사적 의미(성구)

예표·상징	모세	
	신 18:15	네 하나님 여호와께서 너의 중 네 형제 중에서 나와 같은 선지자 하나를 너를 위하여 일으키시리니 너희는 그를 들을지니라
	신 18:17,18	여호와께서 내게 이르시되 그들의 말이 옳도다 내가 그들의 형제 중에 너와 같은 선지자 하나를 그들을 위하여 일으키고 내 말을 그 입에 두리니 내가 그에게 명하는 것을 그가 무리에게 다 고하리라
	예수	
	행 3:22	모세가 말하되 주 하나님이 너희를 위하여 너희 형제 가운데서 나 같은 선지자 하나를 세울 것이니 너희가 무엇이든지 그 모든 말씀을 들을 것이라
	엡 6:17	구원의 투구와 성령의 검 곧 하나님의 말씀을 가지라
	벧전 2:9	오직 너희는 택하신 족속이요 왕 같은 제사장들이요 거룩한 나라요 그의 소유 된 백성이니 이는 너희를 어두운 데서 불러내어 그의 기이한 빛에 들어가게 하신 자의 아름다운 덕을 선전하게 하려 하심이라
	벧전 5:8,9	근신하라 깨어라 너희 대적 마귀가 우는 사자같이 두루 다니며 삼킬 자를 찾나니 너희는 믿음을 굳게 하여 저를 대적하라 이는 세상에 있는 너희 형제들도 동일한 고난을 당하는 줄을 앎이니라
이스라엘	군대	
	출 17:9	모세가 여호수아에게 이르되 우리를 위하여 사람들을 택하여 나가서 아말렉과 싸우라 내일 내가 하나님의 지팡이를 손에 잡고 산꼭대기에 서리라
	군사	
	딤후 2:3,4	네가 그리스도 예수의 좋은 군사로 나와 함께 고난을 받을지니 군사로 다니는 자는 자기 생활에 얽매이는 자가 하나도 없나니 이는 군사로 모집한 자를 기쁘게 하려 함이라
	전쟁	
	출 17:9,10	모세가 여호수아에게 이르되 우리를 위하여 사람들을 택하여 나가서 아말렉과 싸우라 내일 내가 하나님의 지팡이를 손에 잡고 산꼭대기에 서리라 여호수아가 모세의 말대로 행하여 아말렉과 싸우고 모세와 아론과 훌은 산꼭대기에 올라가서
	영적 전쟁	
	엡 6:11-13	마귀의 궤계를 능히 대적하기 위하여 하나님의 전신갑주를 입으라 우리의 씨름은 혈과 육에 대한 것이 아니요 정사와 권세와 이 어두움의 세상 주관자들과 하늘에 있는 악의 영들에게 대함이라 그러므로 하나님의 전신갑주를 취하라 이는 악한 날에 너희가 능히 대적하고 모든 일을 행한 후에 서기 위함이라
	승리	
	출 17:13	여호수아가 칼날로 아말렉과 그 백성을 쳐서 파하니라
	출 17:11,12	모세가 손을 들면 이스라엘이 이기고 손을 내리면 아말렉이 이기더니 모세의 팔이 피곤하매 그들이 돌을 가져다가 모세의 아래에 놓아 그로 그 위에 앉게 하고 아론과 훌이 하나는 이편에서 하나는 저편에서 모세의 손을 붙들어 올렸더니 그 손이 해가 지도록 내려오지 아니한지라
	출 17:15	모세가 단을 쌓고 그 이름을 여호와 닛시라 하고
	영적 승리	
	약 4:7	그런즉 너희는 하나님께 순복할지어다 마귀를 대적하라 그리하면 너희를 피하리라
	눅 10:17,18	칠십 인이 기뻐 돌아와 가로되 주여 주의 이름으로 귀신들도 우리에게 항복하더이다 예수께서 이르시되 사탄이 하늘로서 번개같이 떨어지는 것을 내가 보았노라
	롬 8:34	누가 정죄하리요 죽으실 뿐 아니라 다시 살아나신 이는 그리스도 예수시니 그는 하나님 우편에 계신 자요 우리를 위하여 간구하시는 자시니라
	계 19:5	보좌에서 음성이 나서 가로되 하나님의 종들 곧 그를 경외하는 너희들아 무론대소하고 다 우리 하나님께 찬송하라 하더라

아말렉	**아말렉**	
	출 17:8	때에 아말렉이 이르러 이스라엘과 르비딤에서 싸우니라
	출 17:11	모세가 손을 들면 이스라엘이 이기고 손을 내리면 아말렉이 이기더니
	마귀	
	벧전 5:8	근신하라 깨어라 너희 대적 마귀가 우는 사자같이 두루 다니며 삼킬 자를 찾나니
	벧전 5:8,9	근신하라 깨어라 너희 대적 마귀가 우는 사자같이 두루 다니며 삼킬 자를 찾나니 너희는 믿음을 굳게 하여 저를 대적하라 이는 세상에 있는 너희 형제들도 동일한 고난을 당하는 줄을 앎이니라
	후미	
	신 25:17,18	너희가 애굽에서 나오는 길에 아말렉이 네게 행한 일을 기억하라 곧 그들이 하나님을 두려워하지 아니하고 너를 길에서 만나 너의 피곤함을 타서 네 뒤에 떨어진 약한 자들을 쳤느니라
	낙오	
	약 1:13	사람이 시험을 받을 때에 내가 하나님께 시험을 받는다 하지 말지니 하나님은 악에게 시험을 받지도 아니하시고 친히 아무도 시험하지 아니하시느니라
	고후 13:5	너희가 믿음에 있는가 너희 자신을 시험하고 너희 자신을 확증하라 예수 그리스도께서 너희 안에 계신 줄을 너희가 스스로 알지 못하느냐 그렇지 않으면 너희가 버리운 자니라
	대적 패배	
	출 17:13	여호수아가 칼날로 아말렉과 그 백성을 쳐서 파하니라
	마귀 패배	
	엡 6:13	그러므로 하나님의 전신갑주를 취하라 이는 악한 날에 너희가 능히 대적하고 모든 일을 행한 후에 서기 위함이라
	약 4:7	그런즉 너희는 하나님께 순복할지어다 마귀를 대적하라 그리하면 너희를 피하리라
	히 2:18	자기가 시험을 받아 고난을 당하셨은즉 시험 받는 자들을 능히 도우시느니라
승리 원인·결과	**지팡이**	
	출 17:9	모세가 여호수아에게 이르되 우리를 위하여 사람들을 택하여 나가서 아말렉과 싸우라 내일 내가 하나님의 지팡이를 손에 잡고 산꼭대기에 서리라
	출 17:12	모세의 팔이 피곤하매 그들이 돌을 가져다가 모세의 아래에 놓아 그로 그 위에 앉게 하고 아론과 훌이 하나는 이편에서, 하나는 저편에서 모세의 손을 붙들어 올렸더니 그 손이 해가 지도록 내려오지 아니한지라
	출 17:15	모세가 단을 쌓고 그 이름을 여호와 닛시라 하고
	출 17:16	가로되 여호와께서 맹세하시기를 여호와가 아말렉으로 더불어 대대로 싸우리라 하셨다 하였더라
	말씀(검)	
	마 4:1-10	그때에 예수께서 성령에게 이끌리어 마귀에게 시험을 받으러 광야로 가사 사십 일을 밤낮으로 금식하신 후에 주리신지라 시험하는 자가 예수께 나아와서 가로되 네가 만일 하나님의 아들이어든 명하여 이 돌들이 떡덩이가 되게 하라 예수께서 대답하여 가라사대 기록되었으되 사람이 떡으로만 살 것이 아니요 하나님의 입으로 나오는 모든 말씀으로 살 것이라 하셨느니라 이에 마귀가 예수를 거룩한 성으로 데려다가 성전 꼭대기에 세우고 가로되 네가 만일 하나님의 아들이어든 뛰어내리라 기록하였으되 저가 너를 위하여 그 사자들을 명하시리니 저희가 손으로 너를 받들어 발이 돌에 부딪치지 않게 하리로다 하였느니라 예수께서 이르시되 또 기록되었으되 주 너의 하나님을 시험치 말라 하였느니라 하신대 마귀가 또 그를 데리고 지극히 높은 산으로 가서 천하만국과 그 영광을 보여 가로되 만일 내게 엎드려 경배하면 이 모든 것을 네게 주리라 이에 예수께서 말씀하시되 사탄아 물러가라 기록되었으되 주 너의 하나님께 경배하고 다만 그를 섬기라 하였느니라
	롬 8:34	누가 정죄하리요 죽으실 뿐 아니라 다시 살아나신 이는 그리스도 예수시니 그는 하나님 우편에 계신 자요 우리를 위하여 간구하시는 자시니라
	마 17:1	엿새 후에 예수께서 베드로와 야고보와 그 형제 요한을 데리시고 따로 높은 산에 올라가셨더니
	마 26:37	베드로와 세베대의 두 아들을 데리고 가실새 고민하고 슬퍼하사
	골 2:15	정사와 권세를 벗어버려 밝히 드러내시고 십자가로 승리하셨느니라
	요 12:31	이제 이 세상의 심판이 이르렀으니 이 세상 임금이 쫓겨나리라

결 론

출애굽 한 이스라엘 백성들은 홍해를 건너 광야에 들어와 마라와 엘림과 홍해가를 지나 신 광야에 장막을 쳤다. 그때 그들의 양식은 거의 바닥이 난 상태였다.

이스라엘이 양식을 넉넉히 가지고 나오지 못한 이유는 장자 사망의 재앙으로 출애굽 할 그 밤에 긴박한 상태로 급히 나오느라 양식을 미처 준비하지 못했기 때문이다. 이를 아신 하나님이 그들이 신 광야에 도착했을 때 하늘에서 매일 신령한 양식인 만나를 내려 주셨다.

그뿐만 아니라 목마른 광야에서도 르비딤 반석에서 솟은 생수로 이스라엘의 갈증을 해갈하여 주셨고, 짐승까지도 흡족하게 마실 수 있게 하셨다.

더구나 르비딤에 도착한 이스라엘은 전쟁 무기도 없었고 전쟁을 치러보지 않았지만, 아말렉과의 전투에서 승리를 거두었다. 이 모든 것, 즉 만나와 생수 그리고 전쟁에서의 승리는 하나님이 이스라엘과 함께 할 때 언제 어디서든 어떠한 상황이든 간에 그들을 보호하고 인도하시는 하나님이심을 깨닫게 하는 데 있었다.

제4부
시내 산에서의 언약

제1장 시내 산의 십계명과 우상 숭배 ··· 102
  제1절 시내 산에서의 십계명 ··· 104
  제2절 금송아지 숭배 사건 ··· 110
  제3절 안식일은 하나님의 성일 ··· 114
제2장 하나님의 성소와 기구 ··· 117
  제1절 성막 본체와 기구 제작 ··· 118
  제2절 성막 앙장과 세마포장 및 대문 ··· 120
  제3절 성막 널판(띠) 및 성소 휘장·성막 문장 ··· 126
  제4절 지성소의 법궤 제작 ··· 133
  제5절 지성소의 속죄소 제작 ··· 138
  제6절 지성소로 불리는 성도의 몸 ··· 141
  제7절 성소 내부의 진설병 상 제작 ··· 145
  제8절 성소 내부의 등대 제작 ··· 149
  제9절 성소 내부의 금향단 제작 ··· 153
  제10절 성막 뜰의 번제단 제작 ··· 158
  제11절 성막 뜰의 물두멍 제작 ··· 162
제3장 대제사장의 예복 ··· 166
  제1절 대제사장의 예복은 거룩한 옷 ··· 166

제1장 시내 산의 십계명과 우상 숭배

모세는 원망과 불평이 많은 이스라엘 백성을 통솔하기에 역부족이었다. 그러나 모세는 이스라엘을 인도하시는 전능하신 하나님의 기적을 목도하면서, 고난 속에서도 내일의 소망을 바라보고, 맡겨진 사명을 묵묵히 감당하며 광야 길을 걷고 있었다. 이스라엘이 에담에서 출현한 구름기둥과 불기둥의 인도를 받으며 도착한 곳은 시내 광야였다. 하나님께서 임재해 계시는 시내 산, 곧 하나님의 산이 있는 곳이었다. 하나님은 이스라엘을 시내 산으로 인도하셨고, 이곳에서 그들과 언약을 체결하시는 하나님의 거룩한 뜻이 계시되었다.

하나님은 이스라엘 백성이 시내 광야에 11개월 5일을 머무는 동안 이스라엘을 위해 십계명과 율법을 주셨다. 이는 구속의 은혜를 입은 백성으로서 하나님의 백성, 곧 성민답게 살게 하기 위해서였다.

특히 십계명은 하나님이 두 돌판에 친히 기록하신 것으로, 하나님 사랑과 이웃 사랑에 대한 내용을 담고 있다. 제1계명에서 제4계명은 하나님 사랑에 대한 계명이고, 제5계명에서 제10계명까지는 이웃을 사랑하라는 내용의 계명이다.

사랑은 율법의 완성이다(롬 13:10). 하나님을 사랑하고 이웃을 사랑하는 사람은 율법을 모두 준행한 것이라고 성경은 가르친다. 그것은 율법의 축약이 십계명이며, 십계명의 축약이 사랑이기 때문이다. 사랑이라는 단어가 신·구약 성경을 이루고 있다.

　하나님은 모세에게 사랑의 법이 기록된 십계명을 주셨다. 그런데 하나님이 모세를 통해 사랑의 법이 담긴 십계명을 선포하기 직전에 이스라엘이 하나님을 진노케 하였다. 이는 시내 산에 등정한 모세가 하산할 즈음에 이스라엘이 송아지 형상을 만들어, 그것이 애굽에서 자신들을 인도한 하나님이라며 우상 숭배의 죄를 저질렀기 때문이다.

　이로 인해 하나님의 진노는 극에 달했고, 하나님은 모세의 의분을 통해 징계하게 하셨다. 그럼에도 하나님은 모세의 기도를 들으시고 이스라엘을 사랑으로 용서하고 율법과 규례를 가르쳐 순응하게 하셨다.

제1절 시내 산에서의 십계명

> "이스라엘 자손이 애굽 땅에서 나올 때부터 제삼월 곧 그때에 그들이 시내 광야에 이르니라 그들이 르비딤을 떠나 **시내 광야**에 이르러 그 광야에 장막을 치되 산 앞에 장막을 치니라"(출 19:1-2).
>
> "너는 나 외에는 다른 신들을 네게 있게 말지니라 너를 위하여 새긴 우상을 만들지 말고 또 위로 하늘에 있는 것이나 아래로 땅에 있는 것이나 땅 아래 물속에 있는 것의 아무 형상이든지 만들지 말며 그것들에게 절하지 말며 그것들을 섬기지 말라 나 여호와 너의 하나님은 질투하는 하나님인즉 나를 미워하는 자의 죄를 갚되 아비로부터 아들에게로 삼사 대까지 이르게 하거니와 나를 사랑하고 내 계명을 지키는 자에게는 천 대까지 은혜를 베푸느니라 너는 너의 하나님 여호와의 이름을 망령되이 일컫지 말라 나 여호와는 나의 이름을 망령되이 일컫는 자를 죄 없다 하지 아니하리라 안식일을 기억하여 거룩히 지키라 엿새 동안은 힘써 네 모든 일을 행할 것이나 제칠 일은 너의 하나님 여호와의 안식일인즉 너나 네 아들이나 네 딸이나 네 남종이나 네 여종이나 네 육축이나 네 문안에 유하는 객이라도 아무 일도 하지 말라 이는 엿새 동안에 나 여호와가 하늘과 땅과 바다와 그 가운데 모든 것을 만들고 제칠 일에 쉬었음이라 그러므로 나 여호와가 안식일을 복되게 하여 그날을 거룩하게 하였느니라 네 부모를 공경하라 그리하면 너의 하나님 나 여호와가 네게 준 땅에서 네 생명이 길리라 살인하지 말지니라 간음하지 말지니라 도적질하지 말지니라 네 이웃에 대하여 거짓 증거하지 말지니라 네 이웃의 집을 탐내지 말지니라 네 이웃의 아내나 그의 남종이나 그의 여종이나 그의 소나 그의 나귀나 무릇 네 이웃의 소유를 탐내지 말지니라"(출 20:3-17).
>
> "여호와께서 모세에게 이르시되 너는 산에 올라 내게로 와서 거기 있으라 너로 그들을 가르치려고 내가 율법과 계명을 친히 기록한 **돌판**을 네게 주리라"(출 24:12).

1. 시내 산에서의 역사적 의미

1) 모세의 시내 산 등정과 지리적 위치

모세는 양무리를 치다가 어느새 호렙 산(시내 산)에 도착하여 그곳 떨기나무 불꽃 가운데 현현하신 하나님께 소명을 받았다(출 3:1-4). 그리고 모세는 자신과 백성들이 호렙 산에서 하나님을 섬기게 될 것을 알고 있었다(출 3:12).

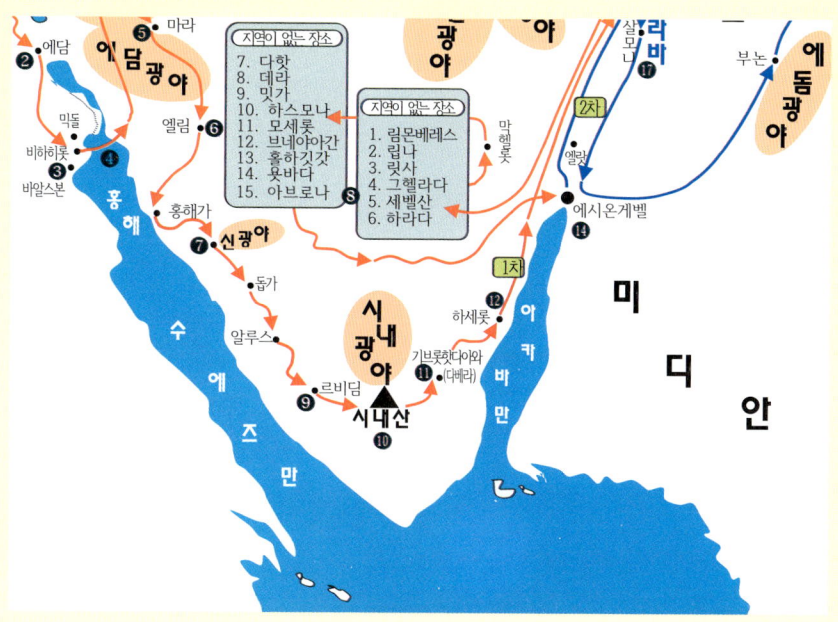

　모세는 이스라엘과 함께 시내 광야에 도착하여 장막을 친 후 출애굽 이전에 하나님을 만났던 시내 산에 등정하여(출 19:3), 하나님께 이스라엘과 언약 체결에 대한 중대한 말씀을 들었다. 이에 하산한 모세는 하나님께 들은 말씀을 먼저 장로들에게 전한 후 하나님의 권위를 인정하며 순종할 것인지를 물었고(출 19:7), 다음은 백성들에게 하나님의 언약 체결에 대하여 확답을 받았다. 그리고 모세는 다시 시내 산에 등정하여 백성들과 있었던 일들을 하나님께 낱낱이 보고하였다(출 19:8).
*(지도에 부호 ⑩을 참고하라)

　"여호와께서 시내 광야에서 이스라엘 자손에게 그 예물을 여호와께 드리라 명하신 날에 시내 산에서 이같이 모세에게 명하셨더라"(레 7:38).

2) 이스라엘 백성의 성결

거룩하신 하나님은 백성들에게 성결 작업, 곧 회개를 촉구하셨다. 그것도 이틀간이나 회개하도록 하신 것은 간절한 회개를 말한 것이다. 또 '옷을 세탁하라'고 하셨는데, 이는 외형적으로 깨끗하게 함으로써 마음도 깨끗이 하라는 의미이다(출 19:10). 그리고 하나님께서 시내 산에 강림하시는 광경을 백성들이 3일 후면 목도하리라고 하셨다(출 19:11). 그것은 백성들이 성결한 중에 강림하시는 하나님이심을 나타낸다 하겠다.

또한 하나님은 시내 산에 이스라엘 백성들이 접근하는 것을 금지시키셨다. 이유는 불의한 인간이 하나님의 거룩함을 침해하는 죄를 방지하여 죽임을 당하지 않게 하기 위해서이다(출 19:12-13). 그리고 하나님의 율법 수여의 기간에는 남녀 간에 잠자리를 삼가라고 하셨다(출 19:15; 고전 7:5). 이는 육체적인 즐거움을 절제하고 오직 하나님만 의식하는 마음을 갖게 하기 위해서였다.

3) 시내 산에 강림하신 하나님

하나님이 시내 산에 강림하신 징조는 우레와 번개와 빽빽한 구름기둥 속에서 들려오는 큰 나팔 소리였다(출 19:16). 하나님의 나팔 소리는 예수의 재림 때에도 울릴 것이라 하였다(마 24:30-31; 살전 4:16). 시내 산 꼭대기에 하나님의 영광스러운 강림이 있었다. 하나님은 불꽃 가운데 임하셨다. 이 불꽃은 초자연적인 것이다. 하나님의 강림으로 시내 산이 감당할 수 없을 만큼 진동하였다(출 19:18). 이는 엄위하신 하나님의 강림을 나타내는 현장으로서 매우 두렵고 놀라운 광경이 아닐 수 없었다.

하나님께서 강림하신 목적은 이스라엘과 언약을 체결하시기 위해서였다. 이처럼 언약을 체결함으로써 이스라엘은 하나님의 백성임을 인정받게 되었다. 그러나 그렇게 인정을 받는 것도 하나님의 말씀(율법)에 순종하느냐의 여부에 달려 있었다(출 19:5-6).

4) 십계명을 하사하신 하나님

하나님은 모세를 산꼭대기 구름 속으로 부르시고 십계명을 주셨다. 모세가 직접 보는 앞에서 친히 두 돌판에 새겨 주셨다(출 20:1-17, 24:12, 31:18). 십계명인 두 돌판 중에 한 돌판은 하나님께 대한 계명이요, 또 한 돌판은 사람에 대한 계명이었다. 내용인즉, 제1계명에서 제4계명까지는 하나님을 사랑하라는 계명이요, 제5계명에서 제10계명은 사람을 사랑하라는 계명이었다. 하나님께 십계명을 하사받은 모세는 백성들에게 들려주어 그들이 지켜 행함으로써 언약의 체결을 파기하지 않도록 하였다.

그뿐만 아니라 하나님은 율법으로 해결할 수 없는 죄 문제를 성막 제도를 주어 죄 사함을 얻는 길을 열어 주셨다. 이는 하나님의 공의와 사랑이라 할 수 있다.

2. 시내 산에서의 구속사적 의미

	십계명과 돌비의 기능	십계명과 돌비의 영적 의미
십계명	① 시내 산에서 부여받은 **십계명**(출31:18) 　㉠ 하나님이 임재하신 거룩한 시내 산(출19:20) 　㉡ 하나님이 율법을 하사하신 거룩한 시내 산 　㉢ 인간이 하나님을 만난 거룩한 시내 산 ② 십계명(율법)의 강령은 **사랑**(롬13:10) 　㉠ **선민으로 택하여** 주신 하나님에 대한 사랑 　㉡ 남에게 해악을 행치 않는 이웃과의 사랑 　㉢ 십계명의 목적은 하나님과 인간과의 화목 ③ '**사랑**'은 십계명(율법)의 **본질**(롬13:8-10) 　㉠ '사랑하라'는 구약성경의 옛 계명(레19:18) 　㉡ '사랑하라'고 명령만 하신 하나님(레19:18) 　㉢ 영육에 대한 변함없는 하나님의 사랑의 계명	① 교회(성전)와 **하나님의 말씀**(행2:42) 　㉠ 하나님이 임재하시는 거룩한 교회(마16:18,18:20) 　㉡ 하나님의 말씀이 선포되는 거룩한 교회 　㉢ 하나님을 만나는(예배,기도,찬송) 거룩한 교회(행2:46,47) ② 십계명의 근본 정신은 **사랑**(마22:37-40) 　㉠ **마음·목숨·뜻**을 다하는 하나님에 대한 수직적 사랑 　㉡ 내 몸같이 사랑하는 이웃에 대한 수평적 사랑 　㉢ 예수를 통해 하나님과 인간과의 화목(요일4:10) ③ **사랑**은 십계명(율법)의 **완성**(롬13:8-10) 　㉠ '사랑하라'는 신약성경의 새 계명(요일2:7,8, 요일1:5) 　㉡ 사랑의 실천을 직접 보여주신 예수(요13:34,15:10-12) 　㉢ 영육에 대한 변함없는 하나님의 사랑의 계명
돌비	① **딱딱한 돌비에 새겨진** 하나님의 말씀(신4:13) 　㉠ 돌비에 친히 말씀을 기록하신 하나님 　㉡ **십계명을 오래 간직하기** 위해 새긴 돌비 　㉢ 돌비에 새긴 십계명을 지켜야 할 백성 　㉣ 돌비의 십계명은 모든 성도가 보는 하나님 말씀	① 부드러운 **심비에** 새겨야 할 하나님의 말씀(고후3:3) 　㉠ 육의 심비에 친히 말씀을 새겨 주신 성령 　㉡ **하나님의 말씀을** 마음에 간직하기 위해 새긴 심비 　㉢ 심비에 새겨진 하나님의 말씀을 지켜야 할 성도 　㉣ 육의 심비는 자기만이 볼 수 있는 하나님 말씀

3. 시내 산에서의 구속사적 의미(성구)

	십계명	
십계명	출 31:18	여호와께서 시내 산 위에서 모세에게 이르시기를 마치신 때에 증거판 둘을 모세에게 주시니 이는 돌판이요 하나님이 친히 쓰신 것이더라
	출 19:20	여호와께서 시내 산 곧 그 산꼭대기에 강림하시고 그리로 모세를 부르시니 모세가 올라가매
	하나님 말씀	
	행 2:42	저희가 사도의 가르침을 받아 서로 교제하며 떡을 떼며 기도하기를 전혀 힘쓰니라
	마 16:18	또 내가 네게 이르노니 너는 베드로라 내가 이 반석 위에 내 교회를 세우리니 음부의 권세가 이기지 못하리라
	마 18:20	두세 사람이 내 이름으로 모인 곳에는 나도 그들 중에 있느니라
	행 2:46,47	날마다 마음을 같이하여 성전에 모이기를 힘쓰고 집에서 떡을 떼며 기쁨과 순전한 마음으로 음식을 먹고 하나님을 찬미하며 또 온 백성에게 칭송을 받으니 주께서 구원받는 사람을 날마다 더하게 하시니라

십계명	사랑	
	롬 13:10	사랑은 이웃에게 악을 행치 아니하나니 그러므로 사랑은 율법의 완성이니라
	사랑	
	마 22:37-40	예수께서 가라사대 네 마음을 다하고 목숨을 다하고 뜻을 다하여 주 너의 하나님을 사랑하라 하셨으니 이것이 크고 첫째 되는 계명이요 둘째는 그와 같으니 네 이웃을 네 몸과 같이 사랑하라 하셨으니 이 두 계명이 온 율법과 선지자의 강령이니라
	요일 4:10	사랑은 여기 있으니 우리가 하나님을 사랑한 것이 아니요 오직 하나님이 우리를 사랑하사 우리 죄를 위하여 화목제로 그 아들을 보내셨음이니라
	사랑 본질	
	롬 13:8-10	피차 사랑의 빚 외에는 아무에게든지 아무 빚도 지지 말라 남을 사랑하는 자는 율법을 다 이루었느니라 간음하지 말라 살인하지 말라 도적질하지 말라 탐내지 말라 한 것과 그 외에 다른 계명이 있을지라도 네 이웃을 네 자신과 같이 사랑하라 하신 그 말씀 가운데 다 들었느니라 사랑은 이웃에게 악을 행치 아니하나니 그러므로 사랑은 율법의 완성이니라
	레 19:18	원수를 갚지 말며 동포를 원망하지 말며 이웃 **사랑**하기를 네 몸과 같이 하라 나는 여호와니라
	레 19:18	원수를 갚지 말며 동포를 원망하지 말며 이웃 사랑하기를 네 몸과 같이 **하라** 나는 여호와니라
	사랑 완성	
	롬 13:8-10	피차 사랑의 빚 외에는 아무에게든지 아무 빚도 지지 말라 남을 사랑하는 자는 율법을 다 이루었느니라 간음하지 말라, 살인하지 말라, 도적질하지 말라, 탐내지 말라 한 것과 그 외에 다른 계명이 있을지라도 네 이웃을 네 자신과 같이 사랑하라 하신 그 말씀 가운데 다 들었느니라 사랑은 이웃에게 악을 행치 아니하나니 그러므로 **사랑은 율법의 완성**이니라
	요일 2:7,8	사랑하는 자들아 내가 새 계명을 너희에게 쓰는 것이 아니라 너희가 처음부터 가진 옛 계명이니 이 **옛 계명**은 너희의 들은 바 말씀이거니와 다시 내가 너희에게 **새 계명**을 쓰노니 저에게와 너희에게도 참된 것이라 이는 어두움이 지나가고 참빛이 벌써 비침이니라
	요이 1:5	부녀여, 내가 이제 네게 구하노니 서로 사랑하자 이는 새 계명같이 네게 쓰는 것이 아니요 오직 처음부터 우리가 가진 것이라
	요 13:34	**새 계명**을 너희에게 주노니 서로 사랑하라 내가 너희를 사랑한 것같이 너희도 서로 사랑하라
	요 15:10-12	내가 아버지의 계명을 지켜 그의 사랑 안에 거하는 것같이 너희도 **내 계명**을 지키면 내 사랑 안에 거하리라 내가 이것을 너희에게 이름은 내 기쁨이 너희 안에 있어 너희 기쁨을 충만하게 하려 함이니라 내 계명은 곧 내가 너희를 **사랑한 것같이** 너희도 서로 사랑하라 하는 이것이니라
돌비	돌비	
	신 4:13	여호와께서 그 언약을 너희에게 반포하시고 너희로 지키라 명하셨으니 곧 십계명이며 두 돌판에 친히 쓰신 것이라
	심비	
	고후 3:3	너희는 우리로 말미암아 나타난 그리스도의 편지니 이는 먹으로 쓴 것이 아니요 오직 살아계신 하나님의 영으로 한 것이며 또 돌비에 쓴 것이 아니요 오직 육의 심비에 한 것이라

> "주의 말씀의 맛이
> 내게 어찌 그리 단지요
> 내 입에 꿀보다 더하니이다"
> (시 119:103)

제2절 금송아지 숭배 사건

> "백성이 모세가 산에서 내려옴이 더딤을 보고 모여 아론에게 이르러 가로되 일어나라 우리를 인도할 신을 우리를 위하여 만들라 이 모세 곧 우리를 애굽 땅에서 인도하여 낸 사람은 어찌 되었는지 알지 못함이라 아론이 그들에게 이르되 너희 아내와 자녀의 귀의 금고리를 빼어 내게로 가져오라 모든 백성이 그 귀에서 금고리를 빼어 아론에게로 가져오매 아론이 그들의 손에서 그 고리를 받아 부어서 각도로 새겨 **송아지 형상**을 만드니 그들이 말하되 이스라엘아 이는 너희를 애굽 땅에서 인도하여 낸 너희 신이로다 하는지라 아론이 보고 그 앞에 단을 쌓고 이에 공포하여 가로되 내일은 여호와의 절일이니라 하니 이튿날에 그들이 일찍이 일어나 번제를 드리며 화목제를 드리고 앉아서 먹고 마시며 일어나서 뛰놀더라" (출 32:1-6).

1. 금송아지 숭배의 역사적 의미

1) 모세의 시내 산 등정

모세는 시내 산 정상에 임재하신 하나님과 40일간 교제하는 동안 백성들을 위해 40일을 금식하면서(출 24:18, 34:28), 하나님께 십계명이 기록된 두 돌판과 하나님이 임재하실 처소인 성막 제도를 계시 받고 있었다. 모세가 산 위에서 하나님의 율법(은혜의 말씀)과 성막을 통해 속죄의 계시를 받고 있는 동안 백성들은 산 아래서 금송아지를 제작하고 있었다. 시내 산 위에 모세를 불러 구속사를 전개해 나가시는 언약의 하나님과, 당장 눈앞의 육신의 쾌락을 즐기며 자유분방한 인간의 모습은 너무나 대조적이다.

2) 이스라엘 백성의 행위

백성들은 모세가 하산하지 않자 금송아지를 만들 계획을 세우고, 애굽에서 가지고 나온 금들을 모아 우상을 만들기 시작하였다(출 32:1-

3). 이윽고 금송아지 우상을 만든 백성들은 그것이 애굽에서 자기들을 인도한 하나님이라며 거기에 절하고 먹고 마시며 춤추고 놀았다(출 32:4-6).

이 같은 행위는 이스라엘 백성이 하나님을 바라보기보다 모세를 바라보았기 때문이다. 시내 산에 올라간 모세가 아무 소식이 없자 자기들을 인도해 줄 우상을 만들게 된 것이다. 결국 그들은 금송아지 우상을 만듦으로써 하나님의 신성을 모독하는 행위를 자행하게 되었다.

3) 하나님의 진노와 모세의 기도

금송아지 우상 숭배를 보시고 진노하신 하나님은 백성들을 모두 진멸하고 모세를 통해 한 민족을 이루기로 작정하신다(출 32:7-10). 하지만 모세의 간절한 중보기도로 하나님의 진노를 돌이킬 수 있었다(출 32:11-14). 시내 산에서 하산한 모세는 그들의 광란의 축제를 보고 분노하여 십계명 판을 산 아래로 던져 두 돌판이 깨어지고 말았다. 모세의 의분은 레위 지파를 통해 우상 숭배에 속한 자들을 칼로 삼천 명 가량 도륙하게 하였다(출 32:28). 또한 모세는 하나님께 백성들의 죄를 용서하여 주실 것과 자신의 이름을 생명책에서 삭제해 달라는 기도를 하기도 하였다(출 32:32).

2. 금송아지 숭배의 구속사적 의미

		금송아지의 기능	금송아지의 영적 의미
송아지		① 금송아지는 섬김의 대상이 아닌 우상 숭배(출20:4-6) ② 송아지 형상은 하나님을 능멸한 행위(출32:3,4) ③ 이스라엘을 가나안에 인도할 수 없는 금송아지 ④ 하나님을 노엽게 만든 금송아지 우상 숭배	① 유일신 **하나님**은 섬김의 대상(막12:29; 행17:24,25) ② 제작된 형상에 영광을 받지 않으시는 하나님(행17:29) ③ 성도를 천국으로 인도하시는 주님(딤후4:18) ④ 하나님이 진노한 우상 숭배는 성도의 거울(고전10:5-7)
금		① 백성이 **애굽**에서 몸에 지니고 나온 금(출11:1,2) ㉠ 금은 애굽의 노예 생활로 받은 노동의 대가 ㉡ 금은 하나님께서 내게 주신 소유물(출12:35,36) ㉢ 금은 하나님의 은혜로 받은 축복	① 성도가 **세상**에서 몸에 지니는 금(돈)(딤전5:18) ㉠ 돈은 세상에서 성도가 노력한 노동의 대가 ㉡ 돈은 하나님께서 성도에게 주신 재물 ㉢ 돈(소유)은 하나님의 은혜로 받은 물질의 축복
		② **이스라엘** 백성이 사용한 금의 용도(출32:3,4) ㉠ 백성이 금송아지 우상을 만드는 데 사용한 금 ㉡ 성소, 언약궤, 제사장 의복 등에 사용된 금 ㉢ 금의 사용처를 신앙으로 구별해야 할 백성	② **성도**가 사용해야 할 금(돈)의 용도(전10:19하) ㉠ 돈의 탐심은 우상 숭배로 항상 영적 분별(골3:5) ㉡ 하나님, 선행, 의식주를 위해 사용해야 할 돈 ㉢ 돈을 잘 사용하는 선한 청지기의 삶(벧전4:10)
		③ 하나님이 될 수 없는 **금송아지** 우상(출32:20) ㉠ 실상이 아닌 허상인 금송아지 우상 ㉡ 생명이 없는 금속에 불과한 금송아지 우상 ㉢ 금송아지 가루를 먹은 이스라엘 백성	③ 하나님보다 더 사랑할 수 없는 금(재물)(마6:24) ㉠ 실상이신 예수를 대신할 수 없는 돈(히11:1) ㉡ 사람에게 영생을 줄 수 없는 돈(재물) ㉢ 돈 송아지의 삶은 우상과의 생활일 뿐임(빌3:19) ㉣ 사랑의 대상이 될 수 없는 돈(딤전6:10) ㉤ 성도를 천국으로 인도할 수 없는 돈 ㉥ 돈 숭배로 후퇴해서는 안 될 신앙생활(히10:38,39) ** 돈은 일상생활에 응용될 뿐이다(약1:14,15).

3. 금송아지 숭배의 구속사적 의미(성구)

	금송아지	
송아지	출 20:4-6	너를 위하여 새긴 우상을 만들지 말고 또 위로 하늘에 있는 것이나 아래로 땅에 있는 것이나 땅 아래 물속에 있는 것의 아무 형상이든지 만들지 말며 그것들에게 절하지 말며 그것들을 섬기지 말라 나 여호와 너의 하나님은 질투하는 하나님인즉 나를 미워하는 자의 죄를 갚되 아비로부터 아들에게로 삼사 대까지 이르게 하거니와 나를 사랑하고 내 계명을 지키는 자에게는 천 대까지 은혜를 베푸느니라
	출 32:3,4	모든 백성이 그 귀에서 금고리를 빼어 아론에게로 가져오매 아론이 그들의 손에서 그 고리를 받아 부어서 각도로 새겨 송아지 형상을 만드니 그들이 말하되 이스라엘아 이는 너희를 애굽 땅에서 인도하여 낸 너희 신이로다 하는지라

송아지	하나님	
	막 12:29	예수께서 대답하시되 첫째는 이것이니 이스라엘아 들으라 주 곧 우리 하나님은 유일한 주시라
	행 17:24,25	우주와 그 가운데 있는 만유를 지으신 신께서는 천지의 주재시니 손으로 지은 전에 계시지 아니하시고 또 무엇이 부족한 것처럼 사람의 손으로 섬김을 받으시는 것이 아니니 이는 만민에게 생명과 호흡과 만물을 친히 주시는 자이심이라
	행 17:29	이와 같이 신의 소생이 되었은즉 신을 금이나 은이나 돌에다 사람의 기술과 고안으로 새긴 것들과 같이 여길 것이 아니니라
	딤후 4:18	주께서 나를 모든 악한 일에서 건져내시고 또 그의 천국에 들어가도록 구원하시리니 그에게 영광이 세세무궁토록 있을지어다 아멘
	고전 10:5-7	그러나 저희의 다수를 하나님이 기뻐하지 아니하신 고로 저희가 광야에서 멸망을 받았느니라 그런 일은 우리의 거울이 되어 우리로 하여금 저희가 악을 즐겨한 것같이 즐겨하는 자가 되지 않게 하려 함이니 저희 중에 어떤 이들과 같이 너희는 우상 숭배하는 자가 되지 말라 기록된바 백성이 앉아서 먹고 마시며 일어나서 뛰논다 함과 같으니라
	애굽	
	출 11:1,2	여호와께서 모세에게 이르시기를 내가 이제 한 가지 재앙을 바로와 애굽에 내린 후에야 그가 너희를 여기서 보낼지라 그가 너희를 보낼 때에는 여기서 정녕 다 쫓아내리니 백성에게 말하여 남녀로 각기 이웃들에게 은금 패물을 구하게 하라 하시더니
	출 12:35,36	이스라엘 자손이 모세의 말대로 하여 애굽 사람에게 은금 패물과 의복을 구하매 여호와께서 애굽 사람으로 백성에게 은혜를 입히게 하사 그들의 구하는 대로 주게 하시므로 그들이 애굽 사람의 물품을 취하였더라
	세상	
	딤전 5:18	성경에 일렀으되 곡식을 밟아 떠는 소의 입에 망을 씌우지 말라 하였고 또 일꾼이 그 삯을 받는 것이 마땅하다 하였느니라
	이스라엘	
	출 32:3,4	모든 백성이 그 귀에서 금고리를 빼어 아론에게로 가져오매 아론이 그들의 손에서 그 고리를 받아 부어서 각도로 새겨 송아지 형상을 만드니 그들이 말하되 이스라엘아 이는 너희를 애굽 땅에서 인도하여 낸 너희 신이로다 하는지라
금	성도	
	전 10:19하	돈은 범사에 응용되느니라
	골 3:5	그러므로 땅에 있는 지체를 죽이라 곧 음란과 부정과 사욕과 악한 정욕과 탐심이니 탐심은 우상 숭배니라
	벧전 4:10	각각 은사를 받은 대로 하나님의 각양 은혜를 맡은 선한 청지기같이 서로 봉사하라
	금송아지	
	출 32:20	모세가 그들의 만든 송아지를 가져 불살라 부수어 가루를 만들어 물에 뿌려 이스라엘 자손에게 마시우니라
	금(재물)	
	마 6:24	한 사람이 두 주인을 섬기지 못할 것이니 혹 이를 미워하며 저를 사랑하거나 혹 이를 중히 여기며 저를 경히 여김이라 너희가 하나님과 재물을 겸하여 섬기지 못하느니라
	히 11:1	믿음은 바라는 것들의 실상이요 보지 못하는 것들의 증거니
	빌 3:19	저희의 마침은 멸망이요 저희의 신은 배요 그 영광은 저희의 부끄러움에 있고 땅의 일을 생각하는 자라
	딤전 6:10	돈을 사랑함이 일만 악의 뿌리가 되나니 이것을 사모하는 자들이 미혹을 받아 믿음에서 떠나 많은 근심으로써 자기를 찔렀도다
	히 10:38,39	오직 나의 의인은 믿음으로 말미암아 살리라 또한 뒤로 물러가면 내 마음이 저를 기뻐하지 아니하리라 하셨느니라 우리는 뒤로 물러가 침륜에 빠질 자가 아니요 오직 영혼을 구원함에 이르는 믿음을 가진 자니라
	약 1:14,15	오직 각 사람이 시험을 받는 것은 자기 욕심에 끌려 미혹됨이니 욕심이 잉태한즉 죄를 낳고 죄가 장성한즉 사망을 낳느니라

제3절 안식일은 하나님의 성일

> "모세가 이스라엘의 온 회중을 모으고 그들에게 이르되 여호와께서 너희에게 명하사 행하게 하신 말씀이 이러하니라 엿새 동안은 일하고 제칠일은 너희에게 성일이니 여호와께 특별한 안식일이라 무릇 이날에 일하는 자를 죽일지니 안식일에는 너희의 모든 처소에서 불도 피우지 말지니라"(출 35:1-3).

1. 안식일의 역사적 의미

1) 안식일의 유래

안식일은 하나님이 6일 동안 우주 만물을 창조하시고 제7일째 쉬신 것에 기원을 두고 있다(창 2:2-3). 이로써 하나님은 출애굽 한 이스라엘 백성에게 양식을 공급하기 위해 신 광야에 만나를 내리는 초기부터 안식일을 제정하셨고(출 16:4, 5, 23), 그들이 시내 광야에 도착했을 때 하나님은 시내 산에서 모세를 통해 안식일을 성문화하셨다(출 20:8-11). 이는 하나님과 이스라엘 백성들 사이에 맺은 언약의 표징이었다(출 31:13, 17).

2) 안식일의 의미

전능하신 하나님의 신성한 창조 사역을 기억하면서 하나님께서 안식하신 날은 피조된 인간도 안식해야 함을 말씀한다. 하나님께서 안식일을 구별하신 것은 사람의 육체 노동을 금하고 오직 하나님만 섬기게 하는 데 그 목적이 있다. 안식일은 사람이 영과 육을 다하여 창조주 하나님께 온전히 바쳐야 한다.

2. 안식일의 구속사적 의미

	안식일의 기능	안식일의 영적 의미
안식일 규례	① 하나님께서 제정하신 **안식일**의 **기원**(창2:2,3) 　㉠ 창조 사역을 하신 후에 안식하신 하나님 　㉡ 광야에서 만나를 거둔 후 안식(출16:22,23) 　㉢ 십계명에 육신을 쉬게 한 안식일(출20:8-11)	① 예수님으로 인해 **주일**로 **대체**된 안식일(행20:7) 　㉠ 천지를 창조하신 예수로부터 시작된 주일(요1:1-3) 　㉡ 부활의 주님이 메시지를 주신 주일(요20:19-23) 　㉢ 구원받은 성도로서 당연히 지켜야 할 주일
	② **육신의 일**을 금하고 하나님만 섬길 안식일 　㉠ 안식일에 노동하면 죽임을 당한 백성(출35:2) 　㉡ 가정 일에 집착하지 말아야 할 안식일(출35:3) 　㉢ 매매 행위를 금해야 할 안식일(느13:15-17)	② **육신의 일**을 금하고 하나님만 섬길 주일(행20:7, 히10:25) 　㉠ 생명에 관한 특정 직업 외에는 성수 주일 *(병원…) 　㉡ 사적인 일을 금해야 할 주일/안식일(사58:13,14) 　㉢ 평일과는 달리 매매 행위를 금해야 할 주일
	③ 안식일의 주인이신 하나님의 **거룩한 날**(출20:11) 　㉠ 하나님이 쉬신 날로 백성도 쉬는 안식일 　㉡ 하나님이 복되게 하신 날에 쉬는 안식일 　㉢ 하나님의 거룩한 날로 지정하신 안식일 　㉣ 육체의 노동을 금하고 하나님만 섬길 안식일 　㉤ 구약의 안식일은 한 주간의 마지막 날	③ 안식일의 주인이신 예수님이 **부활하신 날**(마12:8) 　㉠ 부활하신 예수님의 기념일에 쉬며 모이는 주일 　㉡ 주의 성도들이 모여 영적인 복을 받는 주일 　㉢ 거룩한 성일로 온전히 지켜야 할 주일 　㉣ 노동을 금하고 하나님의 은혜의 보좌에 나아갈 주일 　㉤ 신약의 주일은 첫 날(고전16:2; 골2:16; 딤전3:15)

3. 안식일의 구속사적 의미(성구)

안식일 규례	안식일 기원	
	창 2:2,3	하나님의 지으시던 일이 일곱째 날이 이를 때에 마치니 그 지으시던 일이 다하므로 일곱째 날에 안식하시니라 하나님이 일곱째 날을 복 주사 거룩하게 하셨으니 이는 하나님이 그 창조하시며 만드시던 모든 일을 마치시고 이날에 안식하셨음이더라
	출 16:22,23	제육일에는 각 사람이 갑절의 식물 곧 하나에 두 오멜씩 거둔지라 회중의 모든 두목이 와서 모세에게 고하매 모세가 그들에게 이르되 여호와께서 이같이 말씀하셨느니라 내일은 휴식이니 여호와께 거룩한 안식일이라 너희가 구울 것은 굽고 삶을 것은 삶고 그 나머지는 다 너희를 위하여 아침까지 간수하라
	출 20:8-11	안식일을 기억하여 거룩히 지키라 엿새 동안은 힘써 네 모든 일을 행할 것이나 제칠일은 너의 하나님 여호와의 안식일인즉 너나 네 아들이나 네 딸이나 네 남종이나 네 여종이나 네 육축이나 네 문안에 유하는 객이라도 아무 일도 하지 말라 이는 엿새 동안에 나 여호와가 하늘과 땅과 바다와 그 가운데 모든 것을 만들고 제칠일에 쉬었음이라 그러므로 나 여호와가 안식일을 복되게 하여 그날을 거룩하게 하였느니라
	주일 대체	
	행 20:7	안식 후 첫날에 우리가 떡을 떼려 하여 모였더니 바울이 이튿날 떠나고자 하여 저희에게 강론할새 말을 밤중까지 계속하매

	요 1:1-3	태초에 말씀이 계시니라 이 말씀이 하나님과 함께 계셨으니 이 말씀은 곧 하나님이시니라 그가 태초에 하나님과 함께 계셨고 만물이 그로 말미암아 지은바 되었으니 지은 것이 하나도 그가 없이는 된 것이 없느니라
	요 20:19-23	이날 곧 안식 후 첫날 저녁 때에 제자들이 유대인들을 두려워하여 모인 곳에 문들을 닫았더니 예수께서 오사 가운데 서서 가라사대 너희에게 평강이 있을지어다 이 말씀을 하시고 손과 옆구리를 보이시니 제자들이 주를 보고 기뻐하더라 예수께서 또 가라사대 너희에게 평강이 있을지어다 아버지께서 나를 보내신 것같이 나도 너희를 보내노라 이 말씀을 하시고 저희를 향하사 숨을 내쉬며 가라사대 성령을 받으라 너희가 뉘 죄든지 사하면 사하여질 것이요 뉘 죄든지 그대로 두면 그대로 있으리라 하시니라
안식일규례	**육신 일**	
	출 35:2	엿새 동안은 일하고 제칠일은 너희에게 성일이니 여호와께 특별한 안식일이라 무릇 이날에 일하는 자를 죽일지니
	출 35:3	안식일에는 너희의 모든 처소에서 불도 피우지 말지니라
	느 13:15-17	그때에 내가 본즉 유다에서 어떤 사람이 안식일에 술틀을 밟고 곡식 단을 나귀에 실어 운반하며 포도주와 포도와 무화과와 여러 가지 짐을 지고 안식일에 예루살렘에 들어와서 식물을 팔기로 그날에 내가 경계하였고 또 두로 사람이 예루살렘에 거하며 물고기와 각양 물건을 가져다가 안식일에 유다 자손에게 예루살렘에서도 팔기로 내가 유다 모든 귀인을 꾸짖어 이르기를 너희가 어찌 이 악을 행하여 안식일을 범하느냐
	육신 일	
	행 20:7	안식 후 첫날에 우리가 떡을 떼려 하여 모였더니 바울이 이튿날 떠나고자 하여 저희에게 강론할새 말을 밤중까지 계속하매
	히 10:25	모이기를 폐하는 어떤 사람들의 습관과 같이 하지 말고 오직 권하여 그날이 가까움을 볼수록 더욱 그리하자
	사 58:13,14	만일 안식일에 네 발을 금하여 내 성일에 오락을 행치 아니하고 안식일을 일컬어 즐거운 날이라, 여호와의 성일을 존귀한 날이라 하여 이를 존귀히 여기고 네 길로 행치 아니하며 네 오락을 구치 아니하며 사사로운 말을 하지 아니하면 네가 여호와의 안에서 즐거움을 얻을 것이라 내가 너를 땅의 높은 곳에 올리고 네 조상 야곱의 업으로 기르리라 여호와의 입의 말이니라
	거룩한 날	
	출 20:11	이는 엿새 동안에 나 여호와가 하늘과 땅과 바다와 그 가운데 모든 것을 만들고 제칠일에 쉬었음이라 그러므로 나 여호와가 안식일을 복되게 하여 그날을 거룩하게 하였느니라
	부활의 날	
	마 12:8	인자는 안식일의 주인이니라 하시니라
	고전 16:2	매 주일 첫날에 너희 각 사람이 이를 얻은 대로 저축하여 두어서 내가 갈 때에 연보를 하지 않게 하라
	골 2:16	그러므로 먹고 마시는 것과 절기나 월삭이나 안식일을 인하여 누구든지 너희를 폄론하지 못하게 하라
	딤전 3:15	만일 내가 지체하면 너로 하나님의 집에서 어떻게 행하여야 할 것을 알게 하려 함이니 이 집은 살아 계신 하나님의 교회요 진리의 기둥과 터이니라

"예수께서
안식 후 첫날 이른 아침에
살아나신 후..."
(막 16:9 상)

제2장 하나님의 성소와 기구

하나님은 시내 산에서 모세에게 율법을 주신 후 성막을 제작하게 하셨다. 그것은 율법을 준수하지 못하고 범죄 한 백성에게 속죄의 은혜가 필요했기 때문이다. 율법이 죄에 대하여 공과(功過)를 가리는 공의라 한다면 성막 제도는 그에 따른 무한한 용서와 사랑이라 하겠다.

하나님이 율법과 성막 제도를 동시에 허락하신 것은 전적으로 하나님의 은혜이다. 이는 범죄 한 죄인이 하나님으로부터 용서를 받는 하나님의 무한하신 사랑이다. 하나님은 죄인이 성막으로 나올 때 죄에 대하여 용서받는 길을 열어 놓으셨다. 그래서 성막은 구속사를 종결지으실 예수를 예표하는 것이다. 그뿐 아니라 성막의 모든 기구도 마찬가지이다.

"예수께서 대답하여 가라사대 너희가 이 성전을 헐라 내가 사흘 동안에 일으키리라 유대인들이 가로되 이 성전은 사십육 년 동안에 지었거늘 네가 삼일 동안에 일으키겠느뇨 하더라 그러나 예수는 성전 된 자기 육체를 가리켜 말씀하신 것이라"(요 2:19-21).

"그러므로 형제들아 우리가 예수의 피를 힘입어 성소에 들어갈 담력을 얻었나니 그 길은 우리를 위하여 휘장 가운데로 열어 놓으신 새롭고 산 길이요 휘장은 곧 저의 육체니라"(히 10:19-20).

제1절 성막 본체와 기구 제작

> "내가 그들 중에 거할 **성소**를 그들을 시켜 나를 위하여 짓되 무릇 내가 네게 보이는 대로 장막의 식양과 그 기구의 식양을 따라 지을지니라"(출 25:8-9).
>
> "무릇 너희 중 마음이 지혜로운 자는 와서 여호와의 명하신 것을 다 만들지니 곧 **성막**과 그 막과 그 덮개와 그 갈고리와 그 널판과 그 띠와 그 기둥과 그 받침과 증거궤와 그 채와 속죄소와 그 가리는 장과 상과 그 채와 그 모든 기구와 진설병과 불 켜는 등대와 그 기구와 그 등잔과 등유와 분향단과 그 채와 관유와 분향할 향품과 성막문의 장과 번제단과 그 놋 그물과 그 채와 그 모든 기구와 물두멍과 그 받침과 뜰의 포장과 그 기둥과 그 받침과 뜰문의 장과 장막 말뚝과 뜰의 포장 말뚝과 그 줄과"(출 35:10-18).

1. 성막 재료와 제작의 역사적 의미

1) 시내 산에서의 성막 계시

하나님께서 성막 건축을 위하여 모세에게 계시하신 것은 하나님의 자비로우신 은총이었다. 성막을 건축하지 않고서는 속죄의 은총이 있을 수 없었다. 하나님과의 영적 교제가 성막 안에서 이루어지기 때문이다. 그래서 하나님은 패역한 백성들에게 용서받는 길을 열어주시기 위하여 성막 제도를 세워 주셨다. 특히 하나님은 성막 건축에 있어 그 넓이와 길이와 높이의 치수뿐 아니라 성막에 사용될 재료 등을 상세히 가르쳐 주셨고, 또 모세는 하나님의 지시대로 성막을 건설하였다.

2) 성막 예물을 바친 백성

모세는 성막 건축을 위해 이스라엘 백성이 소유하고 있던 예물을 자원하여 바칠 것을 전했다. 그 이유는 억지로 바치는 예물은 하나님이 싫어하실 뿐 아니라 그 예물을 받지도 않으시기 때문이다. 그래서 이스라엘 백성은 성막 건축을 위해 자원하여 예물을 바쳤다. 백성들이 바친 예물은 모세가 중단시킬 정도로 풍성하게 차고 넘쳤다(출 36:3-7). 자원하는 예물은 하나님이 기뻐 받으신다.

2. 성막 네 가지 앙장(지붕 덮개)과 재료의 구속사적 의미

구분	크기		재료	성구	참고
제1앙장	길이 28규빗(12.6m)		가는 베실, 청색실 자색실, 홍색실	출26: 1-6 (출36: 8-13)	
	너비 4규빗×10폭(18m)				
제2앙장	길이 30규빗(13.5m)		하얀 염소털	출26: 7-13 (출36:14-18)	1 규빗은 46cm
	너비 4규빗×11폭(19.8m)				
제3앙장(막덮개)	제2앙장 덮을 만한 크기		붉게 물들인 숫양의 가죽	출26:14 (출36:19)	
제4앙장(웃덮개)	제3앙장 덮을 만한 크기		해달의 가죽	출26:14 (출36:19)	

3. 성막 네 가지 앙장과 재료의 구속사적 의미(성구)

4 중 적 앙 장	제1앙장	가는 베실, 청색실, 자색실, 홍색실(예수의 속성 : 순결, 신성, 왕권, 보혈)
	출 26:1	너는 성막을 만들되 앙장 열 폭을 가늘게 꼰 베실과 청색 자색 홍색실로 그룹을 공교히 수놓아 만들지니
	제2앙장	하얀 염소털(예수의 속성 : 거룩, 청결)
	출 26:7	그 성막을 덮는 막 곧 앙장을 염소털로 만들되 열한 폭을 만들며
	제3앙장	붉게 물들인 숫양의 가죽(예수의 대속 : 속죄의 피)
	출 26:14	붉은 물 들인 숫양의 가죽으로 막의 덮개를 만들고 해달의 가죽으로 그 웃덮개를 만들지니라
	제4앙장	해달의 가죽(예수의 속성 : 능력, 견고, 강함)
	출 26:14	붉은 물 들인 숫양의 가죽으로 막의 덮개를 만들고 해달의 가죽으로 그 웃덮개를 만들지니라

제2절 성막 앙장과 세마포장 및 대문

"일하는 사람 중에 마음이 지혜로운 모든 사람이 열 폭 **앙장**으로 성막을 지었으니 곧 가늘게 꼰 베실과 청색 자색 홍색실로 그룹들을 무늬 놓아 짜서 지은 것이라 매폭의 장은 이십팔 규빗, 광은 사 규빗으로 각 폭의 장단을 같게 하여 그 다섯 폭을 서로 연하며 또 그 다섯 폭을 서로 연하고 연락할 말폭 가에 청색 고를 만들며 다른 연락할 말폭 가에도 고를 만들되 그 연락할 한 폭에 고 오십을 달고 다른 연락할 한 폭의 가에도 고 오십을 달아 그 고들이 서로 대하게 하고 금갈고리 오십을 만들어 그 갈고리로 두 앙장을 연하여 한 막을 이루었더라 그 성막을 덮는 막 곧 앙장을 염소털로 만들되 십일 폭을 만들었으니 각 폭의 장은 삼십 규빗, 광은 사 규빗으로 십일 폭의 장단을 같게 하여 그 앙장 다섯 폭을 서로 연하며 또 여섯 폭을 서로 연하고 앙장을 연락할 말폭 가에 고 오십을 달며 다른 연락할 말폭 가에도 고 오십을 달고 놋갈고리 오십을 만들어 그 앙장을 연합하여 한 막이 되게 하고 붉은 물 들인 숫양의 가죽으로 막의 덮개를 만들고 해달의 가죽으로 그 웃덮개를 만들었더라"(출 36:8-19).

"그가 또 뜰을 만들었으니 남으로 뜰의 남편에는 **세마포 포장**이 백 규빗이라 그 기둥이 스물이며 그 받침이 스물이니 놋이요 기둥의 갈고리와 가름대는 은이며 그 북편에도 백 규빗이라 그 기둥이 스물이며 그 받침이 스물이니 놋이요 기둥의 갈고리와 가름대는 은이며 서편에 포장은 오십 규빗이라 그 기둥이 열이요 받침이 열이며 기둥의 갈고리와 가름대는 은이며 동으로 동편에도 오십 규빗이라 문 이편의 포장이 십오 규빗이요 그 기둥이 셋이요 받침이 셋이며 문 저편도 그와 같으니 뜰문 이편, 저편의 포장이 십오 규빗씩이요 그 기둥이 셋씩, 받침이 셋씩이라 뜰 사면의 포장은 세마포요 기둥 받침은 놋이요 기둥의 갈고리와 가름대는 은이요 기둥머리 싸개는 은이며 뜰의 모든 기둥에 은 가름대를 꿰었으며"(출 38:9-17).

"**동**을 향하여 뜰 동편의 광도 오십 규빗이 될지며 문 이편을 위하여 포장이 십오 규빗이며 그 기둥이 셋이요 받침이 셋이요 문 저편을 위하여도 포장이 십오 규빗이며 그 기둥이 셋이요 받침이 셋이며 **뜰 문**을 위하여는 청색 자색 홍색실과 가늘게 꼰 베실로 수놓아 짠 이십 규빗의 장이 있게 할지니 그 기둥이 넷이요 받침이 넷이며 뜰 사면 모든 기둥의 가름대와 갈고리는 은이요 그 받침은 놋이며"(출 27:13-17).

1. 성막 앙장과 세마포장 및 대문의 역사적 의미

1) 성막 앙장(덮개)

성막 앙장은 성막 지붕을 말한다. 하나님은 성막 앙장을 4가지로 제작하게 하셨는데, 첫 앙장(덮개)은 가늘게 꼰 베실과 청색, 자색, 홍색 실로 천사들의 문양을 수놓게 하였고 앙장의 치수까지 가르쳐 주셨다. 이는 성막 내부에서 볼 수 있는 천장의 덮개로서 천사의 문양이다.

또 두 번째 성막 앙장은 염소털로 만들었고, 세 번째 앙장은 붉게 물들인 숫양의 가죽으로 만들었으며, 네 번째 앙장은 해달의 가죽으로 제작하여 4중적으로 성소 장막을 덮도록 하였다. 이는 광야에서 이슬이나 흙먼지 등으로부터 성막 내부의 기구들을 보존하기 위함이었다.

2) 세마포장(울타리)

하나님은 성막의 뜰을 만들게 하시고 세마포장으로 사방 북편과 남편은 각 100규빗으로, 또 동편과 서편은 각 50규빗으로 하되 동편은 출입하는 대문을 20규빗으로 만들게 하였다.

하나님이 성막을 설치하고 세마포장을 세우게 하신 것은 백성이 성막에 가까이할 수 없게 하기 위해서이다. 이는 거룩하신 하나님이 임재하신 성막에 백성이 고의든 실수든 주야를 막론하고 죄인의 접근을 금하게 함으로써 죽음을 면케 하기 위한 하나님의 사랑이었다. 다시 말해 죄인이 하나님의 거룩에 침범하지 못하게 하기 위해서이다. 이로써 성소와 백성 사이를 구분하기 위해 세마포장을 설치하게 하셨던 것이다.

3) 성막의 대문

하나님은 동편에 설치된 세마포장 중앙에 대문을 설치하게 하셨다. 대문은 20규빗으로 넓게 세우게 하셨다. *(1규빗=46cm, 20규빗×46cm=9.2m). 그것은 성소를 찾는 백성으로 하여금 누구나 쉽게 성막의 넓은 문으로 출입하게 하기 위해서였다. 그리고 성막의 대문은 해 뜨는 동편을 향하게 하였다. 성막 문의 동편에 대해서는 아래 구속사적 의미의 도표를 참고하기 바란다.

2. 성막 앙장과 세마포장 및 대문의 구속사적 의미

	성막의 기능	성막의 영적 의미

성막 덮개	♣ **성막은 예수를 예표**
	① 성막의 4가지 **덮개** / 앙장 (출26:1-14)
	  ㉠ 가늘게 꼰 베실, 청색, 자색, 홍색실의 제1앙장
	  ㉡ 염소털로 제2앙장 덮개 만듦(1앙장을 덮음)
	  ㉢ 붉게 물들인 숫양의 가죽 덮개(2앙장을 덮음)
	  ㉣ 해달의 가죽인 웃덮개 (3앙장을 덮음)
	
	② 성막의 1앙장 **안감** 실 색상(출24:10, 36:8)
	  ㉠ 가늘게 꼰 베실의 제1앙장
	  ㉡ 청색 실로 수를 놓은 제1앙장
	  ㉢ 자색 실로 수를 놓은 제1앙장
	  ㉣ 홍색 실로 수를 놓은 제1앙장
	
	③ 죄인을 위해 **성막**을 **설계**하신 하나님(출25:8,9)
	  ㉠ 하나님의 계시로 성막을 건설한 모세
	  ㉡ 설계대로 성막에 임재하시는 하나님
	  ㉢ 성막에서 모세를 만나시는 하나님(출25:22)
		♣ **성막이 되시는 예수**
		① 죄인을 반복적으로 **용서**하시는 예수(마18:22)
		  ㉠ 1앙장 - 영광스러운 예수의 예표
		  ㉡ 2앙장 - 희생 당하실 순결한 예수의 예표
		  ㉢ 막의 덮개 - 피 흘리실 대속의 예수의 예표
		  ㉣ 웃덮개 - 환경 적응으로 견고하신 예수의 예표
		
		② 예수의 성품에 대한 **속성**(마11:29)
		  ㉠ 가는 흰색 실은 예수의 순결을 상징(계19:14)
		  ㉡ 청색(하늘색) 실은 예수의 신성을 상징(출24:10)
		  ㉢ 자색 실은 예수의 왕권을 상징(요19:2,3)
		  ㉣ 홍색 실은 예수의 피로 구속을 상징(요19:34)
		
		③ 신앙고백 위에 **교회**를 **설계**하신 예수(마16:16,18)
		  ㉠ 성막(유형교회)은 하늘에 있는 모형(히9:23,24)
		  ㉡ 교회에 임하시는 예수(마18:20; 계1:10,11,20)
		  ㉢ 교회를 왕래하며 통치하시는 예수(계2:1)

세마포장	① 성막 주변의 **울타리**인 포장(출27:9-12,18,19)
	  ㉠ 성막과 기구를 보호할 울타리(100규빗×50규빗)
	  ㉡ 성막의 뜰을 두르고 있는 하얀 세마포장
	  ㉢ 성막과 죄인의 장막의 경계를 이룬 포장
		① 양의 **우리**(울타리)가 되시는 예수(요10:1)
		  ㉠ 우리(울타리)로 양무리를 보호해 주시는 예수
		  ㉡ 교회는 흠도 점 없는 청결하신 예수로부터 보호
		  ㉢ 교회를 통해 하나님과 죄인을 구분케 한 예수

성막 문	② 성막의 **대문**(출27:13-17)
	  ㉠ 해 뜨는 동쪽 방향에 있는 대문(민3:38; 시84:11)
	  ㉡ 크고 넓게 열려 있는 대문(폭9.2m)
	  ㉢ 누구나 쉽게 들어갈 수 있는 대문
	
	③ 언젠가 **닫힐 때**가 있는 성막의 대문(출40:28)
	  ㉠ 성막 뜰에 속죄의 은혜가 끝나면 닫는 대문
	  ㉡ 저녁 무렵에 어두워지면 닫히는 대문
	  ㉢ 문 밖은 어둡지만 문 안은 빛이 비췸(출27:20,21)
	  ㉣ 닫히면 밝을 때까지 열리지 않는 대문
		② 교회의 **문**이 되시는 예수(요10:7-9)
		  ㉠ '문과 '해'는 예수에 대한 은유적 표현(말4:2)
		  ㉡ 구원의 문이 활짝 열려 누구나 받아주는 예수
		  ㉢ 동서고금, 남녀노소 쉽게 들어가는 구원의 문
		
		③ 반드시 **닫힐 때**가 있는 구원의 문(고후6:2)
		  ㉠ 주님의 재림 시 닫히는 구원의 문(마24:30)
		  ㉡ 죄악의 밤이 닫게 한 방주(구원)의 문(창7:16)
		  ㉢ 혼인잔치의 문 밖은 밤, 문 안은 등불(마25:1-10)
		  ㉣ 미련한 5처녀 두드려도 열리지 않는 문(마25:11,12)

"예수는 성전 된
자기 육체를 가리켜 말씀하신 것이라"
(요 2:21)

3. 성막 앙장과 세마포장 및 대문의 구속사적 의미(성구)

	덮개	
	출 26:1-14	너는 성막을 만들되 **앙장** 열 폭을 가늘게 꼰 **베실**과 **청색 자색 홍색 실**로 그룹을 공교히 수놓아 만들지니 매 폭의 장은 이십팔 규빗, 광은 사 규빗으로 각 폭의 장단을 같게 하고 그 앙장 다섯 폭을 서로 연하며 다른 다섯 폭도 서로 연하고 그 앙장의 연락할 말폭 가에 청색 고를 만들며 다른 연락할 말폭 가에도 그와 같이 하고 앙장 말폭 가에 고 오십을 달며 다른 앙장 말폭 가에도 고 오십을 달고 그 고들을 서로 대하게 하고 금 갈고리 오십을 만들고 그 갈고리로 앙장을 연합하여 한 성막을 이루며 그 성막을 덮는 막 곧 앙장을 **염소털**로 만들되 열한 폭을 만들지며 각 폭의 장은 삼십 규빗, 광은 사 규빗으로 열한 폭의 장단을 같게 하고 그 앙장 다섯 폭을 서로 연하며 또 여섯 폭을 서로 연하며 그 여섯째 폭 절반은 성막 전면에 접어 드리우고 앙장을 연락할 말폭 가에 고 오십을 달며 다른 연락할 말폭 가에도 고 오십을 달고 놋갈고리 오십을 만들고 그 갈고리로 그 고를 꿰어 연합하여 한 막이 되게 하고 그 막 곧 앙장의 나머지 그 반 폭은 성막 뒤에 드리우고 막 곧 앙장의 길이의 남은 것은 이편에 한 규빗, 저편에 한 규빗씩 성막 좌우 양편에 덮어 드리우며 **붉은 물들인 숫양**의 가죽으로 막의 덮개를 만들고 **해달의 가죽**으로 그 웃덮개를 만들지니라 *(출 36:8-19)
	용서	
	마 18:22	예수께서 가라사대 네게 이르노니 일곱 번뿐 아니라 일흔 번씩 일곱 번이라도 할지니라
	안감	
	출 24:10	이스라엘 하나님을 보니 그 발아래에는 청옥을 편 듯하고 하늘같이 청명하더라 *(출 36:8)
성막 덮개	**속성**	
	마 11:29	나는 마음이 온유하고 겸손하니 나의 멍에를 메고 내게 배우라 그러면 너희 마음이 쉼을 얻으리니
	계 19:14	하늘에 있는 군대들이 희고 깨끗한 세마포를 입고 백마를 타고 그를 따르더라
	출 24:10	이스라엘 하나님을 보니 그 발아래에는 청옥을 편 듯하고 하늘같이 청명하더라
	요 19:2	군병들이 가시로 면류관을 엮어 그의 머리에 씌우고 자색 옷을 입히고 앞에 와서 가로되 유대인의 왕이여 평안할지어다 하며 손바닥으로 때리더라
	요 19:34	그중 한 군병이 창으로 옆구리를 찌르니 곧 피와 물이 나오더라
	성막 설계	
	출 25:8,9	내가 그들 중에 거할 성소를 그들을 시켜 나를 위하여 짓되 무릇 내가 네게 보이는 대로 장막의 식양과 그 기구의 식양을 따라 지을지니라
	출 25:22	거기서 내가 너와 만나고 속죄소 위 곧 증거궤 위에 있는 두 그룹 사이에서 내가 이스라엘 자손을 위하여 네게 명할 모든 일을 네게 이르리라
	교회 설계	
	마 16:16	시몬 베드로가 대답하여 가로되 주는 그리스도시요 살아 계신 하나님의 아들이시니이다
	마 16:18	또 내가 네게 이르노니 너는 베드라 내가 이 반석 위에 내 교회를 세우리니 음부의 권세가 이기지 못하리라
	히 9:23,24	그러므로 하늘에 있는 것들의 모형은 이런 것들로써 정결케 할 필요가 있었으나 하늘에 있는 그것들은 이런 것들보다 더 좋은 제물로 할지니라 그리스도께서는 참 것의 그림자인 손으로 만든 성소에 들어가지 아니하시고 오직 참 하늘에 들어가사 이제 우리를 위하여 하나님 앞에 나타나시고
	마 18:20	두세 사람이 내 이름으로 모인 곳에는 나도 그들 중에 있느니라 *(사 6:1)
	계 1:10,11,20	10,11. 주의 날에 내가 성령에 감동하여 내 뒤에서 나는 나팔 소리 같은 큰 음성을 들으니 가로되 너 보는 것을 책에 써서 에베소, 서머나, 버가모, 두아디라, 사데, 빌라델비아, 라오디게아 일곱 교회에 보내라 하시기로 20. 네 본 것은 내 오른손에 일곱 별의 비밀과 일곱 금촛대라 일곱 별은 일곱 교회의 사자요 일곱 촛대는 일곱 교회니라
	계 2:1	에베소 교회의 사자에게 편지하기를 오른손에 일곱 별을 붙잡고 일곱 금촛대 사이에 다니시는 이가 가라사대 *(엡 1:22)

세마포장	**울타리**	
	출 27:9-12, 18,19	9-12. 너는 성막의 뜰을 만들지니 남을 향하여 뜰 남편에 광이 백 규빗의 **세마포장**을 쳐서 그 한 편을 당하게 할지니 그 기둥이 스물이며 그 받침 스물은 놋으로 하고 그 기둥의 갈고리와 가름대는 은으로 할지며 그 북편에도 광이 백 규빗의 포장을 치되 그 기둥이 스물이며 그 기둥의 받침 스물은 놋으로 하고 그 기둥의 갈고리와 가름대는 은으로 할지며 뜰의 옆 곧 서편에 광 오십 규빗의 **포장**을 치되 그 기둥이 열이요 받침이 열이며 18,19. 뜰의 장은 백 규빗이요 광은 오십 규빗이요 세마포장의 고는 오 규빗이요 그 받침은 놋이며 성막에서 쓰는 모든 기구와 그 말뚝과 뜰의 포장 말뚝을 다 놋으로 할지니라
	우리	
	요 10:1	내가 진실로 진실로 너희에게 이르노니 양의 우리에 문으로 들어가지 아니하고 다른 데로 넘어가는 자는 절도며 강도요
	대문	
	출 27:13-17	동을 향하여 뜰 동편의 광도 오십 규빗이 될지며 문 이편을 위하여 포장이 십오 규빗이며 그 기둥이 셋이요 받침이 셋이요 문 저편을 위하여도 포장이 십오 규빗이며 그 기둥이 셋이요 받침이 셋이며 뜰 문을 위하여는 청색 자색 홍색 실과 가늘게 꼰 베실로 수놓아 짠 이십 규빗의 장이 있게 할지니 그 기둥이 넷이요 받침이 넷이며 뜰 사면 모든 기둥의 가름대와 갈고리는 은이요 그 받침은 놋이며
	민 3:38	장막 앞 동편 곧 회막 앞 해 돋는 편에는 모세와 아론과 아론의 아들들이 진을 치고
	시 84:11	여호와 하나님은 해요 방패시라
	문	
	요 10:7-9	그러므로 예수께서 다시 이르시되 내가 진실로 진실로 너희에게 말하노니 나는 양의 문이라 나보다 먼저 온 자는 다 절도요 강도니 양들이 듣지 아니하였느니라 내가 문이니 누구든지 나로 말미암아 들어가면 구원을 얻고 또는 들어가며 나오며 꼴을 얻으리라
	말 4:2	내 이름을 경외하는 너희에게는 의로운 해가 떠올라서 치료하는 광선을 발하리니 너희가 나가서 외양간에서 나온 송아지같이 뛰리라
	닫힐 문	
	출 40:28	그가 또 성막 문에 장을 달고
	출 27:20,21	너는 또 이스라엘 자손에게 명하여 감람으로 찧어낸 순결한 기름을 등불을 위하여 네게로 가져오게 하고 끊이지 말고 등불을 켜되 아론과 그 아들들로 회막 안 증거궤 앞 휘장 밖에서 저녁부터 아침까지 항상 여호와 앞에 그 등불을 간검하게 하라 이는 이스라엘 자손의 대대로 영원한 규례니라
	닫힐 문	
	고후 6:2	가라사대 내가 은혜 베풀 때에 너를 듣고 구원의 날에 너를 도왔다 하셨으니 보라 지금은 은혜 받을 만한 때요 보라 지금은 구원의 날이로다
	마 24:30	그때에 인자의 징조가 하늘에서 보이겠고 그때에 땅의 모든 족속들이 통곡하며 그들이 인자가 구름을 타고 능력과 큰 영광으로 오는 것을 보리라
	창 7:16	들어간 것들은 모든 것의 암수라 하나님이 그에게 명하신 대로 들어가매 여호와께서 그를 닫아 넣으시니라
	마 25:1-10	그때에 천국은 마치 등을 들고 신랑을 맞으러 나간 열 처녀와 같다 하리니 그중에 다섯은 미련하고 다섯은 슬기 있는지라 미련한 자들은 등을 가지되 기름을 가지지 아니하고 슬기 있는 자들은 그릇에 기름을 담아 등과 함께 가져갔더니 신랑이 더디 오므로 다 졸며 잘새 밤중에 소리가 나되 보라 신랑이로다 맞으러 나오라 하매 이에 그 처녀들이 다 일어나 등을 준비할새 미련한 자들이 슬기 있는 자들에게 이르되 우리 등불이 꺼져가니 너희 기름을 좀 나눠 달라 하거늘 슬기 있는 자들이 대답하여 가로되 우리와 너희의 쓰기에 다 부족할까 하노니 차라리 파는 자들에게 가서 너희 쓸 것을 사라 하니 저희가 사러 간 동안에 신랑이 오므로 예비하였던 자들은 함께 혼인 잔치에 들어가고 문은 닫힌지라
	마 25:11,12	그 후에 남은 처녀들이 와서 가로되 주여 주여 우리에게 열어 주소서 대답하여 가로되 진실로 너희에게 이르노니 내가 너희를 알지 못하노라 하였느니라

제3절 성막 널판(띠) 및 성소 휘장·성막 문장

> "너는 조각목으로 성막을 위하여 **널판**을 만들어 세우되 각 판의 장은 십 규빗, 광은 일 규빗 반으로 하고 각 판에 두 촉씩 내어 서로 연하게 하되 너는 성막 널판을 다 그와 같이 하라 너는 성막을 위하여 널판을 만들되 남편을 위하여 널판 스물을 만들고 스무 널판 아래 은받침 마흔을 만들지니 이 널판 아래에도 그 두 촉을 위하여 두 받침을 만들고 저 널판 아래에도 그 두 촉을 위하여 두 받침을 만들지며 성막 다른 편 곧 그 북편을 위하여도 널판 스물로 하고 은받침 마흔을 이 널판 아래에도 두 받침, 저 널판 아래에도 두 받침으로 하며 성막 뒤 곧 그 서편을 위하여는 널판 여섯을 만들고 성막 뒤 두 모퉁이편을 위하여는 널판 둘을 만들되 아래에서부터 위까지 각기 두겹 두께로 하여 윗고리에 이르게 하고 두 모퉁이편을 다 그리하며 그 여덟 널판에는 은받침이 열여섯이니 이 판 아래에도 두 받침이요 저 판 아래에도 두 받침이니라 너는 조각목으로 **띠**를 만들지니 성막 이편 널판을 위하여 다섯이요 성막 저편 널판을 위하여 다섯이요 성막 뒤 곧 서편 널판을 위하여 다섯이며 널판 가운데 있는 중간 띠는 이 끝에서 저 끝에 미치게 하고 그 널판들을 금으로 싸고 그 널판들의 띠를 꿸 금고리를 만들고 그 띠를 금으로 싸라"(출 26:15-29).
>
> "너는 청색 자색 홍색실과 가늘게 꼰 베실로 짜서 **장**을 만들고 그 위에 그룹들을 공교히 수놓아서 금 갈고리로 네 기둥 위에 드리우되 그 네 기둥을 조각목으로 만들고 금으로 싸서 네 은받침 위에 둘지며 그 장을 갈고리 아래 드리운 후에 증거궤를 그 장안에 들여 놓으라 그 장이 너희를 위하여 성소와 지성소를 구별하리라"(출 26:31-33).
>
> "청색 자색 홍색실과 가늘게 꼰 베실로 수놓아 짜서 **성막 문**을 위하여 장을 만들고 그 **문장**을 위하여 기둥 다섯을 조각목으로 만들어 금으로 싸고 그 갈고리도 금으로 만들지며 또 그 기둥을 위하여 받침 다섯을 놋으로 부어 만들지니라"(출 26:36-37).

1. 성막 널판(띠) 및 휘장의 역사적 의미

1) 성막 널판(띠)

하나님은 성소의 법궤와 기구들을 안치·보관하기 위해 성막을 세울 널판을 지시하셨다. 이는 성막의 세마포장과는 달리 성소의 본체, 즉 성소의 본 건물이다. 성소의 본체를 세울 널판들은 조각목(싯딤나무)으로 하되 겉은 금으로 감싸게 하였다. 또한 조각목으로 띠를 만들게 한 것은 성막의 널판을 고정시키기 위함이다. 띠도 조각목으로 하되 금으로 감싸게 하였고, 띠를 꿸 고리도 금고리로 설치하게 하였다.

성막 외벽의 널판을 가로지른 네 개의 띠와 성막 내벽의 중간에 가로지른 한 개의 띠는 광야의 거센 바람에 성막이 무너지지 않고 견고히 버틸 수 있도록 하기 위해서였다. 정리하면 성막 널판과 띠는 조각목에 금으로 감쌌고, 띠를 꿸 고리는 금으로 만들어 설치하게 하였다.

2) 성소의 두 휘장

성소의 휘장은 성소와 지성소 중간에 가로막아 구별하는 제1휘장이다. 제1휘장은 청색, 자색, 홍색 실과 가늘게 꼰 베실로 휘장을 만들되 천사들의 문양을 넣도록 하였다. 이에 휘장을 가림으로써 성소와 지성소로 구분하게 하였고, 지성소 내부에는 하나님의 법궤가 안치되어 있었다. 그리고 제2휘장은 성막 뜰에서 성소로 들어가는 휘장(문)이다.

3) 성막의 문장

성막의 문장은 성소로 향하는 대문으로 세마포장 대문의 문장이다. 하나님의 성소의 휘장과 성막의 문장은 각기 세 가지로, 첫째는 지성소와 성소를 구별하는 제1휘장이며(출 40:3), 둘째는 성소로 들어가는 제2휘장이 있다(출 40:5). 그리고 셋째는 성막 대문으로 들어가는 문장이 있다(출 40:8). 다시 말해 성막의 문장(제3휘장)과 성소로 들어가는 제2휘장과 성소와 지성소 사이의 제1휘장이다.

*(성막 대문은 제2절 성막 앙장과 세마포장 및 대문의 구속사적 의미를 참고하라).

"여호와께서 모세에게 일러 가라사대 너는 정월 초일일에 성막 곧 회막을 세우고 또 증거궤를 들여놓고 또 장으로 그 궤를 가리우고 또 상을 들여놓고 그 위에 물품을 진설하고 등대를 들여놓고 불을 켜고 또 금 향단을 증거궤 앞에 두고 성막 문에 장을 달고 또 번제단을 회막의 성막 문 앞에 놓고 또 물두멍을 회막과 단 사이에 놓고 그 속에 물을 담고 또 뜰 주위에 포장을 치고 뜰 문에 장을 달고 또 관유를 취하여 성막과 그 안에 있는 모든 것에 발라 그것과 그 모든 기구를 거룩하게 하라 그것이 거룩하리라"(출 40:1-9).

2. 성막 널판(띠) 및 휘장의 구속사적 의미

	널판과 휘장의 기능	널판과 휘장의 영적 의미
널판 나무	① 성막의 벽은 금과 나무로 제작(출26:15,29) ㉠ 하나님께 재료로 쓰인 천한 널판 나무 ㉡ 천한 나무를 감싸고 있는 금	① 예수(금)와 성도(나무)의 밀접한 관계(롬11:17; 렘17:7,8) ㉠ 하나님께 각기 재목(재능)으로 쓰이는 천한 성도 ㉡ 보잘것없는 성도를 보호하시는 예수
	② 성막의 벽으로 세워진 널판 나무(출26:16) ㉠ 널판과 널판이 어깨를 맞대고 이룬 성막(출26:17) ㉡ 금을 입힌 널판으로 이루어진 성막	② 신령(예수와 접목)한 집으로 세워진 성도(벧전2:5) ㉠ 성도는 서로 연합하여 이뤄 가는 교회(엡2:21,22) ㉡ 예수는 성도와 함께 이루어진 교회(엡5:29,30)
	③ 아름다운 금으로 꾸며진 성막(출26:29) ㉠ 금으로 만든 성막에 거하시는 하나님 ㉡ 동녘에 해 뜰 때 비춰는 찬란한 황금집	③ 금보다 귀한 믿음으로 세워진 교회(벧전1:7) ㉠ 믿음의 교회는 하나님이 거하시는 집(딤전3:15) ㉡ 교회는 영적 황금집, 하늘의 교회도 황금집(계21:18-22)
널판 띠	① 외벽의 널판을 가로지른 4개의 띠(출26:26,27) ㉠ 널판 하나하나를 연합시키기 위한 첫째 띠 ㉡ 널판을 흔들림 없이 세우기 위한 둘째 띠 ㉢ 널판을 강하게 세우기 위한 셋째 띠 ㉣ 널판의 안팎을 구분하기 위한 넷째 띠	① 신적인 4개의 띠로 교회를 이루신 예수 ㉠ '사랑의 띠'로 각 개인을 연합한 교회(골3:14) ㉡ '진리의 띠'로 곧게 세워진 교회(엡6:14) ㉢ '능력의 띠'로 강하게 세운 교회(삼하22:40;시18:39) ㉣ '공의의 띠'로 흑백을 구분키 위한 교회(사11:5)
	② 내벽 중간 널판을 가로지른 한 개의 금띠(출26:28,29) ㉠ 4개의 띠와 힘을 같이하는 1개의 금띠 ㉡ 모든 널판을 지탱케 하는 1개의 금띠	② 교회를 붙드신 왕권(금띠)으로서 예수(계1:13,20) ㉠ 4개의 띠로 역사하는 왕이신 예수(사랑, 진리, 능력, 공의) ㉡ 교회를 굳게 세워 가시는 왕이신 예수
	③ 널판을 묶어 하나님 임재를 향하는 띠(출26:26,27) ㉠ 널판에 연결된 첫째 띠 ㉡ 널판에 연결된 둘째 띠 ㉢ 널판에 연결된 셋째 띠 ㉣ 널판에 연결된 넷째 띠	③ 하나님의 택자가 매는 신앙의 온전한 띠(골3:12-14) ㉠ 회개의 띠를 매어야 하는 성도(사22:12) ㉡ 기쁨의 띠를 매어야 하는 성도(시30:11; 65:12) ㉢ 하나님께 예배의 띠를 매야 하는 성도(출29:5) ㉣ 재림의 고대의 띠를 매야 하는 성도(눅12:35-37)
세 가지 휘장	① 성막의 입구에 가려진 대문 제3휘장(출26:36) ㉠ 청색, 자색, 홍색, 가늘게 꼰 베실의 4가지 색 ㉡ 천사의 문양을 수놓지 않은 대문의 휘장	① 하나님께 나아갈 수 있는 예수의 문(요10:1-3; 7-9) ㉠ 4가지 색(신성, 왕권, 보혈, 정결)은 예수 상징 ㉡ 천사가 아닌 예수가 중보자(골2:18,19; 딤전2:5)
	② 성막 뜰에서 들어가는 성소 제2휘장(출40:5)	② 성전(성소)은 오실 구속주를 예표하는 예수(요2:21)
	③ 성소 사이의 지성소 제1휘장(출26:31-33)	③ 지성소의 휘장은 예수를 예표(히10:20)
	④ 성소에 들어가 휘장을 열 때 볼 수 있는 지성소 ㉠ 4가지의 부드러운 실로 제작된 휘장 ㉡ 휘장이 가려져 출입이 제한된 지성소 ㉢ 휘장 안 무시로 들어가면 죽음(대제사장, 1년 1차, 속죄)	④ 성소의 휘장이 둘로 찢겨 보게 된 지성소(마27:50,51) ㉠ 온유하신 예수의 육체가 찢기심(마11:29; 히10:20) ㉡ 은혜의 보좌 앞에 담대히 나아감(히4:14-16) ㉢ 휘장이신 예수는 새롭고 산 길의 통로(히10:20상)

3. 성막 널판(띠) 및 휘장의 구속사적 의미(성구)

널판 나무	**금·나무**	
	출 26:15	너는 조각목으로 성막을 위하여 널판을 만들어 세우되
	출 26:29	그 널판들을 금으로 싸고 그 널판들의 띠를 꿸 금고리를 만들고 그 띠를 금으로 싸라
	예수·성도	
	롬 11:17	또한 가지 얼마가 꺾여졌는데 돌감람나무인 네가 그들 중에 접붙임이 되어 참감람나무 뿌리의 진액을 함께 받는 자 되었은즉
	렘 17:7,8	그러나 무릇 여호와를 의지하며 여호와를 의뢰하는 그 사람은 복을 받을 것이라 그는 물가에 심기운 나무가 그 뿌리를 강변에 뻗치고 더위가 올지라도 두려워 아니하며 그 잎이 청청하며 가무는 해에도 걱정이 없고 결실이 그치지 아니함 같으리라
	성막의 널판	
	출 26:16	각 판의 장은 십 규빗, 광은 일 규빗 반으로 하고
	출 26:17	각 판에 두 촉씩 내어 서로 연하게 하되 너는 성막 널판을 다 그와 같이 하라
	예수와 성도	
	벧전 2:5	너희도 산 돌같이 신령한 집으로 세워지고 예수 그리스도로 말미암아 하나님이 기쁘게 받으실 신령한 제사를 드릴 거룩한 제사장이 될지니라
	엡 2:21,22	그의 안에서 건물마다 서로 연결하여 주 안에서 성전이 되어가고 너희도 성령 안에서 하나님의 거하실 처소가 되기 위하여 예수 안에서 함께 지어져 가느니라
	엡 5:29,30	누구든지 언제든지 제 육체를 미워하지 않고 오직 양육하여 보호하기를 그리스도께서 교회를 보양함과 같이 하나니 우리는 그 몸의 지체임이니라
	금	
	출 26:29	그 널판들을 금으로 싸고 그 널판들의 띠를 꿸 금고리를 만들고 그 띠를 금으로 싸라
	믿음	
	벧전 1:7	너희 믿음의 시련이 불로 연단하여도 없어질 금보다 더 귀하여 예수 그리스도의 나타나실 때에 칭찬과 영광과 존귀를 얻게 하려 함이라
	딤전 3:15	만일 내가 지체하면 너로 하나님의 집에서 어떻게 행하여야 할 것을 알게 하려 함이니 이 집은 살아 계신 하나님의 교회요 진리의 기둥과 터니라
	계 21:18-22	그 성곽은 벽옥으로 쌓였고 그 성은 정금인데 맑은 유리 같더라 그 성의 성곽의 기초석은 각색 보석으로 꾸몄는데 첫째 기초석은 벽옥이요 둘째는 남보석이요 셋째는 옥수요 넷째는 녹보석이요 다섯째는 홍마노요 여섯째는 홍보석이요 일곱째는 황옥이요 여덟째는 녹옥이요 아홉째는 담황옥이요 열째는 비취옥이요 열한째는 청옥이요 열두째는 자정이라 그 열두 문은 열두 진주니 문마다 한 진주요 성의 길은 맑은 유리 같은 정금이더라 성안에 성전을 내가 보지 못하였으니 이는 주 하나님 곧 전능하신 이와 및 어린양이 그 성전이심이라
널판 띠	**4개 띠**	
	출 26:26,27	너는 조각 목으로 띠를 만들지니 성막 이편 널판을 위하여 다섯이요 성막 저편 널판을 위하여 다섯이요 성막 뒤 곧 서편 널판을 위하여 다섯이며
	4개 띠	
	골 3:14	이 모든 것 위에 사랑을 더하라 이는 온전하게 매는 띠니라
	엡 6:14	그런즉 서서 진리로 너희 허리띠를 띠고 의의 흉배를 붙이고
	삼하 22:40	이는 주께서 나로 전쟁케 하려고 능력으로 내게 띠 띠우사 일어나 나를 치는 자로 내게 굴복케 하셨사오며
	시 18:39	대저 주께서 나로 전쟁케 하려고 능력으로 내게 띠 띠우사 일어나 나를 치는 자로 내게 굴복케 하셨나이다
	사 11:5	공의로 그 허리띠를 삼으며 성실로 몸의 띠를 삼으리라
	금띠	
	출 26:28,29	널판 가운데 있는 중간 띠는 이 끝에서 저 끝에 미치게 하고 그 널판들을 금으로 싸고 그 널판들의 띠를 꿸 금고리를 만들고 그 띠를 금으로 싸라

	왕권	
	계 1:13	촛대 사이에 인자 같은 이가 발에 끌리는 옷을 입고 가슴에 금띠를 띠고
	계 1:20	네 본 것은 내 오른손에 일곱 별의 비밀과 일곱 금 촛대라 일곱 별은 일곱 교회의 사자요 일곱 촛대는 일곱 교회니라 *(계 15:6)
	띠	
	출 26:26,27	너는 조각 목으로 띠를 만들지니 성막 이편 널판을 위하여 다섯이요 성막 저편 널판을 위하여 다섯이요 성막 뒤 곧 서편 널판을 위하여 다섯이며
널판띠	**띠**	
	골 3:12-14	그러므로 너희는 하나님의 택하신 거룩하고 사랑하신 자처럼 긍휼과 자비와 겸손과 온유와 오래 참음을 옷입고 누가 뉘게 혐의가 있거든 서로 용납하여 피차 용서하되 주께서 너희를 용서하신 것과 같이 너희도 그리하고 이 모든 것 위에 사랑을 더하라 이는 온전하게 매는 띠니라
	사 22:12	그날에 주 만군의 여호와께서 명하사 통곡하며 애호하며 머리털을 뜯으며 굵은 베를 띠라 하셨거늘
	시 30:11	주께서 나의 슬픔을 변하여 춤이 되게 하시며 나의 베옷을 벗기고 기쁨으로 띠 띠우셨나이다
	시 65:12	들의 초장에도 떨어지니 작은 산들이 기쁨으로 띠를 띠었나이다
	출 29:5	의복을 가져다가 아론에게 속옷과 에봇 받침 겉옷과 에봇을 입히고 흉패를 달고 에봇에 공교히 짠 띠를 띠우고
	눅 12:35-37	허리에 띠를 띠고 등불을 켜고 서 있으라 너희는 마치 그 주인이 혼인집에서 돌아와 문을 두드리면 곧 열어 주려고 기다리는 사람과 같이 되라 주인이 와서 깨어 있는 것을 보면 그 종들은 복이 있으리로다 내가 진실로 너희에게 이르노니 주인이 띠를 띠고 그 종들을 자리에 앉히고 나아와 수종하리라
	제3휘장	
	출 26:36	청색 자색 홍색 실과 가늘게 꼰 베실로 수놓아 짜서 성막 문을 위하여 장을 만들고
	예수의 문	
	요 10:1-3	내가 진실로 진실로 너희에게 이르노니 양의 우리에 문으로 들어가지 아니하고 다른 데로 넘어가는 자는 절도며 강도요 문으로 들어가는 이가 양의 목자라 문지기는 그를 위하여 문을 열고 양은 그의 음성을 듣나니 그가 자기 양의 이름을 각각 불러 인도하여 내느니라
	요 10:7-9	그러므로 예수께서 다시 이르시되 내가 진실로 진실로 너희에게 말하노니 나는 양의 문이라 나보다 먼저 온 자는 다 절도요 강도니 양들이 듣지 아니하였느니라 내가 문이니 누구든지 나로 말미암아 들어가면 구원을 얻고 또는 들어가며 나오며 꼴을 얻으리라
	골 2:18,19	누구든지 일부러 겸손함과 천사 숭배함을 인하여 너희 상을 빼앗지 못하게 하라 저가 그 본 것을 의지하여 그 육체의 마음을 좇아 헛되이 과장하고 머리를 붙들지 아니하는지라 온몸이 머리로 말미암아 마디와 힘줄로 공급함을 얻어 연합하여 하나님이 자라게 하심으로 자라느니라
3가지휘장	딤전 2:5	하나님은 한 분이시요 또 하나님과 사람 사이에 중보도 한 분이시니 곧 사람이신 그리스도 예수라
	제2휘장	
	출 40:5	또 금향단을 증거궤 앞에 두고 성막 문에 장을 달고
	예수	
	요 2:21	그러나 예수는 성전 된 자기 육체를 가리켜 말씀하신 것이라
	제1휘장	
	출 26:31-33	너는 청색 자색 홍색 실과 가늘게 꼰 베실로 짜서 장을 만들고 그 위에 그룹들을 공교히 수놓아서 금갈고리로 네 기둥 위에 드리우되 그 네 기둥을 조각목으로 만들고 금으로 싸서 네 은받침 위에 둘지며 그 장을 갈고리 아래 드리운 후에 증거궤를 그 장안에 들여놓으라 그 장이 너희를 위하여 성소와 지성소를 구별하리라

	예수	
3 가 지 휘 장	히 10:20	그 길은 우리를 위하여 휘장 가운데로 열어 놓으신 새롭고 산 길이요 휘장은 곧 저의 육체니라
	마 27:50,51	예수께서 다시 크게 소리 지르시고 영혼이 떠나시다 이에 성소 휘장이 위로부터 아래까지 찢어져 둘이 되고 땅이 진동하며 바위가 터지고
	마 11:29	나는 마음이 온유하고 겸손하니 나의 멍에를 메고 내게 배우라 그러면 너희 마음이 쉼을 얻으리니
	히 10:20하	휘장은 곧 저의 육체니라
	히 4:14-16	그러므로 우리에게 큰 대제사장이 있으니 승천하신 자 곧 하나님 아들 예수시라 우리가 믿는 도리를 굳게 잡을지어다 우리에게 있는 대제사장은 우리 연약함을 체휼하지 아니하는 자가 아니요 모든 일에 우리와 한결같이 시험을 받은 자로되 죄는 없으시니라 그러므로 우리가 긍휼하심을 받고 때를 따라 돕는 은혜를 얻기 위하여 은혜의 보좌 앞에 담대히 나아갈 것이니라
	히 10:20상	그 길은 우리를 위하여 휘장 가운데로 열어 놓으신 새롭고 산 길이요

> "또 내가 네게 이르노니
> 너는 베드로라 내가 이 반석 위에 내 교회를 세우리니
> 음부의 권세가 이기지 못하리라"
> (마 16:18)

제4절 지성소의 법궤 제작

> "브살렐이 조각목으로 궤를 만들었으니 장이 이 규빗 반, 광이 일 규빗 반, 고가 일 규빗 반이며 정금으로 안팎을 싸고 윗가로 돌아가며 금테를 만들었으며 금고리 넷을 부어 만들어 네 발에 달았으니 곧 이편에 두 고리요 저편에 두 고리며 조각목으로 채를 만들어 금으로 싸고 그 채를 궤 양편 고리에 꿰어 궤를 메게 하였으며"(출 37:1-5).

1. 지성소 안 법궤의 역사적 의미

1) 법궤 재료 및 제작

하나님은 시내 산에서 모세에게 법궤의 재료와 제작 치수를 알려주셨다. 법궤의 재료는 나무와 금이었다. 나무궤는 광야에 흔하고 천한 조각목(싯딤나무)으로 제작하였고, 그 제작된 궤 안팎에 금으로 감싸 덧입혔다. 그리고 법궤 네 모퉁이에 고리를 만들어 금으로 입힌 봉을 끼워 레위 지파가 어깨에 메고 이동하게 하였다.

2) 법궤 안의 내용물 및 지성소 안치

법궤는 지성소 중앙에 안치되어 있었다. 법궤 안의 내용물은 세 가지로, 하나님이 시내 산에서 주신 십계명이 기록된 두 돌판과 이스라엘이 광야에서 40년간 매일 먹었던 만나를 담은 금항아리와 제사직의 월권 행위를 방지하기 위한 아론의 싹 난 지팡이가 보관되어 있었다. 법궤를 앞세우고 이스라엘이 광야를 이동할 때마다 하나님은 그들을 인도하시고 보호해 주셨고, 전쟁을 치를 때는 승리를 거두게 해주셨다. 그것은 법궤가 하나님의 임재를 상징했기 때문이다. 그래서 하나님은 자신의 임재를 상징하는 법궤를 지성소 중앙에 안치하게 하셨다.

2. 지성소 안 법궤의 구속사적 의미

		법궤의 기능	법궤의 영적 의미
법궤의 호칭		① 하나님의 **법궤**의 호칭 ㉠ 여호와의 궤 - '하나님의 권능이 나타날 때'(수3:13) ㉡ 언약궤 - '말씀과 짐승 피로 언약'할 때(수3:6) ㉢ 증거궤 - '일의 증거'를 삼을 때(출25:22; 수4:16) ㉣ 하나님의 궤 - 하나님은 '섬김의 대상'(삼하6:2)	① 법궤는 **삼위일체** 하나님을 상징 ㉠ 여호와 - 하나님의 이름으로 성부 의미(계14:1) ㉡ 언약 - 언약의 피를 흘리신 성자(출24:8; 마26:28) ㉢ 증거 - 증거하시는 보혜사 성령(요15:26,27) ㉣ 하나님 - 성부, 성자, 성령의 삼위일체(마3:16,17)
		② **법궤** - 법궤로 호칭한 이유는?(레16:2) ㉠ 법궤에 보관된 유일무이한 십계명(법) ㉡ 솔로몬 왕 때까지 보관된 십계명(대하5:2,10) ㉢ 성신의 도움으로 현재도 유효한 십계명	② **법(말씀)** - 율법의 영적 흐름의 유효성(마5:17) ㉠ 유일한 하나님의 법의 유효성(롬7:22,25) ㉡ 만왕의 왕이신 예수(믿음)의 법의 유효성(롬3:27) ㉢ 중생과 영생의 길인 성령의 법의 유효성(롬8:2)
		③ 하나님이 명한 재료로 제작한 **법궤**(출25:10,11) ㉠ 광야에 흔하고 천한 싯딤나무(아카시아)로 제작 ㉡ 아카시아 나무 궤를 안팎으로 감쌌던 황금 ㉢ 싯딤나무와 정금으로 제작한 법궤	③ 하나님의 말씀이 육신이 되신 **예수**(요1:14) ㉠ 흠모할 모양도 없으신 예수의 육체(사53:2) ㉡ 영원토록 변함이 없으신 예수의 신성(히13:8) ㉢ 인성과 신성을 겸하신 예수(사7:14, 9:6)
법궤 내용물		① 언약궤 안에 보관된 세 가지 **내용물**(히9:4) ㉠ 언약의 비석들(시내 산에서의 십계명) ㉡ 만나를 담은 금 항아리(하늘에서 내린 만나) ㉢ 싹 난 지팡이(마른 지팡이 움꽃열매는 성령의 역사)	① 예수의 신적 **속성**(삼위일체) ㉠ 십계명을 주신 말씀의 하나님(요일1:1,2) ㉡ 하늘에서 내려오신 산 떡이신 예수(요6:48-51) ㉢ 신비로운 비둘기 형체이신 성령(마3:16)
		② 언약궤 안에 신비한 **3가지 성물**(히9:4) ㉠ 시내 산의 우레, 번개, 구름 속에서 받은 십계명 ㉡ 백성들이 먹은 일용할 양식인 만나 ㉢ 월권 행위를 막기 위한 싹 난 지팡이	② 예수 그리스도의 **삼직**(언약궤=예수, 내용물=삼중직) ㉠ 십계명 - 말씀 선포의 선지자직(행3:22) ㉡ 만나 - 하늘 권세로 양식을 주시는 왕직(시78:24,25) ㉢ 싹 난 지팡이 - 제사장의 표징으로 제사장직(히10:21)
법궤의 목적		① 법궤(언약궤)는 **그림자**로 하나님의 임재(히8:5) ㉠ 법궤를 친히 설계하신 하나님(출25:10,11) ㉡ 법궤가 있는 곳에서 만나 주신 하나님(출25:21,22) ㉢ 법궤는 세상에 유일한 예수를 상징	① 예수와 하나님은 한 분으로서의 **실체**(요10:30) ㉠ 하나님은 비밀로 간직·계획하신 예수(골1:26,27) ㉡ 예수를 통해서 만나 주시는 하나님(딤전2:5) ㉢ 예수는 세상에서 유일하신 구세주(요3:16)
		② 이스라엘 **백성**들을 주도한 법궤(민10:33,34) ㉠ 광야에서 백성들 앞에서 진행한 법궤 ㉡ 백성들의 장막 칠 안식처를 제공한 법궤 ㉢ 법궤가 가는 곳마다 이스라엘 승리(수6:13)	② 교회의 머리 되신 예수께서 **교회**를 주도(엡1:22) ㉠ 성도들 앞에 선두로 나가시는 예수(요10:4) ㉡ 영혼의 안식처를 제공하시는 예수(마11:28) ㉢ 예수와 동행할 때 성도는 승리(눅10:17; 요10:9)
		③ 법궤가 **안치**된 장소는 어디인가?(히9:3,4) ㉠ 사람이 지은 땅의 지성소에 안치된 법궤 ㉡ 이스라엘 땅에서만 유한 법궤(렘3:16)	③ 예수가 계신 하늘 **보좌**(행7:55,56) ㉠ 하늘 지성소에 안치된 하나님의 법궤(계11:19) ㉡ 영원한 하늘의 지성소에 계시는 예수(히9:24)

● 지팡이는 **길**을 인도하며, 십계명은 **진리**를 증거하고, 만나는 **생명**의 떡을 상징하는 예수

예수께서 가라사대 내가 곧 길이요 진리요 생명이니 나로 말미암지 않고는
아버지께로 올 자가 없느니라(요 14:6).

3. 지성소 안 법궤의 구속사적 의미(성구)

법궤		
	수 3:13	온 땅의 주 여호와의 궤를 멘 제사장들의 발바닥이 요단 물을 밟고 멈추면 요단 물 곧 위에서부터 흘러내리던 물이 끊어지고 쌓여 서리라
	수 3:6	여호수아가 또 제사장들에게 일러 가로되 언약궤를 메고 백성 앞서 건너라 하매 곧 언약궤를 메고 백성 앞서 나아가니라
	출 25:22	거기서 내가 너와 만나고 속죄소 위 곧 증거궤 위에 있는 두 그룹 사이에서 내가 이스라엘 자손을 위하여 네게 명할 모든 일을 네게 이르리라
	수 4:16	증거궤를 멘 제사장들을 명하여 요단에서 올라오게 하라 하신지라
	삼하 6:2	일어나서 그 함께 있는 모든 사람으로 더불어 바알레유다로 가서 거기서 하나님의 궤를 메어 오려 하니 그 궤는 그룹들 사이에 좌정하신 만군의 여호와의 이름으로 이름하는 것이라 *(삼상3:3)
삼위일체		
	계 14:1	또 내가 보니 어린양이 시온 산에 섰고 그와 함께 십사만사천이 섰는데 그 이마에 어린양의 이름과 그 아버지의 이름을 쓴 것이 있도다
	출 24:8	모세가 그 피를 취하여 백성에게 뿌려 가로되 이는 여호와께서 이 모든 말씀에 대하여 너희와 세우신 언약의 피니라
	마 26:28	이것은 죄 사함을 얻게 하려고 많은 사람을 위하여 흘리는 바 나의 피 곧 언약의 피니라
법궤의 호칭	요 15:26,27	내가 아버지께로서 너희에게 보낼 보혜사 곧 아버지께로서 나오시는 진리의 성령이 오실 때에 그가 나를 증거하실 것이요 너희도 처음부터 나와 함께 있었으므로 증거하느니라
	마 3:16,17	예수께서 세례를 받으시고 곧 물에서 올라오실새 하늘이 열리고 하나님의 성령이 비둘기같이 내려 자기 위에 임하심을 보시더니 하늘로서 소리가 있어 말씀하시되 이는 내 사랑하는 아들이요 내 기뻐하는 자라 하시니라
법궤		
	레 16:2	여호와께서 모세에게 이르시되 네 형 아론에게 이르라 성소의 장 안 법궤 위 속죄소 앞에 무시로 들어오지 말아서 사망을 면하라 내가 구름 가운데서 속죄소 위에 나타남이니라
	대하 5:2,10	2. 이에 솔로몬이 여호와의 언약궤를 다윗 성 곧 시온에서 메어 올리고자 하여 이스라엘 장로들과 모든 지파의 두목 곧 이스라엘 자손의 족장들을 다 예루살렘으로 소집하니 10. 궤 안에는 두 돌판 외에 아무것도 없으니 이것은 이스라엘 자손이 애굽에서 나온 후 여호와께서 저희와 언약을 세우실 때에 모세가 호렙에서 그 안에 넣은 것이더라
법(말씀)		
	마 5:17	내가 율법이나 선지자나 폐하러 온 줄로 생각지 말라 폐하러 온 것이 아니요 완전케 하려 함이로라
	롬 7:22,25	22. 내 속사람으로는 하나님의 법을 즐거워하되 25. 우리 주 예수 그리스도로 말미암아 하나님께 감사하리로다 그런즉 내 자신이 마음으로는 하나님의 법을, 육신으로는 죄의 법을 섬기노라 *(마 7:23)
	롬 3:27	그런즉 자랑할 데가 어디뇨 있을 수가 없느니라 무슨 법으로냐 행위로냐 아니라 오직 믿음의 법으로니라
	롬 8:2	이는 그리스도 예수 안에 있는 생명의 성령의 법이 죄와 사망의 법에서 너를 해방하였음이라
법궤		
	출 25:10,11	그들은 조각목으로 궤를 짓되 장이 이 규빗 반, 광이 일 규빗 반, 고가 일 규빗 반이 되게 하고 너는 정금으로 그것을 싸되 그 안팎을 싸고 윗가로 돌아가며 금테를 두르라
예수		
	요 1:14	말씀이 육신이 되어 우리 가운데 거하시매 우리가 그 영광을 보니 아버지의 독생자의 영광이요 은혜와 진리가 충만하더라 *(요 8:32)
	사 53:2	그는 주 앞에서 자라나기를 연한 순 같고 마른 땅에서 나온 줄기 같아서 고운 모양도 없고 풍채도 없은즉 우리의 보기에 흠모할 만한 아름다운 것이 없도다
	히 13:8	예수 그리스도는 어제나 오늘이나 영원토록 동일하시니라
	사 7:14	그러므로 주께서 친히 징조로 너희에게 주실 것이라 보라 처녀가 잉태하여 아들을 낳을 것이요 그 이름을 임마누엘이라 하리라
	사 9:6	이는 한 아기가 우리에게 났고 한 아들을 우리에게 주신 바 되었는데 그 어깨에는 정사를 메었고 그 이름은 기묘자라, 모사라, 전능하신 하나님이라, 영존하시는 아버지라, 평강의 왕이라 할 것임이라

법궤 내용물	**내용물**	
	히 9:4	금향로와 사면을 금으로 싼 언약궤가 있고 그 안에 만나를 담은 금항아리와 아론의 싹 난 지팡이와 언약의 비석들이 있고
	속성	
	요일 1:1,2	태초부터 있는 생명의 말씀에 관하여는 우리가 들은 바요 눈으로 본 바요 주목하고 우리 손으로 만진 바라 이 생명이 나타내신바 된지라 이 영원한 생명을 우리가 보았고 증거하여 너희에게 전하노니 이는 아버지와 함께 계시다가 우리에게 나타내신 바 된 자니라
	요 6:48-51	내가 곧 생명의 떡이로라 너희 조상들은 광야에서 만나를 먹었어도 죽었거니와 이는 하늘로서 내려오는 떡이니 사람으로 하여금 먹고 죽지 아니하게 하는 것이니라 나는 하늘로서 내려온 산 떡이니 사람이 이 떡을 먹으면 영생하리라 나의 줄 떡은 곧 세상의 생명을 위한 내 살이로라 하시니라
	마 3:16	예수께서 세례를 받으시고 곧 물에서 올라오실새 하늘이 열리고 하나님의 성령이 비둘기같이 내려 자기 위에 임하심을 보시더니
	3가지 성물	
	히 9:4	금향로와 사면을 금으로 싼 언약궤가 있고 그 안에 만나를 담은 금항아리와 아론의 싹 난 지팡이와 언약의 비석들이 있고
	삼직	
	행 3:22	모세가 말하되 주 하나님이 너희를 위하여 너희 형제 가운데서 나 같은 선지자 하나를 세울 것이니 너희가 무엇이든지 그 모든 말씀을 들을 것이라
	시 78:24,25	저희에게 만나를 비같이 내려 먹이시며 하늘 양식으로 주셨나니 사람이 권세 있는 자의 떡을 먹음이여 하나님이 식물을 충족히 주셨도다
	히 10:21	또 하나님의 집 다스리는 큰 제사장이 계시매
법궤의 목적	**그림자**	
	히 8:5	저희가 섬기는 것은 하늘에 있는 것의 모형과 그림자라 모세가 장막을 지으려 할 때에 지시하심을 얻음과 같으니 가라사대 삼가 모든 것을 산에서 네게 보이던 본을 좇아 지으라 하셨느니라
	출 25:10,11	그들은 조각목으로 궤를 짓되 장이 이 규빗 반, 광이 일 규빗 반, 고가 일 규빗 반이 되게 하고 너는 정금으로 그것을 싸되 그 안팎을 싸고 윗가로 돌아가며 금테를 두르고
	출 25:21,22	속죄소를 궤 위에 얹고 내가 네게 줄 증거판을 궤 속에 넣으라 거기서 내가 너와 만나고 속죄소 위 곧 증거궤 위에 있는 두 그룹 사이에서 내가 이스라엘 자손을 위하여 네게 명할 모든 일을 네게 이르리라
	실체	
	요 10:30	나와 아버지는 하나이니라 하신대
	골 1:26,27	이 비밀은 만세와 만대로부터 옴으로 감취었던 것인데 이제는 그의 성도들에게 나타났고 하나님이 그들로 하여금 이 비밀의 영광이 이방인 가운데 어떻게 풍성한 것을 알게 하려 하심이라 이 비밀은 너희 안에 계신 그리스도시니 곧 영광의 소망이니라
	딤전 2:5	하나님은 한 분이시요 또 하나님과 사람 사이에 중보도 한 분이시니 곧 사람이신 그리스도 예수라
	요 3:16	하나님이 세상을 이처럼 사랑하사 독생자를 주셨으니 이는 저를 믿는 자마다 멸망치 않고 영생을 얻게 하려 하심이니라
	백성	
	민 10:33,34	그들이 여호와의 산에서 떠나 삼일 길을 행할 때에 여호와의 언약궤가 그 삼일 길에 앞서 행하며 그들의 쉴 곳을 찾았고 그들이 행진할 때에 낮에는 여호와의 구름이 그 위에 덮였었더라
	수 6:13	일곱 제사장은 일곱 양각 나팔을 잡고 여호와의 궤 앞에서 계속 진행하며 나팔을 불고 무장한 자들은 그 앞에 행하며 후군은 여호와의 궤 뒤에 행하고 제사장들은 나팔을 불며 행하니라
	교회	
	엡 1:22	또 만물을 그 발 아래 복종하게 하시고 그를 만물 위에 교회의 머리로 주셨느니라
	요 10:4	자기 양을 다 내어 놓은 후에 앞서 가면 양들이 그의 음성을 아는 고로 따라오되

법궤의 목적	마 11:28	수고하고 무거운 짐 진 자들아 다 내게로 오라 내가 너희를 쉬게 하리라
	눅 10:17	칠십 인이 기뻐 돌아와 가로되 주여 주의 이름으로 귀신들도 우리에게 항복하더이다
	요 10:9	내가 문이니 누구든지 나로 말미암아 들어가면 구원을 얻고 또는 들어가며 나오며 꼴을 얻으리라
	안치	
	히 9:3,4	또 둘째 휘장 뒤에 있는 장막을 지성소라 일컫나니 금향로와 사면을 금으로 싼 언약궤가 있고 그 안에 만나를 담은 금항아리와 아론의 싹 난 지팡이와 언약의 비석들이 있고
	렘 3:16	나 여호와가 말하노라 너희가 이 땅에서 번성하여 많아질 때에는 사람 사람이 여호와의 언약궤를 다시는 말하지 아니할 것이요 생각지 아니할 것이요 기억지 아니할 것이요 찾지 아니할 것이요 만들지 아니할 것이며
	보좌	
	행 7:55,56	스데반이 성령이 충만하여 하늘을 우러러 주목하여 하나님의 영광과 및 예수께서 하나님 우편에 서신 것을 보고 말하되 보라 하늘이 열리고 인자가 하나님 우편에 서신 것을 보노라 한대
	계 11:19	이에 하늘에 있는 하나님의 성전이 열리니 성전 안에 하나님의 언약궤가 보이며 또 번개와 음성들과 뇌성과 지진과 큰 우박이 있더라
	히 9:24	그리스도께서는 참 것의 그림자인 손으로 만든 성소에 들어가지 아니하시고 오직 참 하늘에 들어가사 이제 우리를 위하여 하나님 앞에 나타나시고

"그날에는
내가 아버지 안에, 너희가 내 안에,
내가 너희 안에 있는 것을 너희가 알리라
나의 계명을 가지고 지키는 자라야
나를 사랑하는 자니
나를 사랑하는 자는 내 아버지께 사랑을 받을 것이요
나도 그를 사랑하여
그에게 나를 나타내리라"
(요 14:20-21)

제5절 지성소의 속죄소 제작

> "정금으로 **속죄소**를 만들었으니 장이 이 규빗 반, 광이 일 규빗 반이며 금으로 그룹 둘을 속죄소 양편에 쳐서 만들었으되 한 그룹은 이편 끝에, 한 그룹은 저편 끝에 곧 속죄소와 한 덩이로 그 양편에 만들었으니 그룹들이 그 날개를 높이 펴서 그 날개로 속죄소를 덮으며 그 얼굴을 서로 대하여 속죄소를 향하였더라"(출 37:6-9).

1. 지성소 안 속죄소의 역사적 의미

1) 지성소 안의 속죄소

속죄소는 법궤를 덮는 뚜껑이다. 정금으로 제작된 속죄소는 뚜껑 위에 두 천사가 마주보며 날개를 앞편으로 높이 펴서 그 날개가 속죄소를 덮고 있다. 천사는 고개를 숙이고 속죄소를 향하고 있다. 이는 하나님의 임재를 상징하는 법궤와 속죄소를 겸허한 자세로 천사가 호위하는 모습이다.

2) 속죄소의 의미

속죄소는 뚜껑으로서 '덮는다'(케포레트)는 의미가 있다. 이는 대제사장이 일 년 일차씩 지성소에 들어가 법궤와 속죄소 앞에 정결한 짐승의 피를 뿌려 자기와 백성의 죄를 용서받는 속죄의 의미가 있다. 이같이 속죄소는 법궤의 뚜껑으로 지성소에 안치되어 있었다.

이처럼 상징성을 띤 법궤와 법궤 안의 3가지 내용물, 그리고 속죄소는 불가분의 관계로 이는 구속사 및 영적 의미가 있음을 보여준다.

2. 지성소 안 속죄소의 구속사적 의미

	속죄소의 기능	속죄소의 영적 의미
속 죄 소	① 법궤를 덮는 덮개가 **속죄소**(출25:21) ㉠ 속죄소는 '케포레트'로 '덮는다', '숨긴다'는 뜻 ㉡ 순전히 정금으로만 제작된 속죄소	① 인간의 죄를 덮어 주시는 **예수**(마9:6) ㉠ 죄를 사하는 권세가 있으신 예수 ㉡ 죄를 완전히 용서하는 신성이신 예수(요8:11)
	② 속죄소가 감당해야 하는 **사역**(레16:17) ㉠ 속죄소 위에 수종 드는 두 천사(출25:20) ㉡ 1년 1차씩 속죄에 피를 계속 뿌린 대제사장 ㉢ 제물의 피를 7번(완전) 뿌린 속죄소(레16:14)	② 예수가 담당한 속죄에 대한 **사역**(마20:28) ㉠ 예수의 속죄 사업을 수종 든 천사(눅22:42,43) ㉡ 속죄의 피를 흘려 단번에 끝내신 예수 ㉢ 십자가의 속죄의 피로 완전히 사하신 예수
	③ 속죄소의 별칭이 (은혜의 장소)**시은좌**(레16:14) ㉠ 시은좌는 은혜의 자리(출37:6=난외주) ㉡ 법궤(십계명) 위에 얹혀 있는 시은좌(속죄소) ㉢ 법궤와 시은좌(속죄소)는 불가분 관계	③ **은혜**의 근원이 되시는 예수(요1:14) ㉠ 주 안에 있는 자에게 은혜를 베푸시는 예수 ㉡ 율법(죽음)보다 은혜(생명)가 우선이신 예수 ㉢ 율법의 공의와 은혜의 사랑은 불가분 관계
	④ 이스라엘 백성의 **유일**한 속죄소(출25:17-20) ㉠ 속죄소의 피 뿌림에 죄사함 받은 백성(레16:14-17) ㉡ 속죄소를 통해서 은혜를 받은 백성 ㉢ 속죄소를 통해 만날 수 있는 하나님(출30:6)	④ 택자의 속죄를 위한 **유일**하신 예수(히9:12) ㉠ 예수의 피를 통해서 죄 용서를 받는 성도들 ㉡ 예수를 통해 특별 및 일반 은혜를 받는 성도들 ㉢ 예수를 통해서만 만날 수 있는 하나님(딤전2:5)

3. 지성소 안 속죄소의 구속사적 의미(성구)

속 죄 소	**속죄소**	
	출 25:21	속죄소를 궤 위에 얹고 내가 네게 줄 증거판을 궤 속에 넣으라
	예수	
	마 9:6	그러나 인자가 세상에서 죄를 사하는 권세가 있는 줄을 너희로 알게 하려 하노라 하시고 중풍병자에게 말씀하시되 일어나 네 침상을 가지고 집으로 가라 하시니
	요 8:11	대답하되 주여 없나이다 예수께서 가라사대 나도 너를 정죄하지 아니하노니 가서 다시는 죄를 범치 말라 하시니라
	속죄소 사역	
	레 16:17	그가 지성소에 속죄하러 들어가서 자기와 그 권속과 이스라엘 온 회중을 위하여 속죄하고 나오기까지는 누구든지 회막에 있지 못할 것이며
	출 25:20	그룹들은 그 날개를 높이 펴서 그 날개로 속죄소를 덮으며 그 얼굴을 서로 대하여 속죄소를 향하게 하고
	레 16:14	그는 또 수송아지의 피를 취하여 손가락으로 속죄소 동편에 뿌리고 또 손가락으로 그 피를 속죄소 앞에 일곱 번 뿌릴 것이며
	예수 사역	
	마 20:28	인자가 온 것은 섬김을 받으려 함이 아니라 도리어 섬기려 하고 자기 목숨을 많은 사람의 대속물로 주려 함이니라
	눅 22:42,43	가라사대 아버지여 만일 아버지의 뜻이어든 이 잔을 내게서 옮기시옵소서 그러나 내 원대로 마옵시고 아버지의 원대로 되기를 원하나이다 하시니 사자가 하늘로부터 예수께 나타나 힘을 돕더라

속죄소	**시은좌**	
	레 16:14	그는 또 수송아지의 피를 취하여 손가락으로 속죄소 동편에 뿌리고 또 손가락으로 그 피를 속죄소 앞에 일곱 번 뿌릴 것이며
	은혜	
	요 1:14,17	14. 말씀이 육신이 되어 우리 가운데 거하시매 우리가 그 영광을 보니 아버지의 독생자의 영광이요 은혜와 진리가 충만하더라 17. 율법은 모세로 말미암아 주신 것이요 은혜와 진리는 예수 그리스도로 말미암아 온 것이라
	구약 유일	
	출 25:17-20	정금으로 속죄소를 만들되 장이 이 규빗 반, 광이 일 규빗 반이 되게 하고 금으로 그룹 둘을 속죄소 두 끝에 쳐서 만들되 한 그룹은 이 끝에, 한 그룹은 저 끝에 곧 속죄소 두 끝에 속죄소와 한 덩이로 연하게 할지며 그룹들은 그 날개를 높이 펴서 그 날개로 속죄소를 덮으며 그 얼굴을 서로 대하여 속죄소를 향하게 하고
	레 16:14-17	그는 또 수송아지의 피를 취하여 손가락으로 속죄소 동편에 뿌리고 또 손가락으로 그 피를 속죄소 앞에 일곱 번 뿌릴 것이며 또 백성을 위한 속죄제 염소를 잡아 그 피를 가지고 장 안에 들어가서 그 수송아지 피로 행함같이 그 피로 행하여 속죄소 위와 속죄소 앞에 뿌릴지니 곧 이스라엘 자손의 부정과 그 범한 모든 죄를 인하여 지성소를 위하여 속죄하고 또 그들의 부정한 중에 있는 회막을 위하여 그같이 할 것이요 그가 지성소에 속죄하러 들어가서 자기와 그 권속과 이스라엘 온 회중을 위하여 속죄하고 나오기까지는 누구든지 회막에 있지 못할 것이며
	출 30:6	그 단을 증거궤 위 속죄소 맞은편 곧 증거궤 앞에 있는 장 밖에 두라 그 속죄소는 내가 너와 만날 곳이며
	신약 유일	
	히 9:12	염소와 송아지의 피로 아니하고 오직 자기 피로 영원한 속죄를 이루사 단번에 성소에 들어가셨느니라
	딤전 2:5	하나님은 한 분이시요 또 하나님과 사람 사이에 중보도 한 분이시니 곧 사람이신 그리스도 예수라

> "내가 네게 말하노니
> 저의 많은 죄가 사하여졌도다 이는 저의 사랑함이 많음이라
> 사함을 받은 일이
> 적은 자는 적게 사랑하느니라"
> (눅 7:47)

제6절 지성소로 불리는 성도의 몸

> "너희가 **하나님의 성전**인 것과 하나님의 성령이 너희 안에 거하시는 것을 알지 못하느뇨 누구든지 하나님의 성전을 더럽히면 하나님이 그 사람을 멸하시리라 하나님의 성전은 거룩하니 너희도 그러하니라"(고전 3:16-17).
>
> "**너희 몸**은 너희가 하나님께로부터 받은 바 너희 가운데 계신 성령의 전인 줄을 알지 못하느냐 너희는 너희의 것이 아니라 값으로 산 것이 되었으니 그런즉 너희 몸으로 하나님께 영광을 돌리라"(고전 6:19-20).

1. 지성소로 불리는 성도의 역사적 의미

1) 예수의 지체인 성도

사도 바울은 성경 에베소서에서 교회를 예수와 성도와의 관계에 있어 영적으로 머리와 몸과 지체로 부각시켰다.

① 머리

> "또 만물을 그 발아래 복종하게 하시고 그를 만물 위에 교회의 머리로 주셨느니라"(엡 1:22).
>
> "오직 사랑 안에서 참된 것을 하여 범사에 그에게까지 자랄지라 그는 머리니 곧 그리스도라"(엡 4:15).
>
> "이는 남편이 아내의 머리 됨이 그리스도께서 교회의 머리 됨과 같음이니 그가 친히 몸의 구주시니라"(엡 5:23).

② 몸

"교회는 그의 몸이니 만물 안에서 만물을 충만케 하시는 자의 충만이니라"(엡 1:23).
"또 십자가로 이 둘을 한 몸으로 하나님과 화목하게 하려 하심이라 원수 된 것을 십자가로 소멸하시고"(엡 2:16).

③ 지체

"이는 이방인들이 복음으로 말미암아 그리스도 예수 안에서 함께 후사가 되고 함께 지체가 되고 함께 약속에 참예하는 자가 됨이라"(엡 3:6).
"우리는 그 몸의 지체임이니라"(엡 5:30).

2) 지성소가 된 성도의 몸

사도 바울은 성도를 지성소라고 하였다. 그것은 지성소에 하나님의 임재를 상징하는 법궤가 안치된 것처럼, 성도 안에 옛 사람을 새 사람으로 중생시키신 성령께서 임하여 계시기 때문이다. 다시 말해 구약시대에 법궤가 안치된 지성소에 하나님이 임재하신 것처럼, 신약시대에 중생된 거룩한 성도의 몸에 성령이 떠나지 않고 영원히 계시기 때문이다. 그렇기에 성도는 자신의 몸이 존귀함을 알아 세상 죄의 때가 묻지 않도록 영육 간에 잘 관리해야 할 것이다.

2. 성도가 지성소로 불리는 구속사적 의미

	구약의 지성소 기능	신약 지성소의 영적 의미
지성소와 성도	① 하나님이 임재하신 **지성소**(출26:33,34) 　㉠ 장막(출25:9) ⎫ 　㉡ 성막(출26:1) ⎬ 성소 → 지성소 　㉢ 회막(출27:21) ⎪ 　㉣ 법막(대하24:6) ⎭	① **성도의 몸**은 하나님의 성전인 지성소(고전3:16) 　㉠ 하나님의 성전은 '히에론'과 '나오스' 2가지 의미 　㉡ 히에론'(ἱε-ρὸν)은 '성전 전체'를 의미 　㉢ '나오스'(ναὸς)는 '지성소'를 의미 　㉣ 고전3:16의 '성전'은 '지성소'인 성도의 몸을 지칭
	② 언약궤가 **보관**된 장소가 지성소(출25:21,22) 　㉠ 싯딤나무와 금으로 제작된 언약궤 　㉡ 하나님의 말씀의 돌비가 보관된 언약궤 　㉢ 오직 말씀만 남아 있는 언약궤(왕상8:9)	② 예수가 **내재**하신 (지성소)성도의 몸(롬8:9) 　㉠ 성도(나무) 안에 성령(금)으로 계시는 예수 　㉡ 성육신 이전 말씀(로고스)으로 계신 예수(요1:14) 　㉢ 성도(지성소) 안에 말씀으로 계신 예수(시37:31)
	③ 지성소는 하나님과의 **교제** 장소(출25:21,22) 　㉠ 지성소에 언약궤가 있을 때 하나님과 교제 　㉡ 지성소는 하나님의 백성만이 교제하는 장소 　㉢ 말씀의 돌비가 있는 지성소에서 하나님 만남	③ 성도는 성령과 **교제**하는 장소(고전3:16, 6:19,20) 　㉠ 성도의 몸(지성소) 안에서 성령과 영적 교제 　㉡ 하나님의 자녀만이 성령과 교제(롬8:16) 　㉢ 성도 안에 말씀이 있을 때 교제·응답(요15:7)

3. 성도가 지성소로 불리는 구속사적 의미(성구)

지성소와 성도	**지성소**		
		출 26:33,34	그 장을 갈고리 아래 드리운 후에 증거궤를 그 장 안에 들여놓으라 그 장이 너희를 위하여 성소와 지성소를 구별하리라 너는 지성소에 있는 증거궤 위에 속죄소를 두고
		출 25:9	무릇 내가 네게 보이는 대로 장막의 식양과 그 기구의 식양을 따라 지을지니라
		출 26:1	너는 성막을 만들되 앙장 열 폭을 가늘게 꼰 베실과 청색 자색 홍색 실로 그룹을 공교히 수놓아 만들지니
		출 27:21	아론과 그 아들들로 회막 안 증거궤 앞 휘장 밖에서 저녁부터 아침까지 항상 여호와 앞에 그 등불을 간검하게 하라 이는 이스라엘 자손의 대대로 영원한 규례니라
		대하 24:6	왕이 대제사장 여호야다를 불러 이르되 네가 어찌하여 레위 사람을 시켜서 여호와의 종 모세와 이스라엘의 회중이 법막을 위하여 정한 세를 유다와 예루살렘에서 거두게 하지 아니하였느냐 하니
	성도의 몸		
		고전 3:16	너희가 하나님의 성전인 것과 하나님의 성령이 너희 안에 거하시는 것을 알지 못하느뇨
	보관		
		출 25:21,22	속죄소를 궤 위에 얹고 내가 네게 줄 증거판을 궤 속에 넣으라 거기서 내가 너와 만나고 속죄소 위 곧 증거궤 위에 있는 두 그룹 사이에서 내가 이스라엘 자손을 위하여 네게 명할 모든 일을 네게 이르리라
		왕상 8:9	궤 안에는 두 돌판 외에 아무것도 없으니 이것은 이스라엘 자손이 애굽 땅에서 나온 후 여호와께서 저희와 언약을 세우실 때에 모세가 호렙에서 그 안에 넣은 것이더라

지성소와 성도	내재	
	롬 8:9	만일 너희 속에 하나님의 영이 거하시면 너희가 육신에 있지 아니하고 영에 있나니 누구든지 그리스도의 영이 없으면 그리스도의 사람이 아니라
	요 1:14	말씀이 육신이 되어 우리 가운데 거하시매 우리가 그 영광을 보니 아버지의 독생자의 영광이요 은혜와 진리가 충만하더라
	시 37:31	그 마음에는 하나님의 법이 있으니 그 걸음에 실족함이 없으리로다
	하나님 교제	
	출 25:21,22	속죄소를 궤 위에 얹고 내가 네게 줄 증거판을 궤 속에 넣으라 거기서 내가 너와 만나고 속죄소 위 곧 증거궤 위에 있는 두 그룹 사이에서 내가 이스라엘 자손을 위하여 네게 명할 모든 일을 네게 이르리라
	성령 교제	
	고전 3:16	너희가 하나님의 성전인 것과 하나님의 성령이 너희 안에 거하시는 것을 알지 못하느뇨
	고전 6:19,20	너희 몸은 너희가 하나님께로부터 받은 바 너희 가운데 계신 성령의 전인 줄을 알지 못하느냐 너희는 너희의 것이 아니라 값으로 산 것이 되었으니 그런즉 너희 몸으로 하나님께 영광을 돌리라
	롬 8:16	성령이 친히 우리 영으로 더불어 우리가 하나님의 자녀인 것을 증거하시나니
	요 15:7	너희가 내 안에 거하고 내 말이 너희 안에 거하면 무엇이든지 원하는 대로 구하라 그리하면 이루리라

"너희가 믿음에 있는가
너희 자신을 시험하고 너희 자신을 확증하라
예수 그리스도께서
너희 안에 계신 줄을 너희가 스스로 알지 못하느냐
그렇지 않으면 너희가 버리운 자니라"
(고후 13:5)

제7절 성소 내부의 진설병 상 제작

"그가 또 조각목으로 **상**을 만들었으니 장이 이 규빗, 광이 일 규빗, 고가 일 규빗 반이며 정금으로 싸고 윗가로 돌아가며 금테를 둘렀으며 그 사면에 손바닥 넓이만한 턱을 만들고 그 턱 주위에 금으로 테를 만들었고 상을 위하여 금고리 넷을 부어 만들어 네 발 위 네 모퉁이에 달았으니 그 고리가 턱 곁에 있어서 상을 메는 채를 꿰게 하였으며 또 조각목으로 상 멜 채를 만들어 금으로 쌌으며 상 위의 기구 곧 대접과 숟가락과 잔과 붓는 병을 정금으로 만들었더라"(출 37:10-16).

1. 성소 내부 진설병 상과 떡의 역사적 의미

1) 성소의 진설병 상 - 성소 우편에 비치

진설병 상은 법궤와는 달리 성소 우편에 비치되었다. 성소 구조는 먼저 성소를 거쳐 지성소로 들어가게 된다. 법궤가 안치된 지성소는 대제사장이 1년 1차씩 들어갔으나(히 9:6-7), 성소는 제사장이 매일 들어가 내부를 점검하였다. 성소 내부에는 진설병 상과 등대와 금향단이 비치되어 있었다.

2) 성소의 진설병 상과 떡

진설병 상 위에는 항용 떡이 있었다. 이 떡은 항상 안식일에 준비된 떡으로 이스라엘 자손을 위한 떡이요, 하나님의 영원한 언약이었다(레 24:8). 누룩 없는 열두 개의 떡이 두 줄로 여섯 개가 포개져 있었다(레 24:5-6). 이는 열두 지파를 상징하는 것으로 백성의 대표인 제사장이 먹는 양식으로만 허용되었다(레 24:9).

2. 진설병 상과 떡의 구속사적 의미

	진설병 상과 떡의 기능	진설병 상과 떡의 영적 의미
진설병 상 (식탁)	⦿ 성소에 비치된 진설병 상 ① 싯딤나무와 금으로 제작한 **진설병 상**(출25:23,24) ㉠ 떡을 진설하기 위한 진설병 상(출25:30) ㉡ 성소에 진설병 상과 떡은 불가분 관계 ㉢ 진설병 상은 성소에서의 순결한 식탁(레24:6) ② 하나님과 **교제**하기 위한 진설병 상(레24:9) ㉠ 성소에서 제사장과 애찬을 원하신 하나님 ㉡ 성소에서 백성들 대표로 애찬·교제한 제사장	⦿ 싯딤나무와 금은 예수 상징 ① 인성과 신성을 겸하신 **예수**(마1:21; 히13:8) ㉠ 온전한 하나님의 말씀은 예수로부터 공급 ㉡ 산 떡이신 예수와 말씀은 불가분 관계(요6:35) ㉢ 말씀(떡)이신 예수는 순결하심(마3:16, 10:16; 시12:6) ② 성도와 영원히 **교제**를 원하시는 예수(눅22:30) ㉠ 교회서 성도와 애찬, 교제를 원하시는 예수(행2:46; 벧전2:5) ㉡ 성도와 교제를 원하시는 큰 제사장 예수(롬8:34; 히10:21)
진설병 (떡)	⦿ 성찬 체험 - 제사장들 ① 하나님 앞에서의 **성찬 체험**(레24:8,9) ㉠ 고운 가루로 떡을 항상 진설한 제사장(레24:5) ㉡ 진설병은 하나님 앞에 순결한 상의 떡(레24:6) ㉢ 성소에서만 먹어야 하는 진설한 떡(레24:9) ⦿ 진설병 - 안식일에 먹는 떡 ② 안식일마다 제사장이 먹은 **진설 떡**(레24:8,9) ㉠ 안식일에 성소에서 떡을 먹은 제사장 ㉡ 매 안식일마다 항상 떡을 먹은 제사장 ㉢ 영원한 언약의 떡을 먹은 제사장 ③ 성전에 제사장만을 위해 **진설**된 떡(레24:5,6) ㉠ 진설병 상 위에 12개의 떡은 야곱의 12아들 상징 ㉡ 떡 12개는 선택된 이스라엘의 12지파를 상징 ㉢ 성소 상에 12개의 떡이 질서 있게 6개씩 2줄	⦿ 성찬 예식 - 예수와 성도들 ① 예수와 함께하는 **성찬 예식**(마26:26-28) ㉠ 성찬을 준비케 한 온유하신 예수(마11:28,29, 26:17-19) ㉡ 죄가 없는 순전하고 진실하신 예수(고전5:7,8) ㉢ 교회에서 떡과 포도주로 성찬 기념(고전11:24-26) ⦿ 영혼의 양식 - 무시로 먹는 떡(말씀) ② 주일마다 성도가 먹는 **영혼의 떡**(말씀)(행20:7) ㉠ 매주일에 교회에서 말씀의 떡을 먹는 성도 ㉡ 영혼의 떡을 날마다 먹는 성도(행2:42-46, 5:42) ㉢ 새 언약이신 예수의 떡(말씀)을 먹음(행17:11; 히12:24) ③ 성전이신 예수는 온 세상에 **진설**된 **산 떡**(요6:51) ㉠ 산 떡이신 예수는 12제자를 세워 세상을 구원 ㉡ 12제자는 택자들의 구원에 대한 대표적 상징 ㉢ 교회에서 질서를 유지·봉사하며 섬김(고전14:40)

"저희가 사도의 가르침을 받아 서로 교제하며
떡을 떼며 기도하기를 전혀 힘쓰니라"
(행 2:42)

3. 진설병 상과 떡의 구속사적 의미(성구)

	진설병 상	
진 설 병 상 (식 탁)	출 25:23,24	너는 조각목으로 상을 만들되 장이 이 규빗, 광이 일 규빗, 고가 일 규빗 반이 되게 하고 정금으로 싸고 주위에 금테를 두르고
	출 25:30	상 위에 진설병을 두어 항상 내 앞에 있게 할지니라
	레 24:6	여호와 앞 순결한 상 위에 두 줄로 한 줄에 여섯씩 진설하고
	예수	
	마 1:18-23	예수 그리스도의 나심은 이러하니라 그 모친 마리아가 요셉과 정혼하고 동거하기 전에 성령으로 잉태된 것이 나타났더니 그 남편 요셉은 의로운 사람이라 저를 드러내지 아니하고 가만히 끊고자 하여 이 일을 생각할 때에 주의 사자가 현몽하여 가로되 다윗의 자손 요셉아 네 아내 마리아 데려오기를 무서워 말라 저에게 잉태된 자는 성령으로 된 것이라 아들을 낳으리니 이름을 예수라 하라 이는 그가 자기 백성을 저희 죄에서 구원할 자이심이라 하니라 이 모든 일의 된 것은 주께서 선지자로 하신 말씀을 이루려 하심이니 가라사대 보라 처녀가 잉태하여 아들을 낳을 것이요 그 이름은 임마누엘이라 하리라 하셨으니 이를 번역한즉 하나님이 우리와 함께 계시다 함이라
	히 13:8	예수 그리스도는 어제나 오늘이나 영원토록 동일하시니라
	요 6:35	예수께서 가라사대 내가 곧 생명의 떡이니 내게 오는 자는 결코 주리지 아니할 터이요 나를 믿는 자는 영원히 목마르지 아니하리라
	마 3:16	예수께서 세례를 받으시고 곧 물에서 올라오실새 하늘이 열리고 하나님의 성령이 비둘기같이 내려 자기 위에 임하심을 보시더니
	마 10:16	보라 내가 너희를 보냄이 양을 이리 가운데 보냄과 같도다 그러므로 너희는 뱀같이 지혜롭고 비둘기같이 순결하라
	시 12:6	여호와의 말씀은 순결함이여 흙 도가니에 일곱 번 단련한 은 같도다
	교제	
	레 24:9	이 떡은 아론과 그 자손에게 돌리고 그들은 그것을 거룩한 곳에서 먹을지니 이는 여호와의 화제 중 그에게 돌리는 것으로서 지극히 거룩함이니라 이는 영원한 규례니라
	교제	
	눅 22:30	너희로 내 나라에 있어 내 상에서 먹고 마시며 또는 보좌에 앉아 이스라엘 열두 지파를 다스리게 하려 하노라
	행 2:46	날마다 마음을 같이하여 성전에 모이기를 힘쓰고 집에서 떡을 떼며 기쁨과 순전한 마음으로 음식을 먹고
	벧전 2:5	너희도 산 돌같이 신령한 집으로 세워지고 예수 그리스도로 말미암아 하나님이 기쁘게 받으실 신령한 제사를 드릴 거룩한 제사장이 될지니라
	롬 8:34	누가 정죄하리요 죽으실 뿐 아니라 다시 살아나신 이는 그리스도 예수시니 그는 하나님 우편에 계신 자요 우리를 위하여 간구하시는 자시니라
	히 10:21	또 하나님의 집 다스리는 큰 제사장이 계시매
	성찬 체험	
진 설 병 (떡)	레 24:8,9	항상 매 안식일에 이 떡을 여호와 앞에 진설할지니 이는 이스라엘 자손을 위한 것이요 영원한 언약이니라 이 떡은 아론과 그 자손에게 돌리고 그들은 그것을 거룩한 곳에서 먹을지니 이는 여호와의 화제 중 그에게 돌리는 것으로서 지극히 거룩함이니라 이는 영원한 규례니라
	레 24:5	너는 고운 가루를 취하여 떡 열둘을 굽되 매 덩이를 에바 십분 이로 하여
	레 24:6	여호와 앞 순결한 상 위에 두 줄로 한 줄에 여섯씩 진설하고 * (레 24:7-9, 6:16)
	레 24:9	이 떡은 아론과 그 자손에게 돌리고 그들은 그것을 거룩한 곳에서 먹을지니 이는 여호와의 화제 중 그에게 돌리는 것으로서 지극히 거룩함이니라 이는 영원한 규례니라

	성찬 예식	
진설병(떡)	마 11:28,29	수고하고 무거운 짐 진 자들아 다 내게로 오라 내가 너희를 쉬게 하리라 나는 마음이 온유하고 겸손하니 나의 멍에를 메고 내게 배우라 그러면 너희 마음이 쉼을 얻으리니
	마 26:26-28	저희가 먹을 때에 예수께서 떡을 가지사 축복하시고 떼어 제자들을 주시며 가라사대 받아 먹으라 이것이 내 몸이니라 하시고 또 잔을 가지사 사례하시고 저희에게 주시며 가라사대 너희가 다 이것을 마시라 이것은 죄 사함을 얻게 하려고 많은 사람을 위하여 흘리는 바 나의 피 곧 언약의 피니라
	마 26:17-19	무교절의 첫날에 제자들이 예수께 나아와서 가로되 유월절 잡수실 것을 우리가 어디서 예비하기를 원하시나이까 가라사대 성안 아무에게 가서 이르되 선생님 말씀이 내 때가 가까웠으니 내 제자들과 함께 유월절을 네 집에서 지키겠다 하시더라 하라 하신대 제자들이 예수의 시키신 대로 하여 유월절을 예비하였더라
	고전 5:7,8	너희는 누룩 없는 자인데 새 덩어리가 되기 위하여 묵은 누룩을 내어버리라 우리의 유월절 양 곧 그리스도께서 희생이 되셨느니라 이러므로 우리가 명절을 지키되 묵은 누룩도 말고 괴악하고 악독한 누룩도 말고 오직 순전함과 진실함의 누룩 없는 떡으로 하자
	고전 11:24-26	축사하시고 떼어 가라사대 이것은 너희를 위하는 내 몸이니 이것을 행하여 나를 기념하라 하시고 식후에 또한 이와 같이 잔을 가지시고 가라사대 이 잔은 내 피로 세운 새 언약이니 이것을 행하여 마실 때마다 나를 기념하라 하셨으니 너희가 이 떡을 먹으며 이 잔을 마실 때마다 주의 죽으심을 오실 때까지 전하는 것이니라
	진설병	
	레 24:8,9	항상 매안식일에 이 떡을 여호와 앞에 진설할지니 이는 이스라엘 자손을 위한 것이요 영원한 언약이니라 이 떡은 아론과 그 자손에게 돌리고 그들은 그것을 거룩한 곳에서 먹을지니 이는 여호와의 화제 중 그에게 돌리는 것으로서 지극히 거룩함이니라 이는 영원한 규례니라
	영혼의 양식	
	행 20:7	안식 후 첫날에 우리가 떡을 떼려 하여 모였더니 바울이 이튿날 떠나고자 하여 저희에게 강론할새 말을 밤중까지 계속하매
	행 2:42-46	저희가 사도의 가르침을 받아 서로 교제하며 떡을 떼며 기도하기를 전혀 힘쓰니라 사람마다 두려워하는데 사도들로 인하여 기사와 표적이 많이 나타나니 믿는 사람이 다 함께 있어 모든 물건을 서로 통용하고 또 재산과 소유를 팔아 각 사람의 필요를 따라 나눠주며 날마다 마음을 같이하여 성전에 모이기를 힘쓰고 집에서 떡을 떼며 기쁨과 순전한 마음으로 음식을 먹고
	행 5:42	저희가 날마다 성전에 있든지 집에 있든지 예수는 그리스도라 가르치기와 전도하기를 쉬지 아니하니라
	행 17:11	베뢰아 사람은 데살로니가에 있는 사람보다 더 신사적이어서 간절한 마음으로 말씀을 받고 이것이 그러한가 하여 날마다 성경을 상고하므로
	히 12:24	새 언약의 중보이신 예수와 및 아벨의 피보다 더 낫게 말하는 뿌린 피니라
	진설 떡	
	레 24:5,6	너는 고운 가루를 취하여 떡 열둘을 굽되 매 덩이를 에바 십분 이로 하여 여호와 앞 순결한 상 위에 두 줄로 한 줄에 여섯씩 진설하고
	진설된 산 떡	
	요 6:51	나는 하늘로서 내려온 산 떡이니 사람이 이 떡을 먹으면 영생하리라 나의 줄 떡은 곧 세상의 생명을 위한 내 살이로라 하시니라
	고전 14:40	모든 것을 적당하게 하고 질서대로 하라

제8절 성소 내부의 등대 제작

> "그가 또 정금으로 등대를 만들되 그것을 쳐서 만들었으니 그 밑판과 줄기와 잔과 꽃받침과 꽃이 그것과 한 덩이로 되었고 여섯 가지가 그 곁에서 나왔으니 곧 **등대**의 세 가지는 저편으로 나왔고 등대의 세 가지는 이편으로 나왔으며 이편 가지에 살구꽃 형상의 잔 셋과 꽃받침과 꽃이 있고 저편 가지에 살구꽃 형상의 잔 셋과 꽃받침과 꽃이 있어 등대에서 나온 여섯 가지가 그러하며 등대 줄기에는 살구꽃 형상의 잔 넷과 꽃받침과 꽃이 있고 등대에서 나온 여섯 가지를 위하여는 꽃받침이 있게 하였으되 두 가지 아래 한 꽃받침이 있어 줄기와 연하였고 또 두 가지 아래 한 꽃받침이 있어 줄기와 연하였고 또 두 가지 아래 한 꽃받침이 있어 줄기와 연하게 하였으니 이 꽃받침과 가지들을 줄기와 연하여 전부를 정금으로 쳐서 만들었으며 등잔 일곱과 그 불집게와 불똥 그릇을 정금으로 만들었으니 등대와 그 모든 기구는 정금 한 달란트로 만들었더라"(출 37:17-24).

1. 성소 내부 등대의 역사적 의미

1) 성소의 등대-성소 좌편에 비치

정금으로 만든 등대는 성소의 좌편에 비치되어 있었다. 등대의 재료는 순수한 정금으로 금을 쳐서 만들었으며 등대와 그에 부속된 기구들의 중량은 금 한 달란트로 만들었다. 등대는 살구나무 형상의 일곱 등잔으로, 중간과 좌우의 세 줄기에 살구꽃 등잔과 꽃받침과 꽃이 받쳐져 있었다. 하나의 등대에 일곱 등불을 밝히도록 하였다.

2) 등대의 역할과 항시 간검

하나님은 제사장에게 저녁부터 아침까지 성소에 등대의 불을 밝히게 하셨고, 등불이 꺼지지 않게끔 항상 점검하고 관리하게 하셨다. 그리고 등불을 밝히는 등대의 기름은 순수한 감람유로 사용하게 하였다. 등대의 빛은 어두움을 밝히는 데 그 목적이 있다.

2. 등대의 구속사적 의미

	등대의 기능	등대의 영적 의미
등대	⊙ 등대 – 변하지 않는 순금 ① 불순물이 없는 정금으로 제작된 **등대**(출25:31) 　㉠ 정금을 두들겨 쳐서 완성시킨 등대(출37:17) 　㉡ 정금으로 살구나무 7가지를 만든 등대 　㉢ 일곱 등잔으로 불을 켜 성소를 밝힌 등대 ② 어둠을 향해 빛을 비추는 **정금 등대**(출25:37) 　㉠ 이스라엘의 빛이 되신 하나님(시27:1) 　㉡ 불이 꺼지지 않게 비추게 한 등대(출27:21) 　㉢ 저녁부터 아침까지 캄캄한 밤을 비추는 등대 ③ 빛을 비추는 등불의 원유는 **감람유**(출27:20) 　㉠ 감람유는 '순결한(ㄲ)'자=순수, 정결, 깨끗) 기름 　㉡ 등대의 불을 켜기 위해 준비된 감람유 　㉢ 매일 밤을 끊임없이 밝히는 등대의 불	⊙ 등대(촛대) – 영원토록 동일하신 예수 예표 ① 흠과 티가 없는 순수하신 **예수**(벧전1:19) 　㉠ 고난·시련 후에 영광을 받으신 예수(눅24:26) 　㉡ 일곱 금촛대(7수)로 완전하신 예수(계1:12,13) 　㉢ 완전한 빛으로 교회를 비추시는 예수(계1:20) ② 세상에 오셔서 어둠을 비추시는 **예수의 빛**(요12:36) 　㉠ 세상을 구원하러 오신 큰 빛 예수(마4:16) 　㉡ 영원히 꺼지지 않는 빛 되신 예수(요8:12) 　㉢ 어두운(죄악) 세상을 비추는 예수의 빛(요3:19) ③ 빛 되신 예수는 **성령(기름)**으로 충만(눅4:18) 　㉠ 순결(순수, 정결)하신 성령(마3:16;10:16) 　㉡ 빛 되신 예수 증거를 위해 오신 성령(요15:26) 　㉢ 영원히 불을 밝히시는 예수의 등불(계21:23)
빛	⊙ 빛 – 등불 1 ① 성소 안을 환히 비추는 등대의 **불빛**(출25:37) 　㉠ 일곱 등잔의 불빛 아래서 사르는 향(출30:7,8) 　㉡ 밝은 등불 아래에서 사역하는 제사장 　㉢ 맞은편 떡을 비추는 성소의 등불(출40:24) ② 등대는 **빛**을 비추는 사명(출25:37) 　㉠ 어두운 밤을 밝히는 등대의 사명 　㉡ 불빛 없는 정금 등대는 그 효력을 상실 　㉢ 불을 켤 때에 반사되어 빛나는 정금 등대	⊙ 빛 – 예수의 사역 ① 교회를 **말씀(빛)**으로 통치하시는 예수(시119:105; 요15:7) 　㉠ 성령으로 기도하신 예수(마4:1,2), *기도는 향(계5:8) 　㉡ 밝은 낮에 행하시는 빛 되신 예수(요11:9,10) 　㉢ 말씀(떡)과 빛 되신 예수는 불가분의 관계(요1:14) ② 예수(참빛)는 각 사람에게 비추는 **빛**(요1:9) 　㉠ 어둠(죄)을 물리치시는 예수의 빛(요12:46) 　㉡ 빛의 능력을 소유하고 계시는 예수(눅1:79) 　㉢ 세상에 드러내신 빛 되신 예수(요1:5, 18:20)
빛의 사명	⊙ 빛 – 등불 2 ① 성소 안을 **불빛(=기름)**으로 비추는 등대(출27:20) 　㉠ 일곱 등잔의 불빛 아래서 사르는 향(출30:7,8) 　㉡ 밝은 등불 아래서 직분을 감당하는 제사장 　㉢ 맞은편 12개(12지파)의 떡을 비추는 등불(출40:24) ② 등대는 **빛**을 비추는 사명(출25:37) 　㉠ 어둠을 밝히는 것이 등대의 사명 　㉡ 불을 밝힐 수 없는 등대는 그 효력을 상실 　㉢ 불이 켜져 있을 때만 반사되어 빛나는 등대	⊙ 빛 – 성도의 행실 ① 교회를 **말씀(=성령)**의 빛으로 비추는 예수(계3:1) 　㉠ 성령의 감동으로 기도(=향)하는 성도(유1:20) 　㉡ 세상의 빛은 성도(영적제사장)의 착한 행실(마5:16) 　㉢ 말씀의 떡을 양식 삼는 빛 된 성도(요6:51) ② **빛의 갑옷**을 입고 비춰야 할 성도(롬13:11-14) 　㉠ 어둔 세상을 빛으로 밝혀야 할 성도(마5:14) 　㉡ 빛을 발하지 못한 자는 죽은 신앙(마5:16; 약2:26) 　㉢ 성도가 빛을 밝힐 때 드러나는 주의 영광(마5:16)

네 본 것은 내 오른손에 일곱 별의 비밀과 일곱 금촛대라
일곱 별은 일곱 교회의 사자요 일곱 촛대는 일곱 교회니라(계1:20).

3. 등대의 구속사적 의미(성구)

	등대	
등대	출 25:31	너는 정금으로 등대를 쳐서 만들되 그 밑판과 줄기와 잔과 꽃받침과 꽃을 한 덩이로 연하게 하고 *(출 25:31-40)
	출 37:17	그가 또 정금으로 등대를 만들되 그것을 쳐서 만들었으니 그 밑판과 줄기와 잔과 꽃받침과 꽃이 그것과 한 덩이로 되었고
	예수	
	벧전 1:19	오직 흠 없고 점 없는 어린양 같은 그리스도의 보배로운 피로 한 것이니라
	눅 24:26	그리스도가 이런 고난을 받고 자기의 영광에 들어가야 할 것이 아니냐 하시고
	계 1:12,13	몸을 돌이켜 나더러 말한 음성을 알아보려고 하여 돌이킬 때에 일곱 금촛대를 보았는데 촛대 사이에 인자 같은 이가 발에 끌리는 옷을 입고 가슴에 금띠를 띠고
	계 1:20	네 본 것은 내 오른손에 일곱 별의 비밀과 일곱 금촛대라 일곱 별은 일곱 교회의 사자요 일곱 촛대는 일곱 교회니라
	정금 등대	
	출 25:37	등잔 일곱을 만들어 그 위에 두어 앞을 비추게 하며
	시 27:1	여호와는 나의 빛이요 나의 구원이시니 내가 누구를 두려워하리요 여호와는 내 생명의 능력이시니 내가 누구를 무서워하리요
	출 27:21	아론과 그 아들들로 회막 안 증거궤 앞 휘장 밖에서 저녁부터 아침까지 항상 여호와 앞에 그 등불을 간검하게 하라 이는 이스라엘 자손의 대대로 영원한 규례니라
등대	예수 빛	
	요 12:36상	너희에게 아직 빛이 있을 동안에 빛을 믿으라 그리하면 빛의 아들이 되리라
	마 4:16	흑암에 앉은 백성이 큰 빛을 보았고 사망의 땅과 그늘에 앉은 자들에게 빛이 비취었도다 하였느니라
	요 8:12	예수께서 또 일러 가라사대 나는 세상의 빛이니 나를 따르는 자는 어두움에 다니지 아니하고 생명의 빛을 얻으리라
	요 3:19	그 정죄는 이것이니 곧 빛이 세상에 왔으되 사람들이 자기 행위가 악하므로 빛보다 어두움을 더 사랑한 것이니라
	감람유	
	출 27:20	너는 또 이스라엘 자손에게 명하여 감람으로 찧어낸 순결한 기름을 등불을 위하여 네게로 가져오게 하고 끊이지 말고 등불을 켜되
	성령(기름)	
	눅 4:18	주의 성령이 내게 임하셨으니 이는 가난한 자에게 복음을 전하게 하시려고 내게 기름을 부으시고 나를 보내사 포로 된 자에게 자유를, 눈먼 자에게 다시 보게 함을 전파하며 눌린 자를 자유케 하고
	마 3:16	예수께서 세례를 받으시고 곧 물에서 올라오실새 하늘이 열리고 하나님의 성령이 비둘기같이 내려 자기 위에 임하심을 보시더니
	마 10:16	보라 내가 너희를 보냄이 양을 이리 가운데 보냄과 같도다 그러므로 너희는 뱀같이 지혜롭고 비둘기같이 순결하라
	요 15:26	내가 아버지께로서 너희에게 보낼 보혜사 곧 아버지께로서 나오시는 진리의 성령이 오실 때에 그가 나를 증거하실 것이요
	계 21:23	그 성은 해나 달의 비췸이 쓸데없으니 이는 하나님의 영광이 비취고 어린양이 그 등이 되심이라
빛	불빛	
	출 25:37	등잔 일곱을 만들어 그 위에 두어 앞을 비추게 하며
	출 30:7,8	아론이 아침마다 그 위에 향기로운 향을 사르되 등불을 정리할 때에 사를지며 또 저녁 때 등불을 켤 때에 사를지니 이 향은 너희가 대대로 여호와 앞에 끊지 못할지며
	출 40:24	그가 또 회막 안 곧 성막 남편에 등대를 놓아 상과 대하게 하고

	말씀(빛)	
	시 119:105	주의 말씀은 내 발에 등이요 내 길에 빛이니이다
	요 15:7	너희가 내 안에 거하고 내 말이 너희 안에 거하면 무엇이든지 원하는 대로 구하라 그리하면 이루리라
	마 4:1,2	그때에 예수께서 성령에게 이끌리어 마귀에게 시험을 받으러 광야로 가사 사십 일을 밤낮으로 금식하신 후에 주리신지라 *(기도는 향 / 계5:8)
	요 11:9,10	예수께서 대답하시되 낮이 열두 시가 아니냐 사람이 낮에 다니면 이 세상의 빛을 보므로 실족하지 아니하고 밤에 다니면 빛이 그 사람 안에 없는 고로 실족하느니라
빛	요 1:14상	말씀이 육신이 되어 우리 가운데 거하시매
	등대 빛	
	출 25:37	등잔 일곱을 만들어 그 위에 두어 앞을 비추게 하며
	예수 참빛	
	요 1:9	참빛 곧 세상에 와서 각 사람에게 비취는 빛이 있었나니
	요 12:46	나는 빛으로 세상에 왔나니 무릇 나를 믿는 자로 어두움에 거하지 않게 하려 함이로라
	눅 1:79	어두움과 죽음의 그늘에 앉은 자에게 비취고 우리 발을 평강의 길로 인도하시리로다 하니라
	요 1:5	빛이 어두움에 비취되 어두움이 깨닫지 못하더라
	요 18:20	예수께서 대답하시되 내가 드러내어 놓고 세상에 말하였노라 모든 유대인들의 모이는 회당과 성전에서 항상 가르쳤고 은밀히는 아무것도 말하지 아니하였거늘
	불빛·기름	
	출 27:20	너는 또 이스라엘 자손에게 명하여 감람으로 찧어낸 순결한 기름을 등불을 위하여 네게로 가져오게 하고 끊이지 말고 등불을 켜되
	출 30:7,8	아론이 아침마다 그 위에 향기로운 향을 사르되 등불을 정리할 때에 사를지며 또 저녁 때 등불을 켤 때에 사를지니 이 향은 너희가 대대로 여호와 앞에 끊지 못할지며
	출 40:24	그가 또 회막 안 곧 성막 남편에 등대를 놓아 상과 대하게 하고
	말씀·성령	
	계 3:1	사데 교회의 사자에게 편지하기를 하나님의 일곱 영과 일곱 별을 가진 이가 가라사대 내가 네 행위를 아노니 네가 살았다 하는 이름은 가졌으나 죽은 자로다
	유 1:20	사랑하는 자들아 너희는 너희의 지극히 거룩한 믿음 위에 자기를 건축하며 성령으로 기도하며
빛의	마 5:16	이같이 너희 빛을 사람 앞에 비취게 하여 저희로 너희 착한 행실을 보고 하늘에 계신 너희 아버지께 영광을 돌리게 하라
	요 6:51	나는 하늘로서 내려온 산 떡이니 사람이 이 떡을 먹으면 영생하리라 나의 줄 떡은 곧 세상의 생명을 위한 내 살이로라 하시니라
사	**빛·사명**	
	출 25:37	등잔 일곱을 만들어 그 위에 두어 앞을 비추게 하며
명	**빛·갑옷**	
	롬 13:11-14	또한 너희가 이 시기를 알거니와 자다가 깰 때가 벌써 되었으니 이는 이제 우리의 구원이 처음 믿을 보다 가까웠음이니라 밤이 깊고 낮이 가까웠으니 그러므로 우리가 어두움의 일을 벗고 빛의 갑옷을 입자 낮에와 같이 단정히 행하고 방탕과 술 취하지 말며 음란과 호색하지 말며 쟁투와 시기하지 말고 오직 주 예수 그리스도로 옷 입고 정욕을 위하여 육신의 일을 도모하지 말라
	마 5:14	너희는 세상의 빛이라 산 위에 있는 동네가 숨기우지 못할 것이요
	마 5:16	이같이 너희 빛을 사람 앞에 비취게 하여 저희로 너희 착한 행실을 보고 하늘에 계신 너희 아버지께 영광을 돌리게 하라
	약 2:26	영혼 없는 몸이 죽은 것같이 행함이 없는 믿음은 죽은 것이니라
	마 5:16	이같이 너희 빛을 사람 앞에 비취게 하여 저희로 너희 착한 행실을 보고 하늘에 계신 너희 아버지께 영광을 돌리게 하라

제9절 성소 내부의 금향단 제작

> "그가 또 조각목으로 **분향**할 **단**을 만들었으니 장이 일 규빗이요 광이 일 규빗이라 네모 반듯하고 고는 이 규빗이며 그 뿔들이 단과 연하였으며 단 상면과 전후 좌우면과 그 뿔을 정금으로 싸고 주위에 금테를 둘렀고 그 테 아래 양편에 금고리 둘을 만들었으되 곧 그 양편에 만들어 단을 메는 채를 꿰게 하였으며 조각목으로 그 채를 만들어 금으로 쌌으며 거룩한 관유와 향품으로 정결한 향을 만들었으되 향을 만드는 법대로 하였더라"(출 37:25-29).

1. 성막 내부 금향단의 역사적 의미

1) 성소의 금향단 - 성소 중앙에 비치

금향단의 크기는 장과 광이 각 1규빗씩(가로와 세로 46cm) 정사각형이며 고가 2규빗(높이 92cm)으로 제작되었다. 금향단의 재료는 조각목으로 만들어 정금을 입혔으며 양편에는 금고리를 만들었다. 그뿐만 아니라 금향단을 멜 채는 조각목에 금을 감싸 향단을 멜 수 있게 하였다. 금향단은 제1휘장 앞 성소 중앙에 비치되어 있었다.

2) 금향단의 향 재료

성소의 향단에 피울 향 재료는 하나님의 방법대로 제조되어야 했다. 향의 재료는 다섯 가지로 이미 제조된 네 가지 향인 소합향, 나감향, 풍자향, 유향에 한 가지 더 소금을 섞어 제조하게 하였다. 그리고 하나님이 지시하신 대로 제조한 향은 제사장이 아침에 등불을 정리할 때와 저녁에 등불을 켤 때 피우도록 정해 주셨다(출 30:7-8).

2. 금향단의 구속사적 의미

	금향단의 기능	금향단의 영적 의미
향단·향원료	◉ 성소의 금향단과 향 ① 싯딤나무와 금으로 제작한 **금향단**(출30:1-5) ㉠ 광야에 메마른 조각목(싯딤나무)으로 만든 향단 ㉡ 나무로 만든 분향단을 안팎으로 감싼 정금 ㉢ 분향단 위의 네 모퉁이 뿔은 힘을 상징 ② 성소의 중앙에 비치된 금향단의 **향**(출30:6) ㉠ 아침에 등불을 끌 때 피웠던 향단의 향(출30:7) ㉡ 저녁에 등불을 켤 때 살랐던 향(출30:8) ㉢ 후손 대대로 끊어지지 않는 향불의 향기 ③ 하나님의 방법대로 제조한 **향 원료**(출30:34-35) ㉠ 소합향 - 몰약(쓴맛)의 수액에서 정제한 향 ㉡ 나감향 - 바다 연안의 어패류 껍질에서 채취 ㉢ 풍자향 - 관목의 수지로 만든 향품(해독제로 씀) ㉣ 유향 - 감람나무과의 진액으로 만든 향품 ㉤ 소금 - 향의 부패를 방지하기 위해 첨가 ♣ 일반 소금의 역할 · 방부제 - 부패를 막을 때(삿9:45; 왕하2:19-22) · 조미료 - 음식에 맛을 낼 때(욥6:6) · 소독제 - 아기가 출생할 때(겔16:4)	◉ 성전이신 예수와 기도(향) ① 인성과 신성을 겸하신 **예수** 예표(사53:2; 히13:8) ㉠ 세상에서 외로움, 천함, 강함을 보여주신 예수 ㉡ 변치 않는 언약의 불변성을 나타내신 예수 ㉢ 금향단의 뿔은 기도의 능력(삼상2:1) ② 성전이 되신 예수는 **기도** 중심(눅22:39,40) ㉠ 새벽에 중보기도 하시는 예수(막1:35; 눅22:32) ㉡ 밤도 없는 천국에서 기도하시는 예수(롬8:34) ㉢ 성도를 위해 영원히 기도하시는 예수 ③ 하나님의 계획대로 **대속물**(향)이 되신 예수(마20:28) ㉠ 소합향 - 수난과 대속적 죽음을 위한 예수(막15:23) ㉡ 나감향 - 세상에서 버림받으신 예수(요1:11) ㉢ 풍자향 - 죄악을 제거하시는 예수(마9:2) ㉣ 유향 - 신성을 나타낸 예수(감람),(소제-레2:1,2) ㉤ 소금 - 죄로 부패한 세상을 위해 오신 예수 ♣ 신령한 소금의 역할 · 세상의 부패를 막는 신령한 방부제(마5:13) · 성도끼리 화목케 하는 신령한 조미료(막9:50) · 새 사람의 출생에 정제하는 신령한 소독제(골4:6)
향단 속죄·향연	◉ 금향단의 속죄 ① **속죄**를 받아야 하는 금향단(출30:10) ㉠ 1년 1차씩 제물의 피로 속죄 받은 금향단 ㉡ 제사장(죄인)의 손이 닿아 더러워진 향단 ㉢ 제사장의 입김·옷의 먼지로 더러워진 향단 ◉ 성소의 향연 ② 제사장이 피운 **향연**이 가득한 성소(출30:7,8) ㉠ 성소에서 향을 피우며 직무를 감당한 제사장 ㉡ 성소에서 향을 피울 때 하나님이 열납하심 ㉢ 제사장은 아침과 저녁 시간에 향을 사름 ㉣ 향을 사를 때 다른 향은 사용 금지(출30:9; 레10:1,2)	◉ 예수의 대속물 ① 죄인이 속죄 받는 길은 **대속물**인 예수(마20:28) ㉠ 죄인이 단번에 받는 영원한 속죄는 예수의 피 ㉡ 죄인의 자범죄가 용서 받는 예수의 피(요19:8) ㉢ 부정한 입술·지체의 용서는 예수의 피(사6:1-7) ◉ 성도의 기도 향 (시 141:2) ② 성전에서의 분향과 분향 시간에 **기도**(눅1:9,10) ㉠ 성도(제사장)의 기도(삼상12:23; 살전5:17; 벧전2:5,9) ㉡ 성전에서 기도할 때 하나님이 열납(계5:8, 8:3,4) ㉢ 하루 정해진 시간에 기도의 향기를 올림(단6:10) ㉣ 육체의 정욕으로 쓰려고 기도하는 것은 응답이 없음(약4:3)

3. 금향단의 구속사적 의미(성구)

향단 · 향 원료	**금향단**		
	출 30:1-5	너는 분향할 단을 만들지니 곧 조각목으로 만들되 장이 일 규빗, 광이 일 규빗으로 네모반듯하게 하고 고는 이 규빗으로 하며 그 뿔을 그것과 연하게 하고 단 상면과 전후좌우 면과 뿔을 정금으로 싸고 주위에 금테를 두를지며 금테 아래 양편에 금고리 둘을 만들되 곧 그 양편에 만들지니 이는 단을 메는 채를 꿸 곳이 그 채를 조각목으로 만들고 금으로 싸고	
	예수		
	사 53:2	그는 주 앞에서 자라나기를 연한 순 같고 마른 땅에서 나온 줄기 같아서 고운 모양도 없고 풍채도 없은즉 우리의 보기에 흠모할 만한 아름다운 것이 없도다	
	히 13:8	예수 그리스도는 어제나 오늘이나 영원토록 동일하시니라	
	삼상 2:1	한나가 기도하여 가로되 내 마음이 여호와를 인하여 즐거워하며 내 뿔이 여호와를 인하여 높아졌으며 내 입이 내 원수들을 향하여 크게 열렸으니 이는 내가 주의 구원을 인하여 기뻐함이니이다	
	향		
	출 30:6	그 단을 증거궤 위 속죄소 맞은편 곧 증거궤 앞에 있는 장 밖에 두라 그 속죄소는 내가 너와 만날 곳이며	
	출 30:7	아론이 아침마다 그 위에 향기로운 향을 사르되 등불을 정리할 때에 사를지며	
	출 30:8	또 저녁 때 등불을 켤 때에 사를지니 이 향은 너희가 대대로 여호와 앞에 끊지 못할지며	
	기도		
	눅 22:39,40	예수께서 나가사 습관을 좇아 감람산에 가시매 제자들도 좇았더니 그곳에 이르러 저희에게 이르시되 시험에 들지 않기를 기도하라 하시고	
	막 1:35	새벽 오히려 미명에 예수께서 일어나 나가 한적한 곳으로 가사 거기서 기도하시더니	
	눅 22:31,32	시몬아, 시몬아, 보라 사탄이 밀 까부르듯 하려고 너희를 청구하였으나 그러나 내가 너를 위하여 네 믿음이 떨어지지 않기를 기도하였노니 너는 돌이킨 후에 네 형제를 굳게 하라	
	롬 8:34	누가 정죄하리요 죽으실 뿐 아니라 다시 살아나신 이는 그리스도 예수시니 그는 하나님 우편에 계신 자요 우리를 위하여 간구하시는 자시니라	
	향 원료		
	출 30:34,35	여호와께서 모세에게 이르시되 너는 소합향과 나감향과 풍자향의 향품을 취하고 그 향품을 유향에 섞되 각기 동일한 중수로 하고 그것으로 향을 만들되 향 만드는 법대로 만들고 그것에 소금을 쳐서 성결하게 하고 *(출 30:34-38)	
	대속물		
	마 20:28	인자가 온 것은 섬김을 받으려 함이 아니라 도리어 섬기려 하고 자기 목숨을 많은 사람의 대속물로 주려 함이니라	
	막 15:23	몰약을 탄 포도주를 주었으나 예수께서 받지 아니하시니라	
	요 1:11	자기 땅에 오매 자기 백성이 영접지 아니하였으나	
	마 9:2	침상에 누운 중풍병자를 사람들이 데리고 오거늘 예수께서 저희의 믿음을 보시고 중풍병자에게 이르시되 소자야 안심하라 네 죄 사함을 받았느니라	
	레 2:1,2	누구든지 소제의 예물을 여호와께 드리려거든 고운 가루로 예물을 삼아 그 위에 기름을 붓고 또 그 위에 유향을 놓아 아론의 자손 제사장들에게로 가져갈 것이요 제사장은 그 고운 기름 가루 한 줌과 그 모든 유향을 취하여 기념물로 단 위에 불사를지니 이는 화제라 여호와께 향기로운 냄새니라	
	일반 소금		
	삿 9:45	아비멜렉이 그날 종일토록 그 성을 쳐서 필경은 취하고 거기 있는 백성을 죽이며 그 성을 헐고 소금을 뿌리니라 *(왕하 2:19-22)	

향단·향원료	욥 6:6	싱거운 것이 소금 없이 먹히겠느냐 닭의 알 흰자위가 맛이 있겠느냐
	겔 16:4	너의 난 것을 말하건대 네가 날 때에 네 배꼽 줄을 자르지 아니하였고 너를 물로 씻어 정결케 하지 아니하였고 네게 소금을 뿌리지 아니하였고 너를 강보로 싸지도 아니하였나니
	신령한 소금	
	마 5:13	너희는 세상의 소금이니 소금이 만일 그 맛을 잃으면 무엇으로 짜게 하리요 후에는 아무 쓸 데없어 다만 밖에 버리워 사람에게 밟힐 뿐이니라
	막 9:50	소금은 좋은 것이로되 만일 소금이 그 맛을 잃으면 무엇으로 이를 짜게 하리요 너희 속에 소금을 두고 서로 화목하라 하시니라
	골 4:6	너희 말을 항상 은혜 가운데서 소금으로 고르게 함같이 하라 그리하면 각 사람에게 마땅히 대답할 것을 알리라
향단 속죄·향연	**금향단 속죄**	
	출 30:10	아론이 일년 일차씩 이 향단 뿔을 위하여 속죄하되 속죄제의 피로 일년 일차씩 대대로 속죄할지니라 이 단은 여호와께 지극히 거룩하니라
	예수 대속물	
	마 20:28	인자가 온 것은 섬김을 받으려 함이 아니라 도리어 섬기려 하고 자기 목숨을 많은 사람의 대속물로 주려 함이니라
	계 19:8	그에게 허락하사 빛나고 깨끗한 세마포를 입게 하셨은즉 이 세마포는 성도들의 옳은 행실이로다 하더라
	사 6:1-7	웃시야 왕의 죽던 해에 내가 본즉 주께서 높이 들린 보좌에 앉으셨는데 그 옷자락은 성전에 가득하였고 스랍들은 모셔 섰는데 각기 여섯 날개가 있어 그 둘로는 그 얼굴을 가리었고 그 둘로는 그 발을 가리었고 그 둘로는 날며 서로 창화하여 가로되 거룩하다 거룩하다 거룩하다 만군의 여호와여 그 영광이 온 땅에 충만하도다 이같이 창화하는 자의 소리로 인하여 문지방의 터가 요동하며 집에 연기가 충만한지라 그때에 내가 말하되 화로다 나여 망하게 되었도다 나는 입술이 부정한 사람이요 입술이 부정한 백성 중에 거하면서 만군의 여호와이신 왕을 뵈었음이로다 때에 그 스랍의 하나가 화로에서 단에서 취한바 핀 숯을 손에 가지고 내게로 날아와서 그것을 내 입에 대며 가로되 보라 이것이 네 입에 닿았으니 네 악이 제하여졌고 네 죄가 사하여졌느니라 하더라
	성소의 향연	
	출 30:7,8	아론이 아침마다 그 위에 향기로운 향을 사르되 등불을 정리할 때에 사를지며 또 저녁 때 등불을 켤 때에 사를지니 이 향은 너희가 대대로 여호와 앞에 끊지 못할지며
	출 30:9	너희는 그 위에 다른 향을 사르지 말며 번제나 소제를 드리지 말며 전제의 술을 붓지 말며
	레 10:1,2	아론의 아들 나답과 아비후가 각기 향로를 가져다가 여호와의 명하시지 않은 다른 불을 담아 여호와 앞에 분향하였더니 불이 여호와 앞에서 나와 그들을 삼키매 그들이 여호와 앞에서 죽은지라
	성도의 기도	
	시 141:2	나의 기도가 주의 앞에 분향함과 같이 되며 나의 손드는 것이 저녁 제사같이 되게 하소서
	눅 1:9,10	제사장의 전례를 따라 제비를 뽑아 주의 성소에 들어가 분향하고 모든 백성은 그 분향하는 시간에 밖에서 기도하더니
	벧전 2:5, 9상	5. 너희도 산 돌같이 신령한 집으로 세워지고 예수 그리스도로 말미암아 하나님이 기쁘게 받으실 신령한 제사를 드릴 거룩한 제사장이 될지니라 9. 오직 너희는 택하신 족속이요 왕 같은 제사장들이요 거룩한 나라
	살전 5:17	쉬지 말고 기도하라
	삼상 12:23	나는 너희를 위하여 기도하기를 쉬는 죄를 여호와 앞에 결단코 범치 아니하고 선하고 의로운 도로 너희를 가르칠 것인즉
	계 5:8	책을 취하시매 네 생물과 이십사 장로들이 어린양 앞에 엎드려 각각 거문고와 향이 가득한 금 대접을 가졌으니 이 향은 성도의 기도들이라

계 8:3,4	또 다른 천사가 와서 제단 곁에 서서 금향로를 가지고 많은 향을 받았으니 이는 모든 성도의 기도들과 합하여 보좌 앞 금단에 드리고자 함이라 향연이 성도의 기도와 함께 천사의 손으로부터 하나님 앞으로 올라가는지라
단 6:10	다니엘이 이 조서에 어인이 찍힌 것을 알고도 자기 집에 돌아가서는 그 방의 예루살렘으로 향하여 열린 창에서 전에 행하던 대로 하루 세 번씩 무릎을 꿇고 기도하며 그 하나님께 감사하였더라
약 4:3	구하여도 받지 못함은 정욕으로 쓰려고 잘못 구함이니라

"성령도 우리 연약함을 도우시나니
우리가 마땅히 빌 바를 알지 못하나
오직 성령이 말할 수 없는 탄식으로 우리를 위하여
친히 간구하시느니라
마음을 감찰하시는 이가 성령의 생각을 아시나니
이는 성령이 하나님의 뜻대로
성도를 위하여 간구하심이니라"
(롬 8:26-27)

제2장 하나님의 성소와 기구

제10절 성막 뜰의 번제단 제작

> "그가 또 조각목으로 **번제단**을 만들었으니 장이 오 규빗이요 광이 오 규빗이라 네모반듯하고 고는 삼 규빗이며 그 네 모퉁이 위에 그 뿔을 만들되 그 뿔을 단과 연하게 하고 단을 놋으로 쌌으며 단의 모든 기구 곧 통과 부삽과 대야와 고기 갈고리와 불 옮기는 그릇을 다 놋으로 만들고 단을 위하여 놋그물을 만들어 단 사면 가장자리 아래 두되 단 절반에 오르게 하고 그 놋그물 네 모퉁이에 채를 꿸 고리 넷을 부어 만들었으며 채를 조각목으로 만들어 놋으로 싸고 단 양편 고리에 그 채를 꿰어 메게 하였으며 단은 널판으로 비게 만들었더라" (출 38:1-7).

1. 성막 뜰의 번제단의 역사적 의미

1) 번제단(놋제단) - 성막의 문 앞뜰 전면에 비치

하나님께 희생제물을 올릴 번제단의 위치는 성막의 대문과 성소 사이의 뜰이었다. 성막 문에 들어서면 번제단이 전면에 놓여 있었다. 성막 뜰에 설치된 번제단은 조각목과 놋으로 제작되었는데, 크기는 가로와 세로가 각 5규빗(1규빗=46cm×5규빗=2.3m)으로 정사각형이며 높이 3규빗(1.38m)으로 만들어졌다. 그리고 번제단 네 모퉁이에 뿔을 만든 것은 희생제물의 사지를 묶기 위함이었다. 하나님께서 번제단의 재료와 형태와 위치, 그리고 크기를 정해 주셨다는 것은 그 의미가 크다.

2) 번제단의 목적과 그 제물

번제단의 목적은 하나님의 사랑에 의한 희생제물로 이스라엘과의 화목에 기구로 쓰이는 것이었다. 번제단은 범죄한 이스라엘 백성이 짐승의 피로 죄 사함을 받음으로써 하나님과 이스라엘 백성과의 관계를 회복시키는 희생제물이 놓일 성별된 기구이다.

번제단에 올릴 희생제물은 하나님이 정해 주신 정결한 짐승으로만 바쳐야 했다. 정결한 짐승이 번제단 위에서 피를 흘리고 제물이 될 때 하나님은 그 연기를 흠향하셨다(레 1:9, 13). 성막 뜰 앞에 안치한 번제단은 성막 문으로 들어오는 자마다 정결한 짐승의 피 흘림, 즉 희생제물로 죄 사함을 받는 하나님의 은혜의 사죄가 있음을 정면에서 목도하게 하기 위함이었다.

2. 번제단(놋제단)의 구속사적 의미

	번제단의 기능	번제단의 영적 의미
놋단·뿔	① 나무와 **놋**으로 제작된 번제단(출27:1-8) 　㉠ 저주와 심판을 상징하는 놋(신28:22-24) 　㉡ 힘과 능력을 상징하는 놋(욥40:18, 삼상17:5,6) 　㉢ 멸망하는 자에게 구원을 상징하는 놋(민21:9)	① 십자가 나무에서 **저주**를 받으신 예수(갈3:13) 　㉠ 십자가에서 죄인을 위해 죽으신 예수(마27:46) 　㉡ 구원의 능력을 나타내는 십자가의 예수(롬1:16) 　㉢ 십자가를 바라보는 자만이 받는 구원(요3:14)
	② 번제단의 상단 네 모퉁이의 **뿔**(출27:2) 　㉠ 희생제물의 사지를 묶기 위한 뿔(시118:27) 　㉡ 죽을 죄인도 뿔을 붙잡을 때 살게 됨(왕상1:50-53) 　㉢ 번제단 뿔은 백성들의 구원의 뿔(시18:2)	② 대속물이 되기 위해 제작된 **십자가**(마27:31) 　㉠ 예수의 사지를 못 박기 위해 제작된 십자가 　㉡ 십자가를 붙잡을 때만이 구원을 받는 죄인 　㉢ 예수의 십자가는 성도의 구원의 뿔(눅1:69)
	③ 성막 문 입구에 설치된 피의 **번제단**(출40:6) 　㉠ 할례 받은 자만이 속죄에 참예하는 번제단 　㉡ 번제단 앞으로 나올 때 속죄를 받는 백성 　㉢ 지속적 속죄의 은총을 베푸는 곳은 번제단	③ 구원에 이르는 양의 문은 예수의 **보혈**(요10:7) 　㉠ 세례 받은 자가 받는 죄 용서는 보혈에 참예 　㉡ 보혈의 단으로 나올 때 속죄를 받는 성도 　㉢ 단번에 속죄(구원)의 은총을 입는 예수의 보혈

3. 번제단(놋제단)의 구속사적 의미(성구)

번제단 (놋단)	놋	
	출 27:1-8	너는 조각목으로 장이 오 규빗, 광이 오 규빗의 단을 만들되 네모반듯하게 하며 고는 삼 규빗으로 하고 그 네 모퉁이 위에 뿔을 만들되 그 뿔이 그것에 연하게 하고 그 단을 놋으로 쌀지며 재를 담는 통과 부삽과 대야와 고기 갈고리와 불 옮기는 그릇을 만들되 단의 그릇을 다 놋으로 만들며 단을 위하여 놋으로 그물을 만들고 그 위 네 모퉁이에 놋고리 넷을 만들고 그 물은 단 사면 가장자리 아래 곧 단 절반에 오르게 할지며 또 그 단을 위하여 채를 만들되 조각목으로 만들고 놋으로 쌀지며 단 양편 고리에 그 채를 꿰어 단을 메게 할지며 단은 널판으로 비게 만들되 산에서 네게 보인 대로 그들이 만들지니라
	신 28:22-24	여호와께서 폐병과 열병과 상한과 학질과 한재와 풍재와 썩는 재앙으로 너를 치시리니 이 재앙들이 너를 따라서 너를 진멸케 할 것이라 네 머리 위의 하늘은 놋이 되고 네 아래의 땅은 철이 될 것이며 여호와께서 비 대신에 티끌과 모래를 네 땅에 내리시리니 그것들이 하늘에서 네 위에 내려서 필경 너를 멸하리라
	욥 40:18	그 뼈는 놋관 같고 그 가릿대는 철장 같으니
	삼상 17:5,6	머리에는 놋투구를 썼고 몸에는 어린갑을 입었으니 그 갑옷의 중수가 놋 오천 세겔이며 그 다리에는 놋경갑을 쳤고 어깨 사이에는 놋단창을 메었으니
	민 21:9	모세가 놋뱀을 만들어 장대 위에 다니 뱀에게 물린 자마다 놋뱀을 쳐다본즉 살더라
	저주	
	갈 3:13	그리스도께서 우리를 위하여 저주를 받은 바 되사 율법의 저주에서 우리를 속량하셨으니 기록된바 나무에 달린 자마다 저주 아래 있는 자라 하였음이라

	마 27:46	제구시 즈음에 예수께서 크게 소리 질러 가라사대 엘리 엘리 라마 사박다니 하시니 이는 곧 나의 하나님, 나의 하나님, 어찌하여 나를 버리셨나이까 하는 뜻이라
	롬 1:16	내가 복음을 부끄러워하지 아니하노니 이 복음은 모든 믿는 자에게 구원을 주시는 하나님의 능력이 됨이라 첫째는 유대인에게요 또한 헬라인에게로다
	요 3:14	모세가 광야에서 뱀을 든 것같이 인자도 들려야 하리니
	뿔	
	출 27:2	그 네 모퉁이 위에 뿔을 만들되 그 뿔이 그것에 연하게 하고 그 단을 놋으로 쌀지며
	시 118:27	여호와는 하나님이시라 우리에게 비취셨으니 줄로 희생을 제단 뿔에 맬지어다
번제단 뿔	왕상 1:50-53	아도니야도 솔로몬을 두려워하여 일어나 가서 제단 뿔을 잡으니 혹이 솔로몬에게 고하여 가로되 아도니야가 솔로몬 왕을 두려워하여 지금 제단 뿔을 잡고 말하기를 솔로몬 왕이 오늘날 칼로 자기 종을 죽이지 않겠다고 내게 맹세하기를 원한다 하나이다 솔로몬이 가로되 저가 만일 선한 사람이 될진대 그 머리카락 하나라도 땅에 떨어지지 아니하려니와 저의 가운데 악한 것이 보이면 죽으리라 하고 사람을 보내어 저를 제단에서 이끌어 내리니 저가 와서 솔로몬 왕께 절하매 솔로몬이 이르기를 네 집으로 가라 하였더라
	시 18:2	여호와는 나의 반석이요 나의 요새시요 나를 건지시는 자시요 나의 하나님이시요 나의 피할 바위시요 나의 방패시요 나의 구원의 뿔이시요 나의 산성이시로다
	십자가	
	마 27:31	희롱을 다한 후 홍포를 벗기고 도로 그의 옷을 입혀 십자가에 못 박으려고 끌고 나가니라
	눅 1:69	우리를 위하여 구원의 뿔을 그 종 다윗의 집에 일으키셨으니
	번제단	
	출 40:6	또 번제단을 회막의 성막 문 앞에 놓고
	예수 보혈	
	요 10:7	그러므로 예수께서 다시 이르시되 내가 진실로 진실로 너희에게 말하노니 나는 양의 문이라

"또한 이와 같이 피로써
장막과 섬기는 일에 쓰는 모든 그릇에 뿌렸느니라
율법을 좇아 거의 모든 물건이 피로써 정결케 되나니
피흘림이 없은즉 사함이 없느니라"
(히 9:21-22)

제11절 성막 뜰의 물두멍 제작

> "그가 놋으로 **물두멍**을 만들고 그 받침도 놋으로 하였으니 곧 회막 문에서 수종드는 여인들의 거울로 만들었더라"(출 38:8).

1. 성막 뜰의 물두멍의 역사적 의미

1) 물두멍 - 성막 뜰 번제단과 성소 사이에 비치

물두멍은 물을 담아 비축하는 둥근 큰 가마이다. 물두멍의 크기는 치수가 정해져 있거나 제한이 없다. 또 물두멍을 덮는 덮개도 없었다. 이는 제사장이 성소에 들어가기 전에 몸(수족)을 씻는 데 번거롭지 않기 위해서다.

2) 물두멍의 재료

물두멍은 놋으로서 회막에서 수종드는 여인들의 거울로 만들었다. 여기에 나오는 '회막에서 수종드는 여인'은 일반인보다 영적인 면에서 구별되는 삶을 살다가 선택되었을 것이다. 이처럼 성별되고 구별된 여인들이 자신의 몸과 마음의 정결을 항상 유지하며 하나님의 회막에 봉사했다. 중요한 것은, 여인들이 매일 자기의 용모를 보던 놋거울로 물두멍의 재료로 삼았다는 것은 영적으로 의미심장한 일이라 할 수 있다.

3) 물두멍의 역할

하나님은 물두멍에 물을 담게 하셨다. 성막 뜰에 비치된 물두멍은 반드시 제사장이 거쳐야 할 성별된 기구로 사용되었다. 여인의 거울로 제작된 물두멍은 항상 깨끗한 물을 채워야 할 뿐 아니라 물두멍에서 제사장의 몸(수족)을 씻어야 했다. 제사장이 몸을 씻지 않고 성소에 들어갈 때는 죽임을 당했다(출 30:19-20).

물두멍에서 몸을 씻는 행위는 여인들이 놋거울로 자기의 용모를 정결하게 가꾸듯이, 또 물이 추한 몸을 깨끗하게 하듯이, 하나님께 제사를 드릴 제사장이 놋거울로 제작한 물두멍의 물로 씻음으로써 영적으로 심령을 정결케 하는 의미가 담겨 있다.

2. 물두멍의 구속사적 의미

	물두멍의 기능	물두멍의 영적 의미
물두멍 (물)	① 깨끗한 물이 담겨 있는 **물두멍**(출30:18) ㉠ 몸을 씻기 위해 준비된 물두멍의 물 ㉡ 수족에 묻은 흙먼지를 씻는 제사장(출30:19) ㉢ 성소 출입과 제사 시에 씻는 제사장(출30:20)	① 물은 하나님의 **순결한 말씀**을 상징(신32:2; 시19:8) ㉠ 더러운 죄를 씻는 말씀의 물(슥13:1; 요15:3) ㉡ 성도는 수족(매일 짓는 죄)을 씻는 생활(요13:10) ㉢ 교회당서 예배 전 회개하여 씻는 성도(눅18:10,13)
	② 물두멍 재료는 정결한 여인들의 **놋거울**(출38:8) ㉠ 물두멍과 밀접한 관계를 가진 제사장 ㉡ 물두멍 앞에 선 자는 자신의 용모를 주시함 ㉢ 물두멍은 크기가 제한이 없이 제조되었음	② 거울은 정결한 하나님의 **말씀**을 상징(약1:23) ㉠ 말씀의 거울과 밀접한 관계인 목사와 성도 ㉡ 말씀 앞에 선 자는 자기를 비춰 보는 생활 주시 ㉢ 말씀의 은혜는 남녀노소 제한 없이 누림 (마14:13,21; 눅4:21-22, 5:5)
	③ 물두멍의 **물**은 죽음을 면하는 세례 의식(출30:19,20) ㉠ 백성의 대표로 정결케 씻은 제사장들 ㉡ 이스라엘을 위해 성소 뜰의 물로 정결의식 ㉢ 세례는 일찍(노아)부터 그림자처럼 전례(창7장)	③ 물은 영적 죽음에서의 삶인 **세례** 실제(벧전3:21) ㉠ 대제사장 예수 이름으로 받는 세례가 실제(행19:3-5) ㉡ 예수 안에서 유대인이든 이방인이든 세례·성례 ㉢ 예수는 세례의 실제에 대한 명령(마28:19; 벧전3:20,21)

3. 물두멍의 구속사적 의미(성구)

	물두멍	물 보관
물두멍 (물)	출 30:18	너는 물두멍을 놋으로 만들고 그 받침도 놋으로 만들어 씻게 하되 그것을 회막과 단 사이에 두고 그 속에 물을 담으라
	출 30:19	아론과 그 아들들이 그 두멍에서 수족을 씻되
	출 30:20	그들이 회막에 들어갈 때에 물로 씻어 죽기를 면할 것이요 단에 가까이 가서 그 직분을 행하여 화제를 여호와 앞에 사를 때에도 그리할지니라
	순결한 말씀	말씀 관리
	신 32:2	나의 교훈은 내리는 비요 나의 말은 맺히는 이슬이요 연한 풀 위에 가는 비요 채소 위에 단 비로다
역할	시 19:8	여호와의 교훈은 정직하여 마음을 기쁘게 하고 여호와의 계명은 순결하여 눈을 밝게 하도다
	슥 13:1	그날에 죄와 더러움을 씻는 샘이 다윗의 족속과 예루살렘 거민을 위하여 열리리라
	요 15:3	너희는 내가 일러 준 말로 이미 깨끗하였으니
	요 13:10	예수께서 가라사대 이미 목욕한 자는 발밖에 씻을 필요가 없느니라 온몸이 깨끗하니라 너희가 깨끗하나 다는 아니라 하시니
	눅 18:10,13	10. 두 사람이 기도하러 성전에 올라가니 하나는 바리새인이요 하나는 세리라 13. 세리는 멀리 서서 감히 눈을 들어 하늘을 우러러 보지도 못하고 다만 가슴을 치며 가로되 하나님이여 불쌍히 여기옵소서 나는 죄인이로소이다 하였느니라

물두멍(물)		놋거울	육신의 거울
		출 38:8	그가 놋으로 물두멍을 만들고 그 받침도 놋으로 하였으니 곧 회막 문에서 수종드는 여인들의 거울로 만들었더라
		말씀	영혼의 거울
		약 1:23	누구든지 도를 듣고 행하지 아니하면 그는 거울로 자기의 생긴 얼굴을 보는 사람과 같으니
		마 14:13,21	13. 예수께서 들으시고 배를 타고 떠나사 따로 빈들에 가시니 무리가 듣고 여러 고을로부터 걸어서 좇아간지라 21. 먹은 사람은 여자와 아이 외에 오천 명이나 되었더라
		눅 4:14-22	예수께서 성령의 권능으로 갈릴리에 돌아가시니 그 소문이 사방에 퍼졌고 친히 그 여러 회당에서 **가르치시매** 뭇사람에게 칭송을 받으시더라 예수께서 그 자라나신 곳 나사렛에 이르사 안식일에 자기 규례대로 회당에 들어가사 **성경**을 읽으려고 서시매 선지자 이사야의 글을 드리거늘 책을 펴서 이렇게 기록한 데를 찾으시니 곧 주의 성령이 내게 임하셨으니 이는 가난한 자에게 복음을 전하게 하시려고 내게 기름을 부으시고 나를 보내사 포로 된 자에게 자유를, 눈먼 자에게 다시 보게 함을 전파하며 눌린 자를 자유케 하고 주의 은혜의 해를 전파하게 하려 하심이라 하였더라 책을 덮어 그 맡은 자에게 주시고 앉으시니 회당에 있는 자들이 다 주목하여 보더라 이에 예수께서 저희에게 말씀하시되 이 글이 오늘날 너희 귀에 응하였느니라 하시니 저희가 다 그를 증거하고 그 입으로 나오는바 **은혜로운 말**을 기이히 여겨 가로되 이 사람이 요셉의 아들이 아니냐
		눅 5:5	시몬이 대답하여 가로되 선생이여 우리들이 밤이 맞도록 수고를 하였으되 얻은 것이 없지마는 말씀에 의지하여 내가 그물을 내리리이다 하고
역할		물	세례의 그림자
		출 30:19,20	아론과 그 아들들이 그 두멍에서 수족을 씻되 그들이 회막에 들어갈 때에 물로 씻어 죽기를 면할 것이요 단에 가까이 가서 그 직분을 행하여 화제를 여호와 앞에 사를 때에도 그리할지니라
		세례	세례의 실체
		벧전 3:21	물은 예수 그리스도의 부활하심으로 말미암아 이제 너희를 구원하는 표니 곧 세례라 육체의 더러운 것을 제하여 버림이 아니요 오직 선한 양심이 하나님을 향하여 찾아가는 것이라
		행 19:3-5	바울이 가로되 그러면 너희가 무슨 세례를 받았느냐 대답하되 요한의 세례로라 바울이 가로되 요한이 회개의 세례를 베풀며 백성에게 말하되 내 뒤에 오시는 이를 믿으라 하였으니 이는 곧 예수라 하거늘 저희가 듣고 주 예수의 이름으로 세례를 받으니
		마 28:19	그러므로 너희는 가서 모든 족속으로 제자를 삼아 아버지와 아들과 성령의 이름으로 세례를 주고
		벧전 3:20,21	그들은 전에 노아의 날 방주 예비할 동안 하나님이 오래 참고 기다리실 때에 순종치 아니하던 자들이라 방주에서 물로 말미암아 구원을 얻은 자가 몇 명뿐이니 겨우 여덟 명이라 물은 예수 그리스도의 부활하심으로 말미암아 이제 너희를 구원하는 표니 곧 세례라 육체의 더러운 것을 제하여 버림이 아니요 오직 선한 양심이 하나님을 향하여 찾아가는 것이라

"이는 곧 물로 씻어
말씀으로 깨끗하게 하사 거룩하게 하시고"
(엡 5:26)

제3장 대제사장의 예복

이스라엘과 언약을 맺으신 하나님은 시내 산에서 모세에게 성막 제도만 아니라 제사장의 예복에 대하여 계시해 주셨다. 제사장의 예복은 하나님의 지시대로 만들어야 했다. 그것은 제사장 예복에 하나님의 구속사적 의미가 담겨 있기 때문이다. 특히 제사장의 예복은 지혜가 충만한 자로서 신앙이 좋은 자가 제작해야 했다(출 28:3). 만약 성막에서 제사장의 예복을 착용하지 않고 제사를 행할 때는 죽임을 면치 못했다(출 28:43). 그것은 하나님의 말씀에 순종치 않은 결과로 구속사를 외면한 행위였기 때문이다.

제1절 대제사장의 예복은 거룩한 옷

> "너는 이스라엘 자손 중 네 형 아론과 그 아들들 곧 나답과 아비후와 엘르아살과 이다말을 그와 함께 네게로 나아오게 하여 나를 섬기는 제사장 직분을 행하게 하되 네 형 아론을 위하여 **거룩한 옷**을 지어서 영화롭고 아름답게 할지니 너는 무릇 마음에 지혜 있는 자 곧 내가 지혜로운 영으로 채운 자들에게 말하여 아론의 옷을 지어 그를 거룩하게 하여 내게 제사장 직분을 행하게 하라 그들의 지을 옷은 이러하니 곧 흉패와 에봇과 겉옷과 반포 속옷과 관과 띠라 그들이 네 형 아론과 그 아들들을 위하여 거룩한 옷을 지어 아론으로 내게 제사장 직분을 행하게 할지며 그들의 쓸 것은 금실과 청색 자색 홍색실과 가늘게 꼰 베실이니라"(출 28:1-5).

1. 대제사장과 그 예복의 역사적 의미

1) 하나님이 선택하신 제사장

하나님은 이스라엘의 열두 지파 중에 레위 지파를 택하여 성막 관리와 봉사직을 맡기셨다. 레위 지파는 땅의 기업을 받지 않은 반면에 다른 열한 지파가 하나님께 봉헌한 예물을 통해 식량을 조달받게 되었다. 그들 지파는 오직 하나님을 섬기는 일에 대한 봉사직만 담당했던 것이다. 또한 하나님은 레위 지파에서도 특별히 아론을 선택하여 그와 아들들뿐 아니라 후손들까지 대대로 제사직을 맡게 하셨다. 이는 하나님께 제사 드리는 직분으로 영원히 지켜야 할 규례이다.

2) 대제사장의 예복에 대하여

제사장의 예복은 일반복과는 달리 거룩한 옷이라고 하였다. 대제사장의 예복은 흉패와 에봇과 겉옷과 반포 속옷과 관과 띠와 성패로 구성된 반면에(출 28:6-39), 제사장의 예복은 속옷과 띠와 관으로 구성되었다(출 28:40). 제사장의 위임식은 예복을 입혀 기름을 붓고 위임하여 거룩하게 한 후 제사장 직분을 행하게 하였다(출 28:41). 그리고 대제사장과 제사장이 하나님께 제사를 집례할 때 하의를 가리는 베로 된 고의를 입어야 했다(출 28:42).

대제사장의 거룩한 예복은 육체적으로나 영적으로 불결함이 없는 성결을 상징한다. 더 나아가 대제사장과 그 예복에 대한 각각의 형태와 색상은 예수의 속성과 사역을 예표해 준다. 대제사장이 예수를 예표하듯이 대제사장의 예복도 예수의 인격과 품성을 예표한다.

2. 대제사장 예복의 구속사적 의미

	대제사장 예복의 기능	대제사장 예복의 영적 의미
에 봇	● **아론의 대제사장직은 예수 예표** ① 앞치마 같은 대제사장의 5색 **에봇**(출28:6) ㉠ 금색 - 에봇에 금빛을 이루는 실 ㉡ 청색 - 푸른색 실로 섞어 짠 에봇 ㉢ 자색 - 자주색 실로 섞어 짠 에봇 ㉣ 홍색 - 붉은색 실로 섞어 짠 에봇 ㉤ 백색 - 하얀색 실로 섞어 짠 에봇 ② 에봇의 견대 위에 박혀 있는 **보석**(출28:7-12) ㉠ 견대 양 어깨에 1개씩 달려 있는 보석 ㉡ 두 보석에 12지파 이름은 구약 성도 대표(계21:12) ㉢ 육으로 출생한 12아들의 이름이 새겨진 보석 ㉣ 12지파의 대표로 하나님께 나아가는 제사장	● **큰 제사장이신 예수**(히5:5, 10:21) ① 예수의 아름다운 **영광**과 속성(마17:2,5) ㉠ 금색 - 신성을 나타내는 영원하신 예수(히13:8) ㉡ 청색 - 정결하고 고결하신 예수(롬1:4; 요일3:5) ㉢ 자색 - 승리한 왕이신 예수(막15:17,18; 골2:15) ㉣ 홍색 - 십자가에서 대속하실 예수(요19:34) ㉤ 백색 - 흑과 백, 공의로우신 예수(계19:11) ② 예수의 의로 구원받은 보배로운 **교회**(벧후1:1) ㉠ 예수의 어깨에 얹힌 잃었던 성도(눅15:4-7) ㉡ 12제자 이름은 보배인 신약 성도 대표(마10:1-6; 계21:14) ㉢ 영의 중생으로 생명책에 기록된 보배 성도(빌4:3) ㉣ 택자의 대표로 십자가를 지고 하나님께 나아가는 예수
흉 패	① 대제사장의 가슴에 달고 있는 **흉패**(출28:15-21) ㉠ 금색, 청색, 자색, 홍색, 백색으로 직조된 흉패 ㉡ 12보석에 12지파 이름을 새겨 물린 흉패 ㉢ 12보석의 갖가지 아름다움을 나타낸 흉패 ② 12보석 안에 **우림**과 **둠밈**이 있는 흉패(출28:30) ㉠ 흉패 안에 있는 우림은 '빛'을 의미 ㉡ 흉패 안에 있는 둠밈은 '완전'을 의미 ㉢ 죄를 판결할 때 사용하는 우림과 둠밈 ㉣ 원어에 각각 복수(複數)로 쓰인 우림과 둠밈	① 예수의 지체(가슴)는 **보배**로운 성도(엡5:30) ㉠ 흉패(5색=신성, 고결, 왕, 대속, 공의)는 예수의 속성 ㉡ 12사도의 신앙을 계승한 보배로운 교회 ㉢ 예수 안에서의 각 개인은 보배로운 성도들 ② 교회 안에 함께 계시는 **예수**(마28:20; 엡1:22,23) ㉠ 영적 어둠을 몰아내는 '빛' 되신 예수(고후4:6) ㉡ 구원 성취에 '완전'하신 예수(벧전1:19) ㉢ 죄를 '완전'하게 판결하시는 '빛' 되신 예수 ㉣ 예수는 3위 중 2위가 되시는 성자 하나님
겉 옷 · 속 옷	① 성소 직무 시 입는 대제사장의 **겉옷**(출28:31-35) ㉠ 하늘색으로 통으로 짠 대제사장의 겉옷 ㉡ 금방울과 석류 장식이 교대로 달린 아랫단 ㉢ 청색, 자색, 홍색 실로 수놓은 석류 문양 ♣ 겉옷 - 온몸을 감쌌던 대제사장의 옷 ♣ 석류 - 왕관 모형을 갖추었던 아름다운 색 ♣ 금방울 - 활동할 때마다 울리는 금방울 소리 ① 대제사장의 겉옷 안에 입는 **속옷**(출28:39상) ㉠ 제사장만이 입을 수 있는 부드러운 옷 ㉡ 하얀 베실로 만든 세마포 옷	① 하늘 성소에서 오신 예수의 거룩한 **영광**(행7:55,56) ㉠ 하늘로부터 오신 거룩하신 예수(눅1:35) ㉡ 각양 선한 열매로 영광을 나타내신 예수 ㉢ '거룩(청)한 '왕'(자)으로서 '구속(홍)주이신 예수 ♣ 겉옷은 '의'의 상징(사61:10) - 예수가 의로움(롬3:21,22) ♣ 영광의 왕이 되시는 아름다운 예수 ♣ 실존하신 예수의 아름다운 음성(영원한 말씀) ① 큰 제사장이신 예수의 내적 **성품**(속성) ㉠ 예수의 겸손과 온유, 그 외(마11:29) ㉡ 공의롭고 진실하신 예수를 상징(계19:11) * (사랑, 은혜, 선, 거룩, 긍휼, 자비, 인내 등)

성패	① **금**으로 제작된 대제사장의 성패(출28:36-38) 　㉠ 여호와께 '성결'(거룩)이라 새겨진 금패 　㉡ 대제사장의 성결을 보증하신 하나님의 성패 　㉢ 청색 끈으로 머리의 관 위에 맨 성패	① 거룩하신 예수는 변함없는 **신성**을 상징(히13:8) 　㉠ 죄를 알지도 못한 성결하신 예수(고후5:21) 　㉡ 참 아들 예수의 거룩을 보증하신 하나님 　㉢ 모든 것의 우위가 되시는 거룩하신 예수
	② 제사장 관 전면에 있는 **성패**(성결)(출28:36,37) 　㉠ 제사장의 이마 전면에 붙어 있는 성패 　㉡ 백성의 죄를 담당키 위해 붙인 제사장의 성패 　㉢ 제사장의 성패로 죄를 받으시는 하나님	② **성결**의 영으로 거룩하신 예수(롬1:4) 　㉠ 머리의 생각이 항상 거룩(성결)하신 예수 　㉡ 인간의 어떠한 죄도 담당하시는 예수 　㉢ 대속물이 되신 예수로 죄를 받으시는 하나님
관·띠	① 대제사장이 머리에 쓴 **관**(출28:39중) 　㉠ 고운 모시 실로 짠 제사장의 세마포 관 　㉡ '여호와께 성결'이 부착된 세마포 관 　㉢ 머리에 쓴 세마포 관은 제사장의 인격 상징	① 예수는 왕적 권위로 쓰신 **면류관**(계19:12,13) 　㉠ 왕으로서 생각 자체가 거룩하고 참되신 예수 　㉡ 성도의 거룩을 원하는 거룩하신 예수(요17:17) 　㉢ 죄인을 인격적으로 대하시는 예수(요8:10,11)
	① 대제사장이 허리에 매는 **띠**에 수놓음(출28:39하) 　㉠ 예복이 흐트러지지 않도록 띠로 고정시킴 　㉡ 제사장이 직무(활동)를 행할 때 편하기 위함	① 예수가 허리에 맨 **수건**은 아름다움의 섬김(요13:4,5) 　㉠ 진리이신 예수는 정한 마음으로 섬김(요14:6) 　㉡ 예수의 섬김 방법은 수건을 동이는 생활(마20:28)

3. 대제사장 예복의 구속사적 의미(성구)

	에봇	
에봇	출 28:6	그들이 금실과 청색 자색 홍색 실과 가늘게 꼰 베실로 공교히 짜서 에봇을 짓되
	영광	
	히 5:5	또한 이와 같이 그리스도께서 대제사장 되심도 스스로 영광을 취하심이 아니요 오직 말씀하신 이가 저더러 이르시되 너는 내 아들이니 오늘날 내가 너를 낳았다 하셨고
	히 10:21	또 하나님의 집 다스리는 큰 제사장이 계시매
	마 17:2,5	2. 저희 앞에서 변형되사 그 얼굴이 해같이 빛나며 옷이 빛과 같이 희어졌더라 5. 말할 때에 홀연히 빛난 구름이 저희를 덮으며 구름 속에서 소리가 나서 가로되 이는 내 사랑하는 아들이요 내 기뻐하는 자니 너희는 저의 말을 들으라 하는지라
	히 13:8	예수 그리스도는 어제나 오늘이나 영원토록 동일하시니라
	롬 1:4	성결의 영으로는 죽은 가운데서 부활하여 능력으로 하나님의 아들로 인정되셨으니 곧 우리 주 예수 그리스도시니라
	요일 3:5	그가 우리 죄를 없이하려고 나타내신 바 된 것을 너희가 아나니 그에게는 죄가 없느니라
	막 15:17,18	예수에게 자색 옷을 입히고 가시 면류관을 엮어 씌우고 예하여 가로되 유대인의 왕이여 평안할지어다 하고
	골 2:15	정사와 권세를 벗어버려 밝히 드러내시고 십자가로 승리하셨느니라

에봇	요 19:34	그중 한 군병이 창으로 옆구리를 찌르니 곧 피와 물이 나오더라
	계 19:11	또 내가 하늘이 열린 것을 보니 보라 백마와 탄 자가 있으니 그 이름은 충신과 진실이라 그가 공의로 심판하며 싸우더라
	보석	
	출 28:7-12	그것에 견대 둘을 달아 그 두 끝을 연하게 하고 에봇 위에 매는 띠는 에봇 짜는 법으로 금실과 청색 자색 홍색 실과 가늘게 꼰 베실로 에봇에 공교히 붙여 짤지며 호마노 두 개를 취하여 그 위에 이스라엘 아들들의 이름을 새기되 그들의 연치대로 여섯 이름을 한 보석에, 나머지 여섯 이름은 다른 보석에 보석을 새기는 자가 인에 새김같이 너는 이스라엘 아들들의 이름을 그 두 보석에 새겨 금테에 물리고 그 두 보석을 에봇 두 견대에 붙여 이스라엘 아들들의 기념 보석을 삼되 아론이 여호와 앞에서 그들의 이름을 그 두 어깨에 메어서 기념이 되게 할지며
	계 21:12	크고 높은 성곽이 있고 열두 문이 있는데 문에 열두 천사가 있고 그 문들 위에 이름을 썼으니 이스라엘 자손 열두 지파의 이름들이라
	교회	
	벧후 1:1	예수 그리스도의 종과 사도인 시몬 베드로는 우리 하나님과 구주 예수 그리스도의 의를 힘입어 동일하게 보배로운 믿음을 우리와 같이 받은 자들에게 편지하노니
	눅 15:4-7	너희 중에 어느 사람이 양 일백 마리가 있는데 그중에 하나를 잃으면 아흔아홉 마리를 들에 두고 그 잃은 것을 찾도록 찾아다니지 아니하느냐 또 찾은즉 즐거워 어깨에 메고 집에 와서 그 벗과 이웃을 불러 모으고 말하되 나와 함께 즐기자 나의 잃은 양을 찾았노라 하리라 내가 너희에게 이르노니 이와 같이 죄인 하나가 회개하면 하늘에서는 회개할 것 없는 의인 아흔아홉을 인하여 기뻐하는 것보다 더하리라
	마 10:1-6	예수께서 그 열두 제자를 부르사 더러운 귀신을 쫓아내며 모든 병과 모든 약한 것을 고치는 권능을 주시니라 열두 사도의 이름은 이러하니 베드로라 하는 시몬을 비롯하여 그의 형제 안드레와 세베대의 아들 야고보와 그의 형제 요한, 빌립과 바돌로매, 도마와 세리 마태, 알패오의 아들 야고보와 다대오, 가나안인 시몬 및 가룟 유다 곧 예수를 판 자라 예수께서 이 열둘을 내어 보내시며 명하여 가라사대 이방인의 길로도 가지 말고 사마리아인의 고을에도 들어가지 말고 차라리 이스라엘 집의 잃어버린 양에게로 가라
	계 21:14	그 성에 성곽은 열두 기초석이 있고 그 위에 어린양의 십이 사도의 열두 이름이 있더라
	빌 4:3	또 참으로 나와 멍에를 같이한 자 네게 구하노니 복음에 나와 함께 힘쓰던 저 부녀들을 돕고 또한 글레멘드와 그 위에 나의 동역자들을 도우라 그 이름들이 생명책에 있느니라
흉패	**흉패**	
	출 28:21	이 보석들은 이스라엘 아들들의 이름대로 열둘이라 매 보석에 열두 지파의 한 이름씩 인을 새기는 법으로 새기고 *(출 28:15-21)
	보배	
	엡 5:30	우리는 그 몸의 지체임이니라
	우림·둠밈	
	출 28:30	너는 우림과 둠밈을 판결 흉패 안에 넣어 아론으로 여호와 앞에 들어갈 때에 그 가슴 위에 있게 하라 아론이 여호와 앞에서 이스라엘 자손의 판결을 항상 그 가슴 위에 둘지니라
	예수	
	마 28:20	내가 너희에게 분부한 모든 것을 가르쳐 지키게 하라 볼지어다 내가 세상 끝 날까지 너희와 항상 함께 있으리라 하시니라
	엡 1:22,23	또 만물을 그 발아래 복종하게 하시고 그를 만물 위에 교회의 머리로 주셨느니라 교회는 그의 몸이니 만물 안에서 만물을 충만케 하시는 자의 충만이니라
	고후 4:6	어두운 데서 빛이 비취리라 하시던 그 하나님께서 예수 그리스도의 얼굴에 있는 하나님의 영광을 아는 빛을 우리 마음에 비취셨느니라
	벧전 1:19	오직 흠 없고 점 없는 어린양 같은 그리스도의 보배로운 피로 한 것이니라
	겉옷	
	출 28:31	너는 에봇 받침 겉옷을 전부 청색으로 하되 *(출 28:31-35)

겉옷·속옷	**영광**	
	행 7:55,56	스데반이 성령이 충만하여 하늘을 우러러 주목하여 하나님의 영광과 및 예수께서 하나님 우편에 서신 것을 보고 말하되 보라 하늘이 열리고 인자가 하나님 우편에 서신 것을 보노라 한대
	눅 1:35	천사가 대답하여 가로되 성령이 네게 임하시고 지극히 높으신 이의 능력이 너를 덮으시리니 이러므로 나실 바 거룩한 자는 하나님의 아들이라 일컬으리라
	사 61:10	내가 여호와로 인하여 크게 기뻐하며 내 영혼이 나의 하나님으로 인하여 즐거워하리니 이는 그가 구원의 옷으로 내게 입히시며 의의 겉옷으로 내게 더하심이 신랑이 사모를 쓰며 신부가 자기 보물로 단장함 같게 하셨음이라
	롬 3:21,22	이제는 율법 외에 하나님의 한 의가 나타났으니 율법과 선지자들에게 증거를 받은 것이라 곧 예수 그리스도를 믿음으로 말미암아 모든 믿는 자에게 미치는 하나님의 의니 차별이 없느니라
	속옷	
	출 28:39	너는 가는 베실로 반포 속옷을 짜고 가는 베실로 관을 만들고 띠를 수놓아 만들지니라
	성품	
	마 11:29	나는 마음이 온유하고 겸손하니 나의 멍에를 메고 내게 배우라 그러면 너희 마음이 쉼을 얻으리니
	계 19:11	또 내가 하늘이 열린 것을 보니 보라 백마와 탄 자가 있으니 그 이름은 충신과 진실이라 그가 공의로 심판하며 싸우더라
성패	**금**	
	출 28:36	너는 또 정금으로 패를 만들어 인을 새기는 법으로 그 위에 새기되 '여호와께 성결'이라 하고 *(출 28:36-38)
	신성	
	히 13:8	예수 그리스도는 어제나 오늘이나 영원토록 동일하시니라
	고후 5:21	하나님이 죄를 알지도 못하신 자로 우리를 대신하여 죄를 삼으신 것은 우리로 하여금 저의 안에서 하나님의 의가 되게 하려 하심이니라
	성패	
	출 28:36,37	너는 또 정금으로 패를 만들어 인을 새기는 법으로 그 위에 새기되 '여호와께 성결'이라 하고 그 패를 청색 끈으로 관 위에 매되 곧 관 전면에 있게 하라
	성결	
	롬 1:4	성결의 영으로는 죽은 가운데서 부활하여 능력으로 하나님의 아들로 인정되셨으니 곧 우리 주 예수 그리스도시니라
관·띠	**관**	
	출 28:39중	…가는 베실로 관을 만들고
	면류관	
	계 19:12,13	그 눈이 불꽃 같고 그 머리에 많은 면류관이 있고 또 이름 쓴 것이 하나가 있으니 자기밖에 아는 자가 없고 또 그가 피 뿌린 옷을 입었는데 그 이름은 하나님의 말씀이라 칭하더라
	요 17:17	저희를 진리로 거룩하게 하옵소서 아버지의 말씀은 진리니이다
	요 8:10,11	예수께서 일어나사 여자 외에 아무도 없는 것을 보시고 이르시되 여자여 너를 고소하던 그들이 어디 있느냐 너를 정죄한 자가 없느냐 대답하되 주여 없나이다 예수께서 가라사대 나도 너를 정죄하지 아니하노니 가서 다시는 죄를 범치 말라 하시니라
	띠	
	출 28:39하	…띠를 수놓아 만들지니라
	수건	
	요13:4,5	저녁 잡수시던 자리에서 일어나 겉옷을 벗고 수건을 가져다가 허리에 두르시고 이에 대야에 물을 담아 제자들의 발을 씻기시고 그 두르신 수건으로 씻기를 시작하여
	요14:6	예수께서 가라사대 내가 곧 길이요 진리요 생명이니 나로 말미암지 않고는 아버지께로 올 자가 없느니라
	마20:28	인자가 온 것은 섬김을 받으려 함이 아니라 도리어 섬기려 하고 자기 목숨을 많은 사람의 대속물로 주려 함이니라

결 론

시내 산에 도착한 이스라엘 백성은 하나님으로부터 십계명이 기록된 두 돌판을 하사받았다. 율법과 성막 제도는 하나님이 직접 말씀으로 계시하셨는데, 율법과 성막 제도 안에는 하나님의 공의와 사랑이 담겨 있다. 율법이 정죄한 인간의 허물과 죄를 성막 제도로 인한 용서와 화해로 하나님의 지극한 사랑을 계시하고 있는 것이다.

더구나 성막과 그에 따른 기구들은 오실 그리스도를 예표하고 상징하고 있다. 또한 대제사장뿐 아니라 그의 예복에도 구속사적 의미가 담겨 있다.

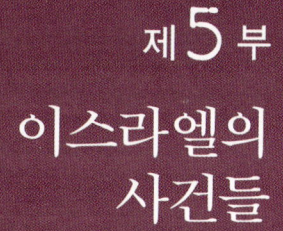

제5부
이스라엘의 사건들

제1장 이스라엘의 원망과 시기로 인한 징계 ··· 174
    제1절 다베라의 화재 사건 ··· 175
    제2절 만나에 대한 불평 사건 ··· 182
    제3절 하세롯에서의 문둥병 사건 ··· 189
제2장 가데스에서의 신앙적 행위 ··· 195
    제1절 열두 정탐꾼 파견과 보고 ··· 195

제1장 이스라엘의 원망과 시기로 인한 징계

　이스라엘 백성은 시내 산에서 11개월 5일을 체류하는 동안 율법 수여와 성막 준공과 언약궤 제작 및 군대 편성 등을 마치고 다음 목적지를 향해 출발하였다. 이스라엘은 하나님의 지시대로 제작한 언약궤 중심으로 구름기둥과 불기둥의 보호를 받으며 유다 지파의 선두로 열두 지파가 행군 대열로 진행하였다. 이스라엘이 시내 산에서 광야 3일 길을 걸은 후 첫 정착지 기브롯 핫다아와(다베라)에 도착하여 악한 말로 원망하였을 때 하나님은 가차 없이 이스라엘을 징계하셨다. 그것은 하나님께서 시내 산에서 십계명을 하사하신 이후부터 이스라엘이 원망할 때마다 징계하신다는 것을 보여주기 위함이었다.

　하나님의 징계는 이스라엘에 대한 미움이 아니라 사랑 때문이었다. 이는 징계가 이스라엘의 영적 유익을 위해 하나님의 거룩에 참예하도록 한 방법이다(히 12:5-10).

제1절 다베라의 화재 사건

> "백성이 여호와의 들으시기에 악한 말로 원망하매 여호와께서 들으시고 진노하사 여호와의 불로 그들 중에 붙어서 진 끝을 사르게 하시매 백성이 모세에게 부르짖으므로 모세가 여호와께 기도하니 불이 꺼졌더라 그곳 이름을 **다베라**라 칭하였으니 이는 여호와의 불이 그들 중에 붙은 연고였더라"(민 11:1-3).
>
> "시내 광야에서 발행하여 **기브롯 핫다아와**에 진 쳤고"(민 33:16).

1. 다베라의 역사적 의미

1) 다베라와 기브롯 핫다아와의 지리적 위치

민수기에는 이스라엘 백성이 장막을 친 장소가 다베라와 기브롯 핫다아와의 두 지역으로 기록되어 있다. 민수기 11장은 이스라엘이 주둔한 '다베라' 장소의 이름을 명명한 것에 대하여 설명하는가 하면, 민수기 33장은 출애굽 한 이스라엘이 라암셋에서부터 가나안에 입성하기 전 모압 평지까지 주둔한 장소를 하나도 빠짐없이 기록하였는데 다베라 지역이 없다.

민수기 33장 16절에 "시내 광야에서 발행하여 기브롯 핫다아와에 진 쳤고", 이어서 17절에는 "기브롯 핫다아와에서 발행하여 진 쳤다"라고 기록되었다. 민수기 33장에는, 시내 광야와 하세롯 사이에 '다베라'라는 지명이 없다. 사

실 이스라엘이 주둔한 장소는 사람이 생존할 수 없는 광야였기 때문에 대부분 지명이 없었다. 그렇다면 이스라엘은 구름기둥과 불기둥의 인도로 광야를 유랑할 때 백성이 장막 친 곳에서 사건이 발생했다거나 아니면 장막을 친 곳을 직접 광야 지명을 지어 불렀던 것이다. *(지도에 부호 ⑪을 참고하라)

"너희가 다베라와 맛사와 기브롯 핫다아와에서도 여호와를 격노케 하였느니라"(신 9:22).

2) 이스라엘의 장막 친 면적

이스라엘이 장막을 친 전체 면적은 대규모로 전방과 후방이 아주 먼 거리 차이가 있었다. 이로 볼 때 이스라엘이 장막을 친 기브롯 핫다아와 지역 내에서 다베라 화재 사건이 발생했음을 알 수 있다. 기브롯 핫다아와에 장막을 친 이스라엘이 악한 말로 원망했을 때, 하나님이 그들의 장막 후미 쪽에 하나님의 불로 장막을 살랐던 것이다(민 11:1하반절). 그래서 이곳 이름을 다베라(불사름)라고 불렀다.

원어를 보면 더욱 확실해진다. 여기서 '다베라'(תַּבְעֵרָה, 타브에라)란 바아르(בָּעַר)에서 유래하였는데 '불사름'을 의미한다. 그리고 '기브롯 핫다아와'(קִבְרוֹת הַתַּאֲוָה, 키브로트 핫타아와)란 '탐욕의 무덤'을 의미한다. '탐욕의 무덤'이 말해 주듯이, 광야에 근 1년 1개월간 머물며 만나를 먹었던 이스라엘은 애굽에서 먹던 음식이 생각났을 것이다.

이로써 이스라엘이 음식에 의한 탐욕으로 악한 말로 원망했을 때, 하나님이 진노하시고 하나님의 불로 이스라엘의 진 끝을 사름으로써 다급한 백성이 모세를 향해 부르짖었고, 모세가 하나님께 기도함으로써 불이 꺼졌다. 이 불로 죽은 자들의 무덤을 일컬어 '기브롯 핫다아와'

(탐욕의 무덤)로 불렀던 것이다. 따라서 기브롯 핫다아와 지역과 다베라는 이스라엘이 장막을 친 동일한 지역임을 알 수 있다.

3) 이스라엘 백성의 인구조사

출애굽 한 이스라엘이 시내 광야에서 인구조사를 할 때 전쟁에 출정할 수 있는 장정(남자), 즉 20세 이상의 군인은 603,550명이었다(민 2:32-33). 그렇다면 노인과 여자와 20세 미만의 청소년과 아이들을 모두 계수할 때, 이스라엘 백성의 인구는 최소한 인구 200만 명으로 추산할 수 있다. 게다가 레위 지파는 군대 징집에서 제외되었고(민 1:47-50), 출애굽 시 이스라엘 백성들 속에 잡족들이 섞여 나왔다(민 11:4).

또한 이스라엘의 가족 구성을 보면, 한 가족 안에 2~3세대로 구성되었을 것이다. 남편과 아내, 그리고 부모와 자식들로 나누어 3세대가 한 집에서 생활할 뿐 아니라 4세대 가족도 있으리라 본다. 이스라엘의 한 가족이 2~3세대가 살아야 하는 텐트의 면적을 생각해 본다면, 그들의 진 전체 규모의 면적이 12평방 마일(약 19.308km^2)이나 되었을 것으로 추정한다.

4) 시내 산에서 십계명(율법) 하사의 전후

하나님은 시내 산에서 모세에게 이스라엘 백성을 위해 십계명과 율법을 하사하셨다. 하지만 십계명을 하사하시기 이전과 이후 이스라엘에 대한 하나님의 입장은 극명한 차이가 있다. 다시 말해 이스라엘 백성이 시내 산에 도착하기 이전과 시내 산에 도착하여 십계명을 받은 이후에 나타난 하나님의 사랑이 차이를 보이는데, 그것은 하나님의 징계 여부라 할 수 있다.

출애굽 한 이스라엘은 시내 산에 도착하기까지 네 번이나 원망과 불평을 쏟아내었다. 살펴보면, 이스라엘이 홍해 앞 비하히롯에 도착했을 때 그들을 추격한 바로 군대로 인해 원망하였는가 하면(출 14:10-12), 홍해 도하 후 삼일 길을 걸어 마라에 도착했을 때 쓴 물로 인해 원망하였고(출 15:24), 또 신 광야에 도착한 이스라엘은 "그 광야에서 모세와 아론을 원망하여 그들에게 이르되 우리가 애굽 땅에서 고기 가마 곁에 앉았던 때와 떡을 배불리 먹던 때에 여호와의 손에 죽었더면 좋았을 것을 너희가 이 광야로 우리를 인도하여 내어 이 온 회중으로 주려 죽게 하는도다"(출 16:2-3)라고 하였다.

그리고 시내 산 전 지역 르비딤에 도착했을 때는, 마실 물이 없어 백성들이 모세를 원망하여 돌로 쳐 죽일 위기에서, 하나님이 모세에게 지팡이로 호렙 산 반석을 쳐서 물을 내게 하라고 지시하심에 따라 그들이 풍족하게 물을 마실 수 있었다(출 17:1-7). 이렇듯 백성들은 시내 산에 도착하기까지 네 번이나 원망과 불평을 쏟아내었다. 그래도 하나님은 그들을 징계하지 않으셨다.

하지만 이스라엘이 시내 산에서 십계명과 율법을 받은 이후에는 하나님을 향해 원망과 불평을 쏟아낼 때 가차 없이 징계하셨다. 기브롯 핫다아와는 시내 산에서 십계명을 받고 출발하여 장막을 친 첫 주둔지였다. 그뿐만 아니라 하나님은 그 이후부터 이스라엘이 원망과 불평을 쏟아낼 때 백성을 계속 징계하셨다.

시내 산 이후 백성들이 기브롯 핫다아와에서 악한 말로 원망할 때 하나님의 불로 진을 살라 그들을 태워 죽였고(민 11:1-3), 가나안 극남단에 위치한 가데스 바네아에서 가나안 정탐과 보고로 인해 그들이 원망할 때, 하나님은 열두 정탐꾼이 가나안 땅을 40일간 탐지했던 하루를

1년으로 환산하여 광야 40년의 징계를 내리셨다.

또한 고라당의 제사직 월권행위로 고라와 다단과 아비람의 가족과 그에게 속한 자들을 땅이 입을 벌려 죽였는가 하면, 고라에 매수된 이름 있는 지휘관 250명이 성막에서 제사직을 수행하려고 분향하다가 성막에서 불이 나와 모조리 타 죽었다. 그러자 백성들이 "여호와의 백성을 죽였다"고 항거함으로써 하나님이 다시 염병을 보내 14,700명을 죽이는 징계를 내리셨다(민 16:1-50). 그뿐만 아니라 이스라엘이 가나안 남부에서 요단 강 동편 모압 평지로 가려다가 에돔 왕의 거절로 에돔 땅을 통과하지 못하고 에돔을 둘러 살모나 가까운 지역으로 갔을 때, 힘한 길과 만나로 인해 원망하자 불뱀을 보내어 죽게 한 일도 있었다(민 21:4-9). *(광야교회의 40년 여정 핵심 도표를 참고하라.)

시내 산의 십계명(율법) 하사 전후 사건은 현대를 살아가는 성도들에게 귀한 교훈을 준다. 하나님의 말씀에 입각하지 못한 초신자일 때는 하나님께서 징계하시지 않지만, 하나님의 말씀을 아는 성도가 구원의 은혜를 무시한 채 일상생활에서 원망과 불평을 늘어놓을 때는 하나님의 징계가 도사리고 있음을 깨달아야 한다는 것이다.

2. 다베라 화재의 구속사적 의미

	다베라의 기능	다베라의 영적 의미
재난 원인	① 시내 산에서 3일 길을 행군하다 **원망, 불평**(민10:33) ② 광야의 시련으로 악한 말로 원망한 백성(민11:1) ③ 하나님의 시련을 이해 못한 무지한 신앙(신8:2) ㉠ 출애굽 시킨 하나님의 의도를 모르는 백성 ㉡ 악한 말의 원망은 노예근성을 보여줌 ㉢ 자유(구원)의 감사보다 원망으로 일관한 백성	① 말씀의 은혜를 입은 성도가 **원망, 불평**(고전10:10) ② 세상에 고난과 시련을 극복하지 못해 원망(벧전4:12) ③ 하나님이 주시는 감당할 시험에 성숙한 신앙(고전10:13) ㉠ 죄악에서 구원하신 하나님의 의도를 아는 성도 ㉡ 선한 말로 감동을 끼치는 중생한 성도(엡4:29) ㉢ 구원의 은혜로 하나님께 감사하는 생활(시118:21)
결과	① 원망의 징계로 불을 붙이신 하나님(민11:1,3) ② 불로 진 끝에서부터 장막을 태우신 하나님 ③ 불로 인해 몸의 화상, 또는 죽음에 이른 백성	① 성도의 유익을 위해 **징계**하시는 하나님(히12:5-13) ② 물질적 피해로 유익이 되는 하나님의 징계 ③ 외상의 피해로 유익이 되는 하나님의 징계
	마태복음에서 구속사의 주역인 예수의 계보를 거슬러 올라가면 이스라엘 12지파까지 다다른다(마1:1-16). 이로 인해 하나님은 훗날 오실 그리스도의 육적 조상의 마음이 어떠한지를 광야에서 시험하셨음에도 불구하고, 그들이 겸허히 받아들이지 않고 원망과 불평을 토해냈을 때 징계의 매를 드셨다(신8:2).	

3. 다베라 화재의 구속사적 의미(성구)

재난 원인	**원망·불평**	
	민 10:33	그들이 여호와의 산에서 떠나 삼일 길을 행할 때에 여호와의 언약궤가 그 삼일 길에 앞서 행하며 그들의 쉴 곳을 찾았고
	민 11:1	백성이 여호와의 들으시기에 악한 말로 원망하매 여호와께서 들으시고 진노하사 여호와의 불로 그들 중에 붙어서 진 끝을 사르게 하시매
	신 8:2	네 하나님 여호와께서 이 사십 년 동안에 너로 광야의 길을 걷게 하신 것을 기억하라 이는 너를 낮추시며 너를 시험하사 네 마음이 어떠한지 그 명령을 지키는지 아니 지키는지 알려 하심이라
	원망·불평	
	고전 10:10	저희 중에 어떤 이들이 원망하다가 멸망시키는 자에게 멸망하였나니 너희는 저희와 같이 원망하지 말라
	벧전 4:12	사랑하는 자들아 너희를 시련하려고 오는 불 시험을 이상한 일 당하는 것같이 이상히 여기지 말고
	고전 10:13	사람이 감당할 시험밖에는 너희에게 당한 것이 없나니 오직 하나님은 미쁘사 너희가 감당치 못할 시험 당함을 허락하지 아니하시고 시험 당할 즈음에 또한 피할 길을 내사 너희로 능히 감당하게 하시느니라
	전 5:2	너는 하나님 앞에서 함부로 입을 열지 말며 급한 마음으로 말을 내지 말라 하나님은 하늘에 계시고 너는 땅에 있음이니라 그런즉 마땅히 말을 적게 할 것이라

	엡 4:29	무릇 더러운 말은 너희 입 밖에도 내지 말고 오직 덕을 세우는 데 소용되는 대로 선한 말을 하여 듣는 자들에게 은혜를 끼치게 하라
	시 118:21	주께서 내게 응답하시고 나의 구원이 되셨으니 내가 주께 감사하리이다
	징계의 불	
	민 11:1,3	1. 백성이 여호와의 들으시기에 악한 말로 원망하매 여호와께서 들으시고 진노하사 여호와의 불로 그들 중에 붙어서 진 끝을 사르게 하시매 3. 그곳 이름을 다베라라 칭하였으니 이는 여호와의 불이 그들 중에 붙은 연고였더라
	징계의 유익	
결과	히 12:5-13	또 아들들에게 권하는 것같이 너희에게 권면하신 말씀을 잊었도다 일렀으되 내 아들아 주의 징계하심을 경히 여기지 말며 그에게 꾸지람을 받을 때에 낙심하지 말라 주께서 그 사랑하시는 자를 징계하시고 그의 받으시는 아들마다 채찍질하심이니라 하였으니 너희가 참음은 징계를 받기 위함이라 하나님이 아들과 같이 너희를 대우하시나니 어찌 아비가 징계하지 않는 아들이 있으리요 징계는 다 받는 것이거늘 너희에게 없으면 사생자요 참 아들이 아니라 또 우리 육체의 아버지가 우리를 징계하여도 공경하였거든 하물며 모든 영의 아버지께 더욱 복종하여 살려 하지 않겠느냐 저희는 잠시 자기의 뜻대로 우리를 징계하였거니와 오직 하나님은 우리의 유익을 위하여 그의 거룩하심에 참예케 하시느니라 무릇 징계가 당시에는 즐거워 보이지 않고 슬퍼 보이나 후에 그로 말미암아 연달한 자에게는 의의 평강한 열매를 맺나니 그러므로 피곤한 손과 연약한 무릎을 일으켜 세우고 너희 발을 위하여 곧은길을 만들어 저는 다리로 하여금 어그러지지 않고 고침을 받게 하라

"저희 중에 어떤 이들이
주를 시험하다가 뱀에게 멸망하였나니
우리는 저희와 같이 시험하지 말자
저희 중에 어떤 이들이 원망하다가 멸망시키는 자에게 멸망하였나니
너희는 저희와 같이 원망하지 말라
저희에게 당한 이런 일이 거울이 되고
또한 말세를 만난 우리의 경계로 기록하였느니라"
(고전 10:9-11)

제2절 만나에 대한 불평 사건

"이스라엘 중에 섞여 사는 무리가 탐욕을 품으매 이스라엘 자손도 다시 울며 가로되 누가 우리에게 고기를 주어 먹게 할꼬 우리가 애굽에 있을 때에는 값없이 생선과 외와 수박과 부추와 파와 마늘들을 먹은 것이 생각나거늘 이제는 우리 정력이 쇠약하되 이 만나 외에는 보이는 것이 아무것도 없도다 하니 만나는 깟씨와 같고 모양은 진주와 같은 것이라 백성이 두루 다니며 그것을 거두어 맷돌에 갈기도 하며 절구에 찧기도 하고 가마에 삶기도 하여 과자를 만들었으니 그 맛이 기름 섞은 과자맛 같았더라 밤에 이슬이 진에 내릴 때에 만나도 같이 내렸더라 백성의 온 가족들이 각기 장막 문에서 우는 것을 모세가 들으니라 이러므로 여호와의 진노가 심히 크고 모세도 기뻐하지 아니하여 여호와께 여짜오되 주께서 어찌하여 종을 괴롭게 하시나이까 어찌하여 나로 주의 목전에 은혜를 입게 아니하시고 이 모든 백성을 내게 맡기사 나로 그 짐을 지게 하시나이까 이 모든 백성을 내가 잉태하였나이까 내가 어찌 그들을 생산하였기에 주께서 나더러 양육하는 아비가 젖 먹는 아이를 품듯 그들을 품에 품고 주께서 그들의 열조에게 맹세하신 땅으로 가라 하시나이까 이 모든 백성에게 줄 고기를 내가 어디서 얻으리이까 그들이 나를 향하여 울며 가로되 우리에게 고기를 주어 먹게 하라 하온즉 책임이 심히 중하여 나 혼자는 이 모든 백성을 질 수 없나이다 주께서 내게 이같이 행하실진대 구하옵나니 내게 은혜를 베푸사 즉시 나를 죽여 나로 나의 곤고함을 보지 않게 하옵소서 여호와께서 모세에게 이르시되 이스라엘 노인 중 백성의 장로와 유사 되는 줄을 네가 아는 자 칠십 인을 모아 데리고 회막 내 앞에 이르러 거기서 너와 함께 서게 하라 내가 강림하여 거기서 너와 말하고 네게 임한 신을 그들에게도 임하게 하리니 그들이 너와 함께 백성의 짐을 담당하고 너 혼자 지지 아니하리라 또 백성에게 이르기를 너희 몸을 거룩히 하여 내일 고기 먹기를 기다리라 너희가 울며 이르기를 누가 우리에게 고기를 주어 먹게 할꼬 애굽에 있을 때가 우리에게 재미있었다 하는 말이 여호와께 들렸으므로 여호와께서 너희에게 고기를 주어 먹게 하실 것이라 하루나 이틀이나 닷새나 열흘이나 이십 일만 먹을 뿐 아니라 코에서 넘쳐서 싫어하기까지 일 개월간을 먹게 하시리니 이는 너희가 너희 중에 거하시는 여호와를 멸시하고 그 앞에서 울며 이르기를 우리가 어찌하여 애굽에서 나왔던고 함이라 하라 모세가 가로되 나와 함께 있는 이 백성의 보행자가 육십만 명이온데 주의 말씀이 일 개월간 고기를 주어 먹게 하겠다 하시오니 그들을 위하여 양 떼와 소떼를 잡은들 족하오며 바다의 모든 고기를 모은들 족하오리이까 여호와께서 모세에게 이르시되 여호와의 손이 짧아졌느냐 네가 이제 내 말이 네게 응하는 여부를 보리라….

* (중략 구절 내용 [24-29절] - 하나님의 신에 의해 칠십 인 장로의 예언)

…모세와 이스라엘 장로들이 진중으로 돌아왔더라 바람이 여호와에게로서 나와 바다에서부터 **메추라기**를 몰아 진 곁 이편 저편 곧 진 사방으로 각기 하룻길 되는 지면 위 두 규빗쯤에 내리게 한지라 백성이 일어나 종일 종야와 그 이튿날 종일토록 메추라기를 모으니 적게 모은 자도 십 호멜이라 그들이 자기를 위하여 진 사면에 펴두었더라 고기가 아직 잇사이에 있어 씹히기 전에 여호와께서 백성에게 대하여 진노하사 심히 큰 재앙으로 치셨으므로 그곳 이름을 **기브롯 핫다아와**라 칭하였으니 탐욕을 낸 백성을 거기 장사함이었더라"(민 11:4-34).

1. 기브롯 핫다아와의 역사적 의미

1) 이스라엘 백성의 불평

다베라의 화재 사건이 잊기도 전에 기브롯 핫다아와에서 두 번째 불평이 있었다. 이는 양식 문제로 야기되었다. 이스라엘 백성에게 광야에서의 주된 양식은 만나였지만 매일 만나를 먹다 보니 싫증이 났다. 하지만 만나는 무노동의 대가로서 하나님이 무료로 공급하시는 양식이었다. 그럼에도 이스라엘은 또다시 애굽을 회상하며 노예 생활로 연명하던 그때를 그리워하고 있었다.

민수기 11장 4-5절에 "이스라엘 중에 섞여 사는 무리가 탐욕을 품으매 이스라엘 자손도 다시 울며 가로되 누가 우리에게 고기를 주어 먹게 할꼬 우리가 애굽에 있을 때에는 값없이 생선과 외와 수박과 부추와 파와 마늘들을 먹은 것이 생각나거늘"이라고 하였다. 이는 그들이 노예로 살았던 때의 인간의 본성을 보여주는 것이다.

2) 백성들의 육식 공급과 징계

이스라엘은 구속의 은혜를 생각하고 현재의 생활에 인내할 줄 아는 자들이 되어야 함에도 불구하고 현실에 급급한 나머지 구속의 은혜를 망각하고 말았다. 이에 하나님은 장막에서 울고 있는 그들에게 강한 바람으로 메추라기를 날려 보내 진 사면에 쌓이게 하여 고기를 실컷 먹게 해주셨다(시 78:26-29). 자그마치 장막 친 진에서 하룻길(약 30km) 되는 지면 위에 2규빗(약 92cm)쯤 내려 주셨다(민 11:31-32). 그러나 백성들의 탐욕과 불신은 하나님의 재앙을 초래하고 말았다. 어떤 이들은 입 속에서 고기가 씹히기도 전에 재앙으로 죽었던 것이다.

"저희가 그 욕심에서 떠나지 아니하고 저희 식물이 아직 그 입에 있을 때에 하나님이 저희를 대하여 노를 발하사 저희 중 살찐 자를 죽이시며 이스라엘의 청년을 쳐 엎드러뜨리셨도다"(시 78:30-31).

3) 말세에 성도들의 거울

이스라엘 백성의 원망과 불평은 말세를 살아가는 성도들의 거울로서 경계해야 할 일로, 신앙인은 환경에 지배를 받아서는 안 될 일이다. 고린도전서 10장 10-11절에 "저희 중에 어떤 이들이 원망하다가 멸망시키는 자에게 멸망하였나니 너희는 저희와 같이 원망하지 말라 저희에게 당한 이런 일이 거울이 되고 또한 말세를 만난 우리의 경계로 기록하였느니라"(고전 10:10-11)고 하였다. 그뿐만 아니라 사람은 무익한 말을 하여도 마지막 심판 날에 심문을 받게 된다(마 12:36-37). 다베라 화재 사건이나 만나 불평 사건이나 하나님이 들으시기에 악한 말과 원망과 불평을 했기 때문에 그들에게 재앙이 임했던 것이다.

실로 "하나님의 나라는 먹는 것과 마시는 것이 아니요 오직 성령 안에서 의와 평강과 희락이라"(롬 14:17)고 하였다. 그러므로 성도는 "어떠한 형편에든지 자족하기를 배워"(빌 4:11) 세상의 현실을 초월할 수 있어야 한다.

2. 만나와 메추라기 양식의 구속사적 의미

	만나·메추라기 양식(기능)	만나·메추라기 영적 의미
만나 불평	① 하늘 양식 **만나**의 맛과 형태는 어떤 것인가? ㉠ 하늘 양식 만나는 깟씨와 진주 형태(민11:7) ㉡ 만나는 기름 섞인 순수한 과자의 맛(민11:8) ㉢ 만나는 꿀 섞은 과자의 맛(출16:31)	① 하늘 양식인 만나는 하나님의 **말씀**(요1:14, 6:51) ㉠ 인생의 길을 비추는 말씀의 빛(시119:105; 잠6:23) ㉡ 불순물 없이 순결한 하나님의 말씀(시19:8) ㉢ 꿀같이 단 하나님의 말씀(시119:103, 19:9,10)
	② 고기(양식)에 대한 **탐욕**(불평)(민11:4) ㉠ 출애굽 때 섞여 나온 애굽의 잡족(출12:38) ㉡ 잡족들의 불평에 전염된 이스라엘 백성 ㉢ 군중 심리로 인해 불평한 이스라엘 백성	② 말씀(설교)에 대해 **음해**하려는 무리들(눅11:53,54) ㉠ 거듭나지 않은 무리가 말씀(설교)에 대해 음해 ㉡ 음해하려는 무리에게 포섭될 수 있는 성도들 ㉢ 말씀(설교)에 불평 없는 신실한 성도(행17:11,12)
	③ 하늘 양식인 만나로 인해 **불평**한 백성(민11:4) ㉠ 만나는 하나님이 주시는 광야에서의 선물 ㉡ 만나는 백성이 광야 40년간 먹은 공짜 양식 ㉢ 만나는 그 시대에 내린 단회적인 축복	③ 하늘 양식인 말씀으로 **만족**하는 성도(시107:9) ㉠ 말씀은 하나님이 주시는 특별계시로서 선물 ㉡ 말씀은 성도가 세상에 있을 동안의 공짜 양식 ㉢ 말씀은 시대마다 내려 주시는 연속적인 축복
육식 불평	① **육식**을 먹지 못해 불평한 백성들(민11:4) ㉠ 육식에 대하여 울며 불평한 백성(민11:18상) ㉡ 애굽 시절이 좋았다고 동경한 백성(민11:18하) ㉢ 노예 음식과 영적 가치가 다른 자유인의 음식	① 예수로 인해 먹지 못할 수 있는 **육류**(고전8:13) ㉠ 육식을 먹지 못할 때 기뻐하고 감사(살전5:16,18) ㉡ 세상에서 즐긴 옛 사람의 생활을 동경하는 성도 ㉢ 고난·시련으로 먹지 못하는 성도의 가치관 차이
	② 백성은 각종 **반찬**을 먹지 못해 불평(민11:5) ㉠ 생선(단백질, 무기질, 기타) ㉡ 외와 수박(고등채소로 맛과 수분 공급) ㉢ 부추, 파, 마늘(강장제)을 먹지 못한 백성	② 복음을 위해 **음식**을 먹지 못하는 성도(고후6:3-5) ㉠ 하나님의 의와 나라를 위해 먹는 것과 ㉡ 마시는 것과 ㉢ 채식을 먹지 못할 때가 있는 성도(마6:31,32)
	③ **정력**이 쇠하여진 것에 불평한 백성(민11:4-6) ㉠ 식생활 문제로 기력이 약해졌다고 불평 ㉡ 애굽 부식과 상관없이 생산된 자녀(민26:51) ㉢ 만나와 영양실조는 관계없음(민1:46)	③ 육신의 **정욕**을 위해 살지 않는 성도(롬13:14) ㉠ 육신의 삶보다 영으로 사는 성도(롬8:12,13) ㉡ 하나님이 창조 시 허락하신 자녀 생산(창1:28) ㉢ 영육간 성도들의 힘이 되시는 하나님(시18:1)
탐욕자 결과	◉ 육에 매인 자의 결과	◉ 영에 매인 자의 생활
	① 백성의 욕구대로 보내신 **메추라기**(민11:31,32) ㉠ 장막에서 하룻길(30km)쯤 내리신 메추라기 ㉡ 장막에 90cm씩 쌓이게 하신 메추라기 ㉢ 장막 1가구당 약 12말을 거둬들인 메추라기	① 성도에게 **신령한 복**을 베푸신 하나님(엡1:3) ㉠ 성도에게 종일토록 은혜를 내리시는 하나님 ㉡ 은혜와 진리가 항상 쌓이는 영적 생활의 성도 ㉢ 신령한 복(진리, 은혜, 능력 등)을 풍성히 거두는 성도
	② 메추라기로 **고기 파티**를 한 백성(민11:31,32) ㉠ 장막에서 고기 냄새가 진동한 백성들 ㉡ 장막에서 메추라기 고기로 포식한 백성들 ㉢ 장막에서 고기로 육의 욕구를 채운 백성들	② 말씀으로 **영적 파티**를 하는 성도(요10:10; 엡2:7; 딛3:6) ㉠ 그리스도의 향기를 진동시켜야 하는 성도(고후2:15) ㉡ 하나님의 은혜로 만족하며 살아가는 성도 ㉢ 영의 양식(말씀)으로 충족된 생활을 하는 성도
	③ **탐욕**을 품은 자를 심판하시는 하나님(민11:33,34) ㉠ 메추라기 고기가 입안에 있을 때 죽은 백성 ㉡ 탐욕을 품어 자기 스스로 무덤을 만든 백성 ㉢ 불평했던 결과로 불행을 자초한 백성	③ 육의 **탐욕**은 이름도 부르지 말라고 하신 하나님(엡5:3) ㉠ 십계명에 탐내지 말라고 명하신 하나님(출20:17) ㉡ 우상 숭배의 죄를 범하게 되는 탐심(골3:5) ㉢ 욕심은 죽음을 초래하게 하는 원인(약1:15)

3. 만나와 메추라기 양식의 구속사적 의미(성구)

	만나	
	민 11:7	만나는 깟씨와 같고 모양은 진주와 같은 것이라
	민 11:8	백성이 두루 다니며 그것을 거두어 맷돌에 갈기도 하며 절구에 찧기도 하고 가마에 삶기도 하여 과자를 만들었으니 그 맛이 기름 섞은 과자맛 같았더라
	출 16:31	이스라엘 족속이 그 이름을 만나라 하였으며 깟씨 같고도 희고 맛은 꿀 섞은 과자 같았더라
	말씀	
	요 1:14	말씀이 육신이 되어 우리 가운데 거하시매 우리가 그 영광을 보니 아버지의 독생자의 영광이요 은혜와 진리가 충만하더라
만나	요 6:51	나는 하늘로서 내려온 산 떡이니 사람이 이 떡을 먹으면 영생하리라 나의 줄 떡은 곧 세상의 생명을 위한 내 살이로다 하시니라
	시 119:105	주의 말씀은 내 발에 등이요 내 길에 빛이니이다
	잠 6:23	대저 명령은 등불이요 법은 빛이요 훈계의 책망은 곧 생명의 길이라
	시 19:8	여호와의 교훈은 정직하여 마음을 기쁘게 하고 여호와의 계명은 순결하여 눈을 밝게 하도다
	시 119:103	주의 말씀의 맛이 내게 어찌 그리 단지요 내 입에 꿀보다 더하니이다
	시 19:9,10	여호와를 경외하는 도는 정결하여 영원까지 이르고 여호와의 규례는 확실하여 다 의로우니 금 곧 많은 정금보다 더 사모할 것이며 꿀과 송이꿀보다 더 달도다
불평	탐욕	
	민 11:4	이스라엘 중에 섞여 사는 무리가 탐욕을 품으매 이스라엘 자손도 다시 울며 가로되 누가 우리에게 고기를 주어 먹게 할꼬
	출 12:38	중다한 잡족과 양과 소와 심히 많은 생축이 그들과 함께하였으며
	음해	
	눅 11:53,54	거기서 나오실 때에 서기관과 바리새인들이 맹렬히 달라붙어 여러 가지 일로 힐문하고 그 입에서 나오는 것을 잡고자 하여 목을 지키더라
	행 17:11,12	베뢰아 사람은 데살로니가에 있는 사람보다 더 신사적이어서 간절한 마음으로 말씀을 받고 이것이 그러한가 하여 날마다 성경을 상고하므로 그중에 믿는 사람이 많고 또 헬라의 귀부인과 남자가 적지 아니하나
	불평	
	민 11:4	이스라엘 중에 섞여 사는 무리가 탐욕을 품으매 이스라엘 자손도 다시 울며 가로되 누가 우리에게 고기를 주어 먹게 할꼬
	만족	
	시 107:9	저가 사모하는 영혼을 만족케 하시며 주린 영혼에게 좋은 것으로 채워 주심이로다
육식 불평	육식	
	민 11:4	이스라엘 중에 섞여 사는 무리가 탐욕을 품으매 이스라엘 자손도 다시 울며 가로되 누가 우리에게 고기를 주어 먹게 할꼬
	민 11:18상	또 백성에게 이르기를 너희 몸을 거룩히 하여 내일 고기 먹기를 기다리라 너희가 울며 이르기를 누가 우리에게 고기를 주어 먹게 할꼬
	민 11:18하	애굽에 있을 때가 우리에게 재미있었다 하는 말이 여호와께 들렸으므로 여호와께서 너희에게 고기를 주어 먹게 하실 것이라
	육류	
	고전 8:13	그러므로 만일 식물이 내 형제로 실족케 하면 나는 영원히 고기를 먹지 아니하여 내 형제를 실족지 않게 하리라
	살전 5:16,18	16. 항상 기뻐하라 18. 범사에 감사하라 이는 그리스도 예수 안에서 너희를 향하신 하나님의 뜻이니라

육식 불평		반찬	
	민 11:5	우리가 애굽에 있을 때에는 값없이 생선과 외와 수박과 부추와 파와 마늘들을 먹은 것이 생각나거늘	
		음식	
	고후 6:3-5	우리가 이 직책이 훼방을 받지 않게 하려고 무엇에든지 아무에게도 거리끼지 않게 하고 오직 모든 일에 하나님의 일꾼으로 자천하여 많이 견디는 것과 환난과 궁핍과 곤란과 매 맞음과 갇힘과 요란한 것과 수고로움과 자지 못함과 먹지 못함과	
	마 6:31,32	그러므로 염려하여 이르기를 무엇을 먹을까 무엇을 마실까 무엇을 입을까 하지 말라 이는 다 이방인들이 구하는 것이라 너희 천부께서 이 모든 것이 너희에게 있어야 할 줄을 아시느니라	
		정력	
	민 11:4-6	이스라엘 중에 섞여 사는 무리가 탐욕을 품으매 이스라엘 자손도 다시 울며 가로되 누가 우리에게 고기를 주어 먹게 할꼬 우리가 애굽에 있을 때에는 값없이 생선과 외와 수박과 부추와 파와 마늘들을 먹은 것이 생각나거늘 이제는 우리 정력이 쇠약하되 이 만나 외에는 보이는 것이 아무것도 없도다 하니	
	민 26:51	이스라엘 자손의 계수함을 입은 자가 육십만 일천칠백삼십 명이었더라 *(2차, 인구조사)	
	민 1:46	계수함을 입은 자의 총계가 육십만 삼천오백오십 명이었더라 *(1차, 인구조사)	
탐욕자		정욕	
	롬 13:14	오직 주 예수 그리스도로 옷 입고 정욕을 위하여 육신의 일을 도모하지 말라	
	롬 8:12,13	그러므로 형제들아 우리가 빚진 자로되 육신에게 져서 육신대로 살 것이 아니라 너희가 육신대로 살면 반드시 죽을 것이로되 영으로써 몸의 행실을 죽이면 살리니	
	창 1:28	하나님이 그들에게 복을 주시며 그들에게 이르시되 생육하고 번성하여 땅에 충만하라, 땅을 정복하라, 바다의 고기와 공중의 새와 땅에 움직이는 모든 생물을 다스리라 하시니라	
	시 18:1	나의 힘이 되신 여호와여 내가 주를 사랑하나이다	
		메추라기	
	민 11:31,32	바람이 여호와에게로서 나와 바다에서부터 메추라기를 몰아 진 곁 이편 저편 곧 진 사방으로 각기 하룻길 되는 지면 위 두 규빗쯤에 내리게 한지라 백성이 일어나 종일 종야와 그 이튿날 종일토록 메추라기를 모으니 적게 모은 자도 십 호멜이라 그들이 자기를 위하여 진 사면에 펴 두었더라	
		신령한 복	
	엡 1:3	찬송하리로다 하나님 곧 우리 주 예수 그리스도의 아버지께서 그리스도 안에서 하늘에 속한 모든 신령한 복으로 우리에게 복 주시되	
		고기 파티	
	민 11:31,32	바람이 여호와에게로서 나와 바다에서부터 메추라기를 몰아 진 곁 이편 저편 곧 진 사방으로 각기 하룻길 되는 지면 위 두 규빗쯤에 내리게 한지라 백성이 일어나 종일 종야와 그 이튿날 종일토록 메추라기를 모으니 적게 모은 자도 십 호멜이라 그들이 자기를 위하여 진 사면에 펴 두었더라	
결과		영적 파티	
	요 10:10	도적이 오는 것은 도적질하고 죽이고 멸망시키려는 것뿐이요 내가 온 것은 양으로 생명을 얻게 하고 더 풍성히 얻게 하려는 것이라	
	엡 2:7	이는 그리스도 예수 안에서 우리에게 자비하심으로써 그 은혜의 지극히 풍성함을 오는 여러 세대에 나타내려 하심이니라	
	딛 3:6	성령을 우리 구주 예수 그리스도로 말미암아 우리에게 풍성히 부어 주사	
	고후 2:15	우리는 구원 얻는 자들에게나 망하는 자들에게나 하나님 앞에서 그리스도의 향기니	
		탐욕	
	민 11:33,34	고기가 아직 잇사이에 있어 씹히기 전에 여호와께서 백성에게 대하여 진노하사 심히 큰 재앙으로 치셨으므로 그곳 이름을 기브롯 핫다아와라 칭하였으니 탐욕을 낸 백성을 거기 장사함이었더라	

제1장 이스라엘의 원망과 시기로 인한 징계

	탐욕 금기	
탐욕자	엡 5:3	음행과 온갖 더러운 것과 탐욕은 너희 중에서 그 이름이라도 부르지 말라 이는 성도의 마땅한 바니라
	출 20:17	네 이웃의 집을 탐내지 말지니라 네 이웃의 아내나 그의 남종이나 그의 여종이나 그의 소나 그의 나귀나 무릇 네 이웃의 소유를 탐내지 말지니라
결과	골 3:5	그러므로 땅에 있는 지체를 죽이라 곧 음란과 부정과 사욕과 악한 정욕과 탐심이니 탐심은 우상 숭배니라
	약 1:15	욕심이 잉태한즉 죄를 낳고 죄가 장성한즉 사망을 낳느니라

"화 있을진저
외식하는 서기관들과 바리새인들이여
잔과 대접의 겉은 깨끗이 하되
그 안에는
탐욕과 방탕으로 가득하게 하는도다"
(마 23:25)

제3절 하세롯에서의 문둥병 사건

"백성이 기브롯 핫다아와에서 진행하여 **하세롯**에 이르러 거기 거하니라"(민 11:35).

"모세가 구스 여자를 취하였더니 그 구스 여자를 취하였으므로 미리암과 아론이 모세를 비방하니라 그들이 이르되 여호와께서 모세와만 말씀하셨느냐 우리와도 말씀하지 아니하셨느냐 하매 여호와께서 이 말을 들으셨더라 이 사람 모세는 온유함이 지면의 모든 사람보다 승하더라 여호와께서 갑자기 모세와 아론과 미리암에게 이르시되 너희 삼인은 회막으로 나아오라 하시니 그 삼인이 나아가매 여호와께서 구름기둥 가운데로서 강림하사 장막 문에 서시고 아론과 미리암을 부르시는지라 그 두 사람이 나아가매 이르시되 내 말을 들으라 너희 중에 선지자가 있으면 나 여호와 이상으로 나를 그에게 알리기도 하고 꿈으로 그와 말하기도 하거니와 내 종 모세와는 그렇지 아니하니 그는 나의 온 집에 충성됨이라 그와는 내가 대면하여 명백히 말하고 은밀한 말로 아니하며 그는 또 여호와의 형상을 보겠거늘 너희가 어찌하여 내 종 모세 비방하기를 두려워 아니하느냐 여호와께서 그들을 향하여 진노하시고 떠나시매 구름이 장막 위에서 떠나갔고 미리암은 **문둥병**이 들려 눈과 같더라 아론이 미리암을 본즉 문둥병이 들었는지라 아론이 이에 모세에게 이르되 슬프다 내 주여 우리가 우매한 일을 하여 죄를 얻었으나 청컨대 그 허물을 우리에게 돌리지 마소서 그로 살이 반이나 썩고 죽어서 모태에서 나온 자같이 되게 마옵소서 모세가 여호와께 부르짖어 가로되 하나님이여 원컨대 그를 고쳐 주옵소서 여호와께서 모세에게 이르시되 그의 아비가 그의 얼굴에 침을 뱉었을지라도 그가 칠일간 부끄러워하지 않겠느냐 그런즉 그를 진 밖에 칠 일을 가두고 그 후에 들어오게 할지니라 하시니 이에 미리암이 진 밖에 칠 일 동안 갇혔고 백성은 그를 다시 들어오게 하기까지 진행치 아니하다가 그 후에 백성이 하세롯에서 진행하여 바란 광야에 진을 치니라"(민 12:1-16).

1. 하세롯에서의 역사적 의미

1) 하세롯에서 모세를 비방한 측근과 지리적 위치

이스라엘 백성은 기브롯 핫다아와에서 하나님께 사랑의 징계를 받은 후 그들은 침묵 속에서 구름기둥의 인도를 받으며 하세롯으로 발길을 옮겼다. 이스라엘은 가나안 땅을 바라보면서 가나안 극남단에 위치한 가데스 바네아(수 15:1-4)에 진입하기 전 하세롯에 도착하여 장막을 쳤다. 하세롯에서 모세를 비방한 측근들이 하나님의 징계를 받은 후에야 죄를 뉘우치는 어리석음을 범했던 것이다. 하세롯의 지리적 위치는 시내 산의 두 번째 지역이다. *(지도에 부호 ⑫을 참고하라)

"기브롯 핫다아와에서 발행하여 하세롯에 진 쳤고"(민 33:17).

2) 미리암의 문둥병 원인

　미리암과 아론은 구스 여자를 아내로 삼은 모세를 비방하였을 뿐 아니라 직권을 남용하면서 하나님과의 대화를 빙자하였다(출 12:1-2). 이 같은 행위는 모세와 동등한 위치에 서기 위한 그들의 술책에 불과했다. 지도자 모세는 삼직(선지자직, 제사장직, 왕직)을 하나님께로부터 위임 받은 사람이었다(출 18:13-15; 신 34:10; 시 99:6). 그래서 모세가 하는 일들은 하나님의 구속사에 관한 일이었기 때문에 어떤 누구도 방해하거나 비방할 수 없었다. 혹 그가 개인적으로 잘못을 범했을지라도 이는 오직 하나님만이 간섭하실 수 있을 뿐이었다.

민수기 11장이 일반 백성 사이에서 일어난 불평 사건이라면, 민수기 12장은 모세의 측근이었던 지도층의 불평이었다. 지도층의 내분으로 모세를 비방했던 사람은 미리암과 아론이다. 그것도 집안에 친누나요 형이었다. 또 제사장 직분을 넘본 고라 역시 집안에 친사촌지간이었다(출 6:18-21). 하나님은 모세를 비방한 그들 중에 미리암에게만 대표적으로 문둥병을 주었다.

미리암의 이름이 먼저 기록된 것을 보아 그녀가 모세를 신랄하게 비판하였을 것이다. 또 아론에게 문둥병을 주지 않은 것은 제사장의 직무를 이행해야 했기 때문이다. 미리암과 같이 모세를 비방한 아론은 비록 문둥병에는 걸리지 않았더라도 하나님 앞에서 두려움을 느꼈을 것이고, 또 누이 미리암을 볼 때 민망스럽고 마음이 고통스러웠을 것이다. 그리고 아론 역시 마음 깊이 회개하였을 것이다.

3) 이스라엘의 실제 인물들

이스라엘 백성의 영도자 모세는 하나님께 직분을 받은 사람으로서 세상의 모든 사람보다 온유한 사람이었다(민 12:3). 그는 과거 애굽 사람을 쳐 죽인 혈기방장한 사람이었지만, 미디안 광야로 도피한 40년 후에는 온유한 성품으로 변화되었다. 모세는 하나님과 직접 대면하여 말했을 뿐만 아니라 하나님의 집에 충성스런 사람이었다(민 12:7-8).

또한 아론은 모세의 대변인으로 세움을 받았고(출 4:14-16, 27,28), 하나님께로부터 제사장 직분을 받은 사람이었다(출 28:1). 그리고 미리암은 여선지자의 직분을 받은 사람이었다(출 15:20). 그녀는 이스라엘 백성이 홍해를 건넌 후 여인들과 함께 손에 소고를 잡고 춤추며 찬송으로 화답하며 하나님께 영광을 돌렸던 인물이다.

2. 문둥병 사건의 구속사적 의미

	문둥병의 사건(기능)	문둥병의 영적 의미
비방	● **친형제(2촌)가 모세를 비방** ① 지도자 모세를 **비방**한 사람들(민12:1) ㉠ 구스 여자를 아내로 삼았다며 비방한 사람 ㉡ 모세를 비방한 지도자급 여선지자 미리암 ㉢ 모세를 비방한 지도자급 제사장 아론 ② **공명심**으로 인해 모세를 비방한 자들(민12:2상) ㉠ 하나님과 대화했다는 것으로 모세를 비함한 ㉡ 하나님을 빙자하여 모세의 권한을 추락시킨 남매 ㉢ 백성의 지휘권을 공유하려는 명예욕 ③ 비방의 말을 들으신 하나님의 **귀**(?)(민12:2하) ㉠ 비방하는 남매의 말을 들으신 하나님(사59:1) ㉡ 지휘권 공유로 하나님의 주권을 침해한 남매 ㉢ 구스 여인을 평계로 동등한 위치를 노린 남매	● **성도(영적 형제)가 목사를 비방** ① 목회자의 **비방**(대적)은 금지사항(딤후4:14,15) ㉠ 목사에게 해나 비방, 이성의 모함 등을 주의 ㉡ 목사를 비방해서는 안 될 지도자급 권사(여성) ㉢ 목사를 비방해서는 안 될 지도자급 장로(남성) ② **진리**를 떠나 목사를 비방하는 행위(벧전2:1) ㉠ 집집마다 다니며 목사를 헐뜯는 성도(딤전5:12-15) ㉡ 목사를 흠집 내어 교회를 혼란케 하는 무질서(고전14:40) ㉢ 목사를 근심케 하고 불순종하는 무익한 행위(히13:17) ③ 불꽃 같은 **눈**으로 마음을 살피시는 예수님(계1:14) ㉠ 성도의 언행을 달아 보시는 하나님(삼상2:3) ㉡ 목사를 비방·무시함은 위임하신 예수를 무시 ㉢ 목사에게 교회를 위임하신 예수(요21:15-17)
문둥병	● **불치의 병이었던 문둥병** ① 하나님의 징계로 온 몸에 생긴 **문둥병**(민12:9,10) ㉠ 문둥병은 세균(나균)의 활동으로 전염됨 ㉡ 얼굴과 손·발가락 관절이 결절되는 나병 ㉢ 피부 반점으로 시작해 몸 안에 들어가 결절 ② 장막 밖으로 **추방**당한 문둥병자(민12:14,15) ㉠ 장막 밖에서 7일 동안 진에 갇힌 미리암 ㉡ 7일간 갇혀 백성과 교제가 단절된 미리암 ㉢ 문둥병으로 백성에게 완전히 수욕당한 미리암 ③ 장막 밖에서 **회개**해야 할 문둥병자(민12:14,15) ㉠ 장막 밖에서 7일 동안 온전히 회개한 미리암 ㉡ 비방과 명예욕을 살피며 회개한 미리암 ㉢ 병 고침을 받고 백성과 합류하는 길은 회개	● **문둥병은 추한 죄를 상징** ① 거짓된 **죄**로 게하시에게 문둥병 발생(왕하5:20-27) ㉠ 죄는 사람 속에 거하여 전염시킴(롬7:20) ㉡ 지체(얼굴, 손, 발)로 지은 죄, 회개(마5:28-30;18:8) ㉢ 육과 마음의 죄는 영혼을 파멸시킴(겔18:4) ② 하나님과의 교제를 **단절**시키는 죄(사59:2,3) ㉠ '7'의 숫자는 완전수로 교제가 단절됨을 의미 ㉡ 하나님과의 영적 대화를 완전히 단절시키는 죄 ㉢ 범죄자는 마귀에게 완전히 당하는 수욕(슥3:1-3) ③ 성전에서 온전히 **회개**해야 하는 죄인(눅18:10-14) ㉠ 온전히 회개할 때 죄 사함을 받게 되는 성도 ㉡ 자기를 살피고 회개할 때 영적으로 회복되는 성도 ㉢ 교회에 은혜가 넘치는 길은 전 성도가 회개

> 여호와께서 말씀하시되
> 오라 우리가 서로 변론하자
> 너희 죄가 주홍 같을지라도 눈과 같이 희어질 것이요
> 진홍같이 붉을지라도 양털같이 되리라
> (사 1:18)

3. 문둥병 사건의 구속사적 의미(성구)

비방		
	민 12:1	모세가 구스 여자를 취하였더니 그 구스 여자를 취하였으므로 미리암과 아론이 모세를 비방하니라
	비방	
	딤후 4:14,15	구리 장색 알렉산더가 내게 해를 많이 보였으매 주께서 그 행한 대로 저에게 갚으시리니 너도 저를 주의하라 저가 우리말을 심히 대적하였느니라
	공명심	
	민 12:2상	그들이 이르되 여호와께서 모세와만 말씀하셨느냐 우리와도 말씀하지 아니하셨느냐 하매
	진리	
	벧전 2:1	그러므로 모든 악독과 모든 궤휼과 외식과 시기와 모든 비방하는 말을 버리고
비 방	딤전 5:12-15	처음 믿음을 저버렸으므로 심판을 받느니라 또 저희가 게으름을 익혀 집집에 돌아다니고 게으를 뿐 아니라 망령된 폄론을 하며 일을 만들며 마땅히 아니할 말을 하나니 그러므로 젊은이는 시집가서 아이를 낳고 집을 다스리고 대적에게 훼방할 기회를 조금도 주지 말기를 원하노라 이미 사탄에게 돌아간 자들도 있도다
	고전 14:40	모든 것을 적당하게 하고 질서대로 하라
	히 13:17	너희를 인도하는 자들에게 순종하고 복종하라 저희는 너희 영혼을 위하여 경성하기를 자기가 회계할 자인 것같이 하느니라 저희로 하여금 즐거움으로 이것을 하게 하고 근심으로 하게 말라 그렇지 않으면 너희에게 유익이 없느니라
	귀	
	민 12:2하	우리와도 말씀하지 아니하셨느냐 하매 여호와께서 이 말을 들으셨더라
	사 59:1	여호와의 손이 짧아 구원치 못하심도 아니요 귀가 둔하여 듣지 못하심도 아니라
	눈	
	계 1:14	그 머리와 털의 희기가 흰 양털 같고 눈 같으며 그의 눈은 불꽃 같고
	삼상 2:3	심히 교만한 말을 다시 하지 말 것이며 오만한 말을 너희 입에서 내지 말지어다 여호와는 지식의 하나님이시라 행동을 달아 보시느니라
	요 21:15-17	저희가 조반 먹은 후에 예수께서 시몬 베드로에게 이르시되 요한의 아들 시몬아 네가 이 사람들보다 나를 더 사랑하느냐 하시니 가로되 주여 그러하외다 내가 주를 사랑하는 줄 주께서 아시나이다 가라사대 내 어린양을 먹이라 하시고 또 두 번째 가라사대 요한의 아들 시몬아 네가 나를 사랑하느냐 하시니 가로되 주여 그러하외다 내가 주를 사랑하는 줄 주께서 아시나이다 가라사대 내 양을 치라 하시고 세 번째 가라사대 요한의 아들 시몬아 네가 나를 사랑하느냐 하시니 주께서 세 번째 네가 나를 사랑하느냐 하시므로 베드로가 근심하여 가로되 주여 모든 것을 아시오매 내가 주를 사랑하는 줄을 주께서 아시나이다 예수께서 가라사대 내 양을 먹이라
	문둥병	
	민 12:9,10	여호와께서 그들을 향하여 진노하시고 떠나시매 구름이 장막 위에서 떠나갔고 미리암은 문둥병이 들려 눈과 같더라 아론이 미리암을 본즉 문둥병이 들었는지라
문 둥 병	**죄**	
	왕하 5:20-27	하나님의 사람 엘리사의 사환 게하시가 스스로 이르되 내 주인이 이 아람 사람 나아만에게 면하여 주고 그 가지고 온 것을 그 손에서 받지 아니하였도다 여호와의 사심을 가리켜 맹세하노니 내가 저를 쫓아가서 무엇이든지 그에게서 취하리라 하고 나아만의 뒤를 쫓아가니 나아만이 자기 뒤에 달려옴을 보고 수레에 내려서 맞아 가로되 평안이냐 저가 가로되 평안이니이다 우리 주인께서 나를 보내시며 말씀하시기를 지금 선지자의 생도 중에 두 소년이 에브라임 산지에서부터 내게 왔으니 청컨대 당신은 저희에게 은 한 달란트와 옷 두 벌을 주라 하시더이다 나아

문둥병	왕하 5:20-27	만이 가로되 바라건대 두 달란트를 받으라 하고 저를 억제하여 은 두 달란트를 두 전대에 넣어 매고 옷 두 벌을 아울러 두 사환에게 지우매 저희가 게하시 앞에서 지고 가니라 언덕에 이르러는 게하시가 그 물건을 두 사환의 손에서 취하여 집에 감추고 저희를 보내어 가게 한 후 들어가서 그 주인 앞에 서니 엘리사가 이르되 게하시야 네가 어디서 오느냐 대답하되 종이 아무데도 가지 아니하였나이다 엘리사가 이르되 그 사람이 수레에서 내려 너를 맞을 때에 내 심령이 감각되지 아니하였느냐 지금이 어찌 은을 받으며 옷을 받으며 감람원이나 포도원이나 양이나 소나 남종이나 여종을 받을 때냐 그러므로 나아만의 문둥병이 네게 들어 네 자손에게 미쳐 영원토록 이르리라 게하시가 그 앞에서 물러나오매 문둥병이 발하여 눈같이 되었더라
	롬 7:20	만일 내가 원치 아니하는 그것을 하면 이를 행하는 자가 내가 아니요 내 속에 거하는 죄니라
	마 5:28-30	나는 너희에게 이르노니 여자를 보고 음욕을 품는 자마다 마음에 이미 간음하였느니라 만일 네 오른눈이 너로 실족케 하거든 빼어 내버리라 네 백체 중 하나가 없어지고 온몸이 지옥에 던지우지 않는 것이 유익하며 또한 만일 네 오른손이 너로 실족케 하거든 찍어 내버리라 네 백체 중 하나가 없어지고 온몸이 지옥에 던지우지 않는 것이 유익하니라
	마 18:8	만일 네 손이나 네 발이 너를 범죄케 하거든 찍어 내버리라 불구자나 절뚝발이로 영생에 들어가는 것이 두 손과 두 발을 가지고 영원한 불에 던지우는 것보다 나으니라
	겔 18:4	모든 영혼이 다 내게 속한지라 아비의 영혼이 내게 속함같이 아들의 영혼도 내게 속하였나니 범죄하는 그 영혼이 죽으리라
	추방	
	민 12:14,15	여호와께서 모세에게 이르시되 그의 아비가 그의 얼굴에 침을 뱉었을지라도 그가 칠 일간 부끄러워하지 않겠느냐 그런즉 그를 진 밖에 칠 일을 가두고 그 후에 들어오게 할지니라 하시니 이에 미리암이 진 밖에 칠 일 동안 갇혔고 백성은 그를 다시 들어오게 하기까지 진행치 아니하다가
	단절	
	사 59:2,3	오직 너희 죄악이 너희와 너희 하나님 사이를 내었고 너희 죄가 그 얼굴을 가리워서 너희를 듣지 않으시게 함이니 이는 너희 손이 피에, 너희 손가락이 죄악에 더러웠으며 너희 입술은 거짓을 말하며 너희 혀는 악독을 발함이라
	슥 3:1-3	대제사장 여호수아는 여호와의 사자 앞에 섰고 사탄은 그의 우편에 서서 그를 대적하는 것을 여호와께서 내게 보이시니라 여호와께서 사탄에게 이르시되 사탄아 여호와가 너를 책망하노라 예루살렘을 택한 여호와가 너를 책망하노라 이는 불에서 꺼낸 그슬린 나무가 아니냐 하실 때에 여호수아가 더러운 옷을 입고 천사 앞에 섰는지라
	장막 밖 회개	
	민 12:14,15	여호와께서 모세에게 이르시되 그의 아비가 그의 얼굴에 침을 뱉었을지라도 그가 칠 일간 부끄러워하지 않겠느냐 그런즉 그를 진 밖에 칠 일을 가두고 그 후에 들어오게 할지니라 하시니 이에 미리암이 진 밖에 칠 일 동안 갇혔고 백성은 그를 다시 들어오게 하기까지 진행치 아니하다가
	성전 안 회개	
	눅 18:10-14	두 사람이 기도하러 성전에 올라가니 하나는 바리새인이요 하나는 세리라 바리새인은 서서 따로 기도하여 가로되 하나님이여 나는 다른 사람들 곧 토색, 불의, 간음을 하는 자들과 같지 아니하고 이 세리와도 같지 아니함을 감사하나이다 나는 이레에 두 번씩 금식하고 또 소득의 십일조를 드리나이다 하고 세리는 멀리 서서 감히 눈을 들어 하늘을 우러러 보지도 못하고 다만 가슴을 치며 가로되 하나님이여 불쌍히 여기옵소서 나는 죄인이로소이다 하였느니라 내가 너희에게 이르노니 이 사람이 저보다 의롭다 하심을 받고 집에 내려갔느니라 무릇 자기를 높이는 자는 낮아지고 자기를 낮추는 자는 높아지리라 하시니라

> "그런즉 사랑하는 자들아
> 이 약속을 가진 우리가 하나님을 두려워하는 가운데서
> 거룩함을 온전히 이루어 육과 영의 온갖 더러운 것에서
> 자신을 깨끗케 하자"
> (고후 7:1)

제2장 가데스에서의 신앙적 행위

시내 산에서 언약궤를 앞세우고 행군한 이스라엘 백성은 기브롯 핫다아와, 하세롯의 두 지역을 통과한 후 가나안 땅을 바라보며 북상하였다. 이스라엘은 가나안 극남단에 위치하는 바란 광야인 가데스 바네아에 도착하여 장막을 쳤다. 모세는 약속의 땅인 가나안이 눈앞에 보이는 곳에서 정탐꾼을 파견하여 가나안 지역을 상세히 조사하도록 하였다.

제1절 열두 정탐꾼 파견과 보고

"그 후에 백성이 하세롯에서 진행하여 **바란 광야**에 진을 치니라"(민 12:16).

"여호와께서 모세에게 일러 가라사대 사람을 보내어 내가 이스라엘 자손에게 주는 가나안 땅을 탐지하게 하되 그 종족의 각 지파 중에서 족장 된 자 한 사람씩 보내라 모세가 여호와의 명을 좇아 **바란 광야**에서 그들을 보내었으니 그들은 다 이스라엘 자손의 두령된 사람이라"(민 13:1-3).

"바란 광야 **가데스**에 이르러 모세와 아론과 이스라엘 자손의 온 회중에게 나아와 그들에게 회보하고 그 땅 실과를 보이고"(민 13:26).

"하세롯에서 발행하여 **릿마**에 진 쳤고"(민 33:18).

1. 가데스에서 정탐꾼의 역사적 의미

1) 가데스 바네아의 지명과 지리적 위치

이스라엘 백성이 장막을 친 장소의 이름은 성경에 바란 광야, 릿마, 가데스 등 여러 지명으로 기록되었는데 이는 동일한 지역이다. 릿마(금작화, 金雀花=콩과의 관목, broom=양골담초)는 바란 광야에 속한 지역으로서 이스라엘이 정착하기 전에 원주민들이 불렀던 지명이었다. 가데스는 이스라엘 백성이 릿마에 주둔해 있으면서 가데스(가데스 바네아='거룩한 샘')로 지명을 고쳐 부른 것이다. 바란 광야는 가데스와 맞붙어 있는 지역이다.

*(지도에 부호 ⑬을 참고하라)

"호렙 산에서 세일 산을 지나 가데스 바네아에까지 열하룻 길이었더라"(신 1:2).

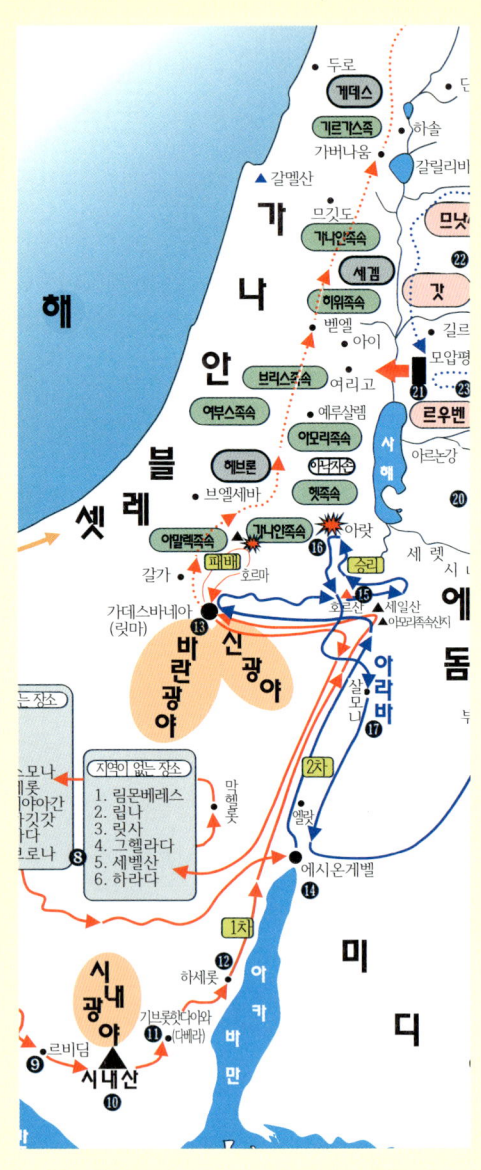

2) 가데스에 주둔한 이스라엘

이스라엘 백성은 가나안 정복의 꿈을 꾸며 우여곡절 끝에 가나안의 남방 경계선인 가데스 바네아에 도착하여 주둔하였다(민 20:1 상반절; 수 15:1). 그러나 가나안 사람들에 대한 두려움 때문에 하나님을 신뢰하지 못하고 부정적인 태도를 취하였다. 그들은 풍요로운 가나안 땅을 보았지만 자신들의 힘으로는 그 땅을 정복할 수 없다고 생각했다. 이에 모세는 불안에 떠는 백성을 위해 정탐꾼을 파견하게 된다. 사실 가나안 땅의 정탐은 하나님의 지시가 아니라 백성의 간곡한 요구로 하나님이 허락하셨던 것이다(민 13:1-3; 신 1:19-23).

3) 정탐꾼의 차출 및 임무

모세는 가나안 땅을 탐지할 사람들, 즉 열두 지파의 족장(두령)들을 차출하도록 지시하였다. 여기에 차출된 족장들은 백성들보다는 신앙심이 더 좋다고 하는 자들이었다. 정탐꾼의 임무는 가나안 땅을 면밀히 조사하여 그 결과를 보고하도록 하는 일이었다. 이는 가나안 족속의 강약과 주민 가구 수와 그들의 거주지가 산지인지 평지인지를 탐지하고 토지의 수목과 과실에 대한 조사였다. 모세는 정탐꾼의 탐지 기간을 40일로 주었다. 사실 정탐꾼들이 그 땅을 탐지하는 데는 약 10일이면 충분했다. 그런데 40일의 기간을 준 것은, 그 땅을 철저히 조사하여 정확히 보고하라는 것이었다. 가나안 땅의 면적은 남북 245km며, 동서의 가장 긴 곳이 약 125km, 짧은 곳이 44km정도였다. 그렇다면 가나안의 40일간의 조사 기간은 정탐꾼들로서는 넉넉한 기간이었다.

4) 신앙의 눈으로 본 사람

갈렙과 여호수아는 하나님 중심의 사람으로 신앙의 인품을 소유한 자들이다. 그들은 백성들의 불신앙적인 행동을 목도하고 가나안 땅을 정탐한 자로서 책임과 의분을 느꼈다. 두 사람은 열 정탐꾼의 부정적인 보고로 인해 하나님의 약속의 말씀이 왜곡될 우려가 있음을 알고 분통을 참지 못하고 옷을 찢고 말았다(민 14:6).

열 명의 정탐꾼은 현실을 바라보았지만, 갈렙과 여호수아는 군중 심리에 좌우되지 않고 전능하신 하나님을 의지하고 오직 믿음으로 나아가는 신실한 신앙을 소유하고 있었다. 그들은, 가나안 정복은 시간 문제로 가나안 족속의 보호자는 이미 떠났기 때문에 이스라엘의 보호자인 여호와가 함께하실 때 승리할 수 있다고 주장했다. 백성이 돌로 치려는 위험한 상황 속에서도 그들은 모세 편에 서서 대변하였다(민 14:10).

이처럼 세상에 교인으로 등록된 자는 많지만 하나님이 기뻐하시는 진정한 의인은 별로 없다(마 5:20, 19:29; 눅 9:23; 고전 4:10-13; 갈 6:14, 17; 빌 1:29). 비록 의인의 수는 소수에 불과하더라도 하나님은 믿음의 사람과 함께하심을 잊지 말아야 한다.

2. 정탐꾼의 구속사적 의미

		정탐꾼의 기능	정탐꾼의 영적 의미
정탐꾼	파견·보고·반응	① **하나님의 말씀**에 순종할 때 가나안에 신속히 진입(신1:21) ㉠ 정탐꾼을 사람의 방법대로 차출(신1:22,23) ㉡ 가나안에 파견한 12정탐꾼(민13:1,2) ㉢ 가나안 지역 40일을 정찰한 정탐꾼(민13:25) ㉣ 가나안 동향을 면밀히 살핀 정탐꾼(민13:17-20)	① **하나님의 말씀**을 받을 때 복음으로 정복(행17:11,12) ㉠ 사도에게 자기 말씀을 전도로 맡기신 하나님(딛1:3) ㉡ 복음을 위해 파송된 대표적인 12제자(마10:2-6) ㉢ 세상 구원을 위해 정찰·활동하는 복음 전파자 ㉣ 세상과 악의 세력을 구별·동향하는 영의 성도
		② **사람을 의식**한 자는 가나안 땅 불허(민13:28,29) ㉠ 아낙 자손의 명성으로 부정적 신앙(민13:22) ㉡ 원주민의 강함을 두려워한 불신앙(민13:28) ㉢ 가나안 성읍이 견고함을 주장한 자들(민13:28) ※ 갈렙, 여호수아 - 그들은 '우리의 밥'(민14:9) ※ 믿음의 사람에게 역사하시는 하나님(민14:9하)	② **하나님을 의뢰**할 때 영원한 가나안 입성(히3:18,19) ㉠ 하나님께만 영광 돌리는 믿음의 성도(고전6:20) ㉡ 하나님이 도우심으로 담대한 신앙 가짐(히13:6,7) ㉢ 바위와 요새와 산성이신 하나님만 신뢰(시18:2) ※ 하나님을 신뢰하는 성도도 복음으로 정복 ※ 비밀로 간직된 예수를 소유한 영의 성도(골2:2,3)
		③ 하나님 말씀을 **신뢰**하지 않는 자들(민13:31-33) ㉠ 이스라엘을 하찮은 곤충으로 여김(민13:33상) ㉡ 이스라엘을 비약하게 만든 불신앙(민13:33하) ㉢ 배후에 계신 하나님을 보지 못하는 불신앙	③ 하나님을 **신뢰**(의뢰)하는 믿음의 사람(고후1:9) ㉠ 하나님의 형상을 입은 성도(골3:10; 롬8:16) ㉡ 하나님의 비전을 실현케 하는 확고한 신앙 ㉢ 주님이 함께 역사하심을 확신하는 성도(마28:20)
		④ **원망**한 백성이 애굽으로의 회귀 요구(민14:3,4) ㉠ 하나님의 의도를 모르는 완악한 백성(민14:10,22,23) ㉡ 이스라엘이 패배한 아랏의 전쟁(민14:45)	④ 세상 것을 멀리하고 구원에 **감사**하는 성도(약4:4) ㉠ 하나님의 의를 알고 복종하는 성도(롬10:3) ㉡ 마귀를 대적할 때 전신갑주를 착용(엡6:13-17)
정탐꾼 이름	신앙	① 갈렙 - '공격자'라는 이름의 뜻(민13:30) ② 호세아 - '구원자'라는 이름의 뜻(민14:6,7) 개명 : 호세아 → 여호수아 = '여호와는 구원자'	① **신본주의**(말씀주의) - 구원받은 자(요3:5, 15:3) ·하나님 중심으로 살아가는 성도 ·불신자 → 교인 → 신자 → 성도로 불림(마23:15; 행10:45; 롬1:7)

	불신앙	● **10명의 신앙인들 이름이 무의미**(민13:1-3)
		① 삼무아 - '명성이 남'
		② 사밧 - '재판관'
		③ 이갈 - '그가 속량하심'
		④ 발디 - '구출됨'
		⑤ 갓디엘 - '하나님의 복됨'
		⑥ 갓디 - '복됨'
		⑦ 암미엘 - '하나님의 백성'
		⑧ 스둘 - '숨겨진'
		⑨ 나비 - '은익됨'
		⑩ 그우엘 - '하나님의 엄위'
			① **인본주의**(세속주의) - 구원받지 못한 자(딤후4:10)
			  인간 위주로 살아가는 불신앙인들
			② 하나님의 교회에 출석하지만 구원과 무관
			㉠ 주의 이름을 불러도 구원과 상관없음(마7:21)
			㉡ 마 25장은 교회에 대한 심판을 예고
			  ·미련한 다섯 처녀는 멸망(마25:9-13)
			  ·사명을 감당치 못한 달란트 소유자(마25:28-30)
			  ·양과 염소 중 왼편에 선 염소들(마25:41-46)
			③ 하나님의 집에서부터 받게 되는 심판
			㉠ 목사(장로)로부터 어린이까지 심판(겔9:3-6)
			㉡ 하나님은 마지막 때 교회를 심판(벧전4:17,18)

결과		① 정탐한 40일(1일 1년 환산)=40년간 **고난**(민14:34) ② 악평한 1세대들 광야에서 전부 죽음(민14:35-37) ③ 신앙인과 2세대들이 가나안에 입성(민14:30,31)	① 원망의 결과는 세상에서 받는 **고난**(고전10:10,11) ② 영혼이 멸망 받는 불신앙(고전10:5-6; 약5:9) ③ 하나님 편에 선 예수 믿는 자만이 구원받음(행16:31)

3. 정탐꾼의 구속사적 의미(성구)

정탐꾼 파견·보고·반응	하나님 말씀	
	신 1:21	너희 하나님 여호와께서 이 땅을 너희 앞에 두셨은즉 너희 열조의 하나님 여호와께서 너희에게 이르신 대로 올라가서 얻으라 두려워 말라 주저하지 말라 한즉
	신 1:22,23	너희가 다 내 앞으로 나아와 말하기를 우리가 사람을 우리 앞서 보내어 우리를 위하여 그 땅을 정탐하고 어느 길로 올라가야 할 것과 어느 성읍으로 들어가야 할 것을 우리에게 회보케 하자 하기에 내가 그 말을 선히 여겨 너희 중에서 매 지파에 한 사람씩 열둘을 택하매 *(신 1:19-23)
	민 13:1,2	여호와께서 모세에게 일러 가라사대 사람을 보내어 내가 이스라엘 자손에게 주는 가나안 땅을 탐지하게 하되 그 종족의 각 지파 중에서 족장 된 자 한 사람씩 보내라
	민 13:25	사십 일 동안에 땅을 탐지하기를 마치고 돌아와
	민 13:17-20	모세가 가나안 땅을 탐지하러 그들을 보내며 이르되 너희는 남방 길로 행하여 산지로 올라가서 그 땅의 어떠함을 탐지하라 곧 그 땅 거민의 강약과 다소와 그들의 거하는 땅의 호 불호와 거하는 성읍이 진영인지 산성인지와 토지의 후박과 수목의 유무니라 담대하라 또 그 땅 실과를 가져오라 하니 그때는 포도가 처음 익을 즈음이었더라
	하나님 말씀	
	행 17:11,12	베뢰아 사람은 데살로니가에 있는 사람보다 더 신사적이어서 간절한 마음으로 말씀을 받고 이것이 그러한가 하여 날마다 성경을 상고하므로 그중에 믿는 사람이 많고 또 헬라의 귀부인과 남자가 적지 아니하나
	딛 1:3	자기 때에 자기의 말씀을 전도로 나타내셨으니 이 전도는 우리 구주 하나님의 명대로 내게 맡기신 것이라
	마 10:2-6	열두 사도의 이름은 이러하니 베드로라 하는 시몬을 비롯하여 그의 형제 안드레와 세베대의 아들 야고보와 그의 형제 요한, 빌립과 바돌로매, 도마와 세리 마태, 알패오의 아들 야고보와 다대오, 가나안인 시몬 및 가룟 유다 곧 예수를 판 자라 예수께서 이 열둘을 내어보내시며 명하여 가라사대 이방인의 길로도 가지 말고 사마리아인의 고을에도 들어가지 말고 차라리 이스라엘 집의 잃어버린 양에게로 가라
	사람 의식	
	민 13:28,29	그러나 그 땅 거민은 강하고 성읍은 견고하고 심히 클 뿐 아니라 거기서 아낙 자손을 보았으며 아말렉인은 남방 땅에 거하고 헷인과 여부스인과 아모리인은 산지에 거하고 가나안인은 해변과 요단가에 거하더이다
	민 13:22	또 남방으로 올라가서 헤브론에 이르렀으니 헤브론은 애굽 소안보다 칠 년 전에 세운 곳이라 그곳에 아낙 자손 아히만과 세새와 달매가 있었더라
	민 13:28상	그러나 그 땅 거민은 강하고…
	민 13:28하	…성읍은 견고하고 심히 클 뿐 아니라 거기서 아낙 자손을 보았으며
	민 14:9	오직 여호와를 거역하지 말라 또 그 땅 백성을 두려워하지 말라 그들은 우리 밥이라 그들의 보호자는 그들에게서 떠났고 여호와는 우리와 함께하시느니라 그들을 두려워 말라 하나
	민 14:9하	…그들의 보호자는 그들에게서 떠났고 여호와는 우리와 함께하시느니라 그들을 두려워 말라 하나 *(신 32:30)
	하나님 의뢰	
	히 3:18,19	또 하나님이 누구에게 맹세하사 그의 안식에 들어오지 못하리라 하셨느뇨 곧 순종치 아니하던 자에게가 아니냐 이로 보건대 저희가 믿지 아니하므로 능히 들어가지 못한 것이라
	고전 6:20	값으로 산 것이 되었으니 그런즉 너희 몸으로 하나님께 영광을 돌리라
	히 13:6,7	그러므로 우리가 담대히 가로되 주는 나를 돕는 자시니 내가 무서워 아니하겠노라 사람이 내게 어찌하리요 하노라 하나님의 말씀을 너희에게 이르고 너희를 인도하던 자들을 생각하며 저희 행실의 종말을 주의하여 보고 저희 믿음을 본받으라
	시 18:2	여호와는 나의 반석이시요 나의 요새시요 나를 건지시는 자시요 나의 하나님이시요 나의 피할 바위시요 나의 방패시요 나의 구원의 뿔이시요 나의 산성이시로다

	골 2:2,3	이는 저희로 마음에 위안을 받고 사랑 안에서 연합하여 원만한 이해의 모든 부요에 이르러 하나님의 비밀인 그리스도를 깨닫게 하려 함이라 그 안에는 지혜와 지식의 모든 보화가 감취어 있느니라
	신뢰	
	민 13:31	그와 함께 올라갔던 사람들은 가로되 우리는 능히 올라가서 그 백성을 치지 못하리라 그들은 우리보다 강하니라 하고 *(민 13:31-33)
	민 13:33상	거기서 또 네피림 후손 아낙 자손 대장부들을 보았나니 우리는 스스로 보기에도 메뚜기 같으니…
	민 13:33	거기서 또 네피림 후손 아낙 자손 대장부들을 보았나니 우리는 스스로 보기에도 메뚜기 같으니 그들의 보기에도 그와 같았을 것이니라
	신뢰	
정탐꾼 파견·보고·반응	고후 1:9	우리 마음에 사형 선고를 받은 줄 알았으니 이는 우리로 자기를 의뢰하지 말고 오직 죽은 자를 다시 살리시는 하나님만 의뢰하게 하심이라
	골 3:10	새사람을 입었으니 이는 자기를 창조하신 자의 형상을 좇아 지식에까지 새롭게 하심을 받는 자니라
	롬 8:16	성령이 친히 우리 영으로 더불어 우리가 하나님의 자녀인 것을 증거하시나니
	마 28:20	내가 너희에게 분부한 모든 것을 가르쳐 지키게 하라 볼지어다 내가 세상 끝 날까지 너희와 항상 함께 있으리라 하시니라
	원망	
	민 14:3,4	어찌하여 여호와가 우리를 그 땅으로 인도하여 칼에 망하게 하려 하는고 우리 처자가 사로잡히리니 애굽으로 돌아가는 것이 낫지 아니하랴 이에 서로 말하되 우리가 한 장관을 세우고 애굽으로 돌아가자 하매 *(민 14:1-4)
	민 14:10, 22,23	10. 온 회중이 그들을 돌로 치려 하는 동시에 여호와의 영광이 회막에서 이스라엘 모든 자손에게 나타나시니라 22,23. 나의 영광과 애굽과 광야에서 행한 나의 이적을 보고도 이같이 열 번이나 나를 시험하고 내 목소리를 청종치 아니한 그 사람들은 내가 그 조상들에게 맹세한 땅을 결단코 보지 못할 것이요 또 나를 멸시하는 사람은 하나라도 그것을 보지 못하리라 *(민 14:22,23)
	민 14:45	아말렉인과 산지에 거하는 가나안인이 내려와 쳐서 파하고 호르마까지 이르렀더라 *(민 14:39-45)
	감사	
	약 4:4	간음하는 여자들이여 세상과 벗된 것이 하나님의 원수임을 알지 못하느뇨 그런즉 누구든지 세상과 벗이 되고자 하는 자는 스스로 하나님과 원수 되게 하는 것이니라
	롬 10:3	하나님의 의를 모르고 자기 의를 세우려고 힘써 하나님의 의를 복종치 아니하였느니라
	엡 6:13-17	그러므로 하나님의 전신갑주를 취하라 이는 악한 날에 너희가 능히 대적하고 모든 일을 행한 후에 서기 위함이라 그런즉 서서 진리로 너희 허리띠를 띠고 의의 흉배를 붙이고 평안의 복음의 예비한 것으로 신을 신고 모든 것 위에 믿음의 방패를 가지고 이로써 능히 악한 자의 모든 화전을 소멸하고 구원의 투구와 성령의 검 곧 하나님의 말씀을 가지라
	신앙인	
정탐꾼 이름	민 13:30	갈렙이 모세 앞에서 백성을 안돈시켜 가로되 우리가 곧 올라가서 그 땅을 취하자 능히 이기리라 하나
	민 14:6,7	그 땅을 탐지한 자 중 눈의 아들 여호수아와 여분네의 아들 갈렙이 그 옷을 찢고 이스라엘 자손의 온 회중에게 일러 가로되 우리가 두루 다니며 탐지한 땅은 심히 아름다운 땅이라 *(민 14:6-10)
	신본주의	
	요 3:5	예수께서 대답하시되 진실로 진실로 네게 이르노니 사람이 물과 성령으로 나지 아니하면 하나님 나라에 들어갈 수 없느니라
	요 15:3	너희는 내가 일러 준 말로 이미 깨끗하였으니
	마 23:15	화 있을진저 외식하는 서기관들과 바리새인들이여 너희는 교인 하나를 얻기 위하여 바다와 육지를 두루 다니다가 생기면 너희보다 배나 더 지옥 자식이 되게 하는도다

	행 10:45	베드로와 함께 온 할례 받은 신자들이 이방인들에게도 성령 부어 주심을 인하여 놀라니
	롬 1:7	로마에 있어 하나님의 사랑하심을 입고 성도로 부르심을 입은 모든 자에게 하나님 우리 아버지와 주 예수 그리스도로 좇아 은혜와 평강이 있기를 원하노라
	불신앙인	
	민 13:1-3	여호와께서 모세에게 일러 가라사대 사람을 보내어 내가 이스라엘 자손에게 주는 가나안 땅을 탐지하게 하되 그 종족의 각 지파 중에서 족장 된 자 한 사람씩 보내라 모세가 여호와의 명을 좇아 바란 광야에서 그들을 보내었으니 그들은 다 이스라엘 자손의 두령 된 사람이라 *(민 13:1-16)
	인본주의	
	딤후 4:10	데마는 이 세상을 사랑하여 나를 버리고 데살로니가로 갔고 그레스게는 갈라디아로, 디도는 달마디아로 갔고
	마 7:21	나더러 주여 주여 하는 자마다 천국에 다 들어갈 것이 아니요 다만 하늘에 계신 내 아버지의 뜻대로 행하는 자라야 들어가리라
정탐꾼이름	마 25:9-13	슬기 있는 자들이 대답하여 가로되 우리와 너희의 쓰기에 다 부족할까 하노니 차라리 파는 자들에게 가서 너희 쓸 것을 사라 하니 저희가 사러 간 동안에 신랑이 오므로 예비하였던 자들은 함께 혼인 잔치에 들어가고 문은 닫힌지라 그 후에 남은 처녀들이 와서 가로되 주여 주여 우리에게 열어 주소서 대답하여 가로되 진실로 너희에게 이르노니 내가 너희를 알지 못하노라 하였느니라 그런즉 깨어 있으라 너희는 그날과 그 시를 알지 못하느니라 *(마 25:1-13)
	마 25:28-30	그에게서 그 한 달란트를 빼앗아 열 달란트 가진 자에게 주어라 무릇 있는 자는 받아 풍족하게 되고 없는 자는 그 있는 것까지 빼앗기리라 이 무익한 종을 바깥 어두운 데로 내어쫓으라 거기서 슬피 울며 이를 갊이 있으리라 하니라 *(마 25:14-30)
	마 25:41-46	또 왼편에 있는 자들에게 이르시되 저주를 받은 자들아 나를 떠나 마귀와 그 사자들을 위하여 예비된 영원한 불에 들어가라 내가 주릴 때에 너희가 먹을 것을 주지 아니하였고 목마를 때에 마시게 하지 아니하였고 나그네 되었을 때에 영접하지 아니하였고 벗었을 때에 옷 입히지 아니하였고 병들었을 때와 옥에 갇혔을 때에 돌아보지 아니하였느니라 하시니 저희도 대답하여 가로되 주여 우리가 어느 때에 주의 주리신 것이나 목마르신 것이나 나그네 되신 것이나 벗으신 것이나 병드신 것이나 옥에 갇히신 것을 보고 공양치 아니하더이까 이에 임금이 대답하여 가라사대 내가 진실로 너희에게 이르노니 이 지극히 작은 자 하나에게 하지 아니한 것이 곧 내게 하지 아니한 것이니라 하시리니 저희는 영벌에, 의인들은 영생에 들어가리라 하시니라 *(마 25:31-46)
	겔 9:3-6	그룹에 머물러 있던 이스라엘 하나님의 영광이 올라 성전 문지방에 이르더니 여호와께서 그 가는 베옷을 입고 서기관의 먹그릇을 찬 사람을 불러 이르시되 너는 예루살렘 성읍 중에 순행하여 그 가운데서 행하는 모든 가증한 일로 인하여 탄식하며 우는 자의 이마에 표하라 하시고 나의 듣는 데 또 남은 자에게 이르시되 너희는 그 뒤를 좇아 성읍 중에 순행하며 아껴보지도 말며 긍휼을 베풀지도 말고 쳐서 늙은 자와 젊은 자와 처녀와 어린아이와 부녀를 다 죽이되 이마에 표 있는 자에게는 가까이 하지 말라 내 성소에서 시작할지니라 하시매 그들이 성전 앞에 있는 늙은 자들로부터 시작하더라
	벧전 4:17,18	하나님 집에서 심판을 시작할 때가 되었나니 만일 우리에게 먼저 하면 하나님의 복음을 순종치 아니하는 자들의 그 마지막이 어떠하며 또 의인이 겨우 구원을 얻으면 경건치 아니한 자와 죄인이 어디 서리요
	고난	
	민 14:34	너희가 그 땅을 탐지한 날 수 사십 일의 하루를 일 년으로 환산하여 그 사십 년간 너희가 너희의 죄악을 질지니 너희가 나의 싫어 버림을 알리라 하셨다 하라
결과	민 14:35-37	나 여호와가 말하였거니와 모여 나를 거역하는 이 악한 온 회중에게 내가 단정코 이같이 행하리니 그들이 이 광야에서 소멸되어 거기서 죽으리라 모세의 보냄을 받고 땅을 탐지하고 돌아와서 그 땅을 악평하여 온 회중으로 모세를 원망케 한 사람 곧 그 땅에 대하여 악평한 자들은 여호와 앞에서 재앙으로 죽었고
	민 14:30,31	여분네의 아들 갈렙과 눈의 아들 여호수아 외에는 내가 맹세하여 너희로 거하게 하리라 한 땅에 결단코 들어가지 못하리라 너희가 사로잡히겠다고 말하던 너희의 유아들은 내가 인도하여 들이리니 그들은 너희가 싫어하던 땅을 보리니와

결과	고난	
	고전 10:10,11	저희 중에 어떤 이들이 원망하다가 멸망시키는 자에게 멸망하였나니 너희는 저희와 같이 원망하지 말라 저희에게 당한 이런 일이 거울이 되고 또한 말세를 만난 우리의 경계로 기록하였느니라
	고전 10:5,6	그러나 저희의 다수를 하나님이 기뻐하지 아니하신 고로 저희가 광야에서 멸망을 받았으니라 그런 일은 우리의 거울이 되어 우리로 하여금 저희가 악을 즐겨한 것같이 즐겨하는 자가 되지 않게 하려 함이니
	약 5:9	형제들아 서로 원망하지 말라 그리하여야 심판을 면하리라 보라 심판자가 문 밖에 서 계시니라
	행 16:31	가로되 주 예수를 믿으라 그리하면 너와 네 집이 구원을 얻으리라 하고

"우리가 그리스도 도의 초보를 버리고
죽은 행실을 회개함과
하나님께 대한 신앙과 세례들과 안수와
죽은 자의 부활과
영원한 심판에 관한 교훈의 터를 다시 닦지 말고
완전한 데 나아갈지니라"
(히 6:1-2)

결론

　이스라엘은 기브롯 핫다아와(다베라)에 도착하여 원망과 불평을 쏟아 놓았다. 그로 인해 하나님께 징계를 받았고, 더구나 하세롯에서는 미리암과 아론이 모세를 비방하다가 징계를 받기도 하였다. 하나님의 사명을 감당했던 모세는 그의 형과 누이뿐만 아니라 백성들에게 안팎으로 원망과 비방을 당했다.

　게다가 이스라엘이 가데스 바네아에 와서는 가나안 진입의 불신앙적 행위로 말미암아 광야 40년의 징계까지 받았다. 하나님은 이 같은 일련의 사태로 인해 추악한 인간의 속성과 함께 애굽의 노예근성을 뿌리 뽑고 이스라엘을 단련시키고자 하셨다.

　이스라엘은 억압과 탄압, 그리고 애굽의 폭력으로부터 해방과 자유를 얻었지만, 이를 망각한 채 광야 생활 내내 불평불만과 원망으로 일관하였다. 그들은 하나님을 신뢰치 못했고, 구속의 은혜에 감사하지 못했다. 그럼에도 불구하고 하나님은 당신의 구속사를 성취하시기 위해 이스라엘 백성을 가나안으로 계속 행군시키신다.

제6부
가나안을 향한 이스라엘

제1장 고라의 행위와 지팡이 증표	⋯ 206
제1절 고라의 월권 행위	⋯ 207
제2절 아론의 싹 난 지팡이	⋯ 212
제2장 가데스에서 미리암과 므리바의 물 사건	⋯ 217
제1절 가데스에서 미리암의 죽음	⋯ 218
제2절 가데스 반석에서의 생수	⋯ 220
제3장 호르 산에서의 위임식과 전투	⋯ 227
제1절 호르 산에서 제사장 위임식	⋯ 228
제2절 호르 산 부근에서의 전투	⋯ 235
제3절 불뱀과 놋뱀 사건	⋯ 239
제4절 구세대와 신세대와의 갈림길	⋯ 245
제5절 두 왕국을 정복한 이스라엘	⋯ 255

제1장 고라의 행위와 지팡이 증표

이스라엘 백성은 가데스 바네아에서 가나안 정탐의 부정적인 보고로 인해, 정탐한 40일의 일수 1일을 1년으로 환산하여 광야 40년의 방랑 생활을 겪게 된다. 그런데 이스라엘이 광야 16장소(림몬베레스, 립나, 릿사, 그헬라다, 세벨 산, 하라다, 막헬롯, 다핫, 데라, 밋가, 하스모나, 모세롯, 브네야아간, 홀하깃갓, 욧바다, 아브로나)에서 생활했던 장소가 성경에는 제외되어 있다(민 33:19-34).

하나님은 이스라엘 백성의 광야 생활 40년의 방랑기 역사 중 처음 부분과 마지막 부분만 성경에 기록하시고 중간 부분인 37년 6개월을 왜 제외시키셨는지 궁금하지 않을 수 없다. 하지만 이는 하나님만이 아실 뿐이다. 짐작하건대 후세대들에게는 이것만으로도 출애굽의 구속사를 이해하는 데 충분하기 때문이 아닐까 생각된다.

이스라엘 백성이 광야 생활 38년이 끝나갈 무렵, 그들은 신앙도 유약해지고 기강도 해이해지고 말았다. 이러한 공동체의 위기를 틈타 고라 일당이 에시온 게벨에 도착한 후에 사건을 일으키고 말았다. 그것은 제사직에 대한 월권 행위였다.

모세의 친사촌 고라와 그의 일당들이 반기를 들고 모세에게 도전하다가 월권 행위로 결국 죽임을 당하고 말았다. 하나님은 제사직의 월권 행위로 죽음을 방지하기 위해 이스라엘 열두 지파의 지팡이 가운데 레위 지파에 속한 아론의 지팡이에 이적을 행하셨다.

제1절 고라의 월권 행위

> "아브로나에서 발행하여 **에시온 게벨**에 진 쳤고 에시온 게벨에서 발행하여 신 광야 곧 가데스에 진 쳤고"(민 33:35-36).

1. 에시온 게벨의 역사적 의미

1) 에시온 게벨의 지리적 위치

에시온 게벨은 아카바 만 홍해 북쪽에 위치한 유명한 항구도시의 바닷가로 가데스 바네아의 남쪽 직선거리 150km 정도(도보 거리 약 230km) 떨어진 지역이다. 가데스는 이스라엘이 37년 6개월 전에 정탐꾼으로 인해 반역한 장소로, 모세의 만류에도 불구하고 일부 백성들이 가나안을 북상하다가 아말렉과 가나안 족속에게 패배의 쓴맛을 본 장소이기도 하다. 현재 이스라엘이 주둔한 에시온 게벨은 가데스의 2차 진입을 바라보고 있는 지역이다. 이 지역은 후대에 솔로몬 왕이

건축한 조선소가 있었으며, 그 당시에 오빌과의 해상 무역로(路)로서 큰 역할을 하였다(왕상 9:26, 22:48). *(지도에 부호 ⑭을 참고하라)

"아브로나에서 발행하여 에시온 게벨에 진 쳤고"(민 33:35).

2) 에시온 게벨에서의 사건

에시온 게벨에서의 사건은 고라의 월권 행위로, 이름 있는 족장 250명을 매수하여 그들과 함께 제사장직을 수행하려 하였다. 고라는 레위 지파로서 이미 장자 지파인 르우벤 지파를 찾아가 다단과 아비람과 온에게 환심을 사서 자기편으로 만들었고, 또 그들과 함께 물밑 작업으로 영향력이 있는 족장 250명을 매수하게 되었다.

명예욕이 강한 고라는 매수한 족장들과 함께 모세와 아론을 찾아가 제사장 직분을 요구하며 항의 시위를 벌였다. 하지만 고라의 행위는 구속사적인 하나님의 주권에 도전하는 행위로, 결국 그는 자신의 반역에 동참한 무리들과 함께 그 자리에서 죽음을 맞이하고 말았다.

본 사건이 일어난 장소로 에시온 게벨이 기록되어 있지는 않지만 이 장소로 보는 이유는, 그때가 37년 6개월의 광야 생활이 끝 날 무렵이기 때문이다. 그리고 가데스에서 제2차 므리바 사건(반석에서의 생수)이 일어나기 직전의 사건이었음을 볼 때 에시온 게벨에서 일어난 사건으로 보는 것이다.

2. 고라의 월권 행위의 구속사적 의미

	고라당의 행위(기능)	고라당의 영적 의미
반역자	⊙ 성전 봉사직에 대한 고라의 불만 ① 성전 봉사직을 맡은 **고라**의 반역(민16:1,2) ② 고라는 르우벤 지파의 다단, 아비람, 온을 매수 ③ 고라는 각 지파의 이름 있는 족장 250인을 매수	⊙ 교회 직분(일)에 불만을 가진 성도 ① **중직자**의 불만이 집집마다 문제 야기(딤전5:13) ② 다른 중직자들까지 마음을 도적하여 매수(삼하15:6) ③ 직분의 불만자가 구역장들의 환심을 끌어 매수
적임자	① 고라는 능수능란하고 **지능**적인 사람(민16:1; 대상5:1,2) ② 불만을 가진 자를 적임자로 삼은 고라의 꾀 ③ 장자권 회복의 기회로 삼은 르우벤 지파(창49:3,4,8-10) ④ 고라는 왕래가 좋은 성막 남쪽 르우벤 지파 선택	① 문제 인물은 악한 것에 **지능**이 능수능란(딤후3:5-9) ② 교회에 불만을 가진 자를 적임자로 물색·지정 ③ 불만을 가진 자들에게 명예를 회복할 기회로 꾐 ④ 불만자는 자기와 친근한 자를 대상자로 선택
불신	① 제사장의 **향로**(기구)를 취한 고라당(민16:16,17) ② 회막 문에 서서 시위한 고라당(민16:18) ③ 모세와 아론을 무시하고 대적한 고라당(민16:19) ④ 고라당의 꾐에 빠져 모세를 원망한 백성(민16:41)	① 다툼 없이 선용해야 할 **은사**(벧전4:10; 빌2:3,4) ② 목회자의 능력 탓에 얕보는 불만 세력(딤전4:12-15) ③ 목회자를 무시·대적하는 불만 세력(딤후4:14,15) ④ 불만 세력의 꾐에 목회자를 원망, 불평하는 성도
죄목	① 본분을 떠나 **족장**들을 매수한 고라(민16:1,2) ② 명예욕을 위해 적임자와 족장들과 규합한 고라 ③ 하나님의 구속사적인 계획에 도전한 고라 ④ 시위로 모세와 아론을 죽이려는 백성(민16:42)	① 교회에서 **성도**를 매수한 불만 세력(고전11:18,19) ② 교회 내에 편당을 갈라 규합하는 불만 세력 ③ 교회를 혼란시켜 구원 계획에 차질을 빚는 불만 세력 ④ 목사를 미워하는 살인죄를 짓는 교인들(요일3:15)
결과	① 지진으로 **죽임**을 당하는 주동자 고라(민16:31-33) ② 반역에 가담한 다단, 아비람(가족), 지진에 죽음 ③ 반역한 족장 250인도 불로 소멸하신 하나님 ④ 원망한 자들을 염병으로 죽이심(민16:47-49)	① 주동자를 반드시 **징계**하시는 하나님(딤전1:20) ② 하나님은 불만 세력에 매수당한 자도 징계하심 ③ 교회에 혼란을 일으킨 교인도 징계·보응하시는 하나님 ④ 동참·묵인한 교인도 채찍으로 징계(히12:10,11)
신분	① 모세와 **친사촌** 관계였던 고라(출6:16-21) ② 모세의 신상을 잘 파악한 고라가 주동자 ③ 성전 봉사직으로 은혜를 입은 자가 문제 야기	① 목사와 **친근한 자**가 문제를 야기(마10:36) ② 목회자의 단점을 잘 아는 교인이 문제 야기 ③ 하나님과 목사에게 은혜를 입은 자가 문제 야기

"모든 성경은 하나님의 감동으로 된 것으로
교훈과 책망과 바르게 함과 의로 교육하기에 유익하니
이는 하나님의 사람으로 온전케하며 모든 선한 일을 행하기에
온전케 하려 함이니라"
(딤후 3:16, 17)

3. 고라의 월권 행위의 구속사적 의미(성구)

	고라	
반역자	민 16:1,2	레위의 증손 고핫의 손자 이스할의 아들 고라와 르우벤 자손 엘리압의 아들 다단과 아비람과 벨렛의 아들 온이 당을 짓고 이스라엘 자손 총회에 택함을 받은 자 곧 회중에 유명한 어떤 족장 이백오십 인과 함께 일어나서 모세를 거스르니라
	직분	
	딤전 5:13	또 저희가 게으름을 익혀 집집에 돌아다니고 게으를 뿐 아니라 망령된 폄론을 하며 일을 만들며 마땅히 아니할 말을 하나니
	삼하 15:6	무릇 이스라엘 무리 중에 왕께 재판을 청하러 오는 자들에게 압살롬의 행함이 이 같아서 이스라엘 사람의 마음을 도적하니라
	지능	
적임자	민 16:1	레위의 증손 고핫의 손자 이스할의 아들 고라와 르우벤 자손 엘리압의 아들 다단과 아비람과 벨렛의 아들 온이 당을 짓고
	대상 5:1,2	이스라엘의 장자 르우벤의 아들들은 이러하니라 (르우벤은 장자라도 그 아비의 침상을 더럽게 하였으므로 장자의 명분이 이스라엘의 아들 요셉의 자손에게로 돌아갔으나 족보에는 장자의 명분대로 기록할 것이 아니니라 유다는 형제보다 뛰어나고 주권자가 유다로 말미암아 났을지라도 장자의 명분은 요셉에게 있으니라)
	창 49:3,4	르우벤아 너는 내 장자요 나의 능력이요 나의 기력의 시작이라 위광이 초등하고 권능이 탁월하도다마는 물의 끓음 같았은즉 너는 탁월치 못하리니 네가 아비의 침상에 올라 더럽혔음이로다 그가 내 침상에 올랐었도다
	창 49:8-10	유다야 너는 네 형제의 찬송이 될지라 네 손이 네 원수의 목을 잡을 것이요 네 아비의 아들들이 네 앞에 절하리로다 유다는 사자 새끼로다 내 아들아 너는 움킨 것을 찢고 올라갔도다 그 엎드리고 웅크림이 수사자 같고 암사자 같으니 누가 그를 범할 수 있으랴 홀이 유다를 떠나지 아니하며 치리자의 지팡이가 그 발 사이에서 떠나지 아니하시기를 실로가 오시기까지 미치리니 그에게 모든 백성이 복종하리로다
	지능	
	딤후 3:5-9	경건의 모양은 있으나 경건의 능력은 부인하는 자니 이 같은 자들에게서 네가 돌아서라 저희 중에 남의 집에 가만히 들어가 어리석은 여자를 유인하는 자들이 있으니 그 여자는 죄를 중히 지고 여러 가지 욕심에 끌린 바 되어 항상 배우나 마침내 진리의 지식에 이를 수 없느니라 얀네와 얌브레가 모세를 대적한 것같이 저희도 진리를 대적하니 이 사람들은 그 마음이 부패한 자요 믿음에 관하여는 버리운 자들이라 그러나 저희가 더 나가지 못할 것은 저 두 사람의 된 것과 같이 저희 어리석음이 드러날 것임이니라
	향로	
불	민 16:16,17	이에 고라에게 이르되 너와 너의 온 무리는 아론과 함께 내일 여호와 앞으로 나아오되 너희는 각기 향로를 잡고 그 위에 향을 두고 각 사람이 그 향로를 여호와 앞으로 가져오라 향로는 모두 이백오십이라 너와 아론도 각각 향로를 가지고 올지니라
	민 16:18	그들이 각기 향로를 취하여 불을 담고 향을 그 위에 두고 모세와 아론으로 더불어 회막문에 서니라
	민 16:19	고라가 온 회중을 회막문에 모아 놓고 그 두 사람을 대적하려 하매 여호와의 영광이 온 회중에게 나타나시니라
신	민 16:41	이튿날 이스라엘 자손의 온 회중이 모세와 아론을 원망하여 가로되 너희가 여호와의 백성을 죽였도다 하고
	은사	
	벧전 4:10	각각 은사를 받은 대로 하나님의 각양 은혜를 맡은 선한 청지기같이 서로 봉사하라
	빌 2:3,4	아무 일에든지 다툼이나 허영으로 하지 말고 오직 겸손한 마음으로 각각 자기보다 남을 낫게 여기고 각각 자기 일을 돌아볼 뿐더러 또한 각각 다른 사람들의 일을 돌아보아 나의 기쁨을 충만케 하라 *(마 25:41-45)

죄목	딤전 4:12-15	누구든지 네 연소함을 업신여기지 못하게 하고 오직 말과 행실과 사랑과 믿음과 정절에 대하여 믿는 자에게 본이 되어
	딤후 4:14,15	구리 장색 알렉산더가 내게 해를 많이 보였으매 주께서 그 행한 대로 저에게 갚으시리니 너도 저를 주의하라 저가 우리 말을 심히 대적하였느니라
	족장	
	민 16:1,2	레위의 증손 고핫의 손자 이스할의 아들 고라와 르우벤 자손 엘리압의 아들 다단과 아비람과 벨렛의 아들 온 이 당을 짓고 이스라엘 자손 총회에 택함을 받은 자 곧 회중에 유명한 어떤 족장 이백오십 인과 함께 일어나서 모세를 거스르니라
	민 16:42	회중이 모여 모세와 아론을 칠 때에 회막을 바라본즉 구름이 회막을 덮었고 여호와의 영광이 나타났더라
	성도	
	고전 11:18,19	첫째는 너희가 교회에 모일 때에 너희 중에 분쟁이 있다 함을 듣고 대강 믿노니 너희 중에 편당이 있어야 너희 중에 옳다 인정함을 받은 자들이 나타나게 되리라
	요일 3:15	그 형제를 미워하는 자마다 살인하는 자니 살인하는 자마다 영생이 그 속에 거하지 아니하는 것을 너희가 아는 바라
결과	**죽음**	
	민 16:31-33	이 모든 말을 마치는 동시에 그들의 밑의 땅이 갈라지나라 땅이 그 입을 열어 그들과 그 가족과 고라에게 속한 모든 사람과 그 물건을 삼키매 그들과 그 모든 소속이 산 채로 음부에 빠지며 땅이 그 위에 합하니 그들이 총회 중에서 망하니라
	민 16:47-49	아론이 모세의 명을 좇아 향로를 가지고 회중에게로 달려간즉 백성 중에 염병이 시작되었는지라 이에 백성을 위하여 속죄하고 죽은 자와 산 자 사이에 섰을 때에 염병이 그치니라 고라의 일로 죽은 자 외에 염병에 죽은 자가 일만사천칠백 명이었더라
	징계	
	딤전 1:20	그 가운데 후메내오와 알렉산더가 있으니 내가 사탄에게 내어준 것은 저희로 징계를 받아 훼방하지 말게 하려 함이니라
	히 12:10,11	저희는 잠시 자기의 뜻대로 우리를 징계하였거니와 오직 하나님은 우리의 유익을 위하여 그의 거룩하심에 참예케 하시느니라 무릇 징계가 당시에는 즐거워 보이지 않고 슬퍼 보이나 후에 그로 말미암아 연달한 자에게는 의의 평강한 열매를 맺나니
신분	**친사촌**	
	출 6:16-21	레위의 아들들의 이름은 그 연치대로 이러하니 게르손과 고핫과 므라리요 레위의 수는 일백삼십칠 세이었으며 게르손의 아들들은 그 가족대로 립니와 시므이요 고핫의 아들들은 아므람과 이스할과 헤브론과 웃시엘이요 고핫의 수는 일백삼십삼 세이었으며 므라리의 아들은 마흘리와 무시니 이들은 그 연치대로 레위의 족장이요 아므람이 그 아비의 누이 요게벳을 아내로 취하였고 그가 아론과 모세를 낳았으며 아므람의 수는 일백삼십칠 세이었으며 이스할의 아들은 고라와 네벡과 시그리요
	친근한 자	
	마 10:36	사람의 원수가 자기 집안 식구리라

> "내게 주신 은혜로 말미암아
> 너희 중 각 사람에게 말하노니 마땅히 생각할 그 이상의 생각을
> 품지 말고 오직 하나님께서 각 사람에게 나눠주신 믿음의 분량대로
> 지혜롭게 생각하라"
> (롬 12:3)

제2절 아론의 싹 난 지팡이

> "여호와께서 모세에게 일러 가라사대 너는 이스라엘 자손에게 고하여 그들 중에서 각 종족을 따라 지팡이 하나씩 취하되 곧 그들의 종족대로 그 모든 족장에게서 지팡이 열둘을 취하고 그 사람들의 이름을 각각 그 지팡이에 쓰되 레위의 지팡이에는 아론의 이름을 쓰라 이는 그들의 종족의 각 두령이 지팡이 하나씩 있어야 할 것임이니라 그 지팡이를 회막 안에서 내가 너희와 만나는 곳인 증거궤 앞에 두라 내가 택한 자의 지팡이에는 싹이 나리니 이것으로 이스라엘 자손이 너희를 대하여 원망하는 말을 내 앞에서 그치게 하리라 모세가 이스라엘 자손에게 고하매 그 족장들이 각기 종족대로 지팡이 하나씩 그에게 주었으니 그 지팡이 합이 열둘이라 그중에 아론의 지팡이가 있었더라 모세가 그 지팡이들을 증거의 장막 안 여호와 앞에 두었더라 이튿날 모세가 증거의 장막에 들어가 본즉 레위 집을 위하여 낸 **아론의 지팡이**에 움이 돋고 순이 나고 꽃이 피어서 살구 열매가 열렸더라 모세가 그 지팡이 전부를 여호와 앞에서 이스라엘 모든 자손에게로 취하여 내매 그들이 보고 각각 자기 지팡이를 취하였더라 여호와께서 또 모세에게 이르시되 아론의 지팡이는 증거궤 앞으로 도로 가져다가 거기 간직하여 패역한 자에 대한 표징이 되게 하여 그들로 내게 대한 원망을 그치고 죽지 않게 할지니라 모세가 곧 그같이 하되 여호와께서 자기에게 명하신 대로 하였더라 이스라엘 자손이 모세에게 말하여 가로되 보소서 우리는 죽게 되었나이다 망하게 되었나이다 다 망하게 되었나이다 가까이 나아가는 자 곧 여호와의 성막에 가까이 나아가는 자마다 다 죽사오니 우리가 다 망하여야 하리이까"(민 17:1-13).

1. 아론의 싹 난 지팡이의 역사적 의미

1) 고라의 삐뚤어진 명예욕

고라는 레위 지파에 소속된 자로 성전 봉사의 직분을 맡았다. 이 직분은 다른 지파가 부러워하는 직분이었다. 그것은 첫째 성막에 임재하신 하나님을 그들이 제일 가까운 장막에서 볼 수 있었고, 둘째 거룩한 성막과 기구들을 광야에서 이동할 때 레위 지파만이 만질 수 있었기 때문이다. 셋째는 다른 지파들은 노동한 십일조를 하나님께 바쳐야 했지만, 레위 지파는 하나님께 바쳐진 십일조로 그들이 생활하는 은혜를 입었다.

그럼에도 고라는 하나님께서 맡겨 주신 고귀한 성전 봉사의 직분에 대한 불만이 차고 넘쳤다. 하나님의 성전 봉사직이 축복인 줄 모른 채 명예욕만 키워 갔던 고라는, 제사장 직분을 넘보다가 결국 자신의 생명뿐 아니라 이스라엘 백성의 수많은 생명까지 잃게 하였던 것이다.

2) 싹 난 지팡이의 이적

하나님은 구속사적인 계획을 차질 없이 진행하시기 위해 모세를 통해 지팡이로 표징을 삼게 하셨다. 열두 지파의 지팡이 중에 아론의 지팡이는 아론의 이름을 기록하도록 하여 지성소 안의 언약궤 곁에 두도록 한 것이다. 그런데 다음날 아침에 성막에 들어가 보니 아론의 지팡이에 움이 돋고 순이 나고 꽃이 피어서 살구 열매를 맺었다.

하나님께서 싹 난 지팡이의 이적을 행하신 것은 제사장 직분에 대한 월권 행위를 막기 위함이었다. 이 같은 이적은 이스라엘 백성의 월권 행위의 재발을 막는 하나님의 사랑의 배려였다.

2. 아론의 싹 난 지팡이의 구속사적 의미

	지팡이의 기능	지팡이의 영적 의미
지팡이	① 각 지파의 이름을 기록한 12**지팡이**(민17:1-3) 　㉠ 제사장직을 구분하기 위해 기록된 12지팡이 　㉡ 아론의 이름을 레위 지팡이에 기록케 한 하나님	① **목자**이신 예수를 상징한 지팡이(창49:10; 시23:4) 　㉠ 양(성도)을 안위·인도하는 목자(예수)의 지팡이 　㉡ 예수의 이름을 세상에 주신 하나님(행4:12)
	② **성소**(회막)에 보관된 아론의 지팡이(민17:4) 　㉠ 하나님의 지성소에 보관된 아론의 지팡이 　㉡ 지성소의 증거궤 앞에 보관된 아론의 지팡이 　㉢ 하나님을 만나는 곳에 보관된 아론의 지팡이	② **성전**이 되시는 예수(지팡이)는 목자(요2:21) 　㉠ 지성소인 성도의 몸에 성령으로 계신 예수(고전3:16) 　㉡ 성령으로 증거를 받으실 예수(요15:26) 　㉢ 하나님께 나아가는 구원의 통로는 예수(히7:25)
	③ 아론의 지팡이는 **제사장**직을 상징(민17:6, 히5:4) 　㉠ 하나님께 한시적 제사장 직분을 받은 아론 　㉡ 하나님과 백성 사이에 속죄를 중재한 아론 　㉢ 제사직 월권 행위를 막는 표징이 싹 난 지팡이	③ **대제사장**으로 세상에 오신 예수(히3:1; 4:14) 　㉠ 하나님의 영원한 대제사장이신 예수(히6:19,20) 　㉡ 하나님과 인간 사이에 중보 되신 예수(딤전2:5) 　㉢ 참 목자 예수 외에는 사이비 목자(요10:7-15)
증표	① 하나님이 지정하신 아론의 **지팡이**(민17:3) 　㉠ 아론의 지팡이는 메마른 죽은 나무 　㉡ 제사장직 표징으로 성소에 보관된 지팡이 　㉢ 하나님이 지목하여 쓰임 받은 아론의 지팡이	① 하나님이 계획하신 예수의 **십자가**(막15:25) 　㉠ 메마른 십자가 나무에서 피 흘려 죽으신 예수 　㉡ 요나의 표적을 비유하심(마12:39,40) 　㉢ 하나님의 구속사로 예비·쓰임 받으신 예수
	② 아론의 메마른 지팡이가 **부활**(민17:8) 　㉠ 마른 지팡이 중에 **싹**이 난 아론의 지팡이 　㉡ 마른 지팡이에 피어난 살구꽃 　㉢ 마른 지팡이에 맺은 살구 **열매** 　·지팡이 나무 자체는 살구나무 　·살구나무 '쇠케드'는 '깨우다'는 뜻의 동사 '쇠카드'에서 파생된 말로 '부활'을 의미	② 장사된 지 3일 만에 **부활**하신 예수(마28:5,6) 　㉠ 싹 - 예수의 **탄생**을 상징(마2:11) 　　그루터기, 순은 예수를 예표(사6:13, 53:2) 　㉡ 꽃 - 예수의 **생애**(향기)와 죽음(시듦) 상징(벧전1:24) 　　백합화, 수선화는 예수 상징(왕상7:22; 아2:1) 　㉢ 열매 - 예수의 **부활**을 상징 　　부활의 첫 열매가 되신 예수(고전15:20,23)
	③ **싹 난 지팡이**와 이스라엘 백성(민17:10) 　㉠ 제사장직의 월권 행위를 막는 싹 난 지팡이 　㉡ 싹 난 지팡이의 부활은 생명의 증표로 상징 　㉢ 싹 난 지팡이는 생명을 위한 하나님 사랑의 표현	③ 부활하신 **예수**와 성도들(요6:56) 　㉠ 죄로 사망을 면케 하시는 예수(롬8:2; 고후1:10) 　㉡ 예수 재림 시 부활체로 변화하는 성도(살전4:16) 　㉢ 성도를 끝까지 사랑하시는 부활의 예수(요13:1)

"장사 지낸 바 되었다가
성경대로 사흘 만에 다시 살아나사"
(고전 15:4)

3. 아론의 싹 난 지팡이의 구속사적 의미(성구)

지팡이	**지팡이**	
	민 17:1-3	여호와께서 모세에게 일러 가라사대 너는 이스라엘 자손에게 고하여 그들 중에서 각 종족을 따라 지팡이 하나씩 취하되 곧 그들의 종족대로 그 모든 족장에게서 지팡이 열둘을 취하고 그 사람들의 이름을 각각 그 지팡이에 쓰되 레위의 지팡이에는 아론의 이름을 쓰라 이는 그들의 종족의 각 두령이 지팡이 하나씩 있어야 할 것임이니라
	목자	
	창 49:10	홀이 유다를 떠나지 아니하며 치리자의 지팡이가 그 발 사이에서 떠나지 아니하시기를 실로가 오시기까지 미치리니 그에게 모든 백성이 복종하리로다
	시 23:4	내가 사망의 음침한 골짜기로 다닐지라도 해를 두려워하지 않을 것은 주께서 나와 함께하심이라 주의 지팡이와 막대기가 나를 안위하시나이다
	행 4:12	다른 이로서는 구원을 얻을 수 없나니 천하 인간에 구원을 얻을 만한 다른 이름을 우리에게 주신 일이 없음이니라 하였더라
	성소	
	민 17:4	그 지팡이를 회막 안에서 내가 너희와 만나는 곳인 증거궤 앞에 두라
	성전	
	요 2:21	그러나 예수는 성전 된 자기 육체를 가리켜 말씀하신 것이라
	고전 3:16	너희가 하나님의 성전인 것과 하나님의 성령이 너희 안에 거하시는 것을 알지 못하느뇨
지	요 15:26	내가 아버지께로서 너희에게 보낼 보혜사 곧 아버지께로서 나오시는 진리의 성령이 오실 때에 그가 나를 증거하실 것이요
	히 7:25	그러므로 자기를 힘입어 하나님께 나아가는 자들을 온전히 구원하실 수 있으니 이는 그가 항상 살아서 저희를 위하여 간구하심이니라
팡	**제사장**	
	민 17:6	모세가 이스라엘 자손에게 고하매 그 족장들이 각기 종족대로 지팡이 하나씩 그에게 주었으니 그 지팡이 합이 열둘이라 그중에 아론의 지팡이가 있었더라
	히 5:4	이 존귀는 아무나 스스로 취하지 못하고 오직 아론과 같이 하나님의 부르심을 입은 자라야 할 것이니라
이	**대제사장**	
	히 3:1	그러므로 함께 하늘의 부르심을 입은 거룩한 형제들아 우리의 믿는 도리의 사도시며 대제사장이신 예수를 깊이 생각하라
	히 4:14	그러므로 우리에게 큰 대제사장이 있으니 승천하신 자 곧 하나님 아들 예수시라 우리가 믿는 도리를 굳게 잡을지어다
	히 6:19,20	우리가 이 소망이 있는 것은 영혼의 닻 같아서 튼튼하고 견고하여 휘장 안에 들어가나니 그리로 앞서 가신 예수께서 멜기세덱의 반차를 좇아 영원히 대제사장이 되어 우리를 위하여 들어가셨느니라
	딤전 2:5	하나님은 한 분이시요 또 하나님과 사람 사이에 중보도 한 분이시니 곧 사람이신 그리스도 예수라
	요 10:7-15	그러므로 예수께서 다시 이르시되 내가 진실로 진실로 너희에게 말하노니 나는 양의 문이라 나보다 먼저 온 자는 다 절도요 강도니 양들이 듣지 아니하였느니라 내가 문이니 누구든지 나로 말미암아 들어가면 구원을 얻고 또는 들어가며 나오며 꼴을 얻으리라 도적이 오는 것은 도적질하고 죽이고 멸망시키려는 것뿐이요 내가 온 것은 양으로 생명을 얻게 하고 더 풍성히 얻게 하려는 것이라 나는 선한 목자라 선한 목자는 양들을 위하여 목숨을 버리거니와 삯군은 목자도 아니요 양도 제 양이 아니라 이리가 오는 것을 보면 양을 돌아보지 아니하고 달아나나니 이리가 양을 늑탈하고 또 헤치느니라 달아나는 것은 저가 삯군인 까닭에 양을 돌아보지 아니함이나 나는 선한 목자라 내가 내 양을 알고 양도 나를 아는 것이 아버지께서 나를 아시고 내가 아버지를 아는 것 같으니 나는 양을 위하여 목숨을 버리노라

증표	**지팡이**	
	민 17:3	레위의 지팡이에는 아론의 이름을 쓰라 이는 그들의 종족의 각 두령이 지팡이 하나씩 있어야 할 것임이니라
	십자가	
	막 15:25	때가 제삼시가 되어 십자가에 못 박으니라
	마 12:39,40	예수께서 대답하여 가라사대 악하고 음란한 세대가 표적을 구하나 선지자 요나의 표적밖에는 보일 표적이 없느니라 요나가 밤낮 사흘을 큰 물고기 뱃속에 있었던 것같이 인자도 밤낮 사흘을 땅속에 있으리라
	부활	
	민 17:8	이튿날 모세가 증거의 장막에 들어가 본즉 레위 집을 위하여 낸 아론의 지팡이에 움이 돋고 순이 나고 꽃이 피어서 살구 열매가 열렸더라
	부활	
	마 28:5,6	천사가 여자들에게 일러 가로되 너희는 무서워 말라 십자가에 못 박히신 예수를 너희가 찾는 줄 내가 아노라 그가 여기 계시지 않고 그의 말씀하시던 대로 살아나셨느니라 와서 그의 누우셨던 곳을 보라
	마 2:11	집에 들어가 아기와 그 모친 마리아의 함께 있는 것을 보고 엎드려 아기께 경배하고 보배합을 열어 황금과 유향과 몰약을 예물로 드리니라
	사 6:13	그중에 십분의 일이 오히려 남아 있을지라도 이것도 삼키운 바 될 것이나 밤나무, 상수리나무가 베임을 당하여도 그 그루터기는 남아 있는 것같이 거룩한 씨가 이 땅의 그루터기니라
	사 53:2	그는 주 앞에서 자라나기를 연한 순 같고 마른 땅에서 나온 줄기 같아서 고운 모양도 없고 풍채도 없은즉 우리의 보기에 흠모할 만한 아름다운 것이 없도다
	벧전 1:24	그러므로 모든 육체는 풀과 같고 그 모든 영광이 풀의 꽃과 같으니 풀은 마르고 꽃은 떨어지되
	왕상 7:22	그 두 기둥 꼭대기에 백합화 형상이 있더라 두 기둥의 공역이 마치니라
	아 2:1	나는 사론의 수선화요 골짜기의 백합화로구나
	고전 15:20-23	그러나 이제 그리스도께서 죽은 자 가운데서 다시 살아 잠자는 자들의 첫 열매가 되셨도다 사망이 사람으로 말미암았으니 죽은 자의 부활도 사람으로 말미암는도다 아담 안에서 모든 사람이 죽은 것같이 그리스도 안에서 모든 사람이 삶을 얻으리라 그러나 각각 자기 차례대로 되리니 먼저는 첫 열매인 그리스도요 다음에는 그리스도 강림하실 때에 그에게 붙은 자요
	싹 난 지팡이	
	민 17:10	여호와께서 또 모세에게 이르시되 아론의 지팡이는 증거궤 앞으로 도로 가져다가 거기 간직하여 패역한 자에 대한 표징이 되게 하여 그들로 내게 대한 원망을 그치고 죽지 않게 할지니라
	예수	
	요 6:56	내 살을 먹고 내 피를 마시는 자는 내 안에 거하고 나도 그 안에 거하나니
	롬 8:2	이는 그리스도 예수 안에 있는 생명의 성령의 법이 죄와 사망의 법에서 너를 해방하였음이라
	고후 1:10	그가 이같이 큰 사망에서 우리를 건지셨고 또 건지시리라 또한 이후에라도 건지시기를 그를 의지하여 바라노라
	살전 4:16	주께서 호령과 천사장의 소리와 하나님의 나팔로 친히 하늘로 좇아 강림하시리니 그리스도 안에서 죽은 자들이 먼저 일어나고
	요 13:1	유월절 전에 예수께서 자기가 세상을 떠나 아버지께로 돌아가실 때가 이른 줄 아시고 세상에 있는 자기 사람들을 사랑하시되 끝까지 사랑하시니라

"하나님이 사흘 만에 다시 살리사 나타내시되"
(행 10:40)

제2장 가데스에서 미리암과 므리바의 물 사건

가데스 바네아에서 생긴 일은 미리암의 죽음과 반석에서의 생수 사건이다. 이스라엘 백성은 1차 가데스에서 가나안 정탐꾼 탐지·보고 후 하나님을 불신함으로써 광야 40년의 징계를 받았다. 이에 광야에서 2차 가데스에 도착하여 여선지자 미리암이 그곳에서 그의 생을 마쳤다.

또한 갈증으로 원망하는 백성에게 물을 공급하기 위해 하나님의 명대로 따라야 할 모세가, 반석에게 명하지 않고 지팡이로 두 번 칠 때 반석이 갈라져 물이 솟아 나왔다. 이로 인해 모세는 가나안 땅에 들어갈 수 없는 상황이 벌어지고 말았다.

실로 모세는 가데스와 인연이 없는 지역이었다.

1차 때 모세는 하나님이 곧바로 가나안에 입성하라고 하셨음에도 불구하고, 정탐꾼을 차출하자는 백성의 의견에 동의함으로 가나안에 들어가지 못하는 요인을 만들었다.

2차 때는 하나님이 반석에게 명하라 하셨음에도 목마른 백성의 원성에 그만 분노가 폭발하여 지팡이로 반석을 두 번 치고 말았다. 결국 하나님의 거룩성을 드러내지 않음으로 그는 가나안을 목전에 두고 모압 땅에서 죽음을 맞는다.

이렇듯 모세는 가데스에서 두 번씩이나 실수를 하고 말았다.

제1절 가데스에서 미리암의 죽음

> "에시온게벨에서 발행하여 신 광야 곧 **가데스**에 진 쳤고"(민 33:36).
>
> "정월에 이스라엘 자손 곧 온 회중이 신 광야에 이르러서 백성이 가데스에 거하더니 **미리암**이 거기서 죽으매 거기 장사하니라"(민 20:1).

1. 미리암의 죽음의 역사적 의미

1) 미리암의 죽음

이스라엘은 가나안 땅에 소망을 두고 2차 가데스 바네아에 도착하였으나 여선지 직을 맡은 미리암이 그곳에서 죽음을 맞았다. 미리암은 약 130세까지 장수하였지만, 하나님의 부르심에 그의 육체는 가데스 바네아에 묻혔다.

2) 미리암의 생애

미리암은 모세의 누이로 모세를 살리는 데 크게 공헌한 사람이다(출 2:4). 히브리 여성의 출산으로 인구가 번성함에 따라 애굽 왕 바로가 산파를 불러 출생하는 남아를 죽이도록 명령을 내린 그 무렵에 모세가 태어났다. 요게벳이 아이를 숨겨 석 달을 키우다가 갈대상자에 담아 강에 띄어 보낸 것을 누이 미리암이 멀찌감치 따라가다, 때마침 갈대상자를 물에서 건져 낸 애굽의 공주를 보고 그가 다가가 그 어미를 유모로 소개시켜 준 큰 역할을 하였다.

미리암은 최초의 여선지자로 백성들로부터 추앙을 받은 인물이었다(출 15:20-21). 홍해 도하 시 이스라엘 백성을 따라 들어온 바로의 군대가 다시 회복된 바다로 인해 수장된 것을 본 모세와 이스라엘이 하나님께 찬송을 부를 때 미리암이 화답하여 여인들과 소고를 잡고 찬송했던 것이다.

또한 미리암은 동생인 모세를 비방했다가 지도자를 대적한 죄목으로 문둥병에 걸려 진 밖에 7일 동안 갇혀 자기 과오를 회개하기도 하였다(출 12:1, 13장). 그뿐만 아니라 미리암은 가데스에서 죽음으로써 모세와 마찬가지로 가나안 땅을 밟지 못했다. 이로 볼 때 하나님은 인간의 편에서 행한 어떤 업적보다, 구속사적인 일에 얼마나 순종하였는지 여부를 먼저 평가하신다는 것을 알 수 있다.

제2절 가데스 반석에서의 생수

> "에시온게벨에서 발행하여 신 광야 곧 **가데스**에 진 쳤고"(민 33:36).
>
> "회중이 물이 없으므로 모여서 모세와 아론을 공박하니라 백성이 모세와 다투어 말하여 가로되 우리 형제들이 여호와 앞에서 죽을 때에 우리도 죽었더면 좋을 뻔하였도다 너희가 어찌하여 여호와의 총회를 이 광야로 인도하여 올려서 우리와 우리 짐승으로 다 여기서 죽게 하느냐 너희가 어찌하여 우리를 애굽에서 나오게 하여 이 악한 곳으로 인도하였느냐 이곳에는 파종할 곳이 없고 무화과도 없고 포도도 없고 석류도 없고 마실 물도 없도다 모세와 아론이 총회 앞을 떠나 회막 문에 이르러 엎드리매 여호와의 영광이 그들에게 나타나며 여호와께서 모세에게 일러 가라사대 지팡이를 가지고 네 형 아론과 함께 회중을 모으고 그들의 목전에서 너희는 **반석**에게 명하여 물을 내라 하라 네가 그 반석으로 물을 내게 하여 회중과 그들의 짐승에게 마시울지니라 모세가 그 명대로 여호와의 앞에서 지팡이를 취하니라 모세와 아론이 총회를 그 반석 앞에 모으고 모세가 그들에게 이르되 패역한 너희여 들으라 우리가 너희를 위하여 이 반석에서 물을 내랴 하고 그 손을 들어 그 지팡이로 반석을 두 번 치매 물이 많이 솟아나오므로 회중과 그들의 짐승이 마시니라 여호와께서 모세와 아론에게 이르시되 너희가 나를 믿지 아니하고 이스라엘 자손의 목전에 나의 거룩함을 나타내지 아니한 고로 너희는 이 총회를 내가 그들에게 준 땅으로 인도하여 들이지 못하리라 하시니라 이스라엘 자손이 여호와와 다투었으므로 이를 **므리바** 물이라 하니라 여호와께서 그들 중에서 그 거룩함을 나타내셨더라"(민 20:2-13).

1. 반석에서 생수의 역사적 의미

1) 가데스에서의 이스라엘과 지리적 위치

이스라엘 백성이 가데스에 도착하자마자 마실 물 때문에 문제가 발생하였다. 가데스는 물이 풍성한 지역으로서 이전에는 물 걱정을 하지 않아도 되는 곳이었다. '가데스'(קדש, 카데쉬)란 '신성한 곳', '거룩한 샘'이라는 뜻이다. 이는 네 개의 수원의 출현으로 붙여진 오아시스 지역이다. 가데스라는 지명이 말해 주듯이, 여기는 샘이 많은 지역으로 지리적인 좋은 여건을 가지고 있었다. 현재도 큰 샘이 남아 있다고 한다. 가데스의 지리적 위치는 가나안 극남단에 있었다. *(지도에 부호 ⑬을 참고하라)

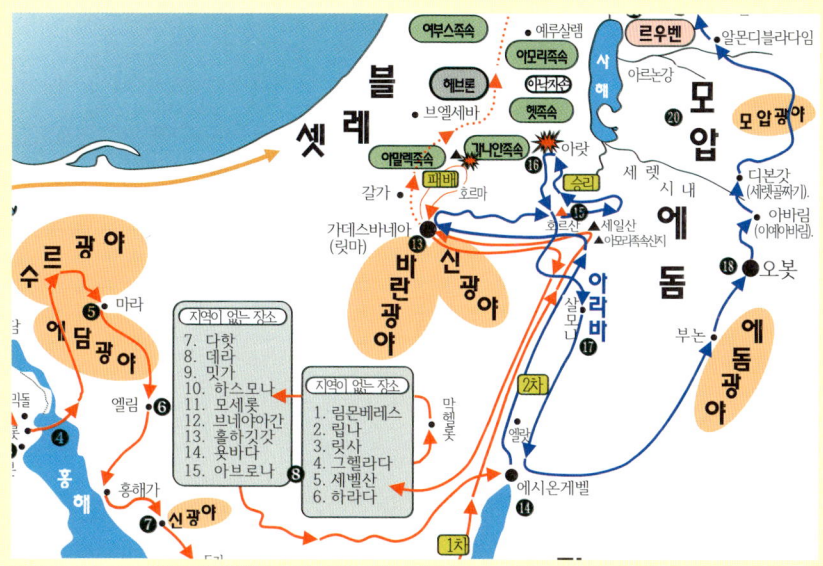

"이는 신 광야에서 회중이 분쟁할제 너희가 내 명을 거역하고 그 물가에서 나의 거룩함을 그들의 목전에 나타내지 아니하였음이니라 이 물은 신 광야 가데스의 므리바 물이니라"(민 27:14).

이스라엘이 1차 가데스에 머물 때에는 물 때문에 불평이 없었다. 그래서 백성들은 광야를 가로지르며 갈증을 참고 가데스까지 행군하여 왔다. 그런데 때마침 심각한 가뭄으로 마실 물이 없자 백성들은 모세를 향하여 "우리 형제들이 여호와 앞에서 죽을 때에 우리도 죽었더면 좋을 뻔하였도다"(민 20:3)라고 원성을 높였다.

2) 반석에서 모세의 행동

모세와 아론이 백성들의 원망을 듣고 회막에 들어가서 하나님께 기도할 때 하나님은 모세에게 반석에게 명하여 물을 내도록 하심으로써 하나님의 자비를 나타내 보이셨다. 그런데 원망하는 백성들에게 화가 난 모세는 하나님의 말씀대로 순종하지 않고, 지팡이로 반석을 두 번 쳐서 물이 솟아나게 하여 목마른 백성들을 해갈하여 주었던 것이다(민 20:8-11).

모세의 결정적인 실수는 하나님의 거룩성을 드러내지 않은 것이다. "우리가 너희를 위하여 이 반석에서 물을 내랴"(민 20:10)라며, 지팡이로 반석을 두 번 침으로 말미암아 하나님께 가나안 입성 금지라는 선고를 받게 되었다(신 32:23-26, 32:48-52). 그는 가데스에서의 실수로 인해 지금까지 고생한 수고의 보람도 없이 광야 생활로 생을 마감하게 된 것이다. 모세는 비스가 산 꼭대기에서 요단 강 저편 가나안 땅을 바라보며 생을 마치게 된다.

2. 므리바 물의 구속사적 의미

	므리바 물의 기능	므리바 물의 영적 의미
백성	① 가데스에 **고갈된** 물로 원망한 백성(민20:2) ② 물로 인해 모세(아론)를 원망·공박한 백성 ③ 과거 재앙에 죽지 못함을 원망한 백성(민20:3) ④ 자유의 삶으로 인도해도 원망한 백성(민20:4) ⑤ 광야에 파종할 수 없다며 원망한 백성(민20:5)	① 거룩한 교회의 샘에 기갈된 **영혼의 물**(암8:11) ② 성도의 목사 원망은 말세에 예언된 일(딤후4:3,4) ③ 죽고 싶어도 죽지 못할 때가 이르는 말세(계9:6) ④ 구원의 은혜를 잊고 상황에 따라 원망(빌2:14) ⑤ 세상의 경제 불황·빈곤으로 원망하면 안 될 성도
지도자	① **원망**·**대적**하는 백성들을 잠시 떠난 모세(민20:6) ② 회막에 가서 하나님께 엎드려 기도하는 모세 ③ 모세에게 여호와의 영광이 나타나 응답하심	① **대적**하는 교인을 경계·주의할 목사(딤후4:14,15) ② 교회당에서 하나님께 엎드려 기도해야 하는 목사 ③ 목사를 오른손에 쥐고 계시는 예수(계1:20; 2:1)
반석 (주님 반석/마귀 반석)	① 백성을 **반석** 앞에 소집하신 하나님(민20:10상) ② 지팡이로 반석을 명하여 물을 공급하신 하나님 ③ 반석에서 생수가 솟아나 풍족히 마신 백성 ① 반석으로 **가장(假裝)**한 대적자 원수(신32:31) ② 하나님의 반석처럼 가장한 마귀 반석 ③ 자기 약함을 스스로 판단치 않는 마귀 반석	① 목마른 자들을 반석으로 부르신 예수(요7:37,38) ② 성령의 검으로 말씀을 공급하시는 예수(엡6:17) ③ 예수를 통해 영혼의 생수(말씀, 성령)를 마시는 성도 ① 성도의 반석이 되신 **신령**하신 예수(고전10:4) ② 마귀는 사도처럼, 광명한 천사처럼 가장(고후11:13,14) ③ 산산이 깨어진 반석(모래) 위에 서 있는 마귀(계12:17)
모세의 실수·원인	① 백성의 '패역'함을 **정죄**한 모세(민20:10) ㉠ 하나님의 백성을 정죄한 죄인인 모세 ㉡ 모세든 백성이든 하나님 앞에서 모두 죄인 ㉢ 심판(정죄)하시는 분은 오직 하나님 ② '**여호와 이름**' 없이 반석을 친 모세(민20:10) ㉠ 자기들('우리')의 이름만 드러낸 모세와 아론 ㉡ 생수 공급을 모세와 아론이 공급하는 것처럼 ㉢ 하나님의 영광을 가로챈 모세와 아론 ㉣ 거룩함을 나타내지 않은 모세와 아론(민20:12) ① **백성**의 원성에 혼선하여 실수한 모세(민20:2) ② 백성들로 '얼'(?) 슬픔, 근심이 미친 모세(시106:32) ③ 자기 입술로 '망령'되게 말한 모세(시106:33)	① 간음한 여인을 **정죄**하지 않으신 예수(요8:11) ㉠ 주의 백성을 정죄할 수 없는 성도와 목사 ㉡ 목사든 성도든 하나님 앞에서 전부 죄인 ㉢ 죄인을 심판하실 재판장은 하나님(약4:11,12) ② **예수** 이름으로 영광 돌릴 목사와 성도(벧전4:16) ㉠ 하나님께 영광을 돌려야 할 목사와 성도 ㉡ 생수(설교, 성경 공부) 공급은 목사, 성도 아님 ㉢ 하나님의 영광을 갈취하면 큰죄에 해당(눅17:10) ㉣ 목사, 성도는 몸으로 하나님께 영광을(고전6:20) ① **교인**의 감정이 아니라 하나님 중심의 목사(행13:22) ② 교인들로 스트레스 미치면 안 될 목사(딤후4:14,15) ③ 하나님과 성도 앞에 신중히 말할 목사(벧전4:11상)
하나님 답변	① 모세에게 '**믿지** 아니하였다'고 하신 하나님(민20:12) ② '거룩함을 나타내지 아니했다'고 하신 하나님 ③ 하나님의 '말씀을 거역'한 모세(민20:24,27:14) ④ 모세에게 '내게 범죄하였다'고 하신 하나님(신32:51)	① 하나님을 **신뢰**·사명 감당하는 성도(고후1:8,9) ② 하나님의 거룩성을 드러내는 영적 성도 ③ 하나님의 말씀에 순종하는 주의 성도(마7:24) ④ 하나님 앞에 거룩·청결한 삶을 유지(마5:8; 히12:14)
소망	① **가나안** 입성을 갈망한 모세(신3:23-25) ② 가데스에서 두 번(정탐꾼, 반석침) 실수한 모세 ③ 모세의 40년 고난은 가나안 땅의 소망을 삼음	① 영원한 **가나안** 복지를 사모하는 성도(히11:15,16) ② 하나님의 대사업에 실수를 주의해야 할 천국시민 ③ 세상에서의 고난은 천국의 소망을 사모하게 함
거절·이유	① 모세의 가나안 입성을 **거절**하신 하나님(신3:26,27) ② 가나안보다 영원한 가나안으로 인도하실 하나님 ③ 금세는 수고와 슬픔 - 내세는 기쁨과 안식	① 성도가 세상에 **안주**하지 않기를 원하시는 하나님(고후5:1,2) ② 세상의 안락보다 천국의 안락을 원하시는 하나님 ③ 세상의 안락은 순간 - 영혼의 안락은 영원함

3. 므리바 물의 구속사적 의미(성구)

백성	**고갈된 물**	
	민 20:2	회중이 물이 없으므로 모여서 모세와 아론을 공박하니라
	민 20:3	백성이 모세와 다투어 말하여 가로되 우리 형제들이 여호와 앞에서 죽을 때에 우리도 죽었더면 좋을 뻔하였도다
	민 20:4	너희가 어찌하여 여호와의 총회를 이 광야로 인도하여 올려서 우리와 우리 짐승으로 다 여기서 죽게 하느냐
	민 20:5	너희가 어찌하여 우리를 애굽에서 나오게 하여 이 악한 곳으로 인도하였느냐 이곳에는 파종할 곳이 없고 무화과도 없고 포도도 없고 석류도 없고 마실 물도 없도다
	영혼의 물	
	암 8:11	주 여호와께서 가라사대 보라 날이 이를지라 내가 기근을 땅에 보내리니 양식이 없어 주림이 아니며 물이 없어 갈함이 아니요 여호와의 말씀을 듣지 못한 기갈이라
	딤후 4:3,4	때가 이르리니 사람이 바른 교훈을 받지 아니하며 귀가 가려워서 자기의 사욕을 좇을 스승을 많이 두고 또 그 귀를 진리에서 돌이켜 허탄한 이야기를 좇으리라
	계 9:6	그날에는 사람들이 죽기를 구하여도 얻지 못하고 죽고 싶으나 죽음이 저희를 피하리로다
	빌 2:14	모든 일을 원망과 시비가 없이 하라
지도자	**원망·대적**	
	민 20:6	모세와 아론이 총회 앞을 떠나 회막 문에 이르러 엎드리매 여호와의 영광이 그들에게 나타나며
	대적	
	딤후 4:14,15	구리 장색 알렉산더가 내게 해를 많이 보였으매 주께서 그 행한 대로 저에게 갚으시리니 너도 저를 주의하라 저가 우리 말을 심히 대적하였느니라
	계 1:20	네 본 것은 내 오른손에 일곱 별의 비밀과 일곱 금촛대라 일곱 별은 일곱 교회의 사자요 일곱 촛대는 일곱 교회니라
	계 2:1	에베소 교회의 사자에게 편지하기를 오른손에 일곱 별을 붙잡고 일곱 금촛대 사이에 다니시는 이가 가라사대
반석	**반석**	
	민 20:10상	모세와 아론이 총회를 그 반석 앞에 모으고
	예수	
	요 7:37,38	명절 끝 날 곧 큰날에 예수께서 서서 외쳐 가라사대 누구든지 목마르거든 내게로 와서 마시라 나를 믿는 자는 성경에 이름과 같이 그 배에서 생수의 강이 흘러나리라 하시니
	엡 6:17	구원의 투구와 성령의 검 곧 하나님의 말씀을 가지라
	가장	
	신 32:31	대적의 반석이 우리의 반석과 같지 못하니 대적도 스스로 판단하도다
	신령	
	고전 10:4	다 같은 신령한 음료를 마셨으니 이는 저희를 따르는 신령한 반석으로부터 마셨으매 그 반석은 곧 그리스도시라
	고후 11:13,14	저런 사람들은 거짓 사도요 궤휼의 역군이니 자기를 그리스도의 사도로 가장하는 자들이니라 이것이 이상한 일이 아니라 사탄도 자기를 광명의 천사로 가장하나니
	계 12:17	용이 여자에게 분노하여 돌아가서 그 여자의 남은 자손 곧 하나님의 계명을 지키며 예수의 증거를 가진 자들로 더불어 싸우려고 바다 모래 위에 섰더라
	정죄	
	민 20:10	모세와 아론이 총회를 그 반석 앞에 모으고 모세가 그들에게 이르되 패역한 너희여 들으라 우리가 너희를 위하여 이 반석에서 물을 내랴 하고

	정죄	
	요 8:11	대답하되 주여 없나이다 예수께서 가라사대 나도 너를 정죄하지 아니하노니 가서 다시는 죄를 범치 말라 하시니라
	약 4:11,12	형제들아 피차에 비방하지 말라 형제를 비방하는 자나 형제를 판단하는 자는 곧 율법을 비방하고 율법을 판단하는 것이라 네가 만일 율법을 판단하면 율법의 준행자가 아니요 재판자로다 입법자와 재판자는 오직 하나이시니 능히 구원하기도 하시며 멸하기도 하시느니라 너는 누구관대 이웃을 판단하느냐
모세실수·원인	여호와 이름	
	민 20:10	모세와 아론이 총회를 그 반석 앞에 모으고 모세가 그들에게 이르되 패역한 너희여 들으라 우리가 너희를 위하여 이 반석에서 물을 내랴 하고
	민 20:12	여호와께서 모세와 아론에게 이르시되 너희가 나를 믿지 아니하고 이스라엘 자손의 목전에 나의 거룩함을 나타내지 아니한 고로 너희는 이 총회를 내가 그들에게 준 땅으로 인도하여 들이지 못하리라 하시니라
	예수 이름	
	벧전 4:16	만일 그리스도인으로 고난을 받은즉 부끄러워 말고 도리어 그 이름으로 하나님께 영광을 돌리라
	눅 17:10	이와 같이 너희도 명령 받은 것을 다 행한 후에 이르기를 우리는 무익한 종이라 우리의 하여야 할 일을 한 것뿐이라 할지니라
	고전 6:20	값으로 산 것이 되었으니 그런즉 너희 몸으로 하나님께 영광을 돌리라
	백성	
	민 20:2	회중이 물이 없으므로 모여서 모세와 아론을 공박하니라
	시 106:32	저희가 또 므리바 물에서 여호와를 노하시게 하였으므로 저희로 인하여 얼이 모세에게 미쳤나니
	시 106:33	이는 저희가 그 심령을 거역함을 인하여 모세가 그 입술로 망령되이 말하였음이로다
	교인	
	행 13:22	폐하시고 다윗을 왕으로 세우시고 증거하여 가라사대 내가 이새의 아들 다윗을 만나니 내 마음에 합한 사람이라 내 뜻을 다 이루게 하리라 하시더니
	딤후 4:14,15	구리 장색 알렉산더가 내게 해를 많이 보였으매 주께서 그 행한 대로 저에게 갚으시리니 너도 저를 주의하라 저가 우리 말을 심히 대적하였느니라
	벧전 4:11	만일 누가 말하려면 하나님의 말씀을 하는 것같이 하고
하나님 답변	불신	
	민 20:12	여호와께서 모세와 아론에게 이르시되 너희가 나를 믿지 아니하고 이스라엘 자손의 목전에 나의 거룩함을 나타내지 아니한 고로 너희는 이 총회를 내가 그들에게 준 땅으로 인도하여 들이지 못하리라 하시니라
	민 20:24	아론은 그 열조에게로 돌아가고 내가 이스라엘 자손에게 준 땅에는 들어가지 못하리니 이는 너희가 므리바 물에서 내 말을 거역한 연고니라
	민 27:14	이는 신 광야에서 회중이 분쟁할제 너희가 내 명을 거역하고 그 물가에서 나의 거룩함을 그들의 목전에 나타내지 아니하였음이니라 이 물은 신 광야 가데스의 므리바 물이니라
	신 32:51	이는 너희가 신 광야 가데스의 므리바 물가에서 이스라엘 자손 중 내게 범죄하여 나의 거룩함을 이스라엘 자손 중에서 나타내지 아니한 연고라
	신뢰	
	고후 1:8,9	형제들아 우리가 아시아에서 당한 환난을 너희가 알지 못하기를 원치 아니하노니 힘에 지나도록 심한 고생을 받아 살 소망까지 끊어지고 우리 마음에 사형 선고를 받은 줄 알았으니 이는 우리로 자기를 의뢰하지 말고 오직 죽은 자를 다시 살리시는 하나님만 의뢰하게 하심이라
	마 7:24	그러므로 누구든지 나의 이 말을 듣고 행하는 자는 그 집을 반석 위에 지은 지혜로운 사람 같으리니
	마 5:8	마음이 청결한 자는 복이 있나니 저희가 하나님을 볼 것임이요
	히 12:14	모든 사람으로 더불어 화평함과 거룩함을 좇으라 이것이 없이는 아무도 주를 보지 못하리라

소망	가나안 입성 신 3:23-25	그때에 내가 여호와께 간구하기를 주 여호와여 주께서 주의 크심과 주의 권능을 주의 종에게 나타내시기를 시작하셨사오니 천지간에 무슨 신이 능히 주의 행하신 일 곧 주의 큰 능력으로 행하신 일같이 행할 수 있으리이까 구하옵나니 나로 건너가게 하사 요단 저편에 있는 아름다운 땅, 아름다운 산과 레바논을 보게 하옵소서 하되
	가나안 복지 히 11:15,16	저희가 나온 바 본향을 생각하였더면 돌아갈 기회가 있었으려니와 저희가 이제는 더 나은 본향을 사모하니 곧 하늘에 있는 것이라 그러므로 하나님이 저희 하나님이라 일컬음 받으심을 부끄러워 아니하시고 저희를 위하여 한 성을 예비하셨느니라
거절	가나안 거절 신 3:26,27	여호와께서 너희의 연고로 내게 진노하사 내 말을 듣지 아니하시고 내게 이르시기를 그만해도 족하니 이 일로 다시 내게 말하지 말라 너는 비스가 산 꼭대기에 올라가서 눈을 들어 동서남북을 바라고 네 눈으로 그 땅을 보라 네가 이 요단을 건너지 못할 것임이니라
	안주 고후 5:1,2	만일 땅에 있는 우리의 장막 집이 무너지면 하나님께서 지으신 집 곧 손으로 지은 것이 아니요 하늘에 있는 영원한 집이 우리에게 있는 줄 아나니 과연 우리가 여기 있어 탄식하며 하늘로부터 오는 우리 처소로 덧입기를 간절히 사모하노니

"우리가 다 실수가 많으니
만일 말에 실수가 없는 자면 곧 온전한 사람이라
능히 온 몸도 굴레 씌우리라"
(약 3:2)

제3장 호르 산에서의 위임식과 전투

　이스라엘은 가데스에서 출발하여 에돔 국경 호르 산에 장막을 쳤다. 이제 사해 남쪽 아래 에돔을 경유해서 요단 강 동편 모압 평지로 들어가면 가나안으로 진입할 수 있게 된 것이다. 하지만 호르 산에 큰 걸림돌이 있었다. 그것은 에돔 족속의 경내를 진입해야만 하는 것이다.
　호르 산에 도착한 이스라엘이 가나안 땅 요단 강 동편 모압 평지 진입을 준비하는 그 무렵 제사장 아론이 생을 마감하게 된다. 그 후 에돔 왕의 영토 통과 거절로 이스라엘이 되돌아오는 중에, 아랏 족속이 백성의 후미를 쳐서 몇 사람을 포로로 잡아갔다는 소식을 듣고 아랏과 전투하여 승리를 거두게 된다.

제1절 호르 산에서의 제사장 위임식

"가데스에서 발행하여 에돔 국경 호르 산에 진 쳤더라 이스라엘 자손이 애굽 땅에서 나온 지 사십 년 오 월 일 일에 제사장 아론이 여호와의 명으로 **호르 산**에 올라가 거기서 죽었으니 아론이 호르 산에서 죽던 때에 나이 일백이십삼 세이었더라"(민 33:37-39).

"이스라엘 자손 곧 온 회중이 가데스에서 진행하여 호르 산에 이르렀더니 여호와께서 에돔 땅 변경 호르 산에서 모세와 아론에게 말씀하시니라 가라사대 아론은 그 열조에게로 돌아가고 내가 이스라엘 자손에게 준 땅에는 들어가지 못하리니 이는 너희가 므리바 물에서 내 말을 거역한 연고니라 너는 아론과 그 아들 **엘르아살**을 데리고 호르 산에 올라 아론의 옷을 벗겨 그 아들 엘르아살에게 입히라 아론은 거기서 죽어 그 열조에게로 돌아가리라 모세가 여호와의 명을 좇아 그들과 함께 회중의 목전에서 호르 산에 오르니 모세가 아론의 옷을 벗겨 그 아들 엘르아살에게 입히매 아론이 그 산꼭대기에서 죽으니라 모세와 엘르아살이 산에서 내려오니 온 회중 곧 이스라엘 온 족속이 아론의 죽은 것을 보고 위하여 삼십 일을 애곡하였더라"(민 20:22-29).

1. 제사장 위임식의 역사적 의미

1) 호르 산의 지리적 위치

가데스의 반석에서 솟은 생수로 해갈한 이스라엘은 가나안 행군을 위해 에돔 땅 경계가 되는 호르 산에 도착했다. 이곳은 가나안 요단 강 동편 모압 평지로 가는 지름길이었다. 애굽에서 가나안으로 가는 지름길은 가나안 남부 지중해 해안에 있는 블레셋 땅을 통과하는 길이었다. 그런데 전쟁을 피하여 1차 지름길을 놓친 이스라엘은 광야 37년 6개월의 생활을 마치고, 2차 지름길인 에돔

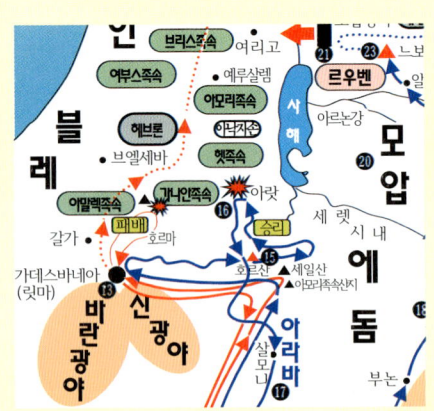

땅을 통과하기 직전 호르 산에 장막을 쳤다. *(지도에 부호 ⑮를 참고하라)

"너는 아론과 그 아들 엘르아살을 데리고 호르 산에 올라 아론의 옷을 벗겨 그 아들 엘르아살에게 입히라 아론은 거기서 죽어 그 열조에게로 돌아가리라"(민 20:25-26).

2) 제사장 직분의 역할

하나님은 이스라엘의 열두 지파 중 레위 지파에 속한 아론을 선택하여 이스라엘의 초대 제사장으로 삼아 그로 하여금 하나님과 백성들 사이에 중재 역할을 하도록 하셨다. 제사장 직분은 하나님께 정결한 짐승과 곡식의 제물로 제사를 집례하는 직책이었다. 이스라엘에 많은 제사가 있지만 대표적인 5대 제사는 번제와 화목제와 속죄제와 속건제와 소제이다. 여기서 소제는 곡물로 드리는 제사이다.

특히 제사장은 하나님과 백성들 사이에 중재자로서, 인간의 죄를 사함 받게 함으로 하나님 앞에 영적 통로를 열어 주는 화목의 직책이었다.

3) 제사장 아론의 최후

아론이 최후를 맞으면서 제사장 직분은 그의 아들로부터 후손에게로 공식적으로 위임되었다. 위임식은 제사장의 옷을 입혀 줌으로 그 직책을 수행하게 되는데, 모세가 아론의 제사장 옷을 그의 아들 엘르아살에게 입혀 줌으로써 하나님 앞에서 위임식이 거행되었다. 아론은 므리바의 물 사건으로 가나안에 입성하지 못한 채 호르 산에서 생을 마치고 말았다(민 20:7-12).

그는 출애굽 40년 5월 1일, 그의 나이 123세의 일기로 생을 마감하였고, 백성들은 아론의 장례식을 30일간 치르며 애곡하였다. 그는 때로 불평불만을 하기도 하였지만, 그래도 민족 최고의 선임자로서 제사장이었기 때문에 그의 장례식을 국장으로 치렀던 것이다(민 20:25-29).

2. 제사장 직분의 구속사적 의미

	제사장의 직분(기능)	제사장 직분의 영적 의미
임명·위임	① 아론은 **한시적**인 대제사장(민20:28,29) 　㉠ 제사장은 물로 (몸을) 씻어 청결 유지(레8:6) 　㉡ 머리에 기름 부음을 받는 제사장(레21:10,12) 　㉢ 제사장이 착복해야 할 거룩한 옷(레8:7-9) ② 하나님으로부터 **육적 제사장**의 위임식 　㉠ 아론의 아들들에게 위임된 제사장(출29:4-7) 　㉡ 아론의 후손들이 위임 받은 제사장(출29:9) 　㉢ 하나님 앞에서 착복한 제사장의 옷	① 예수는 **영원한 대제사장**(히4:14,15) 　㉠ 의를 이루기 위해 세례 받으신 예수(마3:15) 　㉡ 예수의 머리 위에 임하신 성령(마3:16,17; 눅4:18,19) 　㉢ 대속하실 예수의 몸을 감싼 남루한 옷(마27:28,31) ② 하나님으로부터 **영적 대제사장**에 위임되신 예수 　㉠ 예수께로부터 위임된 특별 제사장 목사(요21:15-17) 　㉡ 성도가 위임 받은 일반 제사장(벧전2:5,9) 　㉢ 하나님이 입혀 주신 영혼의 세마포 옷(계19:8)
제사장 의복	① 대제사장의 **겉옷**과 **속옷**(출28:31-35,39) 　㉠ 겉옷 - 하늘색 옷 아랫단에 금방울과 석류 교대 　㉡ 속옷 - 겉옷 안에 받쳐 입는 발등까지 내린 옷 ② 에봇은 앞치마로 끈을 어깨에 맨 **견대 보석**(출28:6-8) 　㉠ 에봇을 맨 양쪽 어깨에 보석 1개씩 답(출28:12) 　㉡ 빛난 두 보석에 6지파씩 새긴 이름(출28:9-11) ③ 대제사장의 가슴에 달았던 **흉패**(출28:21,22) 　㉠ 흉패 12보석에 각각 새겨진 12지파의 이름 　㉡ 착용한 흉패는 각각의 아름다운 12보석	① 예수의 아름다운 **영광**과 **속성**(마17:1,2; 11:29) 　㉠ 영광 - 순교로 변함없는 말씀과 선한 열매로의 영광 　㉡ 속성 - 거룩, 사랑, 공의, 선, 진실, 의, 자비, 온유 등 ② 예수의 보배로운 믿음을 가진 **성도**(벧후1:1) 　㉠ 예수의 어깨에 앉혀진 보배인 성도(눅15:4-7) 　㉡ 하나님께 속해 있는 보배로운 백성(신26:18) ③ 예수의 마음에 간직된 보배로운 **성도**(요14:20) 　㉠ 12사도의 신앙고백을 계승한 보배로운 성도 　㉡ 예수 안에 있는 성도는 아름다운 보배
사역	① 하나님과 백성 사이에 **중재자** 제사장(레4:16-20) ② 하나님께 짐승을 제물로 바친 제사장(레14:10,11) ③ 제물로 인해 하나님께 죄 사함을 받은 백성들 ④ 하나님과 백성과의 관계를 해결해 준 제사장	① 하나님과 사람 사이에 **중보자**이신 예수(딤전2:5) ② 하나님께 어린양의 제물로 바쳐진 예수(요1:29) ③ 자기 피로 인간의 죄를 용서받게 하신 예수 ④ 하나님과 죄인과의 영적 교통을 해결해 준 예수
결과	① **땅의 성소**에서 역할한 대제사장 아론(출28:35) ② 육신의 죽음에서 살아나지 못한 대제사장 아론 ③ 땅에 속한 자 - 흙에서 썩은 아론의 몸(창3:19)	① **하늘 성소**에 영원한 대제사장 예수(히9:11; 계21:22) ② 육신의 죽음에서 부활하신 대제사장이신 예수 ③ 하늘에 속한 분 - 흙이 감당 못한 예수의 몸(고전15:20, 45-47)

> "이 존귀는 아무나 스스로 취하지 못하고
> 오직 아론과 같이 하나님의 부르심을 입은
> 자라야 할 것이니라"
> (히 5:4)

3. 제사장 직분의 구속사적 의미(성구)

제사장 임명·위임	**한시적 대제사장**	
	민 20:28,29	모세가 아론의 옷을 벗겨 그 아들 엘르아살에게 입히매 아론이 그 산꼭대기에서 죽으니라 모세와 엘르아살이 산에서 내려오니 온 회중 곧 이스라엘 온 족속이 아론의 죽은 것을 보고 위하여 삼십 일을 애곡하였더라
	레 8:6	아론과 그 아들들을 데려다가 물로 그들을 씻기고
	레 21:10,12	10. 자기 형제 중 관유로 부음을 받고 위임되어 예복을 입은 대제사장은 그 머리를 풀지 말며 그 옷을 찢지 말며 12. 성소에서 나오지 말며 그 하나님의 성소를 더럽히지 말라 이는 하나님의 위임한 관유가 그 위에 있음이니라 나는 여호와라
	레 8:7-9	아론에게 속옷을 입히며 띠를 띠우고 겉옷을 입히며 에봇을 더하고 에봇의 기묘하게 짠 띠를 띠워서 에봇을 몸에 매고 흉패를 붙이고 흉패에 우림과 둠밈을 넣고 그 머리에 관을 씌우고 그 관 위 전면에 금패를 붙이니 곧 거룩한 관이라 여호와께서 모세에게 명하심과 같았더라
	영원한 대제사장	
	히 4:14,15	그러므로 우리에게 큰 대제사장이 있으니 승천하신 자 곧 하나님 아들 예수시라 우리가 믿는 도리를 굳게 잡을지어다 우리에게 있는 대제사장은 우리 연약함을 체휼하지 아니하는 자가 아니요 모든 일에 우리와 한결같이 시험을 받은 자로되 죄는 없으시니라
	마 3:15	예수께서 대답하여 가라사대 이제 허락하라 우리가 이와 같이 하여 모든 의를 이루는 것이 합당하니라 하신대 이에 요한이 허락하는지라
	마 3:16,17	예수께서 세례를 받으시고 곧 물에서 올라오실새 하늘이 열리고 하나님의 성령이 비둘기같이 내려 자기 위에 임하심을 보시더니 하늘로서 소리가 있어 말씀하시되 이는 내 사랑하는 아들이요 내 기뻐하는 자라 하시니라
	눅 4:18,19	주의 성령이 내게 임하셨으니 이는 가난한 자에게 복음을 전하게 하시려고 내게 기름을 부으시고 나를 보내사 포로 된 자에게 자유를, 눈먼 자에게 다시 보게 함을 전파하며 눌린 자를 자유케 하고 주의 은혜의 해를 전파하게 하려 하심이라 하였더라
	마 27:28,31	28. 그의 옷을 벗기고 홍포를 입히며 31. 희롱을 다한 후 홍포를 벗기고 도로 그의 옷을 입혀 십자가에 못 박으려고 끌고 나가니라
	육적 제사장	
	출 29:4-7	너는 아론과 그 아들들을 회막 문으로 데려다가 물로 씻기고 의복을 가져다가 아론에게 속옷과 에봇 받침 겉옷과 에봇을 입히고 흉패를 달고 에봇에 공교히 짠 띠를 띠우고 그 머리에 관을 씌우고 그 위에 성패를 더하고 관유를 가져다 그 머리에 부어 바르고
	출 29:9	아론과 그 아들들에게 띠를 띠우며 관을 씌워서 제사장의 직분을 그들에게 맡겨 영원한 규례가 되게 하라 너는 이같이 아론과 그 아들들에게 위임하여 거룩하게 할지니라
	영적 제사장	
	요 21:15-17	저희가 조반 먹은 후에 예수께서 시몬 베드로에게 이르시되 요한의 아들 시몬아 네가 이 사람들보다 나를 더 사랑하느냐 하시니 가로되 주여 그러하외다 내가 주를 사랑하는 줄 주께서 아시나이다 가라사대 내 어린양을 먹이라 하시고 또 두 번째 가라사대 요한의 아들 시몬아 네가 나를 사랑하느냐 하시니 가로되 주여 그러하외다 내가 주를 사랑하는 줄 주께서 아시나이다 가라사대 내 양을 치라 하시고 세 번째 가라사대 요한의 아들 시몬아 네가 나를 사랑하느냐 하시니 주께서 세 번째 네가 나를 사랑하느냐 하시므로 베드로가 근심하여 가로되 주여 모든 것을 아시오매 내가 주를 사랑하는 줄을 주께서 아시나이다 예수께서 가라사대 내 양을 먹이라
	벧전 2:5,9	5. 너희도 산 돌같이 신령한 집으로 세워지고 예수 그리스도로 말미암아 하나님이 기쁘게 받으실 신령한 제사를 드릴 거룩한 제사장이 될지니라 9. 오직 너희는 택하신 족속이요 왕 같은 제사장들이요 거룩한 나라요 그의 소유 된 백성이니 이는 너희를 어두운 데서 불러내어 그의 기이한 빛에 들어가게 하신 자의 아름다운 덕을 선전하게 하려 하심이라
	계 19:8	그에게 허락하사 빛나고 깨끗한 세마포를 입게 하셨은즉 이 세마포는 성도들의 옳은 행실이로다 하더라

제사장의 복	**겉옷·속옷**	
	출 28:31-35	너는 에봇 받침 겉옷을 전부 청색으로 하되 두 어깨 사이에 머리 들어갈 구멍을 내고 그 주위에 갑옷 깃같이 깃을 짜서 찢어지지 않게 하고 그 옷 가장자리로 돌아가며 청색 자색 홍색 실로 석류를 수놓고 금방울을 간격 하여 달되 그 옷 가장자리로 돌아가며 한 금방울, 한 석류, 한 금방울, 한 석류가 있게 하라 아론이 입고 여호와를 섬기러 성소에 들어갈 때와 성소에서 나갈 때에 그 소리가 들릴 것이라 그리하면 그가 죽지 아니하리라
	출 28:39	너는 가는 베실로 반포 속옷을 짜고 가는 베실로 관을 만들고 띠를 수놓아 만들지니라
	영광·속성	
	마 17:1,2	엿새 후에 예수께서 베드로와 야고보와 그 형제 요한을 데리시고 따로 높은 산에 올라가셨더니 저희 앞에서 변형되사 그 얼굴이 해같이 빛나며 옷이 빛과 같이 희어졌더라
	마 11:29	나는 마음이 온유하고 겸손하니 나의 멍에를 메고 내게 배우라 그러면 너희 마음이 쉼을 얻으리니
	견대 보석	
	출 28:6-8	그들이 금실과 청색 자색 홍색 실과 가늘게 꼰 베실로 공교히 짜서 에봇을 짓되 그것에 견대 둘을 달아 그 두 끝을 연하게 하고 에봇 위에 매는 띠는 에봇 짜는 법으로 금실과 청색 자색 홍색 실과 가늘게 꼰 베실로 에봇에 공교히 붙여 짤지며
	출 28:12	그 두 보석을 에봇 두 견대에 붙여 이스라엘 아들들의 기념 보석을 삼되 아론이 여호와 앞에서 그들의 이름을 그 두 어깨에 메어서 기념이 되게 할지며
	출 28:9-11	호마노 두 개를 취하여 그 위에 이스라엘 아들들의 이름을 새기되 그들의 연치대로 여섯 이름을 한 보석에, 나머지 여섯 이름은 다른 보석에 보석을 새기는 자가 인에 새김같이 너는 이스라엘 아들들의 이름을 그 두 보석에 새겨 금테에 물리고
	성도	
	벧후 1:1	예수 그리스도의 종과 사도인 시몬 베드로는 우리 하나님과 구주 예수 그리스도의 의를 힘입어 동일하게 보배로운 믿음을 우리와 같이 받은 자들에게 편지하노니
	눅 15:4-7	너희 중에 어느 사람이 양 일백 마리가 있는데 그중에 하나를 잃으면 아흔아홉 마리를 들에 두고 그 잃은 것을 찾도록 찾아다니지 아니하느냐 또 찾은즉 즐거워 어깨에 메고 집에 와서 그 벗과 이웃을 불러 모으고 말하되 나와 함께 즐기자 나의 잃은 양을 찾았노라 하리라 내가 너희에게 이르노니 이와 같이 죄인 하나가 회개하면 하늘에서는 회개할 것 없는 의인 아흔아홉을 인하여 기뻐하는 것보다 더하리라
	신 26:18	여호와께서도 네게 말씀하신 대로 오늘날 너를 자기의 보배로운 백성으로 인정하시고 또 그 모든 명령을 지키게 하리라 확언하셨은즉
	흉패	
	출 28:21,22	이 보석들은 이스라엘 아들들의 이름대로 열둘이라 매 보석에 열두 지파의 한 이름씩 인을 새기는 법으로 새기고 정금으로 노끈처럼 땋은 사슬을 흉패 위에 붙이고
	성도	
	요 14:20	그날에는 내가 아버지 안에, 너희가 내 안에, 내가 너희 안에 있는 것을 너희가 알리라
	중재자	
사역	레 4:16-20	기름 부음을 받은 제사장은 그 수송아지 피를 가지고 회막에 들어가서 그 제사장이 손가락으로 그 피를 찍어 여호와 앞, 장 앞에 일곱 번 뿌릴 것이며 또 그 피로 회막 안 여호와 앞에 있는 단 뿔에 바르고 그 피 전부는 회막문 앞 번제단 밑에 쏟을 것이며 그 기름은 다 취하여 단 위에 불사르되 그 송아지를 속죄제의 수송아지에게 한 것같이 할지며 제사장이 그것으로 회중을 위하여 속죄한즉 그들이 사함을 얻으리라
	레 14:10,11	제팔일에 그는 흠 없는 어린 숫양 둘과 일 년 된 흠 없는 어린 암양 하나와 또 고운 가루 에바 십분 삼에 기름 섞은 소제물과 기름 한 록을 취할 것요 정결케 하는 제사장은 정결함을 받을 자와 그 물건들을 회막문 여호와 앞에 두고
	중보자	
	딤전 2:5	하나님은 한 분이시요 또 하나님과 사람 사이에 중보도 한 분이시니 곧 사람이신 그리스도 예수라
	요 1:29	이튿날 요한이 예수께서 자기에게 나아오심을 보고 가로되 보라 세상 죄를 지고 가는 하나님의 어린양이로다

결과	땅의 성소	
	출 28:35	아론이 입고 여호와를 섬기러 성소에 들어갈 때와 성소에서 나갈 때에 그 소리가 들릴 것이라 그리하면 그가 죽지 아니하리라
	창 3:19	네가 얼굴에 땀이 흘려야 식물을 먹고 필경은 흙으로 돌아가리니 그 속에서 네가 취함을 입었음이라 너는 흙이니 흙으로 돌아갈 것이니라 하시니라
	하늘 성소	
	히 9:11	그리스도께서 장래 좋은 일의 대제사장으로 오사 손으로 짓지 아니한 곧 이 창조에 속하지 아니한 더 크고 온전한 장막으로 말미암아
	계 21:22	성안에 성전을 내가 보지 못하였으니 이는 주 하나님 곧 전능하신 이와 및 어린양이 그 성전이심이라
	고전 15:20	그러나 이제 그리스도께서 죽은 자 가운데서 다시 살아 잠자는 자들의 첫 열매가 되셨도다
	고전 15:45-47	기록된 바 첫 사람 아담은 산 영이 되었다 함과 같이 마지막 아담은 살려 주는 영이 되었나니 그러나 먼저는 신령한 자가 아니요 육 있는 자요 그 다음에 신령한 자니라 첫 사람은 땅에서 났으니 흙에 속한 자이거니와 둘째 사람은 하늘에서 나셨느니라

"또 하나님의 집 다스리는
큰 제사장이 계시매
우리가 마음에 뿌림을 받아 양심의 악을 깨닫고
몸을 맑은 물로 씻었으니
참 마음과 온전한 믿음으로 하나님께 나아가자"
(히 10:21-22)

제2절 호르 산 부근에서의 전투

> "남방에 거하는 가나안 사람 곧 **아랏의 왕**이 이스라엘이 아다림 길로 온다 함을 듣고 이스라엘을 쳐서 그중 몇 사람을 사로잡은지라 이스라엘이 여호와께 서원하여 가로되 주께서 만일 이 백성을 내 손에 붙이시면 내가 그들의 성읍을 다 멸하리이다 여호와께서 이스라엘의 소리를 들으시고 가나안 사람을 붙이시매 그들과 그 성읍을 다 멸하니라 그러므로 그곳 이름을 호르마라 하였더라"(민 21:1-3).

1. 아랏 왕과 전투의 역사적 의미

1) 아랏 족속이 거주한 지리적 위치

아랏은 남북으로 호르 산과 헤브론 사이에 있으면서, 동서로는 브엘세바와 사해 남단 사이에 위치한 가나안 남부 지역이다. 이곳은 헤브론 남쪽 약 32km 지점의 네게브 사막 동북부에 위치하고 있었다. 아랏은 가나안의 최남단 경계선에 위치한 고원 지대로서 가나안 족속들이 살고 있었다. 아랏은 블레셋처럼 철기가 발달하였거나 큰 민족을 이룬 나라도 아닌, 소수 민족의 지방 국가였다. *(지도에 부호 ⑯을 참고하라)

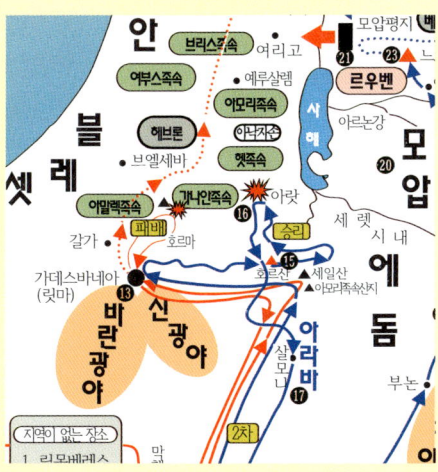

"가나안 땅 남방에 거한 가나안 사람 아랏 왕이 이스라엘의 옴을 들었더라" (민 33:40).

2) 아랏과의 전투에서 승리

이스라엘 백성은 가나안을 향하여 지름길인 에돔 경내를 통과하려다가, 에돔 왕의 거절로 되돌아오는 길에 가나안 남부에 거주하는 아랏 족속과 전투가 벌어졌다. 아랏 족속은 이스라엘이 아다림 길을 통해 자기들의 영내 근처로 진입해 온다는 소식을 접하고 이를 저지시킬 목적으로 선제공격 함으로써 이스라엘 백성 몇 명이 포로로 잡혀갔다.

이에 분개한 이스라엘은 하나님께 서원 기도로 응답을 받고, 아랏 족속과의 전투에서 그들을 진멸시켜 승리를 거두게 된다. 이스라엘은 전쟁 경험이 없었지만 하나님이 함께하심으로 승리할 수 있었다. 이렇듯 이스라엘은 서원 기도로 놀라운 승리의 축복을 누릴 수 있게 되었다.

2. 아랏 왕과 전투에서의 구속사적 의미

	아랏 왕과의 전투(기능)	아랏 왕과 전투에서의 영적 의미
아랏 왕	◉ 하나님의 구속사를 방해한 아랏 왕 ① **아랏 왕** - 이스라엘을 해치는 악한 왕(민21:1) ㉠ 아다림 길에 매복하고 있는 아랏 왕 ㉡ 이스라엘 백성 몇 명을 사로잡은 아랏 왕 ㉢ 백성에서 이탈된 자를 사로잡는 아랏 왕 ㉣ 하나님의 개입으로 전투에 패배한 아랏 왕	◉ 하나님의 택자 구원을 방해하는 마귀 ① **마귀** - 사람을 해하는 세상 임금(요12:31; 계9:10,11) ㉠ 성도의 허점을 공격하려고 엿보는 마귀 ㉡ 성도를 유혹, 기회를 엿보아 사로잡는 마귀 ㉢ 말씀에서 이탈하는 성도를 사로잡는 마귀 ㉣ 예수로 인해 영적 전투에서 패배하는 마귀
이스라엘	◉ 구약의 성도 ① **육적** 이스라엘 백성들(민21:2) ㉠ 위급한 시기에 서원 기도를 한 이스라엘 ㉡ 아랏 군대의 진멸을 위해 기도한 이스라엘 ㉢ 이스라엘에게 기도 응답을 주신 하나님(민21:3)	◉ 신약의 성도 ① **영적** 이스라엘 성도들(빌3:3) ㉠ 위급할 때 서원 기도로 응답 받는 성도(삿11:29-40) ㉡ 마귀 대적을 위해 기도해야 할 성도(약4:7; 벧전5:8) ㉢ 성도에게 기도 응답을 주시는 하나님(눅11:8-10)

3. 아랏 왕과 전투에서의 구속사적 의미(성구)

아랏 왕	**아랏 왕**	
	민 21:1	남방에 거하는 가나안 사람 곧 아랏의 왕이 이스라엘이 아다림 길로 온다 함을 듣고 이스라엘을 쳐서 그중 몇 사람을 사로잡은지라
	마귀	
	요 12:31	이제 이 세상의 심판이 이르렀으니 이 세상 임금이 쫓겨나리라
	계 9:10,11	또 전갈과 같은 꼬리와 쏘는 살이 있어 그 꼬리에는 다섯 달 동안 사람들을 해하는 권세가 있더라 저희에게 임금이 있으니 무저갱의 사자라 히브리 음으로 이름은 아바돈이요 헬라 음으로 이름은 아볼루온이더라
이스라엘	**육적 백성**	
	민 21:2	이스라엘이 여호와께 서원하여 가로되 주께서 만일 이 백성을 내 손에 붙이시면 내가 그들의 성읍을 다 멸하리이다
	민 21:3	여호와께서 이스라엘의 소리를 들으시고 가나안 사람을 붙이시매 그들과 그 성읍을 다 멸하니라 그러므로 그곳 이름을 호르마라 하였더라
	영적 성도	
	빌 3:3	하나님의 성령으로 봉사하며 그리스도 예수로 자랑하고 육체를 신뢰하지 아니하는 우리가 곧 할례당이라

이스라엘	삿 11:29-40	이에 여호와의 신이 입다에게 임하시니 입다가 길르앗과 므낫세를 지나서 길르앗 미스베에 이르고 길르앗 미스베에서부터 암몬 자손에게로 나아갈 때에 그가 여호와께 **서원**하여 가로되 주께서 과연 암몬 자손을 내 손에 붙이시면 내가 암몬 자손에게서 평안히 돌아올 때에 누구든지 내 집 문에서 나와서 나를 영접하는 그는 여호와께 돌릴 것이니 내가 그를 번제로 드리겠나이다 하니라 이에 입다가 암몬 자손에게 이르러 그들과 싸우더니 여호와께서 그들을 그 손에 붙이시매 아로엘에서부터 민닛에 이르기까지 이십 성읍을 치고 또 아벨 그라밈까지 크게 도륙하니 이에 암몬 자손이 이스라엘 자손 앞에 항복하였더라 입다가 미스바에 돌아와 자기 집에 이를 때에 그 딸이 소고를 잡고 춤추며 나와서 영접하니 이는 그의 무남독녀라 입다가 이를 보고 자기 옷을 찢으며 가로되 슬프다 내 딸이여 너는 나로 참담케 하는 자요 너는 나를 괴롭게 하는 자 중의 하나이로다 내가 여호와를 향하여 입을 열었으니 능히 돌이키지 못하리로다 딸이 그에게 이르되 나의 아버지여 아버지께서 여호와를 향하여 입을 여셨으니 아버지 입에서 낸 말씀대로 내게 행하소서 이는 여호와께서 아버지를 위하여 아버지의 대적 암몬 자손에게 원수를 갚으셨음이니이다 아비에게 또 이르되 이 일만 내게 허락하사 나를 두 달만 용납하소서 내가 나의 동무들과 함께 산에 올라가서 나의 처녀로 죽음을 인하여 애곡하겠나이다 이르되 가라 하고 두 달 위한하고 보내니 그가 그 동무들과 함께 가서 산 위에서 처녀로 죽음을 인하여 애곡하고 두 달 만에 그 아비에게로 돌아온지라 아비가 그 서원한 대로 딸에게 행하니 딸이 남자를 알지 못하고 죽으니라 이로부터 이스라엘 가운데 규례가 되어 이스라엘 여자들이 해마다 가서 길르앗 사람 입다의 딸을 위하여 나흘씩 애곡하더라
	약 4:7	그런즉 너희는 하나님께 순복할지어다 마귀를 대적하라 그리하면 너희를 피하리라
	벧전 5:8	근신하라 깨어라 너희 대적 마귀가 우는 사자같이 두루 다니며 삼킬 자를 찾나니
	눅 11:8-10	내가 너희에게 말하노니 비록 벗 됨을 인하여서는 일어나 주지 아니할지라도 그 강청함을 인하여 일어나 그 소용대로 주리라 내가 또 너희에게 이르노니 구하라 그러면 너희에게 주실 것이요 찾으라 그러면 찾을 것이요 문을 두드리라 그러면 너희에게 열릴 것이니 구하는 이마다 받을 것이요 찾는 이가 찾을 것이요 두드리는 이에게 열릴 것이니라

"하나님의 전신갑주를 취하라
이는 악한 날에 너희가 능히 대적하고 모든 일을
행한 후에 서기 위함이라
그런즉 서서 진리로 너희 허리 띠를 띠고
의의 흉배를 붙이고
평안의 복음의 예비한 것으로 신을 신고
모든 것 위에 믿음의 방패를 가지고
이로써 능히 악한 자의 모든 화전을 소멸하고 구원의 투구와 성령의 검
곧 하나님의 말씀을 가지라"
(엡 6:13-17)

제3절 불뱀과 놋뱀 사건

> "백성이 호르 산에서 진행하여 홍해 길로 좇아 에돔 땅을 둘러 행하려 하였다가 길로 인하여 백성의 마음이 상하니라 백성이 하나님과 모세를 향하여 원망하되 어찌하여 우리를 애굽에서 인도하여 올려서 이 광야에서 죽게 하는고 이곳에는 식물도 없고 물도 없도다 우리 마음이 이 박한 식물을 싫어하노라 하매 여호와께서 **불뱀**들을 백성 중에 보내어 백성을 물게 하시므로 이스라엘 백성 중에 죽은 자가 많은지라 백성이 모세에게 이르러 가로되 우리가 여호와와 당신을 향하여 원망하므로 범죄하였사오니 여호와께 기도하여 이 뱀들을 우리에게서 떠나게 하소서 모세가 백성을 위하여 기도하매 여호와께서 모세에게 이르시되 불뱀을 만들어 **장대** 위에 달라 물린 자마다 그것을 보면 살리라 모세가 **놋뱀**을 만들어 장대 위에 다니 뱀에게 물린 자마다 놋뱀을 쳐다본즉 살더라"(민 21:4-9).

1. 불뱀과 놋뱀 사건의 역사적 의미

1) 불뱀의 출현 원인

이스라엘 백성은 가나안을 향해 가깝게 갈 수 있는 에돔 족속의 영내를 통과하지 못한 채 되돌아오다가 아랏 족속과의 전쟁에서 승리를 하였지만 남방으로 우회해야 한다는 것에 만족스럽지 못했다. 게다가 그들이 에돔 땅을 우회해야 할 경로는 험한 지형이었다.

이스라엘 백성은 어려운 문제에 봉착하면 모세를 원망했듯이, 이제는 노골적으로 하나님까지 원망하게 되었다. 그 원망은 '애굽에서 인도하여 광야에서 죽게 한다'는 것과, 또 하나님이 매일 새벽에 내려 주시는 만나가 '박한 식물'이라며 불평불만을 쏟아놓았던 것이다.

2) 불뱀의 출현과 지리적 위치

하나님은 백성들의 원망을 들으시고 가차 없이 불뱀들을 보내어 물어 죽게 하셨다. 이는 하나님의 은혜를 망각하는 자들에 대한 징계였다.

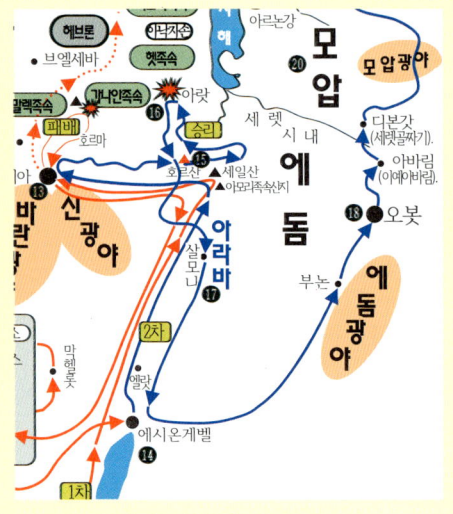

불뱀이 출현한 장소는 호르 산을 지나 살모나 부근 지역이었다. 호르 산에서 다시 (아카바 만) 홍해 길 방향으로 내려가야 했기 때문이다. 더구나 에돔 땅을 둘러가는 길목은 산악지대로 험난할 뿐 아니라, 또한 아라바 광야 사막지대를 걸어야 하는 힘든 경로였다(신 2:1, 8). 이로 인해 백성들은 상한 마음으로 불평불만을 쏟아내기 시작했던 것이다. *(지도에 부호 ⑰을 참고하라)

"그들이 호르 산에서 발행하여 살모나에 진 쳤고"(민 33:41).

3) 치료의 해결책인 장대 위의 놋뱀

이스라엘은 불뱀으로 인해 두려움과 긴장감에 사로잡혀 있었다. 그것은 백성이 모세를 찾아가 '당신과 하나님을 향해 원망하여 범죄하였으니 하나님께 기도하여 뱀들을 자기들에게서 떠나게 해 달라'는 것을 보아 알 수 있다. 모세가 백성을 위해 기도하였을 때, 하나님은 놋뱀을 만들어 장대에 매달아 놓으라고 지시하셨고, 뱀에 물린 자들이 이것을 바라보면 살 것이라고 하셨다.

이에 모세는 장대 위에 놋뱀을 매달아 놓았고, 죽어가는 자들이 멀리 있든 가까이 있든 놋뱀을 바라볼 때 살아나는 역사가 일어났다. 하나님은 치료의 해결책으로 장대에 매달린 놋뱀을 바라보게 함으로써 죽는 자를 살리셨던 것이다.

　광야교회를 징계하신 이유는 무엇인가? 하나님은 그들을 사정없이 죽이기도 하셨다. 하나님은 이스라엘 백성과 이방 나라와의 전쟁으로 수많은 생명들을 죽이셨다. 그렇다면 하나님은 생명을 사랑하는 분이 아닌가 하는 의문을 제기할 수 있을 것이다. 하지만 이는 구속사적 관점에서 볼 때 쉽게 해결될 수 있는 일이다.
　하나님은 사탄이 이스라엘의 안팎을 통해 육신의 혈통으로 오실 그리스도의 구속사의 맥을 끊고자 방해하는 자들을 그대로 두실 수 없었다. 하나님은 구속사의 계획을 방해하는 자들은 모두 죽이셔야 했다.
　거슬러 올라가면, 하나님은 아담의 아들 아벨이 죽었을 때 셋을 주셨고, 이어 노아와 그의 아들 셈을 통해 후일에 아브라함과 다윗의 후손으로 인류를 대속하실, 구속의 종결자이신 예수 그리스도(마 1:1-16; 눅 3:23-38)를 보내신 이후로는 한 생명을 지극히 사랑하셨다. 광야교회 역시 예외는 아니다.

2. 불뱀과 놋뱀 사건의 구속사적 의미

		불뱀과 놋뱀의 기능	불뱀과 놋뱀의 영적 의미
불뱀	출현·원인	● 광야교회와 뱀 ① 가나안 여정 험로로 **원망**한 광야교회(민21:5) ㉠ 출애굽 40년 1월 험로로 원망한 교회(민21:4) ㉡ 하나님과 모세를 원망한 광야교회(민21:5상) ㉢ 애굽을 회상하며 만나로 원망한 교회(민21:5) ② **뱀**은 저주받은 동물(창3:14) ㉠ 원망·불평하는 자에게 접근한 불뱀(민21:6) ㉡ 원망한 백성을 죽이기 위해 나타난 불뱀 ㉢ 원망하는 백성에게 불뱀을 보내신 하나님	● 신약교회와 마귀 ① 교회의 일로 **원망**한 신약교회(행6:1; 빌2:14) ㉠ 성도는 험한 인생길에 끝까지 인내(롬5:3,4) ㉡ 원망하다가 멸망 받은 사람들(고전10:10,11) ㉢ 현재 생활에 항상 기쁨과 감사 생활(살전5:16-18) ② 뱀은 저주받은 **마귀**를 상징(계12:9;20:2) ㉠ 마귀는 원망·불평하는 성도를 포섭(유1:16) ㉡ 성도들에게 접근하는 마귀(눅22:31; 계12:12) ㉢ 하나님의 주권 아래서 활동하는 마귀(욥1:6-12)
모세 중재·백성 반응		● 모세는 예수의 예표(신18:15) ① 원망했던 **모세**를 찾아온 백성들(민21:7) ㉠ 다급한 마음과 낮은 자세로 찾아온 백성들 ㉡ 하나님과 모세에게 용서를 구한 백성들 ㉢ 모세에게 불뱀이 떠나기를 기도 요청한 백성들 ② 백성들의 **기도** 요청을 들어준 모세(민21:7하) ㉠ 백성의 죄에 대한 기도 간청을 들어준 모세 ㉡ 하나님께 육신의 구원을 위해 기도한 모세 ㉢ 하나님과 백성 사이에 기도의 중재자 모세 ③ 백성을 자기 **몸처럼 사랑**한 모세(출32:30-32) ㉠ 백성들의 생명을 책임지고 있는 모세 ㉡ 자신의 생명보다 백성의 생명을 사랑한 모세	● 구속사의 실체이신 예수(행3:22) ① 소망하는 **예수**를 찾아온 무리들(마14:13,14) ㉠ 긍휼을 얻기 위해 예수를 찾아온 무리들 ㉡ 모든 죄를 사하는 권세가 있으신 예수(마9:6) ㉢ 사탄이 키로 까부를 때 기도해 주신 예수(눅22:31,32) ② 성도들을 위해 쉼 없이 **기도**하시는 예수(롬8:34) ㉠ 죄인들의 죄를 위해 기도해 주시는 예수(눅23:34) ㉡ 하나님께 영혼 구원을 위해 기도하시는 예수 ㉢ 하나님과 사람 사이의 중보자 예수(딤전2:5) ③ 성도를 위해 목숨 바쳐 **끝까지 사랑**하신 예수(요13:1) ㉠ 택자들의 영혼을 끝까지 책임지시는 예수(요6:37) ㉡ 자신의 생명보다 택자를 사랑하신 예수(마27:46)
해결책		● 장대는 십자가 상징 ① 하나님이 모세에게 **장대 위**에 달게 한 놋뱀(민21:8) ② 불뱀에게 물린 자는 놋뱀을 바라보아야 살아남 ③ 장대 위의 놋뱀을 바라본 자는 살아남(민21:9) ㉠ 멀든 가깝든 장대 위의 놋뱀을 바라본 자 ㉡ 남녀노소 차별 없이 놋뱀을 바라본 자 ㉢ 불뱀에 물려 고통으로 죽어가는 자가 바라봄	● 십자가에 죽으신 예수 ① 하나님이 **십자가 위**에 매단 예수(요3:14) ② 마귀에게 매인 자는 예수를 바라보아야 영원히 살게 됨 ③ 십자가의 예수를 바라볼 때 영원한 생명 얻음(히12:2) ㉠ 유대인이든 헬라인이든 십자가를 보는 자(롬1:16) ㉡ 남녀노소 차별 없이 십자가를 바라볼 때 구원받음 ㉢ 귀신 들린 자, 각색 병든 자, 고통 받는 자 구원(마4:24)

"주 예수를 믿으라
그리하면 너와 네 집이 구원을 얻으리라"
(행 16:31)

3. 불뱀과 놋뱀 사건의 구속사적 의미(성구)

	원망	
	민 21:5	백성이 하나님과 모세를 향하여 원망하되 어찌하여 우리를 애굽에서 인도하여 올려서 이 광야에서 죽게 하는고 이곳에는 식물도 없고 물도 없도다 우리 마음이 이 박한 식물을 싫어하노라 하매
	민 21:4	백성이 호르 산에서 진행하여 홍해 길로 좇아 에돔 땅을 둘러 행하려 하였다가 길로 인하여 백성의 마음이 상하니라
	민 21:5상	백성이 하나님과 모세를 향하여 원망하되 어찌하여 우리를 애굽에서 인도하여 올려서 이 광야에서 죽게 하는고 이곳에는 식물도 없고 물도 없도다…
	민 21:5	백성이 하나님과 모세를 향하여 원망하되 어찌하여 우리를 애굽에서 인도하여 올려서 이 광야에서 죽게 하는고 이곳에는 식물도 없고 물도 없도다 우리 마음이 이 박한 식물을 싫어하노라 하매
	원망	
불뱀 출현 · 원인	행 6:1	그때에 제자가 더 많아졌는데 헬라파 유대인들이 자기의 과부들이 그 매일 구제에 빠지므로 히브리파 사람을 원망한대
	빌 2:14	모든 일을 원망과 시비가 없이 하라
	롬 5:3,4	다만 이뿐 아니라 우리가 환난 중에도 즐거워하나니 이는 환난은 인내를, 인내는 연단을, 연단은 소망을 이루는 줄 앎이로다
	고전 10:10,11	저희 중에 어떤 이들이 원망하다가 멸망시키는 자에게 멸망하였나니 너희는 저희와 같이 원망하지 말라 저희에게 당한 이런 일이 거울이 되고 또한 말세를 만난 우리의 경계로 기록하였느니라
	살전 5:16-18	항상 기뻐하라 쉬지 말고 기도하라 범사에 감사하라 이는 그리스도 예수 안에서 너희를 향하신 하나님의 뜻이니라
	뱀	
	창 3:14	여호와 하나님이 뱀에게 이르시되 네가 이렇게 하였으니 네가 모든 육축과 들의 모든 짐승보다 더욱 저주를 받아 배로 다니고 종신토록 흙을 먹을지니라
	민 21:6	여호와께서 불뱀들을 백성 중에 보내어 백성을 물게 하시므로 이스라엘 백성 중에 죽은 자가 많은지라
	마귀	
	계 12:9	큰 용이 내어쫓기니 옛 뱀 곧 마귀라고도 하고 사탄이라고도 하는 온 천하를 꾀는 자라 땅으로 내어쫓기니 그의 사자들도 저와 함께 내어쫓기니라
	계 20:2	용을 잡으니 곧 옛 뱀이요 마귀요 사탄이라 잡아 일천 년 동안 결박하여
	유 1:16	이 사람들은 원망하는 자며 불만을 토하는 자며 그 정욕대로 행하는 자라 그 입으로 자랑하는 말을 내며 이를 위하여 아첨하느니라
	눅 22:31	시몬아, 시몬아, 보라 사탄이 밀 까부르듯하려고 너희를 청구하였으나
	계 12:12	그러므로 하늘과 그 가운데 거하는 자들은 즐거워하라 그러나 땅과 바다는 화 있을진저 이는 마귀가 자기의 때가 얼마 못 된 줄을 알므로 크게 분내어 너희에게 내려갔음이라 하더라
	욥 1:6-12	하루는 하나님의 아들들이 와서 여호와 앞에 섰고 사탄도 그들 가운데 왔는지라 여호와께서 사탄에게 이르시되 네가 어디서 왔느냐 사탄이 여호와께 대답하여 가로되 땅에 두루 돌아 여기저기 다녀왔나이다 여호와께서 사탄에게 이르시되 네가 내 종 욥을 유의하여 보았느냐 그와 같이 순전하고 정직하여 하나님을 경외하며 악에서 떠난 자가 세상에 없느니라 사탄이 여호와께 대답하여 가로되 욥이 어찌 까닭 없이 하나님을 경외하리까 주께서 그와 그 집과 그 모든 소유물을 산울로 두르심이 아니니이까 주께서 그 손으로 하는 바를 복되게 하사 그 소유물로 땅에 널리게 하셨음이니이다 이제 주의 손을 펴서 그의 모든 소유물을 치소서 그리하시면 정녕 대면하여 주를 욕하리이다 여호와께서 사탄에게 이르시되 내가 그의 소유물을 다 네 손에 붙이노라 오직 그의 몸에는 네 손을 대지 말지니라 사탄이 곧 여호와 앞에서 물러가니라

모세 중재 · 백성 반응	모세	
	신 18:15	네 하나님 여호와께서 너의 중 네 형제 중에서 나와 같은 선지자 하나를 너를 위하여 일으키시리니 너희는 그를 들을지니라
	민 21:7	백성이 모세에게 이르러 가로되 우리가 여호와와 당신을 향하여 원망하므로 범죄하였사오니 여호와께 기도하여 이 뱀들을 우리에게서 떠나게 하소서 모세가 백성을 위하여 기도하매
	예수	
	행 3:22	모세가 말하되 주 하나님이 너희를 위하여 너희 형제 가운데서 나 같은 선지자 하나를 세울 것이니 너희가 무엇이든지 그 모든 말씀을 들을 것이라
	마 14:13,14	예수께서 들으시고 배를 타고 떠나사 따로 빈들에 가시니 무리가 듣고 여러 고을로부터 걸어서 좇아간지라 예수께서 나오사 큰 무리를 보시고 불쌍히 여기사 그중에 있는 병인을 고쳐 주시니라
	마 9:6	그러나 인자가 세상에서 죄를 사하는 권세가 있는 줄을 너희로 알게 하려 하노라 하시고 중풍병자에게 말씀하시되 일어나 네 침상을 가지고 집으로 가라 하시니
	눅 22:31,32	시몬아, 시몬아, 보라 사탄이 밀 까부르듯 하려고 너희를 청구하였으나 그러나 내가 너를 위하여 네 믿음이 떨어지지 않기를 기도하였노니 너는 돌이킨 후에 네 형제를 굳게 하라
	기도	
	민 21:7하	…모세가 백성을 위하여 기도하매
	기도	
	롬 8:34	누가 정죄하리요 죽으실 뿐 아니라 다시 살아나신 이는 그리스도 예수시니 그는 하나님 우편에 계신 자요 우리를 위하여 간구하시는 자시니라
	눅 23:34	이에 예수께서 가라사대 아버지여 저희를 사하여 주옵소서 자기의 하는 것을 알지 못함이니이다 하시더라 저희가 그의 옷을 나눠 제비 뽑을새
	딤전 2:5	하나님은 한 분이시요 또 하나님과 사람 사이에 중보도 한 분이시니 곧 사람이신 그리스도 예수라
	몸처럼 사랑	
	출 32:30-32	이튿날 모세가 백성에게 이르되 너희가 큰 죄를 범하였도다 내가 이제 여호와께로 올라가노니 혹 너희의 죄를 속할까 하노라 하고 여호와께로 다시 나아가 여짜오되 슬프도소이다 이 백성이 자기들을 위하여 금신을 만들었사오니 큰 죄를 범하였나이다 그러나 합의하시면 이제 그들의 죄를 사하시옵소서 그렇지 않사오면 원컨대 주의 기록하신 책에서 내 이름을 지워버려 주옵소서
	끝까지 사랑	
	요 13:1	유월절 전에 예수께서 자기가 세상을 떠나 아버지께로 돌아가실 때가 이른 줄 아시고 세상에 있는 자기 사람들을 사랑하시되 끝까지 사랑하시니라
	요 6:37	아버지께서 내게 주시는 자는 다 내게로 올 것이요 내게 오는 자는 내가 결코 내어쫓지 아니하리라
	마 27:46	제구시 즈음에 예수께서 크게 소리 질러 가라사대 엘리 엘리 라마 사박다니 하시니 이는 곧 나의 하나님, 나의 하나님, 어찌하여 나를 버리셨나이까 하는 뜻이라
해결책	장대 위	
	민 21:8	여호와께서 모세에게 이르시되 불뱀을 만들어 장대 위에 달라 물린 자마다 그것을 보면 살리라
	민 21:9	모세가 놋뱀을 만들어 장대 위에 다니 뱀에게 물린 자마다 놋뱀을 쳐다본즉 살더라
	십자가 위	
	요 3:14	모세가 광야에서 뱀을 든 것같이 인자도 들려야 하리니
	히 12:2	믿음의 주요 또 온전케 하시는 이인 예수를 바라보자 저는 그 앞에 있는 즐거움을 위하여 십자가를 참으사 부끄러움을 개의치 아니하시더니 하나님 보좌 우편에 앉으셨느니라
	롬 1:16	내가 복음을 부끄러워하지 아니하노니 이 복음은 모든 믿는 자에게 구원을 주시는 하나님의 능력이 됨이라 첫째는 유대인에게요 또한 헬라인에게로다
	마 4:24	그의 소문이 온 수리아에 퍼진지라 사람들이 모든 앓는 자 곧 각색 병과 고통에 걸린 자, 귀신들린 자, 간질하는 자, 중풍병자들을 데려오니 저희를 고치시더라

제4절 구세대와 신세대의 갈림길

> "그들이 호르 산에서 발행하여 살모나에 진 쳤고 살모나에서 발행하여 부논에 진 쳤고 부논에서 발행하여 **오봇**에 진 쳤고"(민 33:41-43).
>
> "너희는 일어나서 **세렛 시내**를 건너가라 하시기로 우리가 세렛 시내를 건넜으니 가데스 바네아에서 떠나 세렛 시내를 건너기까지 삼십팔 년 동안이라 이때에는 그 시대의 모든 군인들이 여호와께서 그들에게 맹세하신 대로 진중에서 다 멸절되었나니 여호와께서 손으로 그들을 치사 진중에서 멸하신 고로 필경은 다 멸절되었느니라"(신 2:13-15).

1. 구세대와 신세대의 역사적 의미

이스라엘 백성은 남방으로 내려가는 노중에 불뱀 사건과 놋뱀 이적을 체험한 후, 아라바 광야 사막지대를 지나 에시온 게벨에서 우회하고 다시 북상하여 부논을 지나 오봇에 정착하게 된다. 이제 이스라엘은 출애굽 40년 중반에 이르러 서서히 방랑의 단계를 벗어나 광야 생활 40년을 종식하는 길목에 서 있었다. 그것은 이스라엘의 구세대와 신세대의 마지막 갈림길에 접어들었기 때문이다. 이로써 하나님을 불신한 구세대는 요단 강 동쪽 땅도 밟아 보지 못한 채 오봇에서 마지막 장례식의 종을 울려야 했다. 이제 이스라엘의 구세대와 신세대의 출애굽 경로와 그 기간을 살펴보기로 하자.

1) 애굽 라암셋에서 모압 평지까지의 기간

 ⅰ. 라암셋에서 시내 산까지

애굽 라암셋에서 그해 1월 15일에 출발한 이스라엘은 3월에 시내 산에 도착하였다. 그들은 10곳의 경유지, 곧 라암셋에서 숙곳, 에담, 비하히롯, 마라, 엘림, 홍해가, 신 광야, 돕가, 알루스, 르비딤을 지나 시내 산에 도착하였는데 2개월이 걸렸다(출 19:1-2; 민 33:3).

이스라엘이 라암셋에서 출발하여 시내 산 체류 기간까지 걸린 시간은 13개월 5일이다. 이를 세 부분으로 나누면 라암셋에서 숙곳, 에담, 비하히롯, 마라, 엘림, 홍해가, 신 광야까지 1개월(출 16:1), 또 신 광야에서 돕가, 알루스, 르비딤, 시내 산 도착까지 1개월(출 19:1-2), 그리고 시내 산 체류 기간이 11개월 5일이 된다(민 10:11-12). 이로써 이스라엘이 출애굽 하여 라암셋에서 시내 산까지 도합 13개월 5일이 된다.

특히 시내 산 체류 기간에는 십계명을 비롯한 율법과 성막 계시로 모세가 성막 제작 및 제도, 그리고 모세오경(五經: 창, 출, 레, 민, 신)을 부분적으로 기록하여 백성들에게 하나님 사랑과 이웃 사랑에 대한 교육이 활발하게 이루지고 있었다(출 18:20, 24:3, 34:32).

ii. 시내 산에서 가데스 바네아까지

이스라엘은 가데스 바네아를 1차와 2차, 두 번 경유하게 된다. 1차는 라암셋에서 시내 산에 도착·체류한 후 기브롯 핫다아와, 하세롯, 그리고 아모리 족속 산지와 세일 산을 거쳐 가데스에 도착하였다. 이스라엘이 시내 산에서 가데스까지 장막을 친 경로 기간은 4개월 10일이 된다. 하지만 이와 상반되게 신명기 1장 2절에 호렙 산(시내 산)에서 가데스까지가 11일 길이라고 하였다. 왜 그럴까? 그러면 그들이 진행한 도보 거리 경로와 장막을 친 경로를 살펴보자.

ii-i. 시내 산에서 가데스까지 도보 거리 경로

신명기 1장 2절을 보면 "호렙 산에서 세일 산을 지나 가데스 바네아까지 열하룻길이었더라"고 하였다. 이는 시내 산(=호렙 산)에서 가데스까지 중간 주둔지에 장막을 치지 않고 도보로 계속 걸었을 때를 말한다. 시내 산에서 가데스까지 꺾어진 직각(숫자 7자 형태) 거리는 약 380km로, 하루 해거름으로 35km를 걷는다면 11일이 걸리는 길이다. 그런데 또 다른 출애굽 경로를 말하는 구절들을 보면, 이스라엘이 시내 산에서 가데스까지 장막을 친 기간은 4개월 10일이 소요되었음을 말한다.

ii-ii. 시내 산에서 가데스까지 장막을 친 경로

ⓐ 시내 광야에서 바란 광야(가데스)까지

"제이년 이월 이십 일에 구름이 증거막에서 떠오르매 이스라엘 자손이 시내 광야에서 출발하여 자기 길을 행하더니 바란 광야에 구름이 머무니라"(민 10:11-12).

ⓑ 시내 산에서 기브롯 핫다아와까지의 3일 길

"그들이 여호와의 산에서 떠나 삼 일 길을 행할 때에 여호와의 언약궤가 그 삼일 길에 앞서 행하며 그들의 쉴 곳을 찾았고"(민 10:33).

ⓒ 기브롯 핫다아와에서 하세롯

"그곳 이름을 기브롯 핫다아와라 칭하였으니 탐욕을 낸 백성을 거기 장사함이었더라 백성이 기브롯 핫다아와에서 진행하여 하세롯에 이르러 거기 거하니라"(민 11:34-35).

ⓓ 시내 광야에서 기브롯 핫다아와를 거쳐 하세롯 도착

"시내 광야에서 발행하여 기브롯 핫다아와에 진 쳤고 기브롯 핫다아와에서 발행하여 하세롯에 진 쳤고"(민 33:16-17).

위의 성구들과 전체 출애굽 연대 기간을 계산하면, 시내 산에서 출발하여 기브롯 핫다아와, 하세롯, 그리고 아모리 족속 산지와 세일 산을 거쳐 가데스에 도착하기까지 4개월 10일간의 기간이 소요되었음을 알 수 있다. 다시 말해 시내 산에서 가데스까지의 기간이 이스라엘이 장막을 치고 주둔·행군했을 때는 4개월 10일이 소요되었고, 사람이 도보로 계속 걸었을 때는 11일간이 소요됨을 말한다. *(p.249 광야 생활의 연대 도표를 참고하라.)

iii. 가데스 바네아에서 호르 산까지

가데스에서 호르 산까지는 37년 10개월이 소요되었다. 이 기간을 가데스 도착 1차와 2차로 구분하여 볼 수 있다. 1차 가데스는 시내 산에서 11개월 5일의 체류 기간을 마친 이스라엘이 가데스에 도착하여 모세가 가나안 탐지를 위해 열두 정탐꾼을 차출하여 가나안에 보낸 장소이기도 하다.

또한 2차 가데스는 가나안을 탐지한 열 정탐꾼의 부정적인 보고로 원망과 불평을 쏟아냈던 이스라엘이 광야 40년이라는 하나님의 징계로 출애굽 여정 중기의 광야 생활 37년 6개월을 마치고 40년 정월에 가데스에 도착하였을 때 이곳에서 미리암이 생을 마감하였다(민 20:1). 정리하면 1차 가데스를 출발하여 광야 생활 37년 6개월을 마친 이스라엘이 2차 가데스에서 호르 산까지 4개월이 걸려 출애굽 40년 5월 1일에 도착했던 것이다(민 33:38).

iv. 호르 산에서 모압 평지까지

이스라엘은 호르 산에서 모압 평지에 오기까지 6개월이 걸렸다. 그리고 1차 가데스에서 세렛 시내(디본갓)까지는 38년이 걸렸다(신 2:14). 이스라엘은 호르 산에서 생을 마감한 아론의 죽음을 애도하며 30일간 애곡한 후(민 20:29), 또다시 가나안 여정을 향해 살모나, 부논, 오봇, 아바림을 거쳐 세렛 시내(디본갓)에 도착하였다. 호르 산에서 세렛 시내로 오기까지는 2개월이 걸렸는데, 이곳에 도착하기까지 구세대는 하나님의 말씀과 같이 모두 죽임을 당했다(신 2:14-15). 그것은 구세대가 1차 가데스에서 하나님을 불신했기 때문이다.

하지만 구세대가 걱정했던 신세대들은 가나안 진입을 향하여 세렛 시내(디본갓)에서 알몬디블라다임과 느보 산을 거쳐 모압 평지로 들어가게 되었다.

애굽 라암셋에서 그해 1월 15일에 출발해서(민 33:3), 모압 평지에 40년 11월 1일에 도착한(신 1:3) 기간은 만 39년 9개월 15일이다. 게다가 여호수아가 이스라엘을 이끌고 가나안 땅 여리고에 도착한 출애굽 41년 1월 10일(수 4:19)을 계산하면 만 39년 11개월 25일이 된다. 다시 말해 하나님의 이스라엘을 향한 광야 생활 40년의 징계는 만 40년에서 5일이 모자란다. 하나님이 얼마나 정확하신 분인가?

2) 오봇에서의 구세대 죽음과 지리적 위치

하나님을 불신했던 이스라엘은 1차 가데스에서 세렛 시내, 즉 38년의 기간 동안 구세대는 다 죽임을 당했다. 가데스에서 열 정탐꾼의 부정적인 보고를 들은 이스라엘이 하나님을 원망함으로써 20세 이상은 사해

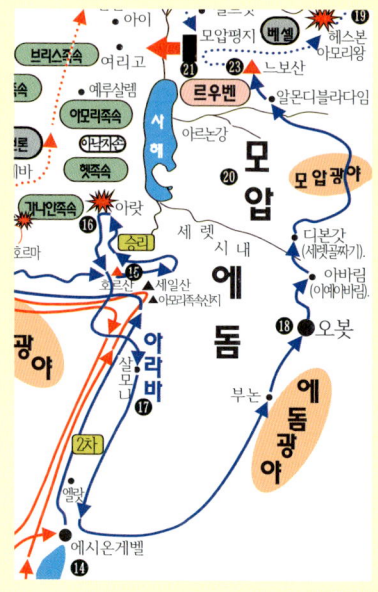

로 유입되는 세렛 시내도 건너지 못하고 광야 생활 40년이란 사망 선고로 마지막 종말을 맞게 된 것이다.

하나님은 구세대들이 세렛 시내를 건너기 전 오봇에서 그들을 모두 죽게 함으로써 요단 강 동편 땅에 발도 딛지 못하게 하셨다. 구세대 중에 모세와 갈렙과 여호수아, 그리고 20세 미만이었던 신세대들이 광야 생활 40년간 성장하여 세렛 시내를 건너 요단 강 동편 모압 평지로 들어가게 된 것이다. *(지도에 부호 ⑱을 참고하라)

"이스라엘 자손이 진행하여 오봇에 진 쳤고"(민 1:10).

3) 모압 평지에서의 주둔 및 사건들

모세를 비롯해 여호수아와 갈렙, 그리고 이스라엘의 신세대는 가나안을 향해 모압 평지에 주둔하기 전 요단 동편에 아모리 족속 시혼 왕과 바산 왕 옥을 진멸시켰다(민 21장). 이스라엘이 모압 평지에 주둔한 때는 출애굽 40년 11월 1일로(신 1:3), 만 39년 9개월 15일이 되던 날이다.

이 무렵 모압의 우상 제물과 미인계 사건 발발로 이스라엘이 전염병으로 24,000명이 죽임을 당했고(민 25장), 미디안 족속의 진멸(민 31장)과 르우벤 지파와 갓 지파와 므낫세 반 지파의 요단 동편 땅의 분배가 있었다(민 32장). 그런 다음 이스라엘의 영도자 모세가 하나님의 부르심으로 느보 산(비스가 산)에서 생을 마감함으로써 백성들이 그의 죽음에

30일간 애도하며 국장을 치렀다(신 34:5-8).

　모세의 후계자 여호수아가 이스라엘 백성을 인솔하여 요단 강 건너 여리고에 도착한 때가 출애굽 41년 1월 10일이었다(수 4:19). 이때의 기간이 만 39년 11개월 25일이 된다. 가데스 바네아에서 하나님을 불신한 이스라엘이 하나님께로부터 광야 40년이라는 징계를 받은 대로 만 40년에서 5일이 모자람을 알 수 있다. 보라! 하나님은 자신이 하신 말씀을 반드시 이루시는 분이시다.

광야 생활의 연대 도표

구간	기간
애굽 라암셋 → 시내 산 도착	1년 1개월 5일
시내 산 체류	11개월 5일
시내 산 체류 → 가데스 바네아(1차)	4개월 10일
가데스 바네아(1차) → 가데스 바네아(2차)	37년 6개월
가데스 바네아(2차) → 호르 산	4개월
호르 산 → 디본갓 세렛 시내	2개월
디본갓 세렛 시내 → 모압 평지	4개월
모압 평지 → 여리고	2개월 10일

주요 경유지: 애굽 라암셋 - 숙곳, 에담, 비하히롯, 마라, 엘림, 홍해가 - 신 광야 - 돕가, 알루스, 르비딤 - 시내 산 도착 - 율법, 성막 제작, 교육 - 시내 산 체류 - 1. 도보 경로 2. 장막 친 경로 (기브롯 핫다아와, 하세롯) - 가데스 바네아(1차) - 지역이 없는 장소 (림몬베레스, 그핫라다, 세벨 산, 하라다, 하스모나, 브네야아간, 홀하깃갓, 욧바다, 아브로나) - 가데스 바네아(2차) - 살모나, 부놋, 오봇, 아바림 - 디본갓 세렛 시내 - 알몬디블라다임(아르논), 느보 산(비스가 산) - 모압 평지 - 여리고

그해 1월 15일 (민 33:3)
2월 15일 (출 16:1)
3월 곧 그 때 (출 19:1)
2년 2월 20일 (민 10:11,12)
38년 동안(신 2:14) 구세대 죽음
신세대 가나안 입성

햇수 (40년) 정월 (민 20:1)
만 38년 11월 15일

40년 5월 1일 (민 33:38)
만 39년 3월 15일

40년 11월 1일 (신 1:13)
만 39년 9개월 15일

애굽 라암셋 출발: 1월 15일(민 33:3) ~ 가나안 땅 여리고 도착: 41년 1월 10일 (수 4:19)
만 39년 11개월 25일 (만 40년에서 5일 모자람)

2. 구세대와 신세대와의 구속사적 의미

	두 세대 간 갈림길(기능)	세대 간 갈림길의 영적 의미
구세대	① 광야에서 멸망 받은 **구세대**(신2:14;고전10:5-11) ㉠ 홍해에서의 세례에도 멸망한 구세대(고전10:1,2,10) ㉡ 광야 40년간 이동·장막 친 구세대(출40:36) ㉢ 애굽(옛 생활)을 사모한 구세대(민11:4,5) ② 하나님의 **구속**의 은혜를 **망각**한 구세대(민14:26-30) ㉠ 광야에서 원망·불평하며 살아간 구세대 ㉡ 해방과 자유에 대한 만족을 망각한 구세대 ㉢ 원망하여 가나안에 입성하지 못한 구세대	① 중생되지 않으면 멸망 받은 **옛 사람**(요3:3) ㉠ 세례 받아도 구원받을 수 없는 옛 사람(마27:5) ㉡ 세상에서 나그네로 살아가는 인생(히11:13) ㉢ 세상 것을 사모하는 옛 사람(요일2:15; 딤후4:10) ② 교회 생활이 **구원과 무관**한 옛 사람(마25:41-44) ㉠ 원망과 불평으로 사는 옛 사람(고전10:10;약5:9) ㉡ 사탄에게 매여 영적 자유가 없는 삶(눅13:16) ㉢ 주님을 찾아도 천국에 갈 수 없는 옛 사람(마7:21)
신세대	① 하나님께 가나안을 약속 받은 **신세대**(민14:30-32) ㉠ 하나님의 군대로 조직된 신세대(민26:1-4,51) ㉡ 요단 강을 도하한 신세대(수3:14-17) ㉢ **가나안 복지**에 입성한 신세대(수4:19)	① 성령으로 거듭나야 약속 받는 **새 사람**(엡4:24; 골3:10) ㉠ 그리스도의 군사로 소집된 새 사람(딤후2:3,4) ㉡ 물세례를 받고 구원에 확신이 있는 새 사람(벧전3:21) ㉢ **영원한 천국**으로 입성하는 새 사람(요14:1-3)

3. 구세대와 신세대와의 구속사적 의미(성구)

	구세대	
구세대	신 2:14	가데스 바네아에서 떠나 세렛 시내를 건너기까지 삼십팔 년 동안이라 이때에는 그 시대의 모든 군인들이 여호와께서 그들에게 맹세하신 대로 진중에서 다 멸절되었나니
	고전 10:5	그러나 저희의 다수를 하나님이 기뻐하지 아니하신 고로 저희가 광야에서 멸망을 받았느니라
	고전 10:1,2,10	1,2. 형제들아 너희가 알지 못하기를 내가 원치 아니하노니 우리 조상들이 다 구름 아래 있고 바다 가운데로 지나며 모세에게 속하여 다 구름과 바다에서 세례를 받고 10. 저희 중에 어떤 이들이 원망하다가 멸망시키는 자에게 멸망하였나니 너희는 저희와 같이 원망하지 말라
	출 40:36	구름이 성막 위에서 떠오를 때에는 이스라엘 자손이 그 모든 행하는 길에 앞으로 발행하였고 *(민 33:5-49)
	민 11:4,5	이스라엘 중에 섞여 사는 무리가 탐욕을 품으매 이스라엘 자손도 다시 울며 가로되 누가 우리에게 고기를 주어 먹게 할꼬 우리가 애굽에 있을 때에는 값없이 생선과 외와 수박과 부추와 파와 마늘들을 먹은 것이 생각나거늘
	옛 사람	
	요 3:3	예수께서 대답하여 가라사대 진실로 진실로 네게 이르노니 사람이 거듭나지 아니하면 하나님 나라를 볼 수 없느니라
	마 27:5	유다가 은을 성소에 던져 넣고 물러가서 스스로 목매어 죽은지라
	히 11:13	이 사람들은 다 믿음을 따라 죽었으며 약속을 받지 못하였으되 그것들을 멀리서 보고 환영하며 또 땅에서는 외국인과 나그네라 증거하였으니

	요일 2:15	이 세상이나 세상에 있는 것들을 사랑치 말라 누구든지 세상을 사랑하면 아버지의 사랑이 그 속에 있지 아니하니
	딤후 4:10	데마는 이 세상을 사랑하여 나를 버리고 데살로니가로 갔고 그레스게는 갈라디아로, 디도는 달마디아로 갔고
구 세 대	**구속 망각**	
	민 14:26-30	여호와께서 모세와 아론에게 일러 가라사대 나를 원망하는 이 악한 회중을 내가 어느 때까지 참으랴 이스라엘 자손이 나를 향하여 원망하는 바 그 원망하는 말을 내가 들었노라 그들에게 이르기를 여호와의 말씀에 나의 삶을 가리켜 맹세하노라 너희 말이 내 귀에 들린 대로 내가 너희에게 행하리니 너희 시체가 이 광야에 엎드러질 것이라 너희 이십세 이상으로 계수함을 받은 자 곧 나를 원망한 자의 전부가 여분네의 아들 갈렙과 눈의 아들 여호수아 외에는 내가 맹세하여 너희로 거하게 하리라 한 땅에 결단코 들어가지 못하리라
	구원 무관	
	마 25:41-46	또 왼편에 있는 자들에게 이르시되 저주를 받은 자들아 나를 떠나 마귀와 그 사자들을 위하여 예비된 영영한 불에 들어가라 내가 주릴 때에 너희가 먹을 것을 주지 아니하였고 목마를 때에 마시게 하지 아니하였고 나그네 되었을 때에 영접하지 아니하였고 벗었을 때에 옷 입히지 아니하였고 병들었을 때와 옥에 갇혔을 때에 돌보지 아니하였느니라 하시니 저희도 대답하여 가로되 주여 우리가 어느 때에 주의 주리신 것이나 목마르신 것이나 나그네 되신 것이나 벗으신 것이나 병드신 것이나 옥에 갇히신 것을 보고 공양치 아니하더이까 이에 임금이 대답하여 가라사대 내가 진실로 너희에게 이르노니 이 지극히 작은 자 하나에게 하지 아니한 것이 곧 내게 하지 아니한 것이니라 하시리니 저희는 영벌에, 의인들은 영생에 들어가리라 하시니라
	고전 10:10	저희 중에 어떤 이들이 원망하다가 멸망시키는 자에게 멸망하였나니 너희는 저희와 같이 원망하지 말라
	약 5:9	형제들아 서로 원망하지 말라 그리하여야 심판을 면하리라 보라 심판자가 문밖에 서 계시니라
	눅 13:16	그러면 십팔 년 동안 사탄에게 매인 바 된 이 아브라함의 딸을 안식일에 이 매임에서 푸는 것이 합당치 아니하냐
	마 7:21	나더러 주여 주여 하는 자마다 천국에 다 들어갈 것이 아니요 다만 하늘에 계신 내 아버지의 뜻대로 행하는 자라야 들어가리라
신 세 대	**신세대**	
	민 14:30-32	여분네의 아들 갈렙과 눈의 아들 여호수아 외에는 내가 맹세하여 너희로 거하게 하리라 한 땅에 결단코 들어가지 못하리라 너희가 사로잡히겠다고 말하던 너희의 유아들은 내가 인도하여 들이리니 그들은 너희가 싫어하던 땅을 보려니와 너희 시체는 이 광야에 엎드러질 것이요
	민 26:1-4, 51	1-4. 염병 후에 여호와께서 모세와 제사장 아론의 아들 엘르아살에게 일러 가라사대 이스라엘 자손의 온 회중의 총수를 그 조상의 집을 따라 조사하되 이스라엘 중에 무릇 이십 세 이상으로 능히 싸움에 나갈 만한 자를 계수하라 하시니 모세와 제사장 엘르아살이 여리고 맞은편 요단 가 모압 평지에서 그들에게 고하여 가로되 여호와께서 애굽 땅에서 나온 모세와 이스라엘 자손에게 명하신 대로 너희는 이십 세 이상 된 자를 계수하라 하니라 51. 이스라엘 자손의 계수함을 입은 자가 육십만 일천칠백삼십 명이었더라
	수 3:14-17	백성이 요단을 건너려고 자기들의 장막을 떠날 때에 제사장들은 언약궤를 메고 백성 앞에서 행하니라 (요단이 모맥 거두는 시기에는 항상 언덕에 넘치더라) 궤를 멘 자들이 요단에 이르며 궤를 멘 제사장들의 발이 물가에 잠기자 곧 위에서부터 흘러내리던 물이 그쳐서 심히 멀리 사르단에 가까운 아담 읍 변방에 일어나 쌓이고 아라바의 바다 염해로 향하여 흘러가는 물은 온전히 끊어지매 백성이 여리고 앞으로 바로 건널새 여호와의 언약궤를 멘 제사장들은 요단 가운데 마른 땅에 굳게 섰고 온 이스라엘 백성은 마른 땅으로 행하여 요단을 건너니라
	새 사람	
	엡 4:24	하나님을 따라 의와 진리의 거룩함으로 지으심을 받은 새 사람을 입으라
	골 3:10	새 사람을 입었으니 이는 자기를 창조하신 자의 형상을 좇아 지식에까지 새롭게 하심을 받는 자니라

신세대	딤후 2:3,4	네가 그리스도 예수의 좋은 군사로 나와 함께 고난을 받을지니 군사로 다니는 자는 자기 생활에 얽매이는 자가 하나도 없나니 이는 군사로 모집한 자를 기쁘게 하려 함이라
	벧전 3:21	물은 예수 그리스도의 부활하심으로 말미암아 이제 너희를 구원하는 표니 곧 세례라 육체의 더러운 것을 제하여 버림이 아니요 오직 선한 양심이 하나님을 향하여 찾아가는 것이라
	가나안 복지	
	수 4:19	정월 십 일에 백성이 요단에서 올라와서 여리고 동편 지경 길갈에 진 치매
	영원한 천국	
	요 14:1-3	너희는 마음에 근심하지 말라 하나님을 믿으니 또 나를 믿으라 내 아버지 집에 거할 곳이 많도다 그렇지 않으면 너희에게 일렀으리라 내가 너희를 위하여 처소를 예비하러 가노니 가서 너희를 위하여 처소를 예비하면 내가 다시 와서 너희를 내게로 영접하여 나 있는 곳에 너희도 있게 하리라

"거기 대로가 있어
그 길을 거룩한 길이라 일컫는 바 되리니
깨끗지 못한 자는 지나지 못하겠고
오직 구속함을 입은 자들을 위하여 있게 된 것이라
우매한 행인은 그 길을 범치 못할 것이며
거기는 사자가 없고 사나운 짐승이 그리로 올라가지 아니하므로 그것을
만나지 못하겠고
오직 구속함을 얻은 자만 그리로 행할 것이며"
(사 35:8-9)

제5절 두 왕국을 정복한 이스라엘

"디본갓에서 발행하여 **알몬디블라다임**에 진 쳤고"(민 33:46).

"거기서 진행하여 아모리인의 지경에서 흘러 나와서 광야에 이른 **아르논 건너편**에 진 쳤으니 아르논은 모압과 아모리 사이에서 모압의 경계가 된 것이라 이러므로 여호와의 전쟁기에 일렀으되 수바의 와헵과 아르논 골짜기와 모든 골짜기의 비탈은 아르 고을을 향하여 기울었고 모압의 경계에 닿았도다 하였더라 거기서 브엘에 이르니 브엘은 여호와께서 모세에게 명하시기를 백성을 모으라 내가 그들에게 물을 주리라 하시던 우물이라 그때에 이스라엘이 노래하여 가로되 우물물아 솟아나라 너희는 그것을 노래하라 이 우물은 족장들이 팠고 백성의 귀인들이 홀과 지팡이로 판 것이로다 하였더라 광야에서 맛다나에 이르렀고 맛다나에서 나할리엘에 이르렀고 나할리엘에서 바못에 이르렀고 바못에서 모압 들에 있는 골짜기에 이르러 광야가 내려다보이는 비스가 산 꼭대기에 이르렀더라 이스라엘이 **아모리 왕 시혼**에게 사자를 보내어 가로되 우리로 당신의 땅을 통과하게 하소서 우리가 밭에든지 포도원에든지 들어가지 아니하며 우물물도 공히 마시지 아니하고 우리가 당신의 지경에서 다 나가기까지 왕의 대로로만 통행하리이다 하나 시혼이 자기 지경으로 이스라엘의 통과함을 용납하지 아니하고 그 백성을 다 모아 이스라엘을 치러 광야로 나와서 야하스에 이르러 이스라엘을 치므로 이스라엘이 칼날로 그들을 쳐서 파하고 그 땅을 아르논부터 얍복까지 점령하여 암몬 자손에게까지 미치니 암몬 자손의 경계는 견고하더라 이스라엘이 이같이 그 모든 성읍을 취하고 그 아모리인의 모든 성읍 헤스본과 그 모든 촌락에 거하였으니 헤스본은 아모리인의 왕 시혼의 도성이라 시혼이 모압 전왕을 치고 그 모든 땅을 아르논까지 그 손에서 탈취하였었더라 그러므로 시인이 읊어 가로되 너희는 헤스본으로 올지어다 시혼의 성을 세워 견고히 할지어다 헤스본에서 불이 나오며 시혼의 성에서 화염이 나와서 모압의 아르를 삼키며 아르논 높은 곳의 주인을 멸하였도다 모압아 네가 화를 당하였도다 그모스의 백성아 네가 멸망하였도다 그가 그 아들들로 도망케 하였고 그 딸들로 아모리인의 왕 시혼의 포로가 되게 하였도다 우리가 그들을 쏘아서 헤스본을 디본까지 멸하였고 메드바에 가까운 노바까지 황폐케 하였도다 하였더라 이스라엘이 아모리인의 땅에 거하였더니 모세가 또 보내어 야셀을 정탐케 하고 그 촌락들을 취하고 그곳에 있던 아모리인을 몰아내었더라 돌이켜 바산 길로 올라가매 **바산 왕 옥**이 그 백성을 다 거느리고 나와서 그들을 맞아 에드레이에서 싸우려 하는지라 여호와께서 모세에게 이르시되 그를 두려워 말라 내가 그와 그 백성과 그 땅을 네 손에 붙였나니 너는 헤스본에 거하던 아모리인의 왕 시혼에게 행한 것같이 그에게도 행할지니라 이에 그와 그 아들들과 그 백성을 다 쳐서 한 사람도 남기지 아니하고 그 땅을 점령하였더라"(민 21:13-35).

1. 두 왕국의 멸망에 대한 역사적 의미

하나님은 세렛 시내를 중심으로 이스라엘의 구세대와 신세대를 교체함으로써 세대의 분깃점이 되게 하셨다. 구세대는 가데스에서 하나님의 말씀을 불신하여 세렛 시내를 건너지 못하고 결국 그곳에서 종말을 고했다. 이스라엘은 세렛 시내(디본갓)에서 모압과 아모리 사이의 경계인 알몬디블라다임에 장막을 쳤는데, 이곳은 가나안 땅을 한눈에 볼 수 있는 지역이었다. 이스라엘을 지켜보던 아모리 족속은 비장한 각오로 이스라엘을 대적하였지만, 이스라엘은 가나안 행군을 가로막는, 즉 구속사를 저지하려는 아모리 족속의 두 왕국을 진멸하게 된다.

이스라엘로서는 생각지도 못했던 요단 강 동편의 아모리 족속의 두 왕국은 하나님이 덤으로 주셨다. 아모리 족속이 이스라엘이 지나가도록 길만 열어 주었어도 전쟁은 일어나지 않았을 것이다. 어쨌든 광야 40년의 생활로 심신이 지쳐 있던 이스라엘이 두 왕국을 진멸시켰다는 것은 전적인 하나님의 은혜였다.

1) 아모리 왕 시혼과 아모리 족속의 지리적 위치

이스라엘 백성이 장막을 친 야하스는 이스라엘이 동쪽에서 가나안으로 진입할 수 있는 유일한 경로였다. 야하스는 아르논 강의 상류로 아모리 영토의 끝부분이기도 하였다. 또한 야하스는 트랜스 요르단에 있는 아름다운 목초지였다.

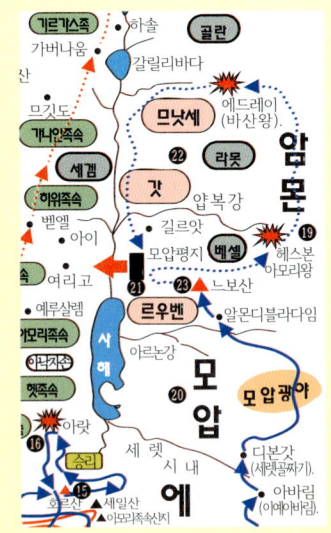

모세는 유혈사태를 막기 위해 아모리 왕 시혼에게 사신을 보내어 제안을 하였다. 그것은 이스라엘이 아모리 영내를 통과할 때 식물에 손을 대지 않겠고, 혹 물

을 마신다면 대가를 지불하겠다고 했다. 하지만 아모리 왕은 거절하였다.

아모리 왕은 이스라엘이 머물고 있는 야하스로 올라와 선재 공격을 하였다. 이에 이스라엘은 정당방위 차원에서 아모리를 쳐서 진멸시켰다. 이스라엘은 시혼 왕의 도성인 헤스본까지 점령하여 아르논에서 사해 북쪽 요단 강으로 유입되는 얍복 강까지 점령하게 되었다. 아모리 왕은 그의 잘못된 판단의 실수로 순식간에 왕좌와 나라를 잃고 말았다. *(지도에 부호 ⑲을 참고하라)

> "모세가 갓 자손과 르우벤 자손과 요셉의 아들 므낫세 반 지파에게 아모리 인의 왕 시혼의 국토와 바산 왕 옥의 국토를 주되 곧 그 나라와 그 경내 성읍들과 그 성읍들의 사면 땅을 그들에게 주매"(민 32:33).

2) 바산 왕 옥과 족속들

요단 강 동편인 중부 지역을 점령한 이스라엘은 북부 지역인 바산 길로 올라갔다. 바산 족속이 거주하고 있는 곳은, 요단 강을 왼편에 두고 얍복 강에서부터 북쪽 갈릴리 바다까지의 동편 지역이었다. 이스라엘이 북쪽 바산 길로 올라갈 때 바산 왕은 전군을 동원하여 수도 에드레이에서 전투 태세를 갖추고 있었다. 그러나 이스라엘은 그들과의 전쟁에서 에드레이를 점령하고 바산 왕국을 차지하게 되었다.

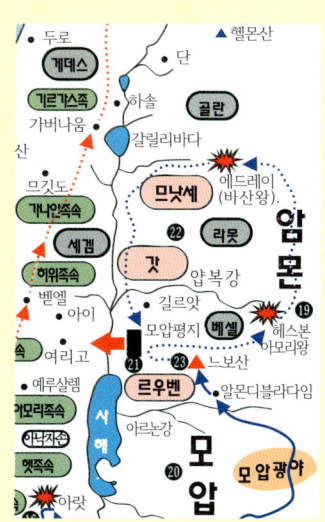

이스라엘은 요단 동편 아모리 족속의 두 왕국을 모두 점령하기에 이르렀다. 그것은 가나안 정복을 눈앞에 둔 이스라엘

이 가나안에서도 분명 전쟁의 승리를 보여주는 확신이었다. 그들과의 전쟁은 가나안 전쟁의 전초전에 불과했다. 이같이 이스라엘이 두 족속과의 전쟁에서 승리하게 된 것은 하나님의 허락과 도우심이 있었기 때문이다. *(지도에 부호 ⑲상 위 '에드레이'를 참고하라)

"때는 모세가 헤스본에 거하는 아모리 왕 시혼을 쳐 죽이고 에드레이에서 아스다롯에 거하는 바산 왕 옥을 쳐 죽인 후라"(신 1:4).

3) 계시록에서 본 세상 왕들
 i. 세 더러운 영으로부터 조종을 받는 왕들
마지막 때 세 더러운 귀신의 영이 용의 입과 짐승의 입과 거짓 선지자의 입에서 나와 세상의 왕들을 조종할 뿐 아니라 아마겟돈 전쟁을 일으키기 위해 세상 왕들을 소집한다고 하였다.

"또 여섯째가 그 대접을 큰 강 유브라데에 쏟으매 강물이 말라서 동방에서 오는 왕들의 길이 예비되더라 또 내가 보매 개구리 같은 세 더러운 영이 용의 입과 짐승의 입과 거짓 선지자의 입에서 나오니 저희는 귀신의 영이라 이적을 행하여 온 천하 임금들에게 가서 하나님 곧 전능하신 이의 큰 날에 전쟁을 위하여 그들을 모으더라 보라 내가 도적같이 오리니 누구든지 깨어 자기 옷을 지켜 벌거벗고 다니지 아니하며 자기의 부끄러움을 보이지 아니하는 자가 복이 있도다 세 영이 히브리 음으로 아마겟돈이라 하는 곳으로 왕들을 모으더라"(계 16:12-16).

 ii. 음란 마귀로부터 영육간 타락한 왕들
마귀는 음녀를 앞세워 세상 왕들을 타락시켰다. 그 결과 마귀의 조종을 받는 세상 왕들은 우상 숭배로 영적 음행과 더불어 육적 음행에 빠지게 되었다. 그것은 반 그리스도적인 우상 숭배와 반윤리적 성적 타락 등 여러 가지 죄악들이었다. 그들은 결코 마귀의 손에서 벗어나지 못할 왕으로서 결국은 파멸에 이르고 말 것이다.

"또 일곱 대접을 가진 일곱 천사 중 하나가 와서 내게 말하여 가로되 이리 오라 많은 물위에 앉은 큰 음녀의 받을 심판을 네게 보이리라 땅의 임금들도 그로 더불어 음행하였고 땅에 거하는 자들도 그 음행의 포도주에 취하였다 하고 곧 성령으로 나를 데리고 광야로 가니라 내가 보니 여자가 붉은 빛 짐승을 탔는데 그 짐승의 몸에 참람된 이름들이 가득하고 일곱 머리와 열 뿔이 있으며 그 여자는 자줏빛과 붉은 빛 옷을 입고 금과 보석과 진주로 꾸미고 손에 금잔을 가졌는데 가증한 물건과 그의 음행의 더러운 것들이 가득하더라 그 이마에 이름이 기록되었으니 비밀이라, 큰 바벨론이라, 땅의 음녀들과 가증한 것들의 어미라 하였더라"(계 17:1-5).

"그 음행의 진노의 포도주를 인하여 만국이 무너졌으며 또 땅의 왕들이 그로 더불어 음행하였으며 땅의 상고들도 그 사치의 세력을 인하여 치부하였도다 하더라"(계 18:3).

2. 두 왕국의 멸망에 대한 구속사적 의미

	두 왕국의 멸망(기능)	두 왕국의 영적 의미
두 왕	⊙ 왕과 족속들 ① 권력으로 백성을 통치하는 **왕들**(신3:1) ② 선택받은 이스라엘을 대적하는 왕들 ③ 하나님의 구속사를 저해하려는 왕들	⊙ 마귀와 추종자들 ① 권세와 능력을 소유한 **마귀들**(계13:2) ② 선택 받은 성도를 대적하는 마귀들(벧전5:8) ③ 하나님의 구원을 방해하는 마귀들(살전2:18)
두 족속	① 왕을 추종하는 **이방 족속들**(민21:23) ② 왕의 영력 속에 지배를 받는 이방 족속들 ③ 왕의 명령에 죽음에 이르기까지 따르는 족속들	① 마귀를 추종하는 **불신 세력들**(엡2:2) ② 마귀의 세력 속에 조종을 받는 불신자들(살후2:9) ③ 아비 마귀의 지배를 받는 거짓된 추종자들(요8:44)
결과	① 전쟁에서 죽은 두 **왕과 족속들**(민21:26,34,35) ② 왕을 추종하여 진멸 받은 이방 족속들 ③ 결국 패배로 종말을 고하는 왕들의 왕국	① 영적 전쟁에서 멸망하는 **마귀들**(계12:7,8) ② 마귀와 함께 지옥에 들어갈 추종자들 ③ 결국 종말을 고하는 마귀들의 왕국(계20:1-3)

3. 두 왕국의 멸망에 대한 구속사적 의미(성구)

두 왕	**왕들**	
	신 3:1	우리가 돌이켜 바산으로 올라가매 바산 왕 옥이 그 모든 백성을 거느리고 나와서 우리를 대적하여 에드레이에서 싸우는지라
	마귀들	
	계 13:2	내가 본 짐승은 표범과 비슷하고 그 발은 곰의 발 같고 그 입은 사자의 입 같은데 용이 자기의 능력과 보좌와 큰 권세를 그에게 주었더라
	벧전 :8	근신하라 깨어라 너희 대적 마귀가 우는 사자같이 두루 다니며 삼킬 자를 찾나니
	살전 :18	그러므로 나 바울은 한 번 두 번 너희에게 가고자 하였으나 사탄이 우리를 막았도다
두 족속	**이방 족속**	
	민 21:23	시혼이 자기 지경으로 이스라엘의 통과함을 용납하지 아니하고 그 백성을 다 모아 이스라엘을 치러 광야로 나와서 야하스에 이르러 이스라엘을 치므로
	불신 세력	
	엡 2:2	그때에 너희가 그 가운데서 행하여 이 세상 풍속을 좇고 공중의 권세 잡은 자를 따랐으니 곧 지금 불순종의 아들들 가운데서 역사하는 영이라
	살후 2:9	악한 자의 임함은 사탄의 역사를 따라 모든 능력과 표적과 거짓 기적과
	요 8:44	너희는 너희 아비 마귀에게서 났으니 너희 아비의 욕심을 너희도 행하고자 하느니라 저는 처음부터 살인한 자요 진리가 그 속에 없으므로 진리에 서지 못하고 거짓을 말할 때마다 제 것으로 말하나니 이는 저가 거짓말쟁이요 거짓의 아비가 되었음이니라
	왕, 족속	
	민 21:26	헤스본은 아모리인의 왕 시혼의 도성이라 시혼이 모압 전왕을 치고 그 모든 땅을 아르논까지 그 손에서 탈취하였더라

	민 21:34,35	여호와께서 모세에게 이르시되 그를 두려워 말라 내가 그와 그 백성과 그 땅을 네 손에 붙였나니 너는 헤스본에 거하던 아모리인의 왕 시혼에게 행한 것같이 그에게도 행할지니라 이에 그와 그 아들들과 그 백성을 다 쳐서 한 사람도 남기지 아니하고 그 땅을 점령하였더라
결과	마귀, 추종자	
	계 12:7,8	하늘에 전쟁이 있으니 미가엘과 그의 사자들이 용으로 더불어 싸울새 용과 그의 사자들도 싸우나 이기지 못하여 다시 하늘에서 저희의 있을 곳을 얻지 못한지라
	계 20:1-3	또 내가 보매 천사가 무저갱 열쇠와 큰 쇠사슬을 그 손에 가지고 하늘로서 내려와서 용을 잡으니 곧 옛 뱀이요 마귀요 사탄이라 잡아 일천 년 동안 결박하여 무저갱에 던져 잠그고 그 위에 인봉하여 천 년이 차도록 다시는 만국을 미혹하지 못하게 하였다가 그 후에는 반드시 잠깐 놓이리라

"그런즉 너희는 하나님께 순복할지어다
마귀를 대적하라
그리하면 너희를 피하리라"
(약 4:7)

결 론

이스라엘은 1차 가데스 바네아에서 가나안 땅 정탐 보고로 인해 하나님을 불신임함으로써 하나님께로부터 광야 40년이라는 징계를 받고 37년 6개월 동안 광야 생활을 하되 16곳을 방랑한 후 에시온 게벨에서 2차 가데스 바네아에 재진입하였다.

제6부에서 가장 중요시되는 이적은, 가데스에서 식수로 원망하던 이스라엘이 반석에서 솟은 생수로 해갈하고, 또 살모나 부근의 험로로 불평하던 백성이 불뱀에 물려 죽어 갈 때, 장대에 달린 놋뱀을 바라본 자마다 구원을 얻은 이적이다. 이 같은 반석에서의 생수와 장대에 매달은 놋뱀의 이적은 후일에 오실 그리스도를 예표하는 구속사를 보여주고 있다(요 3:14-15; 고전 10:4).

사탄은 이스라엘을 넘어뜨리기 위하여 안팎으로 공격해 왔다. 내부적으로는 원성의 소리, 외부적으로는 적들의 공격이 있었다. 사탄(마귀)은 이스라엘 백성의 주변 족속들을 이용해 이스라엘을 멸망시킴으로써 구속사를 성취하지 못하게 방해하였다. 그것은 이스라엘이 멸망해야 하나님의 구속사를 이룰 수 없기 때문이다.

하지만 하나님은 원망과 불평이 가득한 이스라엘을 이끌고 가나안 땅 요단 동편에 있는, 사탄을 추종하며 조종 받고 있던 두 왕국을 정벌함으로써 머지않아 가나안을 점령할 수 있는 비전을 보여주었다.

제7부
이스라엘이 받은 유혹

제1장 우상의 제물과 미인계 … 264
  제1절 모압 왕 발락과 선지자 발람 … 265
  제2절 모압 여인의 미인계 사건 … 275
  제3절 우상 제물과 바알 숭배 사건 … 282
제2장 가나안 정복을 향한 이스라엘 … 287
  제1절 가나안 정복을 위한 신세대의 준비 … 287
  제2절 하나님의 도피성 건축 … 295
  제3절 모세의 별세 … 301

제1장 우상의 제물과 미인계

신세대로 구성된 이스라엘 백성은 요단 강 동편 지역을 점령한 후 약속의 땅 가나안 서편 지역을 바라보고 있었다. 그들은 가나안 땅을 점령하기 위해 요단 강을 건너기 좋은 장소인 여리고 맞은편 모압 평지에 장막을 쳤다.

이스라엘이 광야 생활 39년 9개월 15일(신 1:3)을 마치고 여리고 맞은편 요단 강 동편 모압 평지에 장막을 쳤을 때 두 사건, 즉 우상 제물과 미인계에 유혹되고 말았다.

두 사건 중 하나는, 하나님의 구속의 은혜를 망각한 이스라엘이 광야 40년 동안 매일 먹던 만나에 싫증을 낸 일이었다. 그것은 "백성이 하나님과 모세를 향하여 원망하되 어찌하여 우리를 애굽에서 인도하여 올려서 이 광야에서 죽게 하는고 이곳에는 식물도 없고 물도 없도다 우리 마음이 이 박한 식물을 싫어하노라"(민 21:5)고 한 것을 보아 알 수 있다.

이런 가운데 모압의 진수성찬인 우상의 제물이야말로 이스라엘 백성의 시각과 후각과 미각을 크게 자극했을 것이다(민 25:1-3).

또 하나는, 미모가 출중한 모압과 미디안의 여성들이 고스비를 앞세워 이스라엘 남자들을 유혹했을 때 그만 미인계에 걸려들고 만 일이다(민 25:14-18).

이스라엘 여성들 중에 미모가 출중한 여성도 많았을 것이다. 그러나 가나안에 정착하지 못한 이스라엘이 광야 40년이라는 생활환경을 비추어 보더라도, 여성들의 몸치장이란 생각조차 할 수 없었을 것이다. 반면에 미인계로 유혹할 만큼 아름답게 꾸민 모압과 미디안의 여성들은 이스라엘의 남자들을 매료시키기에 충분했을 것이다.

이로써 가나안 정복을 눈앞에 둔 이스라엘의 신세대가 민족의 대업을 앞두고 우상 제물과 미인계로 유혹당하고 말았던 것이다.

제1절 모압 왕 발락과 선지자 발람

"아바림 산에서 발행하여 여리고 맞은편 요단 가 **모압 평지**에 진 쳤으니 요단 가 모압 평지의 진이 벧여시못에서부터 아벨싯딤에 미쳤었더라"(민 33:48-49).

"이스라엘 자손이 또 진행하여 모압 평지에 진 쳤으니 요단 건너편 곧 여리고 맞은편이더라 십볼의 아들 **발락**이 이스라엘이 아모리인에게 행한 모든 일을 보았으므로 모압이 심히 두려워하였으니 이스라엘 백성의 많음을 인함이라 모압이 이스라엘 자손의 연고로 번민하여 미디안 장로들에게 이르되 이제 이 무리가 소가 밭의 풀을 뜯어 먹음같이 우리 사면에 있는 것을 다 뜯어 먹으리로다 하니 때에 십볼의 아들 발락이 모압 왕이었더라 그가 사자를 브올의 아들 **발람**의 본향 강변 브돌에 보내어 발람을 부르게 하여 가로되 보라 한 민족이 애굽에서 나왔는데 그들이 지면에 덮여서 우리 맞은편에 거하였고 우리보다 강하니 청컨대 와서 나를 위하여 이 백성을 저주하라 내가 혹 쳐서 이기어 이 땅에서 몰아내리라 그대가 복을 비는 자는 복을 받고 저주하는 자는 저주를 받을 줄을 내가 앎이니라 모압 장로들과 미디안 장로들이 손에 복술의 예물을 가지고 떠나 발람에게 이르러 발락의 말로 그에게 고하매 발람이 그들에게 이르되 이 밤에 여기서 유숙하라 여호와께서 내게 이르시는 대로 너희에게 대답하리라 모압 귀족들이 발람에게서 유하니라"(민 22:1-8).

"이스라엘이 싯딤에 머물러 있더니 그 백성이 모압 여자들과 **음행**하기를 시작하니라 그 여자들이 그 신들에게 제사할 때에 백성을 청하매 백성이 먹고 그들의 신들에게 절하므로 이스라엘이 **바알브올**에게 부속된지라 여호와께서 이스라엘에게 진노하시니라"(민 25:1-3).

1. 발락과 발람, 그리고 모압의 역사적 의미

1) 모압 족속과 지리적 위치

모압은 아브라함의 조카 롯의 자손이다. 의인 롯은 소돔과 고모라 성이 타락할 때 심령이 상할 만큼 신앙의 양심을 소유했던 사람이었다(벧후 2:6-8). 소돔이 유황불로 멸망받은 직후 롯의 두 딸이 신앙의 후손을 얻기 위해 아비로부터 얻은 자식의 후손이 모압과 암몬 족속이었다(창 19:36-38). 이렇듯 모압은 하나님의 특별한 구원의 은총을 입었던 신앙의 사람인 롯의 자손이었다.

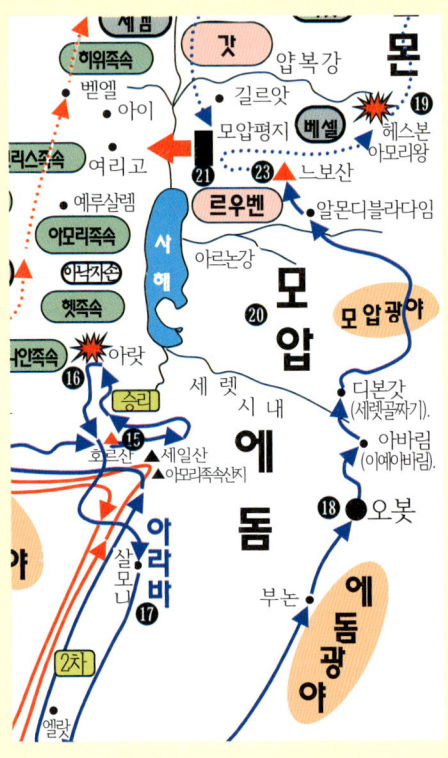

하나님이 이스라엘에게 모압과 전쟁을 하지 않도록 명하신 것은 그들이 형제요, 민족이라는 데 있었다. 그래서 모압을 괴롭게도 말고 싸우지도 말라고 하셨던 것이다 (신 2:9). *(지도에 부호 ⑳을 참고하라)

> "거기서 진행하여 아모리인의 지경에서 흘러 나와서 광야에 이른 아르논 건너편에 진 쳤으니 아르논은 모압과 아모리 사이에서 모압의 경계가 된 것이라"(민 21:13).

구속사적으로도 모압 족속은 예수의 탄생과 깊은 관계를 가지고 있다. 그것은 모압의 여인 룻이 나오미의 며느리로서 보아스와 재혼하여 다윗의 증조모가 되었기 때문이다. 그래서 룻이 예수의 계보에 기록되기도 하였다(룻 1:1-4, 4:13-17; 마 1:5-17). 하나님은 모압에 대하여 몇 백 년 후에 될 일을 이미 계획하고 계셨던 것이다.

2) 모압 왕 발락에 대하여

발락은 사해 동편에 있던 모압 왕이었다. 그는 이스라엘이 아모리의 남왕국과 북왕국의 전쟁에서 승리하였다는 것을 들었다. 발락은 단지 아모리의 두 왕국을 정복하였다는 것과 이스라엘이 60만 대군을 보유하고 있다는 사실 때문에 지레 겁을 먹고 있었다. 만약 룻의 후손인 모압 족속이 여호와 하나님만 잘 섬기고 있었다면, 아브라함의 후손인 이스라엘 민족이 왜 가나안으로 진입하려고 했는지 알 수 있었을 것이다.

사실 발락은 역사적으로 무지했다. 발락은 미리 사신을 보내어 이스라엘이 어떤 민족인가를 잘 알아보아야 했다. 또 이스라엘의 하나님께서 모압에 대하여 "모압을 괴롭게 말라 그와 싸우지도 말라 그 땅을 내가 네게 기업으로 주지 아니하리니 이는 내가 롯 자손에게 아르를 기업으로 주었다"(신 2:9)는 것을 사전에 이스라엘에게 듣고 알았다면 상황은 달라졌을 것이다.

이스라엘이 모압 지경에 도착했을 때 모압과 전쟁에 대한 시비도 없었다. 그리고 이스라엘이 북쪽에 있는 아모리 족속과 전쟁한 것만 보더라도 모압과 싸울 의도가 전혀 없었다는 것을 짐작할 수 있어야 했다.

발락 왕은 모압의 군사력으로는 도저히 여호와 하나님의 군대인 이스라엘을 감당할 수 없음을 알았다. 그래서 발락은 이런 상황에서 어떤 외부적인 영적 힘을 빌리기로 계획하였던 것이다. 이를 위해 모압의 장로들과 미디안 장로들의 손에 예물을 보내어 발람을 초청하여 이스라엘을 저주의 대상으로 삼게 하였다.

3) 거짓 선지자 발람에 대하여

발람의 고향은 유프라테스 강 상류의 강변에 있는 브돌이었다. 이곳은 고대 근동에서 가장 문화가 발달하고 번창한 지역으로 메소포타미아의 한 성읍이다(신 23:4). 모압과 메소포타미아의 브돌과의 거리는 무려 640km나 떨어져 있는 먼 거리이다. 그럼에도 불구하고 모압 왕 발락이 장로들을 두 번씩이나 왕복하게 하여 발람을 초청한 것을 보면 발람이 어떤 인물인지 짐작할 수 있다.

발락이 장로들을 보낸 시점을 살펴보면, 이스라엘이 사해 남단 세렛 시내를 건너기 전 오봇에 장막을 치고 있을 무렵으로 추정할 수 있다. 그것은 이스라엘이 호르 산에 장막을 칠 때가 출애굽 40년 5월 1일이었고(민 33:38), 모압 평지에 장막을 칠 때는 40년 11월 1일로서 6개월의 기간이 소요되었다(신 1:3). 그렇다면 모압 왕 발락은 이스라엘이 오봇에서 장막을 쳤을 무렵, 즉 세렛 시내를 건너기 전에 이미 모압 장로들과 미디안 장로들에게 복술의 예물을 주어 메소포타미아로 보낸 상태였다. *(광야 생활의 연대 도표를 참고하라.)

모압과 메소포타미아의 브돌과의 거리는 약 640km로, 장정이 하루 해거름까지 35km로 걷는다고 볼 때 약 18일인데 휴식 시간까지 합산하면 23일이 소요된다고 하겠다. 그렇다면 이 거리를 장로들이 두 번 왕복한 거리 총 4회를 23일로 곱하면 92일이 소요되는 기간으로 3개월

남짓 된다. 여기에 장로들의 그 외 시간까지 포함한다면 약 3개월 10일 정도의 기간이 걸렸을 것으로 보인다.

발람은 메소포타미아뿐 아니라 다른 국가에까지도 명성이 널리 알려진 인물이었다. 메소포타미아에는 많은 복술가들이 있었지만, 그중에서도 발람은 최고의 복술가였다(민 22:7; 수 13:22). 고대인들은 복술가나 마법사들의 주술적인 주문이 초자연적인 능력으로 복과 저주를 내린다고 믿었다. 즉 복술가의 능력이 초자연적인 세계와 연결된다고 믿었고, 또 그들이 주술을 하면 상대방이 저주를 받고 큰 피해를 입게 된다고 생각했다. 그래서 그 먼 거리임에도 불구하고 발락 왕은 발람을 초청한 것이다.

2. 발락과 발람의 구속사적 의미

	발락·발람의 행위(기능)	발락과 발람의 영적 의미
왕	● 구속사를 저지하려 한 발락과 발람 ① 하나님과 무관한 **타락한 왕** 발락(민22:41) ② 발람을 이용하려고 바알 산당에 데려온 발락 ③ 이스라엘을 저주하고 해치려는 발락 왕	● 구원을 저지하려는 사탄의 세력들 ① 하나님이 추방한 **타락한 천사**(겔28:13-19; 벧후2:4) ② 하나님을 아는 자를 이용하는 세상 왕(행13:6-10) ③ 성도를 저주하고 해하려는 사탄(욥1:6-19)
거 짓 선 지 자	① 발람은 **거짓**(미친) **선지자**(벧후2:15,16) ㉠ 복술 - 점괘를 잘 보는 발람(민22:7,8) ㉡ 술사 - 일을 교묘히 잘 꾸미는 발람(수13:22) ㉢ 신적 존재로 자기를 제사하게 한 발람(민23:1,29) ② **물질**에 **눈**이 어두운 발람(민22:7) ㉠ **물욕**으로 마음이 어두워진 발람 ・죄를 범하게 한 요인은 탐심(민22:15-17) ・발람이 난폭한 원인은 탐욕(민22:25,27,28) ・탐욕으로 마음을 드러낸 발람(민22:29) ㉡ **이기적**인 발람의 생명을 구한 나귀 ・죽음의 위기에서 발람을 구한 나귀(민22:23) ・나귀가 말해도 물욕에 어둔 발람(민22:28) ・나귀가 책망을 해도 깨닫지 못하는 발람(민22:30) ㉢ 물욕으로 **이성**을 잃고 행동한 발람 ・이성을 잃은 발람을 깨닫게 한 나귀 ・짐승과의 대화로도 깨닫지 못한 발람(민22:28,30) ・짐승보다 못한 사람 발람(민22:25-27,32,33) ③ **발람**의 **눈**을 밝히신 하나님(민22:31-33) ㉠ 칼을 들고 선 여호와의 사자를 본 발람 ㉡ 발람이 나귀를 때린 것을 책망하신 하나님 ㉢ 발람의 행위가 패역함을 지적하신 하나님	① 말세에 **거짓**(악한) **선지자**(마24:11,24; 계19:20) ㉠ 불의한 복채로 살아가는 자들(행16:16; 계16:13) ㉡ 거짓말로 미혹하는 선지자(딤전4:1,2; 왕상22:22,23) ㉢ 자기를 따르며 섬기게 한 거짓 선지자(눅6:26) ② **돈**을 **사랑**할 때 믿음에서 떠나는 자(딤전6:10) ㉠ **탐욕**으로 마음에 가득 채운 바리새인(눅11:39) ・우상 숭배에 해당하는 탐심의 죄(골3:2) ・탐욕에 연단된 자는 저주의 자식(벧후2:14) ・탐욕을 마음에 품지 말아야 할 성도(엡5:14) ㉡ **이기적**인 욕심의 아비는 마귀(요8:44) ・욕심의 결과는 죄로부터 오는 사망(약1:14,15) ・욕심에 어두운 자, 성령을 좇지 않음(갈5:16) ・욕심을 십자가에 못 박지 않은 자(갈5:24) ㉢ 물질로 **신앙**을 잃은 형식주의자(눅16:14,15) ・미물로 사람을 깨닫게 하시는 하나님(욘4:6,7) ・동물에게 지혜를 배워야 할 사람(잠30:24-28) ・사람이 깨닫지 못하면 멸망하는 짐승(시49:20) ③ **안약**(말씀)으로 **눈**(영안)을 밝히시는 예수(계3:18) ㉠ 말씀의 검으로 영혼을 수술하시는 예수(히4:12) ㉡ 신앙 행위에 탈선·책망하시는 예수(계3:18,19) ㉢ 하나님 마음에 합당한 신앙인의 삶(행13:22)
결 과	① 이스라엘의 **저주**에 **실패**한 발락과 발람(민24:25) ② 발람에게 이스라엘을 축복하게 하신 하나님(민23:18-20) ③ 구약 성도는 저주의 대상이 아닌 축복의 대상	① 성도를 **축복**해 주시는 예수(눅24:50) ② 택자에게 신령한 축복을 주시는 하나님(엡1:3) ③ 신약의 성도는 저주의 대상 아닌 축복의 대상

저희에게 임금이 있으니 무저갱의 사자라 히브리 음으로 이름은 아바돈이요 헬라 음으로 이름은 아볼루온이더라(계 9:11).

3. 발락과 발람의 구속사적 의미(성구)

왕	**타락한 왕**	
	민 22:41	아침에 발락이 발람과 함께하고 그를 인도하여 바알의 산당에 오르매 발람이 거기서 이스라엘 백성의 진 끝까지 보니라
	타락한 천사	
	겔 28:13-19	네가 옛적에 하나님의 동산 에덴에 있어서 각종 보석 곧 홍보석과 황보석과 금강석과 황옥과 홍마노와 창옥과 청보석과 남보석과 홍옥과 황금으로 단장하였었음이여 네가 지음을 받던 날에 너를 위하여 소고와 비파가 예비되었었도다 너는 기름 부음을 받은 덮는 그룹임이여 내가 너를 세우매 네가 하나님의 성산에 있어서 화광석 사이에 왕래하였었도다 네가 지음을 받던 날로부터 네 모든 길에 완전하더니 마침내 불의가 드러났도다 네 무역이 풍성하므로 네 가운데 강포가 가득하여 네가 범죄하였도다 너 덮는 그룹아 그러므로 내가 너를 더럽게 여겨 하나님의 산에서 쫓아내었고 화광석 사이에서 멸하였도다 네가 아름다우므로 마음이 교만하였으며 네가 영화로우므로 네 지혜를 더럽혔음이여 내가 너를 땅에 던져 열왕 앞에 두어 그들의 구경거리가 되게 하였도다 네가 죄악이 많고 무역이 불의하므로 네 모든 성소를 더럽혔음이여 내가 네 가운데서 불을 내어 너를 사르게 하고 너를 목도하는 모든 자 앞에서 너로 땅 위에 재가 되게 하였도다 만민 중에 너를 아는 자가 너로 인하여 다 놀랄 것임이여 네가 경계거리가 되고 네가 영원히 다시 있지 못하리로다 하셨다 하라
	벧후 2:4	하나님이 범죄한 천사들을 용서하지 아니하시고 지옥에 던져 어두운 구덩이에 두어 심판 때까지 지키게 하셨으며
	행 13:6-10	온 섬 가운데 지나서 바보에 이르러 바예수라 하는 유대인 거짓 선지자 박수를 만나니 그가 총독 서기오 바울과 함께 있으니 서기오 바울은 지혜 있는 사람이라 바나바와 사울을 불러 하나님 말씀을 듣고자 하더라 이 박수 엘루마는(이 이름을 번역하면 박수라) 저희를 대적하여 총독으로 믿지 못하게 힘쓰니 바울이라고 하는 사울이 성령이 충만하여 그를 주목하고 가로되 모든 궤계와 악행이 가득한 자요 마귀의 자식이요 모든 의의 원수여 주의 바른 길을 굽게 하기를 그치지 아니하겠느냐
	욥 1:6-19	하루는 하나님의 아들들이 와서 여호와 앞에 섰고 사탄도 그들 가운데 왔는지라 여호와께서 사탄에게 이르시되 네가 어디서 왔느냐 사탄이 여호와께 대답하여 가로되 땅에 두루 돌아 여기저기 다녀왔나이다 여호와께서 사탄에게 이르시되 네가 내 종 욥을 유의하여 보았느냐 그와 같이 순전하고 정직하여 하나님을 경외하며 악에서 떠난 자가 세상에 없느니라 사탄이 여호와께 대답하여 가로되 욥이 어찌 까닭 없이 하나님을 경외하리까 주께서 그와 그 집과 그 모든 소유물을 산울로 두르심이 아니니이까 주께서 그 손으로 하는 바를 복되게 하사 그 소유물로 땅에 널리게 하셨음이니이다 이제 주의 손을 펴서 그의 모든 소유물을 치소서 그리하시면 정녕 대면하여 주를 욕하리이다 여호와께서 사탄에게 이르시되 내가 그의 소유물을 다 네 손에 붙이노라 오직 그의 몸에는 네 손을 대지 말지니라 사탄이 곧 여호와 앞에서 물러가니라 하루는 욥의 자녀들이 그 맏형의 집에서 식물을 먹으며 포도주를 마실 때에 사자가 욥에게 와서 고하되 소는 밭을 갈고 나귀는 그 곁에서 풀을 먹는데 스바 사람이 갑자기 이르러 그것들을 빼앗고 칼로 종을 죽였나이다 나만 홀로 피한 고로 주인께 고하러 왔나이다 그가 아직 말할 때에 또 한 사람이 와서 고하되 하나님의 불이 하늘에서 내려와서 양과 종을 살라 버렸나이다 나만 홀로 피한 고로 주인께 고하러 왔나이다 그가 아직 말할 때에 또 한 사람이 와서 고하되 갈대아 사람이 세 떼를 지어 갑자기 약대에게 달려들어 그것을 빼앗으며 칼로 종을 죽였나이다 나만 홀로 피한 고로 주인께 고하러 왔나이다 그가 아직 말할 때에 또 한 사람이 와서 고하되 주인의 자녀들이 그 맏형의 집에서 식물을 먹으며 포도주를 마시더니 거친 들에서 대풍이 와서 집 네 모퉁이를 치매 그 소년들 위에 무너지므로 그들이 죽었나이다 나만 홀로 피한 고로 주인께 고하러 왔나이다 한지라

	거짓 선지자	
	벧후 2:15,16	저희가 바른 길을 떠나 미혹하여 브올의 아들 발람의 길을 좇는도다 그는 불의의 삯을 사랑하다가 자기의 불법을 인하여 책망을 받되 말 못하는 나귀가 사람의 소리로 말하여 이 선지자의 미친 것을 금지하였느니라
	민 22:7,8	모압 장로들과 미디안 장로들이 손에 복술의 예물을 가지고 떠나 발람에게 이르러 발락의 말로 그에게 고하매 발람이 그들에게 이르되 이 밤에 여기서 유숙하라 여호와께서 내게 이르시는 대로 너희에게 대답하리라 모압 귀족들이 발람에게서 유하니라
	수 13:22	이스라엘 자손이 그들을 도륙하는 중에 브올의 아들 술사 발람도 칼날로 죽였더라
	민 23:1,2	발람이 발락에게 이르되 나를 위하여 여기 일곱 단을 쌓고 거기 수송아지 일곱과 숫양 일곱을 준비하소서 하매 발락이 발람의 말대로 준비한 후에 발락과 발람이 매 단에 수송아지 하나와 숫양 하나를 드리니라
	거짓 선지자	
거 짓 선 지 자	마 24:11,24	11. 거짓 선지자가 많이 일어나 많은 사람을 미혹하게 하겠으며 24. 거짓 그리스도들과 거짓 선지자들이 일어나 큰 표적과 기사를 보이어 할 수만 있으면 택하신 자들도 미혹하게 하리라
	계 19:20	짐승이 잡히고 그 앞에서 이적을 행하던 거짓 선지자도 함께 잡혔으니 이는 짐승의 표를 받고 그의 우상에게 경배하던 자들을 이적으로 미혹하던 자라 이 둘이 산 채로 유황불 붙는 못에 던지우고
	행 16:16	우리가 기도하는 곳에 가다가 점하는 귀신 들린 여종 하나를 만나니 점으로 그 주인들을 크게 이하게 하는 자라
	계 16:13	또 내가 보매 개구리 같은 세 더러운 영이 용의 입과 짐승의 입과 거짓 선지자의 입에서 나오니
	딤전 4:1,2	그러나 성령이 밝히 말씀하시기를 후일에 어떤 사람들이 믿음에서 떠나 미혹게 하는 영과 귀신의 가르침을 좇으리라 하셨으니 자기 양심이 화인 맞아서 외식함으로 거짓말하는 자들이라
	왕상 22:22,23	여호와께서 저에게 이르시되 어떻게 하겠느냐 가로되 내가 나가서 거짓말하는 영이 되어 그 모든 선지자의 입에 있겠나이다 여호와께서 가라사대 너는 꾀이겠고 또 이루리라 나가서 그리하라 하셨은즉 이제 여호와께서 거짓말하는 영을 왕의 이 모든 선지자의 입에 넣으셨고 또 여호와께서 왕에게 대하여 화를 말씀하셨나이다
	눅 6:26	모든 사람이 너희를 칭찬하면 화가 있도다 저희 조상들이 거짓 선지자들에게 이와 같이 하였느니라
	물질, 눈	
	민 22:7	모압 장로들과 미디안 장로들이 손에 복술의 예물을 가지고 떠나 발람에게 이르러 발락의 말로 그에게 고하매
	돈, 사랑	
	딤전 6:10	돈을 사랑함이 일만 악의 뿌리가 되나니 이것을 사모하는 자들이 미혹을 받아 믿음에서 떠나 많은 근심으로써 자기를 찔렀도다
	물욕	
	민 22:15-17	발락이 다시 그들보다 더 높은 귀족들을 더 많이 보내매 그들이 발람에게로 나아가서 그에게 이르되 십볼의 아들 발락의 말씀에 청컨대 아무것에도 거리끼지 말고 내게로 오라 내가 그대를 높여 크게 존귀케 하고 그대가 내게 말하는 것은 무엇이든지 시행하리니 청컨대 와서 나를 위하여 이 백성을 저주하라 하시더이다 *(민 22:15-33)
	민 22:25 27,28	25. 나귀가 여호와의 사자를 보고 몸을 담에 대고 발람의 발을 그 담에 비비어 상하게 하매 발람이 다시 채찍질하니 27,28. 나귀가 여호와의 사자를 보고 발람의 밑에 엎드리니 발람이 노하여 자기 지팡이로 나귀를 때리는지라 여호와께서 나귀 입을 여시니 발람에게 이르되 내가 네게 무엇을 하였기에 나를 이같이 세 번을 때리느뇨
	민 22:29	발람이 나귀에게 말하되 네가 나를 거역하는 연고니 내 손에 칼이 있었더면 곧 너를 죽였으리라

	탐욕	
	눅 11:39	주께서 이르시되 너희 바리새인은 지금 잔과 대접의 겉은 깨끗이 하나 너희 속인즉 탐욕과 악독이 가득하도다
	골 3:2	위의 것을 생각하고 땅의 것을 생각지 말라
	벧후 2:14	음심이 가득한 눈을 가지고 범죄하기를 쉬지 아니하고 굳세지 못한 영혼들을 유혹하며 탐욕에 연단된 마음을 가진 자들이니 저주의 자식이라
	엡 5:14	그러므로 이르시기를 잠자는 자여 깨어서 죽은 자들 가운데서 일어나라 그리스도께서 네게 비취시리라 하셨느니라
	이기적	
	민 22:23	나귀가 여호와의 사자가 칼을 빼어 손에 들고 길에 선 것을 보고 길에서 떠나 밭으로 들어간지라 발람이 나귀를 길로 돌이키려고 채찍질하니
	민 22:28	여호와께서 나귀 입을 여시니 발람에게 이르되 내가 네게 무엇을 하였기에 나를 이같이 세 번을 때리느뇨
	민 22:30	나귀가 발람에게 이르되 나는 네가 오늘까지 네 일생에 타는 나귀가 아니냐 내가 언제든지 네게 이같이 하는 행습이 있더냐 가로되 없었느니라
거	**이기적**	
	요 8:44	너희는 너희 아비 마귀에게서 났으니 너희 아비의 욕심을 너희도 행하고자 하느니라 저는 처음부터 살인한 자요 진리가 그 속에 없으므로 진리에 서지 못하고 거짓을 말할 때마다 제 것으로 말하나니 이는 저가 거짓말쟁이요 거짓의 아비가 되었음이니라
짓	약 1:14,15	오직 각 사람이 시험을 받는 것은 자기 욕심에 끌려 미혹됨이니 욕심이 잉태한즉 죄를 낳고 죄가 장성한즉 사망을 낳느니라
	갈 5:16	내가 이르노니 너희는 성령을 좇아 행하라 그리하면 육체의 욕심을 이루지 아니하리라
선	갈 5:24	그리스도 예수의 사람들은 육체와 함께 그 정과 욕심을 십자가에 못 박았느니라
	이성	
지	민 22:28,30	28. 여호와께서 나귀 입을 여시니 발람에게 이르되 내가 네게 무엇을 하였기에 나를 이같이 세 번을 때리느뇨 30. 나귀가 발람에게 이르되 나는 네가 오늘까지 네 일생에 타는 나귀가 아니냐 내가 언제든지 네게 이같이 하는 행습이 있더냐 가로되 없었느니라
자	민 22:25-27	나귀가 여호와의 사자를 보고 몸을 담에 대고 발람의 발을 그 담에 비비어 상하게 하매 발람이 다시 채찍질하니 여호와의 사자가 더 나아가서 좌우로 피할 데 없는 좁은 곳에 선지라 나귀가 여호와의 사자를 보고 발람의 밑에 엎드리니 발람이 노하여 자기 지팡이로 나귀를 때리는지라
	민 22:32,33	여호와의 사자가 그에게 이르되 너는 어찌하여 네 나귀를 이같이 세 번 때렸느냐 보라 네 길이 내 앞에 패역하므로 내가 너를 막으려고 나왔더니 나귀가 나를 보고 이같이 세 번을 돌이켜 내 앞에서 피하였느니라 나귀가 만일 돌이켜 나를 피하지 아니하였더면 내가 벌써 너를 죽이고 나귀는 살렸으리라
	신앙	
	눅 16:14,15	바리새인들이 돈을 좋아하는 자라 이 모든 것을 듣고 비웃거늘 예수께서 이르시되 너희는 사람 앞에서 스스로 옳다 하는 자이나 너희 마음을 하나님께서 아시나니 사람 중에 높임을 받는 그것은 하나님 앞에 미움을 받는 것이니라
	욘 4:6,7	하나님 여호와께서 박 넝쿨을 준비하사 요나 위에 가리우게 하셨으니 이는 그 머리를 위하여 그늘이 지게 하며 그 괴로움을 면케 하려 하심이었더라 요나가 박 넝쿨을 인하여 심히 기뻐하였더니 하나님이 벌레를 준비하사 이튿날 새벽에 그 박 넝쿨을 씹게 하시매 곧 시드니라
	잠 30:24-28	땅에 작고도 가장 지혜로운 것 넷이 있나니 곧 힘이 없는 종류로되 먹을 것을 여름에 예비하는 개미와 약한 종류로되 집을 바위 사이에 짓는 사반과 임군이 없으되 다 떼를 지어 나아가는 메뚜기와 손에 잡힐 만하여도 왕궁에 있는 도마뱀이니라
	시 49:20	존귀에 처하나 깨닫지 못하는 사람은 멸망하는 짐승 같도다

제1장 우상의 제물과 미인계

거짓 선지자	발람, 눈	
	민 22:31-33	때에 여호와께서 발람의 눈을 밝히시매 여호와의 사자가 손에 칼을 빼어들고 길에 선 것을 보고 머리를 숙이고 엎드리니 여호와의 사자가 그에게 이르되 너는 어찌하여 네 나귀를 이같이 세 번 때렸느냐 보라 네 길이 내 앞에 패역하므로 내가 너를 막으려고 나왔더니 나귀가 나를 보고 이같이 세 번을 돌이켜 내 앞에서 피하였느니라 나귀가 만일 돌이켜 나를 피하지 아니하였더면 내가 벌써 너를 죽이고 나귀는 살렸으리라
	안약, 눈	
	계 3:18	내가 너를 권하노니 내게서 불로 연단한 금을 사서 부요하게 하고 흰 옷을 사서 입어 벌거벗은 수치를 보이지 않게 하고 안약을 사서 눈에 발라 보게 하라
	히 4:12	하나님의 말씀은 살았고 운동력이 있어 좌우에 날 선 어떤 검보다도 예리하여 혼과 영과 및 관절과 골수를 찔러 쪼개기까지 하며 또 마음의 생각과 뜻을 감찰하나니
	계 3:18,19	내가 너를 권하노니 내게서 불로 연단한 금을 사서 부요하게 하고 흰 옷을 사서 입어 벌거벗은 수치를 보이지 않게 하고 안약을 사서 눈에 발라 보게 하라 무릇 내가 사랑하는 자를 책망하여 징계하노니 그러므로 네가 열심을 내라 회개하라
	행 13:22	폐하시고 다윗을 왕으로 세우시고 증거하여 가라사대 내가 이새의 아들 다윗을 만나니 내 마음에 합한 사람이라 내 뜻을 다 이루게 하리라 하시더니
결과	저주	
	민 24:25	발람이 일어나 자기 곳으로 돌아갔고 발락도 자기 길로 갔더라
	민 23:18-20	발람이 노래를 지어 가로되 발락이여 일어나 들을지어다 십볼의 아들이여 나를 자세히 들으라 하나님은 인생이 아니시니 식언치 않으시고 인자가 아니시니 후회가 없으시도다 어찌 그 말씀하신 바를 행치 않으시며 하신 말씀을 실행치 않으시랴 내가 축복의 명을 받았으니 그가 하신 축복을 내가 돌이킬 수 없도다
	축복	
	눅 24:50	예수께서 저희를 데리고 베다니 앞까지 나가사 손을 들어 저희에게 축복하시더니
	엡 1:3	찬송하리로다 하나님 곧 우리 주 예수 그리스도의 아버지께서 그리스도 안에서 하늘에 속한 모든 신령한 복으로 우리에게 복 주시되

"한 사람이 두 주인을 섬기지 못할 것이니
혹 이를 미워하며 저를 사랑하거나
혹 이를 중히 여기며 저를 경히 여김이라
너희가 하나님과 재물을 겸하여 섬기지 못하느니라"
(마 6:24)

제2절 모압 여인의 미인계 사건

> "이스라엘이 싯딤에 머물러 있더니 그 백성이 모압 **여자**들과 음행하기를 시작하니라 그 여자들이 그 신들에게 제사할 때에 백성을 청하매 백성이 먹고 그들의 신들에게 절하므로 이스라엘이 **바알브올**에게 부속된지라 여호와께서 이스라엘에게 진노하시니라"(민 25:1-3).
>
> "보라 이들이 발람의 꾀를 좇아 이스라엘 자손으로 브올의 사건에 여호와 앞에 범죄케 하여 여호와의 회중에 염병이 일어나게 하였느니라"(민 31:16).

1. 미인계 사건의 역사적 의미

1) 거짓 선지자 발람의 술책

모압 왕 발락은 이스라엘을 저주하게 하려는 일이 무산되면서 발람과 헤어지게 되었다. 그것은 하나님이 이스라엘을 저주하려 했던 발람에게 도리어 축복을 빌게 하셨기 때문이다. 이에 발람은 발락과 헤어지면서 한 가지 술책을 꾸몄다. 여호와의 신앙으로 하나된 이스라엘을 음행과 우상 숭배로 타락시켜 이스라엘이 자멸하도록 조언해 준 것이다(민 31:16). 이 같은 행위는 발람이 발락 왕으로부터 복술의 예물을 받은 대가였다(민 22:7; 벧후 2:15).

2) 모압 왕 발락의 미인계 작전

발락 왕은 모압 인근에 있는 미디안 두령들에게 지시하여 이스라엘이 모압과 미디안 여인과 음행뿐 아니라 우상 숭배에 깊이 관여하도록 지시하였다. 이로써 모압과 미디안의 미모가 출중한 여인들을 동원시켜 미인계 작전에 돌입하였다.

그러자 이스라엘 남자들이 여자들의 아름다움을 보고 음행하기 시작하였다. 이때 미인계 사건의 주동자 고스비는 미디안 족속 두령인 수르의 딸로(민 25:15-18), 이스라엘의 족장인 시므리를 꾀어 음행한 후 이스라엘의 막사가 있는 시므리의 장막까지 따라온 대범한 여자였다(민 25:6). 이로 인해 제사장 아론의 손자, 엘르아살의 아들 비느하스가 막사에 따라 들어가 창으로 남녀의 배를 꿰뚫어 죽였다(민 25:7-8).

광야 생활 40년을 방랑하면서 용모를 가꾸지 못한 이스라엘 여인들과, 미인계로 이스라엘 남자들을 유혹하고자 곱게 단장한 모압과 미디안 여인들의 용모는 비교할 바가 못 되었다. 발락 왕이 미녀들을 풀어놓고 이스라엘의 남자들을 꾈 때 신앙이 깊은 사람이 아니고는 유혹에 넘어가지 않을 남자가 없을 정도였다.

3) 미인계 사건의 기간

미인계 사건은 가나안 진입을 앞둔 짧은 기간에 일어났다. 모압 평지에 주둔한 지 1개월도 안 된 기간이었다. 모세가 모압 땅에서 율법을 재해석할 때가 출애굽 40년 11월 1일이었고(신 1:3, 5), 여호수아가 요단 강을 건너 가나안에 도착할 때가 41년 1월 10일이었다(수 4:19). 그렇다면 이스라엘이 모압 평지에 주둔한 기간은 모두 2개월 10일임을 알 수 있다.

이스라엘이 모압 평지에 주둔하기 직전에 모압 골짜기가 있는 비스가 산(느보 산)에 이르러(민 21:20-21), 요단 동편 아모리 왕 시혼과 바산 왕 옥과의 전쟁에서 이스라엘이 승리한 때(신 1:3-5)를 감안하면, 이스라엘이 모압 평지에 도착하여 주둔한 기간은 2개월 10일이 된다.

이스라엘의 우상 제물 및 음행으로 염병이 일어난 사건(민 25:1, 8, 9)을 비롯해 비스가 산에 위치한 모압 골짜기에서 모세가 죽음으로 그의 죽음에 30일간 애곡한 기간(신 34:1-8), 그리고 여호수아가 가나안 입성 전에 싯딤에서 요단 강에 도착해 3일간 유숙한 일수(수 3:1-2)를 계산하면 모압 평지에 장막을 친 지 1개월도 안 되는 기간에 미인계 사건이 일어났던 것이다.

2. 미인계 사건의 구속사적 의미

	여자의 기능	여자의 영적 의미
모압	⊙ **구속사를 저지하려는 미인계** ① 모압의 바알 신은 **음란의 신**(민25:1-3) ② 음란하기가 그지없는 모압의 여자들 ③ 외모를 아름답게 꾸민 모압 여자들	⊙ **성적으로 타락하게 하는 마귀** ① 기독교의 하나님은 **거룩한 신**(벧전1:16) ② 영육간에 정결해야 할 신부인 성도(고후11:2) ③ 마음을 아름답게 꾸며야 할 신부들(벧전3:3,4)

음행	① **성적**으로 **유혹**한 모압 여자들(민25:18)
	  ㉠ 여자들의 성적 유혹에 빠진 이스라엘 백성
	  ㉡ 육체적 음행을 서슴지 않은 이스라엘 백성
	  ㉢ 구약 - 육체적 행위로 인한 간음죄(레20:10)
	② 족장을 유혹하여 음행한 **미인 고스비**(민25:6,14,15)
	  ㉠ 음란한 고스비를 진중에 데리고 온 족장
	  ㉡ 이스라엘 막사에 따라 들어온 음란한 고스비
	  ㉢ 모세와 회중들 앞에 찾아온 음란한 고스비
		① **성적 유혹**이 가득한 세상의 불신 여자들(잠6:24-29)
		  ㉠ 음란 마귀가 틈 못 타게 경계(고전7:3-5)
		  ㉡ 육체적 음행은 몸에 짓는 죄(고전6:18)
		  ㉢ 신약 - 여자를 보고 음욕을 품으면 간음죄(마5:28)
		② 미인계로 성도를 유혹하는 **음란 마귀**(잠7:18-22)
		  ㉠ 음행한 자를 항상 따라다니는 음란 마귀
		  ㉡ 교회에 들어오는 음란 마귀를 경계(고전5:1,2)
		  ㉢ 목사와 성도들에게 항상 접근하는 음란 마귀

결과	① 이스라엘의 **염병**의 재앙은 음행의 결과(민25:8) ② 거룩한 장막에서 창으로 죽인 고스비와 족장 ③ 음행한 자의 결과는 멸망(민25:9; 고전10:8)	① 교회에 **전염병**처럼 퍼지는 **음행**을 주의(고전5:1,2) ② 거룩한 교회에서 내쫓아야 할 음행한 자(고전5:11-13) ③ 영혼 멸망에 주의해야 할 음행한 자(잠6:32; 계22:15)
영적	"간음하는 여자들이여 세상과 벗된 것이 하나님의 원수임을 알지 못하느뇨 그런즉 누구든지 세상과 벗이 되고자 하는 자는 스스로 하나님과 원수 되게 하는 것이니라" (약 4:4).	
다윗에 관련된 성구	⊙ **다윗과 밧세바의 관계** 오늘날 간음한 자는 밧세바를 취한 다윗을 떠올리기 쉽다. 그리고 자기 스스로 위안을 받는다. 다윗이 비록 간음죄를 범했지만, 먼저 그가 어떠한 신앙을 소유했는지 살펴볼 필요가 있다. 하나님은 다윗에게 '내 마음에 합한 사람'이라 하셨다(행13:22). 하나님은 왜 다윗을 자기 마음에 합당한 사람이라 하셨는가? 다윗은 어떤 인물인가? 다윗의 신앙 사상을 간략히 6가지로 살펴보면, 1. 하나님 백성의 민족 사상 : 골리앗과 싸우기 전 하나님의 군대를 모욕하는 블레셋에 반발(삼상17:36) 2. 하나님의 절대 주권 사상 : 다윗 왕을 저주하고 돌을 던진 시므이의 생명을 사랑(삼하16:5-13) 3. 하나님의 말씀 중심 사상 : 하나님께 기름 부음을 받은 사울 왕을 인정(삼상24:6, 26:11) 4. 하나님께 예배 중심 사상 : 언약궤를 성에 안치한 다윗이 성전 건축하기를 사모(삼하6:12-22) 5. 하나님의 사랑 중심 사상 : 압살롬이 반란으로 죽었을 때 심히 통곡한 심정(삼하18:33) 6. 하나님께 회개 중심 사상 : 죄를 회개할 때 눈물로 요를 적시고 침상을 띄울 정도로 회개(시6:6) *** 다윗처럼 하나님의 마음에 들게끔 신앙생활을 하는 하나님 중심의 신앙이 필요하다.	

3. 미인계 사건의 구속사적 의미(성구)

모압	음란의 신		
	민 25:1-3	이스라엘이 싯딤에 머물러 있더니 그 백성이 모압 여자들과 음행하기를 시작하니라 그 여자들이 그 신들에게 제사할 때에 백성을 청하매 백성이 먹고 그들의 신들에게 절하므로 이스라엘이 바알브올에게 부속된지라 여호와께서 이스라엘에게 진노하시니라	
	거룩한 신		
	벧전 1:16	기록하였으되 내가 거룩하니 너희도 거룩할지어다 하셨느니라	
	고후 11:2	내가 하나님의 열심으로 너희를 위하여 열심 내노니 내가 너희를 정결한 처녀로 한 남편인 그리스도께 드리려고 중매함이로다	
	벧전 3:3,4	너희 단장은 머리를 꾸미고 금을 차고 아름다운 옷을 입는 외모로 하지 말고 오직 마음에 숨은 사람을 온유하고 안정한 심령의 썩지 아니할 것으로 하라 이는 하나님 앞에 값진 것이니라	
음행	성적 유혹		
	민 25:18	이는 그들이 궤계로 너희를 박해하되 브올의 일과 미디안 족장의 딸 곧 브올의 일로 염병이 일어난 날에 죽임을 당한 그들의 자매 고스비의 사건으로 너희를 유혹하였음이니라	
	레 20:10	누구든지 남의 아내와 간음하는 자 곧 그 이웃의 아내와 간음하는 자는 그 간부와 음부를 반드시 죽일지니라	
	성적 유혹		
	잠 6:24-29	이것이 너를 지켜서 악한 계집에게, 이방 계집의 혀로 호리는 말에 빠지지 않게 하리라 네 마음에 그 아름다운 색을 탐하지 말며 그 눈꺼풀에 홀리지 말라 음녀로 인하여 사람이 한 조각 떡만 남게 됨이며 음란한 계집은 귀한 생명을 사냥함이니라 사람이 불을 품고 품고야 어찌 그 옷이 타지 아니하겠으며 사람이 숯불을 밟고야 어찌 그 발이 데지 아니하겠느냐 남의 아내와 통간하는 자도 이와 같을 것이라 무릇 그를 만지기만 하는 자도 죄 없게 되지 아니하리라	
	고전 7:3-5	남편은 그 아내에게 대한 의무를 다하고 아내도 그 남편에게 그렇게 할지라 아내가 자기 몸을 주장하지 못하고 오직 그 남편이 하며 남편도 이와 같이 자기 몸을 주장하지 못하고 오직 그 아내가 하나니 서로 분방하지 말라 다만 기도할 틈을 얻기 위하여 합의상 얼마 동안은 하되 다시 합하라 이는 너희의 절제 못함을 인하여 사탄으로 너희를 시험하지 못하게 하려 함이라	
	고전 6:18	음행을 피하라 사람이 범하는 죄마다 몸 밖에 있거니와 음행하는 자는 자기 몸에게 죄를 범하느니라	
	마 5:28	나는 너희에게 이르노니 여자를 보고 음욕을 품는 자마다 마음에 이미 간음하였느니라	
	미인 고스비		
	민 25:6,14,15	6. 이스라엘 자손의 온 회중이 회막 문에서 울 때에 이스라엘 자손 한 사람이 모세와 온 회중의 목전에 미디안의 한 여인을 데리고 그 형제에게로 온지라 14-15. 죽임을 당한 이스라엘 남자 곧 미디안 여인과 함께 죽임을 당한 자의 이름은 시므리니 살루의 아들이요 시므온인의 종족 중 한 족장이며 죽임을 당한 미디안 여인의 이름은 고스비니 수르의 딸이라 수르는 미디안 백성 한 종족의 두령이었더라	
	음란 마귀		
	잠 7:18-22	오라 우리가 아침까지 흡족하게 서로 사랑하며 사랑함으로 희락하자 남편은 집을 떠나 먼 길을 갔는데 은 주머니를 가졌은즉 보름에나 집에 돌아오리라 하여 여러 가지 고운 말로 혹하게 하며 입술의 호리는 말로 꾀므로 소년이 곧 그를 따랐으니 소가 푸주로 가는 것 같고 미련한 자가 벌을 받으려고 쇠사슬에 매이러 가는 것과 일반이라	
	고전 5:1,2	너희 중에 심지어 음행이 있다 함을 들으니 이런 음행은 이방인 중에라도 없는 것이라 누가 그 아비의 아내를 취하였다 하는도다 그리고도 너희가 오히려 교만하여져서 어찌하여 통한히 여기지 아니하고 그 일 행한 자를 너희 중에서 물리치지 아니하였느냐	
	염병, 음행		
	민 25:8	그 이스라엘 남자를 따라 그의 막에 들어가서 이스라엘 남자와 그 여인의 배를 꿰뚫어서 두 사람을 죽이니 염병이 이스라엘 자손에게서 그쳤더라	
	민 25:9	그 염병으로 죽은 자가 이만 사천 명이었더라	

결과	고전 10:8	저희 중에 어떤 이들이 간음하다가 하루에 이만 삼천 명이 죽었나니 우리는 저희와 같이 간음하지 말자
	전염병, 음행	
	고전 5:1,2	너희 중에 심지어 음행이 있다 함을 들으니 이런 음행은 이방인 중에라도 없는 것이라 누가 그 아비의 아내를 취하였다 하는도다 그리하고도 너희가 오히려 교만하여져서 어찌하여 통한히 여기지 아니하고 그 일 행한 자를 너희 중에서 물리치지 아니하였느냐
	고전 5:11-13	이제 내가 너희에게 쓴 것은 만일 어떤 형제라 일컫는 자가 음행하거나 탐람하거나 우상 숭배를 하거나 후욕하거나 술 취하거나 토색하거든 사귀지도 말고 그런 자와는 함께 먹지도 말라 함이라 외인들을 판단하는 데 내게 무슨 상관이 있으리요마는 교중 사람들이야 너희가 판단치 아니하랴 외인들은 하나님이 판단하시려니와 이 악한 사람은 너희 중에서 내어쫓으라
	잠 6:32	부녀와 간음하는 자는 무지한 자라 이것을 행하는 자는 자기의 영혼을 망하게 하며
	계 22:15	개들과 술객들과 행음자들과 살인자들과 우상 숭배자들과 및 거짓말을 좋아하며 지어내는 자마다 성 밖에 있으리라
	참고 성구	
	행 13:22	폐하시고 다윗을 왕으로 세우시고 증거하여 가라사대 내가 이새의 아들 다윗을 만나니 내 마음에 합한 사람이라 내 뜻을 다 이루게 하리라 하시더니
	삼상 17:36	주의 종이 사자와 곰도 쳤은즉 사시는 하나님의 군대를 모욕한 이 할례 없는 블레셋 사람이리이까 그가 그 짐승의 하나와 같이 되리이다
다윗에 관련된 성구	삼하 16:5-13	다윗 왕이 바후림에 이르매 거기서 사울의 집 족속 하나가 나오니 게라의 아들이요 이름은 시므이라 저가 나오면서 연하여 저주하고 또 다윗과 다윗 왕의 모든 신복을 향하여 돌을 던지니 그때에 모든 백성과 용사들은 다 왕의 좌우에 있었더라 시므이가 저주하는 가운데 이와 같이 말하니라 피를 흘린 자여 비루한 자여 가거라 가거라 사울의 족속의 모든 피를 여호와께서 네게로 돌리셨도다 그 대신에 네가 왕이 되었으나 여호와께서 나라를 네 아들 압살롬의 손에 붙이셨도다 보라 너는 피를 흘린 자인 고로 화를 자취하였느니라 스루야의 아들 아비새가 왕께 여짜오되 이 죽은 개가 어찌 내 주 왕을 저주하리이까 청컨대 나로 건너가서 저의 머리를 베게 하소서 왕이 가로되 스루야의 아들들아 내가 너희와 무슨 상관이 있느냐 저가 저주하는 것은 여호와께서 저에게 다윗을 저주하라 하심이니 네가 어찌 그리하였느냐 할 자가 누구겠느냐 하고 또 아비새와 모든 신복에게 이르되 내 몸에서 난 아들도 내 생명을 해하려 하거든 하물며 이 베냐민 사람이랴 여호와께서 저에게 명하신 것이니 저로 저주하게 버려두라 혹시 여호와께서 나의 원통함을 감찰하시리니 오늘날 그 저주 까닭에 선으로 내게 갚아 주시리라 하고 다윗과 그 종자들이 길을 갈 때에 시므이는 산비탈로 따라가면서 저주하고 저를 향하여 돌을 던지며 티끌을 날리더라
	삼상 24:5-7	그리한 후에 사울의 옷자락 벰을 인하여 다윗의 마음이 찔려 자기 사람들에게 이르되 내가 손을 들어 여호와의 기름 부음을 받은 내 주를 치는 것은 여호와의 금하시는 것이니 그는 여호와의 기름 부음을 받은 자가 됨이니라 하고 다윗이 이 말로 자기 사람들을 금하여 사울을 해하지 못하게 하니라 사울이 일어나 굴에서 나가 자기 길을 가니라
	삼상 26:11	내가 손을 들어 여호와의 기름 부음을 받은 자를 치는 것을 여호와께서 금하시나니 너는 그의 머리 곁에 있는 창과 물병만 가지고 가자 하고
	삼하 6:12-22	혹이 다윗 왕에게 고하여 가로되 여호와께서 하나님의 궤를 인하여 오벧에돔의 집과 그 모든 소유에 복을 주셨다 한지라 다윗이 가서 하나님의 궤를 기쁨으로 메고 오벧에돔의 집에서 다윗 성으로 올라갈새 여호와의 궤를 멘 사람들이 여섯 걸음을 행하매 다윗이 소와 살진 것으로 제사를 드리고 여호와 앞에서 힘을 다하여 춤을 추는데 때에 베 에봇을 입었더라 다윗과 온 이스라엘 족속이 즐거이 부르며 나팔을 불고 여호와의 궤를 메어 오니라 여호와의 궤가 다윗 성으로 들어올 때에 사울의 딸 미갈이 창으로 내다보다가 다윗 왕이 여호와 앞에서 뛰놀며 춤추는 것을 보고 심중에 저를 업신여기니라 여호와의 궤를 메고 들어가서 다윗이 위하여 친 장막 가운데 그 예비한 자리에 두매 다윗이 번제와 화목제를 여호와 앞에 드리니라 다윗이 번제와 화목제 드리기를 마치고 만군의 여호와의 이름으로 백성에게 축복하고 모든 백성 곧 온 이스라엘 무리의 무론 남녀하고 떡 한 개와 고기 한 조각과 건포도 떡 한 덩이씩 나눠주매 모든 백성이 각기 집으로 돌아가니라 다윗이 자기의 가족에게 축복하러 돌아오매 사울의 딸 미갈이 나와서 다윗을 맞으며 가로되 이스라엘 왕이 오늘날 어떻게 영화로우신지 방탕한 자가 염치없이 자기의 몸을 드러내는 것처럼 오늘날 그 신복의 계집종의 눈앞에서 몸을

		드러내셨도다 다윗이 미갈에게 이르되 이는 여호와 앞에서 한 것이니라 저가 네 아비와 그 온 집을 버리시고 나를 택하사 나로 여호와의 백성 이스라엘의 주권자를 삼으셨으니 내가 여호와 앞에서 뛰놀리라 내가 이보다 더 낮아져서 스스로 천하게 보일지라도 네가 말한 바 계집종에게는 내가 높임을 받으리라 한지라
	삼하 18:33	왕의 마음이 심히 아파 문루로 올라가서 우니라 저가 올라갈 때에 말하기를 내 아들 압살롬아 내 아들 내 아들 압살롬아 내가 너를 대신하여 죽었더면, 압살롬 내 아들아 내 아들아 하였더라
	시 6:6	내가 탄식함으로 곤핍하여 밤마다 눈물로 내 침상을 띄우며 내 요를 적시나이다

♣ 간음죄에 해당하는 구절

성 구	
십계명 중에 7계명을 어기는 죄	
출 20:14	간음하지 말지니라
한 몸을 이룬 부부가 자신의 몸을 나누는 죄	
마 19:5,6	말씀하시기를 이르므로 사람이 그 부모를 떠나서 아내에게 합하여 그 둘이 한 몸이 될지니라 하신 것을 읽지 못하였느냐 이러한즉 이제 둘이 아니요 한 몸이니 그러므로 하나님이 짝지어 주신 것을 사람이 나누지 못할지니라 하시니 *(창 2:21-24)
부부의 혼인을 파괴하는 죄	
마 5:32	나는 너희에게 이르노니 누구든지 음행한 연고 없이 아내를 버리면 이는 저로 간음하게 함이요 또 누구든지 버린 여자에게 장가드는 자도 간음함이니라 *(마 19:9)
혼인을 소홀히 여기는 죄	
히 13:4	모든 사람은 혼인을 귀히 여기고 침소를 더럽히지 않게 하라 음행하는 자들과 간음하는 자들을 하나님이 심판하시리라
음행한 자는 자기 몸에게 짓는 죄	
고전 6:18	음행을 피하라 사람이 범하는 죄마다 몸 밖에 있거니와 음행하는 자는 자기 몸에게 죄를 범하느니라
상대방의 가정을 파괴하는 죄	
삼하 11:4, 14-17	4. 다윗이 사자를 보내어 저를 자기에게로 데려오게 하고 저가 그 부정함을 깨끗하게 하였으므로 더불어 동침하매 저가 자기 집으로 돌아가니라 14-17. 아침이 되매 다윗이 편지를 써서 우리아의 손에 부쳐 요압에게 보내니 그 편지에 써서 이르기를 너희가 우리아를 맹렬한 싸움에 앞세워 두고 너희는 뒤로 물러가서 저로 맞아 죽게 하라 하였더라 요압이 그 성을 살펴 용사들의 있는 줄을 아는 그곳에 우리아를 두니 성 사람들이 나와서 요압으로 더불어 싸울 때에 다윗의 신복 중 몇 사람이 엎드러지고 헷 사람 우리아도 죽으니라
내연 관계로 법적 지위를 인정받지 못하는 사생아 출생	
히 12:8	징계는 다 받는 것이거늘 너희에게 없으면 사생자요 참 아들이 아니니라
하나님 나라에 기업을 얻지 못할 자	
엡 5:5	너희도 이것을 정녕히 알거니와 음행하는 자나 더러운 자나 탐하는 자 곧 우상 숭배자는 다 그리스도와 하나님 나라에서 기업을 얻지 못하리니
음행을 할 때 교회에서 출교해야 할 자	
고전 5:1,2	너희 중에 심지어 음행이 있다 함을 들으니 이런 음행은 이방인 중에라도 없는 것이라 누가 그 아비의 아내를 취하였다 하는도다 그리하고도 너희가 오히려 교만하여져서 어찌하여 통한히 여기지 아니하고 그 일 행한 자를 너희 중에서 물리치지 아니하였느냐

제3절 우상 제물과 바알 숭배 사건

> "그 여자들이 그 신들에게 제사할 때에 백성을 청하매 백성이 먹고 그들의 **신들**에게 **절**하므로 이스라엘이 바알브올에게 부속된지라 여호와께서 이스라엘에게 진노하시니라 여호와께서 모세에게 이르시되 백성의 두령들을 잡아 태양을 향하여 여호와 앞에 목매어 달라 그리하면 여호와의 진노가 이스라엘에게서 떠나리라 모세가 이스라엘 사사들에게 이르되 너희는 각기 관할하는 자 중에 바알브올에게 부속한 사람들을 죽이라 하니라"(민 25:2-5).

1. 우상 제물과 바알 숭배의 역사적 의미

1) 우상 제물에 유혹된 이스라엘

모압 여인들은 미인계로 이스라엘 남자들을 유혹하는 데 성공했다. 그런데 이스라엘 남자들은 미인계 사건에서 더 나아가 우상의 제물을 먹는 데까지 유혹되고 말았다. 고달픈 광야 40년의 생활에서 그들이 매일 먹은 양식은 만나였다. 아침에 눈만 뜨면 먹어야 하는 만나가 어느덧 싫증이 났을 법도 하다. 그래서 만나로 인해 불평하기도 하였다(민 21:5).

만나에 대한 불평이 내면에 깔린 이스라엘은 발락이 놓은 우상의 제물의 덫에 걸리고 말았다. 그들 앞에 놓인 진수성찬이야말로 이루 말할 수 없는 즐거움을 주었을 것이다. 이로써 음식 앞에서 그들의 여호와 신앙은 어디론가 사라져 버렸다. 우상의 제물인 줄 알면서도 음식의 유혹을 뿌리치지 못하고 하나님을 저버리는 배신 행위를 하고 만 것이다. 이 같은 일은 하나님의 구속사를 잊어버리고 단지 먹는 것에만 마음을 두었기 때문에 발생한 일이었다.

2) 이스라엘의 바알 숭배

모압 여인들에게 초청 받은 그들은 음식을 배불리 먹은 후 바알 신에게 절함으로써 십계명 중 첫째 계명과 둘째 계명을 범하고 말았다. 이처럼 이스라엘이 빠진 우상 제물의 함정은 발락 왕의 치밀한 계획과 단계적인 전략이 있었기 때문에 가능했다.

그것은 발락 왕이 1차는 미인계로 이스라엘을 유혹하였고, 2차는 우상의 제물로 유혹하여 성공하였으며, 3차는 바알을 숭배하게 함으로 하나님을 배신하여 자멸하게 한 것이다. 이렇듯 발락은 거짓 선지자 발람이 가르쳐 준 대로 계획을 추진하면서(계 2:14) 이스라엘의 내적 분열을 조장했다.

하나님은 아브라함과의 언약을 이행하시고자 이스라엘을 가나안에 입성시키기 위해 모압 평지까지 그들을 인도하였다. 하지만 하나님은 가나안 입성이라는 거사를 앞두고, 바알브올에 부속된 배은망덕한 이스라엘 백성을 염병으로 징계하셔서 24,000명이나 되는 사람들이 죽었다(민 25:9).

3) 구속의 은총을 망각한 이스라엘

이스라엘은 구속의 은혜보다 육신의 의식주를 더 추구하였다. 그뿐만 아니라 하나님 안에서 참된 해방과 자유보다는 과거의 노예 생활을 더 사모했다. 이는 하나님의 말씀과 만나보다는 인간의 불신과 원망, 욕구로 가득 차 있었던 이스라엘의 내면(內面)의 모습을 그대로 보여주고 있다.

2. 우상 제물과 바알 숭배의 구속사적 의미

	우상 제물과 숭배(기능)	우상 제물과 숭배의 영적 의미
바알	① 모압은 **다신론**으로 주신(主神)은 바알(민25:2,3) ② 기식도 없는 철, 돌, 나무로 만든 형상의 바알로 인간을 지배하는 마귀 ③ 모압 종교의 바알 신은 음란의 신	① 세상은 각기 섬기는 **다신론** 종교관(행17:16,23,29) ② 인간을 이성 없는 피조물로 전락시켜 경배 받고 지배하는 마귀(시115:4-8) ③ 타종교는 멸망의 종교로 음행을 방치하는 마귀
우상 제물	① 제사로 경배 받는 바알의 배후는 귀신 ② **제사 제물**의 식음은 바알에게 부속된 행위(민25:2,3) ③ 귀신의 제사 제물 식음은 귀신에게 순응 행위 ⊙ **구원과 우상 제물** a. 우상의 제물은 구원과는 관계가 없다. 그것은 예수를 믿음으로 구원받기 때문이다. b. 사실상 기독교의 신앙 교리로 미루어 볼 때 우상의 제물은 금해야 한다. c. 참 신앙을 소유한 자는 우상의 제물을 금할 수밖에 없다(고전10:14-22).	① 귀신은 영적으로 더러운 존재(눅11:24) ② **제사 제물**의 식음은 더러운 귀신과 교제(고전10:19-21) ③ 더러운 귀신의 제물은 성도가 금해야 할 식물 ㉠ 제사의 제물은 영적으로 **더러운 것**(행15:20,29) 　· 제사 제물을 먹을 때 더러워지는 양심(고전8:7) 　· 제물을 먹을 때 죄를 짓는 결과(고전8:8-12) ㉡ 제사 제물을 먹을 때 귀신과 **교제**(고전10:19-21) 　· 제사 제물은 귀신에게 바치기 위한 수단 　· 제사 제물을 먹는 것은 귀신과 사귀는 행위 ㉢ 제사 제물의 식음은 성도의 **금지** 행위(고전10:25-28) 　· 시장에서 음식 먹다가 우상 제물이라 할 때 신앙 양심상 식음을 금지 　· 불신자 가정에서 우상의 제물임을 묻지 말고 먹되 제물임을 알았으면 식음을 금지 ▶ 고린도 교회의 우상 제물에 대해서는 당시 고린도 지방에 우상이 만연되어 있었으므로, 모든 업종들이 자기 신들에게 제사를 지내고 시장에서 물건을 팔았다. 　* (고린도 지방 이방인의 문화를 이해해야 한다) ▶ 디모데전서 4장 3-5절에 "혼인을 금하고 식물을 폐하라 할 터이나 식물은 하나님이 지으신 바니 믿는 자들과 진리를 아는 자들이 감사함으로 받을 것이니라 하나님의 지으신 모든 것이 선하매 감사함으로 받으면 버릴 것이 없나니 하나님의 말씀과 기도로 거룩하여짐이니라"는 말씀을 잘못 이해하여, 우상의 제물을 기도하고 먹으면 괜찮다는 것은 성경을 곡해한 것이다. ⊙ 위의 구절은 바울이 디모데에게 우상 제물에 대하여 한 말이 아니라 구약시대의 부정한 음식에 대하여 말한 내용이다.
숭배	① 바알 **우상**에게 절하며 섬긴 이스라엘(민25:5) ② 우상의 배후에는 귀신이 앉아 경배 받음 ③ 우상 숭배는 귀신에게 절하며 섬기는 결과	① 성도가 **우상 숭배**(제사)를 하면 귀신을 숭배하는 행위 ② 우상을 숭배(제사)하면 배후에 귀신이 경배 받음 ③ 우상 숭배자의 결과는 멸망을 받게 됨(계21:8)

3. 우상 제물과 바알 숭배의 구속사적 의미(성구)

바알	**다신론**	
	민 25:2,3	그 여자들이 그 신들에게 제사할 때에 백성을 청하매 백성이 먹고 그들의 신들에게 절하므로 이스라엘이 바알브올에게 부속된지라 여호와께서 이스라엘에게 진노하시니라
	시 115:4-8	저희 우상은 은과 금이요 사람의 수공물이라 입이 있어도 말하지 못하며 눈이 있어도 보지 못하며 귀가 있어도 듣지 못하며 코가 있어도 맡지 못하며 손이 있어도 만지지 못하며 발이 있어도 걷지 못하며 목구멍으로 소리도 못하느니라 우상을 만드는 자와 그것을 의지하는 자가 다 그와 같으리로다
	다신론	
	행 17:16,23,29	16. 바울이 아덴에서 저희를 기다리다가 온 성에 우상이 가득한 것을 보고 마음에 분하여 23. 내가 두루 다니며 너희의 위하는 것들을 보다가 알지 못하는 신에게라고 새긴 단도 보았으니 그런즉 너희가 알지 못하고 위하는 그것을 내가 너희에게 알게 하리라 29. 이와 같이 신의 소생이 되었은즉 신을 금이나 은이나 돌에다 사람의 기술과 고안으로 새긴 것들과 같이 여길 것이 아니니라
우상 제물	**제사 제물**	
	민 25:2,3	그 여자들이 그 신들에게 제사할 때에 백성을 청하매 백성이 먹고 그들의 신들에게 절하므로 이스라엘이 바알브올에게 부속된지라 여호와께서 이스라엘에게 진노하시니라
	제사 제물	
	눅 11:24	더러운 귀신이 사람에게서 나갔을 때에 물 없는 곳으로 다니며 쉬기를 구하되 얻지 못하고 이에 가로되 내가 나온 내 집으로 돌아가리라 하고
	고전 10:19-21	그런즉 내가 무엇을 말하느뇨 우상의 제물은 무엇이며 우상은 무엇이라 하느뇨 대저 이방인의 제사하는 것은 귀신에게 하는 것이요 하나님께 제사하는 것이 아니니 나는 너희가 귀신과 교제하는 자 되기를 원치 아니하노라 너희가 주의 잔과 귀신의 잔을 겸하여 마시지 못하고 주의 상과 귀신의 상에 겸하여 참예치 못하리라
	더러운 것	
	행 15:20,29	20. 다만 우상의 더러운 것과 음행과 목매어 죽인 것과 피를 멀리하라고 편지하는 것이 가하니 29. 우상의 제물과 피와 목매어 죽인 것과 음행을 멀리할지니라 이에 스스로 삼가면 잘 되리라 평안함을 원하노라 하였더
	고전 8:7	그러나 이 지식은 사람마다 가지지 못하여 어떤 이들은 지금까지 우상에 대한 습관이 있어 우상의 제물로 알고 먹는 고로 그들의 양심이 약하여지고 더러워지느니라
	고전 8:8-12	식물은 우리를 하나님 앞에 세우지 못하나니 우리가 먹지 아니하여도 부족함이 없고 먹어도 풍성함이 없으리라 그런즉 너희 자유함이 약한 자들에게 거치는 것이 되지 않도록 조심하라 지식 있는 네가 우상의 집에 앉아 먹는 것을 누구든지 보면 그 약한 자들의 양심이 담력을 얻어 어찌 우상의 제물을 먹게 되지 않겠느냐 그러면 네 지식으로 그 약한 자가 멸망하나니 그는 그리스도께서 위하여 죽으신 형제라 이같이 너희가 형제에게 죄를 지어 그 약한 양심을 상하게 하는 것이 곧 그리스도에게 죄를 짓는 것이니라
	교제	
	고전 10:19-21	그런즉 내가 무엇을 말하느뇨 우상의 제물은 무엇이며 우상은 무엇이라 하느뇨 대저 이방인의 제사하는 것은 귀신에게 하는 것이요 하나님께 제사하는 것이 아니니 나는 너희가 귀신과 교제하는 자 되기를 원치 아니하노라 너희가 주의 잔과 귀신의 잔을 겸하여 마시지 못하고 주의 상과 귀신의 상에 겸하여 참예치 못하리라
	금지	
	고전 10:25-28	무릇 시장에서 파는 것은 양심을 위하여 묻지 말고 먹으라 이는 땅과 거기 충만한 것이 주의 것임이니라 불신자 중 누가 너희를 청하매 너희가 가고자 하거든 너희 앞에 무엇이든지 차려 놓은 것은 양심을 위하여 묻지 말고 먹으라 누가 너희에게 이것이 제물이라 말하거든 알게 한 자와 및 양심을 위하여 먹지 말라

숭배	고전 10:14-21	그런즉 내 사랑하는 자들아 우상 숭배하는 일을 피하라 나는 지혜 있는 자들에게 말함과 같이 하노니 너희는 내 이르는 말을 스스로 판단하라 우리가 축복하는바 축복의 잔은 그리스도의 피에 참예함이 아니며 우리가 떼는 떡은 그리스도의 몸에 참예함이 아니냐 떡이 하나요 많은 우리가 한 몸이니 이는 우리가 다 한 떡에 참예함이라 육신을 따라 난 이스라엘을 보라 제물을 먹는 자들이 제단에 참예하는 자들이 아니냐 그런즉 내 무엇을 말하느뇨 우상의 제물은 무엇이며 우상은 무엇이라 하느뇨 대저 이방인의 제사하는 것은 귀신에게 하는 것이요 하나님께 제사하는 것이 아니니 나는 너희가 귀신과 교제하는 자 되기를 원치 아니하노라 너희가 주의 잔과 귀신의 잔을 겸하여 마시지 못하고 주의 상과 귀신의 상에 겸하여 참예치 못하리라
	바알 숭배	
	민 25:5	모세가 이스라엘 사사들에게 이르되 너희는 각기 관할하는 자 중에 바알브올에게 부속한 사람들을 죽이라 하니라
	우상 숭배	
	계 21:8	그러나 두려워하는 자들과 믿지 아니하는 자들과 흉악한 자들과 살인자들과 행음자들과 술객들과 우상 숭배자들과 모든 거짓말하는 자들은 불과 유황으로 타는 못에 참예하리니 이것이 둘째 사망이라

"하나님을 알되
하나님으로 영화롭게도 아니하며
감사치도 아니하고 오히려
그 생각이 허망하여지며 미련한 마음이 어두워졌나니
스스로 지혜 있다 하나 우준하게 되어
썩어지지 아니하는 하나님의 영광을
썩어질 사람과 금수와 버러지 형상의
우상으로 바꾸었느니라"
(롬 1:21-23)

제2장 가나안 정복을 향한 이스라엘

하나님은 모압 평지 싯딤에서 우상의 제물과 미인계의 유혹에 빠진 이스라엘을 징계하신 후에, 모세에게 가나안 정복을 위해 전쟁에 나가 싸울 수 있는 20세 이상의 인구를 조사하게 하셨다. 모세가 신세대를 재정비한 결과, 전쟁에 나가 싸울 만한 20세 이상의 남자가 1차시는 구세대가 603,550명이었고, 2차 신세대는 601,730명으로 1, 2차 병력 조사는 거의 비슷한 숫자였다.

하나님은 모세를 통해 요단 동편을 점령한 이스라엘 지파 중에 르우벤 지파, 갓 지파, 므낫세 반 지파에게 땅을 분배케 하였고, 그 지역에 도피성 세 곳을 건축하라 명하셨다. 이로써 모세는 하나님의 명령을 이행하였고, 또 이스라엘의 신세대를 인솔할 후계자 여호수아를 세워 가나안을 정복하게끔 모든 준비를 해놓았다.

제1절 가나안 정복을 위한 신세대의 준비

"염병 후에 여호와께서 모세와 제사장 아론의 아들 엘르아살에게 일러 가라사대 이스라엘 자손의 온 회중의 총수를 그 조상의 집을 따라 조사하되 이스라엘 중에 무릇 이십 세 이상으로 능히 싸움에 나갈 만한 자를 **계수**하라 하시니 모세와 제사장 엘르아살이 여리고 맞은편 요단 가 모압 평지에서 그들에게 고하여 가로되 여호와께서 애굽 땅에서 나온 모세와 이스라엘 자손에게 명하신 대로 너희는 이십 세 이상 된 자를 계수하라 하니라"(민 26:1-4).

1. 신세대의 역사적 의미

1) 신세대의 인구조사

하나님은 우상 제물과 미인계 고스비 사건으로 쾌락에 빠진 이스라엘을 징계하셨는데, 그로 인해 염병으로 24,000명이 죽임을 당했다. 후에 하나님은 모세에게 전쟁에 나갈 자들을 재정비하도록 하셨다(민 26:1-65). 1세대는 하나님을 불신함으로써 사해로 유입되는 동남쪽에 위치한 세렛 시내를 건너기 전 모두 죽고, 그들이 걱정하던 2세대들이 가나안을 진입하기 직전이었다. 하나님은 이스라엘 중에 전쟁에 나갈 수 있는 이십 세 이상을 대상으로 인구를 조사하였다.

2) 모세의 후계자 여호수아

하나님은 모세에게 명하여 신앙심이 좋은 여호수아에게 안수식을 허락하셨는데(민 27:12-23), 이는 모세의 사명을 위임 받는 예식이다. 실로 여호수아가 모세의 후계자로 선택된 것은 가데스 바네아에서 가나안 땅의 탐지를 보고할 때 하나님 편에서 백성들에게 적극적으로 대변했기 때문이며, 구세대들 중에서 가나안 땅에 입성한 것도 하나님의 말씀을 적극적으로 믿었던 믿음의 사람이었기 때문이다.

3) 거짓 선지자 술사 발람의 죽음

이스라엘은 미디안 족속과 다섯 왕을 진멸하고 술사 발람까지 죽였다(민 31:1-18). 발람이 모압 왕 발락과 헤어진 후로 그의 고향인 메소보다미아 브돌로 돌아가지 않고 모압 부근에 머물렀다가 죽임을 당한 것은, 발락 왕의 청탁에 이스라엘의 저주에 실패하자 우상의 제물과 미인계 전략으로 이스라엘의 내부적인 영적 파괴로 자멸을 보기 위함이었다(계 2:14). 하지만 발람은 그 대가로 미디안과의 전쟁에서 결국 죽임을 당하고 말았다.

4) 가나안 땅의 분배 지시 및 지리적 위치

하나님은 모세에게 이미 정복한 요단 강 동편의 땅과 강 서편 가나안의 정복할 땅의 분배를 지시하셨다(민 32:1-36:13). 이에 모세는 그들이 정복한 요단 강 동편 땅을 르우벤 지파와 갓 지파와 므낫세 반 지파에게 분배하여 주었고, 다른 아홉 지파와 반 지파(므낫세)는 가나안을 점령한 후에 분배할 땅을 미리 지시하여 주었다. 하나님은 그들에게 일정한 범위를 분배해 주심으로써 지파 간에 다툼이 없게 하셨다. 하나님은 공평하신 분이다. *(가나안 땅의 전 지역을 참고하라)

"여호수아가 그들을 위하여 실로 여호와 앞에서 제비 뽑고 그가 거기서 이스라엘 자손의 분파대로 땅을 분배하였더라"(수 18:10).

이스라엘 백성의 인구조사

이스라엘 백성의 1차, 2차 인구조사

시내 산과 모압 평지 인구조사				1차, 2차 인구조사 시기 장소	
지파 \ 조사	1차 조사	2차 조사	증 감	구분	내 용
르우벤	46,500	43,730	- 2,770	시기	1차 - 출애굽 2년 2월 1일(민1:1)
시므온	59,300	22,200	- 37,100		2차 - 출애굽 40년 11월 이후 (신1:3-5; 민22:1, 26:1-4, 26:63-65)
갓	45,650	40,500	- 5,150		
유다	74,600	76,500	+ 1,900	장소	1차 - 시내 산 광야(민1:1)
잇사갈	54,400	64,300	+ 9,900		2차 - 모압 평지(민26:3)
스불론	57,400	60,500	+ 3,100		
에브라임	40,500	32,500	- 8,000	대상	1차, 2차 - 20세 이상의 전투 능력 보유자 (민1:3, 26:2)
므낫세	32,200	52,700	+ 20,500		
베냐민	35,400	45,600	+ 10,200	목적	1차 - 광야 행군 및 군대 조직 편성 (민1:3, 2:34, 10:11-28)
단	62,700	64,400	+ 1,700		
아셀	41,500	53,400	+ 11,900		2차 - 군대 조직 재편성 및 가나안 땅 기업 분배(민26:2, 52-56)
납달리	53,400	45,400	- 8,000		
계	603,550	601,730	- 1,820		

"이같이 이스라엘 자손의 종족을 따라 이십세 이상으로
싸움에 나갈만한 자가 이스라엘 중에서 다 계수함을 입었으니
계수함을 입은 자의 총계가 육십만 삼천 오백 오십명이었더라"
(민 1:45, 46)

"이스라엘 자손의 계수함을 입은 자가
육십만 일천 칠백 삼십명이었더라"
(민 26:51)

2. 가나안 정복의 구속사적 의미

	가나안의 정복(기능)	가나안 정복의 영적 의미
이스라엘과 약속	◉ 이스라엘 백성과 가나안 ① 애굽의 노예에서 해방된 **이스라엘 백성**(민1:1) ㉠ 이스라엘 백성은 하나님의 군대(출7:4, 12:41) ㉡ 하나님의 군대를 조직한 이스라엘(민1:3,4) ㉢ 광야 40년을 행군하는 이스라엘(민10:28) ② 하나님이 시내 산에서 하사하신 **율법**(출24:12) ㉠ 율법 하사 이전에 원망해도 용서하신 하나님 · 홍해 도하 직전 애굽 군대 추격(출14:10-12) · 광야 마라에서 식수 문제(출15:24) · 신 광야에서 과거 고기와 떡 회상(출16:1-3) · 광야 르비딤에서 식수 문제(출17:3,4) ㉡ 율법 하사 이후 백성이 원망하면 즉시 징계 · 기브롯 핫다아와에서 싫증난 만나(민11:1) · 가데스에서 정탐꾼의 부정적 보고(민14:2) · 고라당의 제사장직의 월권 행위(민16:32-35,41) · 만나를 박한 식물로 원망할 때(민21:5) ㉢ 율법의 효율성 - (신약 : 율법의 정신은 살아 있음) ③ **가나안 땅**을 약속받은 이스라엘 백성(출3:8) ㉠ 약속의 땅을 바라보았던 이스라엘(민15:17,18) ㉡ 가나안 땅을 기업으로 삼는 백성들(민26:52-56) ㉢ 여호수아와 가나안을 점령한 백성들(수14:1)	◉ 성도와 영원한 가나안(천국) ① 마귀·죄악 세상에서 **구원받은 성도들**(요일4:9) ㉠ 성도들은 영적 그리스도의 군사(딤후2:3) ㉡ 그리스도의 군사로 조직된 교회(엡4:16; 골2:19) ㉢ 광야 같은 세상을 통과하는 성도들(벧전2:19-21) ② 성령의 감동으로 기록된 **성경**(딤후3:16; 벧후1:21) ㉠ 초신자일 때는 말씀에서 벗어나도 용서하시는 하나님 ㉡ 기존 신자는 말씀에 벗어나면 하나님이 징계(히12:5-13) ㉢ 운동력이 있는 하나님의 말씀 - 신구약(히4:12) ③ **천국**의 새 땅을 침노하는 성도들(마11:12) ㉠ 새 하늘과 새 땅을 바라보는 성도들(벧후3:13) ㉡ 하나님의 나라를 유업으로 받은 성도들(약2:5) ㉢ 예수를 통해 하늘의 시민이 된 성도들(빌3:20)
12지파 수	① 이스라엘의 **12지파**를 선택하신 하나님(신29:13) ㉠ 성부 하나님께서 정하신 12지파(사45:4) ㉡ 하나님 아버지가 주관하시는 12지파 ② 구약시대 12지파에 속한 자만이 받는 **구원** ㉠ 12는 구약시대에 구원받은 상징적인 숫자 ㉡ 성부 이름으로 구원에 속한 144,00명 숫자(계14:1) ㉢ 10의 3제곱인 1,000은 완전한 수 　* (10은 만수, 3은 하나님의 수)	① 이스라엘의 **12제자**를 선택하신 예수님(눅6:13) ㉠ 성자이신 예수님이 택하신 12제자 ㉡ 하나님이 아들 예수에게 일임하신 권한(요17:2) ② 신약시대 12제자가 증거한 복음으로 받는 **구원** ㉠ 12는 신약시대 구원받은 자와 구원받을 자의 상징적 숫자 ㉡ 성자 이름으로 구원에 속한 144,00명 숫자(계14:1-5) ㉢ 10의 3제곱인 1,000은 완전한 수 　* (10은 만수, 3은 하나님의 수)

구원의 상징 수 : 구약시대 12지파×신약시대 12제자×10의 3제곱 수 1,000 = 총 구원의 상징 수 144,000

♣ 구약시대 아버지의 이름 + 신약시대 아들의 이름 = 전체 구원의 상징 수 144,000명(계14:1)

3. 가나안 정복의 구속사적 의미(성구)

이 스 라 엘 과 약 속	**이스라엘**	
	민 1:1	이스라엘 자손이 애굽 땅에서 나온 후 제이년 이 월 일 일에 여호와께서 시내 광야 회막에서 모세에게 일러 가라사대
	출 7:4	바로가 너희를 듣지 아니할 터인즉 내가 내 손을 애굽에 더하여 여러 큰 재앙을 내리고 내 군대, 내 백성 이스라엘 자손을 그 땅에서 인도하여 낼지라
	출 12:41	사백삼십 년이 마치는 그날에 여호와의 군대가 다 애굽 땅에서 나왔은즉
	민 1:3,4	이스라엘 중 이십 세 이상으로 싸움에 나갈 만한 모든 자를 너와 아론은 그 군대대로 계수하되 매 지파의 각기 종족의 두령 한 사람씩 너희와 함께하라
	민 10:28	이스라엘 자손이 진행할 때에 이와 같이 그 군대를 따라 나아갔더라
	성도들	
	요일 4:9	하나님의 사랑이 우리에게 이렇게 나타난바 되었으니 하나님이 자기의 독생자를 세상에 보내심은 저로 말미암아 우리를 살리려 하심이니라
	딤후 2:3	네가 그리스도 예수의 좋은 군사로 나와 함께 고난을 받을지니
	엡 4:16	그에게서 온몸이 각 마디를 통하여 도움을 입음으로 연락하고 상합하여 각 지체의 분량대로 역사하여 그 몸을 자라게 하며 사랑 안에서 스스로 세우느니라
	골 2:19	머리를 붙들지 아니하는지라 온 몸이 머리로 말미암아 마디와 힘줄로 공급함을 얻고 연합하여 하나님이 자라게 하심으로 자라느니라
	벧전 2:19-21	애매히 고난을 받아도 하나님을 생각함으로 슬픔을 참으면 이는 아름다우나 죄가 있어 매를 맞고 참으면 무슨 칭찬이 있으리요 오직 선을 행함으로 고난을 받고 참으면 이는 하나님 앞에 아름다우니라 이를 위하여 너희가 부르심을 입었으니 그리스도도 너희를 위하여 고난을 받으사 너희에게 본을 끼쳐 그 자취를 따라오게 하려 하셨느니라
	율법	
	출 24:12	여호와께서 모세에게 이르시되 너는 산에 올라 내게로 와서 거기 있으라 너로 그들을 가르치려고 내가 율법과 계명을 친히 기록한 돌판을 네게 주리라
	출 14:10-12	바로가 가까워 올 때에 이스라엘 자손이 눈을 들어 본즉 애굽 사람들이 자기 뒤에 미친지라 이스라엘 자손이 심히 두려워하여 여호와께 부르짖고 그들이 또 모세에게 이르되 애굽에 매장지가 없으므로 당신이 우리를 이끌어 내어 이 광야에서 죽게 하느뇨 어찌하여 당신이 우리를 애굽에서 이끌어내어 이같이 우리에게 하느뇨 우리가 애굽에서 당신에게 고한 말이 이것이 아니뇨 이르기를 우리를 버려두라 우리가 애굽 사람을 섬길 것이라 하지 아니하더뇨 애굽 사람을 섬기는 것이 광야에서 죽는 것보다 낫겠노라
	출 15:22-24	모세가 홍해에서 이스라엘을 인도하매 그들이 나와서 수르 광야로 들어가서 거기서 사흘길을 행하였으나 물을 얻지 못하고 마라에 이르렀더니 그곳 물이 써서 마시지 못하겠으므로 그 이름을 마라라 하였더라 백성이 모세를 대하여 원망하여 가로되 우리가 무엇을 마실까 하매
	출 16:1-3	이스라엘 자손의 온 회중이 엘림에서 떠나 엘림과 시내 산 사이 신 광야에 이르니 애굽에서 나온 후 제이월 십오 일이라 이스라엘 온 회중이 그 광야에서 모세와 아론을 원망하여 그들에게 이르되 우리가 애굽 땅에서 고기 가마 곁에 앉았던 때와 떡을 배불리 먹던 때에 여호와의 손에 죽었더면 좋았을 것을 너희가 이 광야로 우리를 인도하여 내어 이 온 회중으로 주려 죽게 하는도다
	출 17:1-4	이스라엘 자손의 온 회중이 여호와의 명령대로 신 광야에서 떠나 그 노정대로 행하여 르비딤에 장막을 쳤으나 백성이 마실 물이 없는지라 백성이 모세와 다투어 가로되 우리에게 물을 주어 마시게 하라 모세가 그들에게 이르되 너희가 어찌하여 나와 다투느냐 너희가 어찌하여 여호와를 시험하느냐 거기서 백성이 물에 갈하매 그들이 모세를 대하여 원망하여 가로되 당신이 어찌하여 우리를 애굽에서 인도하여 내어서 우리와 우리 자녀와 우리 생축으로 목말라 죽게 하느냐 모세가 여호와께 부르짖어 가로되 내가 이 백성에게 어떻게 하리이까 그들이 얼마 아니면 내게 돌질하겠나이다
	민 11:1	백성이 여호와의 들으시기에 악한 말로 원망하매 여호와께서 들으시고 진노하사 여호와의 불로 그들 중에 붙어서 진 끝을 사르게 하시매

이스라엘과 약속	민 14:2-4	이스라엘 자손이 다 모세와 아론을 원망하며 온 회중이 그들에게 이르되 우리가 애굽 땅에서 죽었거나 이 광야에서 죽었더면 좋았을 것을 어찌하여 여호와가 우리를 그 땅으로 인도하여 칼에 망하게 하려 하는고 우리 처자가 사로잡히리니 애굽으로 돌아가는 것이 낫지 아니하랴 이에 서로 말하되 우리가 한 장관을 세우고 애굽으로 돌아가자 하매
	민 16:32-35, 41	32-35. 땅이 그 입을 열어 그들과 그 가족과 고라에게 속한 모든 사람과 그 물건을 삼키매 그들과 그 모든 소속이 산 채로 음부에 빠지며 땅이 그 위에 합하니 그들이 총회 중에서 망하니라 그 주위에 있는 온 이스라엘이 그들의 부르짖음을 듣고 도망하며 가로되 땅이 우리도 삼킬까 두렵다 하였고 여호와께로서 불이 나와서 분향하는 이백오십 인을 소멸하였더라 41. 이튿날 이스라엘 자손의 온 회중이 모세와 아론을 원망하여 가로되 너희가 여호와의 백성을 죽였도다 하고
	민 21:5	백성이 하나님과 모세를 향하여 원망하되 어찌하여 우리를 애굽에서 인도하여 올려서 이 광야에서 죽게 하는고 이곳에는 식물도 없고 물도 없도다 우리 마음이 이 박한 식물을 싫어하노라 하매
	성경	
	딤후 3:16	모든 성경은 하나님의 감동으로 된 것으로 교훈과 책망과 바르게 함과 의로 교육하기에 유익하니
	벧후 1:21	예언은 언제든지 사람의 뜻으로 낸 것이 아니요 오직 성령의 감동하심을 입은 사람들이 하나님께 받아 말한 것임이니라
	히 12:5-8	또 아들들에게 권하는 것같이 너희에게 권면하신 말씀을 잊었도다 일렀으되 내 아들아 주의 징계하심을 경히 여기지 말며 그에게 꾸지람을 받을 때에 낙심하지 말라 주께서 그 사랑하시는 자를 징계하시고 그의 받으시는 아들마다 채찍질하심이니라 하였으니 너희가 참음은 징계를 받기 위함이라 하나님이 아들과 같이 너희를 대우하시나니 어찌 아비가 징계하지 않는 아들이 있으리요 징계는 다 받는 것이거늘 너희에게 없으면 사생자요 참 아들이 아니니라 *(히12:5-13)
	히 4:12	하나님의 말씀은 살았고 운동력이 있어 좌우에 날선 어떤 검보다도 예리하여 혼과 영과 및 관절과 골수를 찔러 쪼개기까지 하며 또 마음의 생각과 뜻을 감찰하나니
	가나안	
	출 3:8	내가 내려와서 그들을 애굽인의 손에서 건져내고 그들을 그 땅에서 인도하여 아름답고 광대한 땅, 젖과 꿀이 흐르는 땅 곧 가나안 족속, 헷 족속, 아모리 족속, 브리스 족속, 히위 족속, 여부스 족속의 지방에 이르려 하노라
	민 15:17,18	여호와께서 모세에게 일러 가라사대 이스라엘 자손에게 고하여 이르라 너희가 나의 인도하는 땅에 들어가거든
	민 26:52-56	여호와께서 모세에게 일러 가라사대 이 명대로 땅을 나눠주어 기업을 삼게 하라 수가 많은 자에게는 기업을 많이 줄 것이요 수가 적은 자에게는 기업을 적게 줄 것이니 그들의 계수함을 입은 수대로 각기 기업을 주되 오직 그 땅을 제비 뽑아 나누어 그들의 조상 지파의 이름을 따라 얻게 할지니라 그 다소를 물론하고 그 기업을 제비 뽑아 나눌지니라
	수 14:1	이스라엘 자손이 가나안 땅에서 취한 기업 곧 제사장 엘르아살과 눈의 아들 여호수아와 이스라엘 자손 지파의 족장들이 분배한 것이 이 아래와 같으니라
	천국	
	마 11:12	세례 요한의 때부터 지금까지 천국은 침노를 당하나니 침노하는 자는 **빼앗느니라**
	벧후 3:13	우리는 그의 약속대로 의의 거하는바 새 하늘과 새 땅을 바라보도다
	약 2:5	내 사랑하는 형제들아 들을지어다 하나님이 세상에 대하여는 가난한 자를 택하사 믿음에 부요하게 하시고 또 자기를 사랑하는 자들에게 약속하신 나라를 유업으로 받게 아니하셨느냐
	빌 3:20	오직 우리의 시민권은 하늘에 있는지라 거기로서 구원하는 자 곧 주 예수 그리스도를 기다리노니
	12지파	
	신 29:13	여호와께서 이왕에 네게 말씀하신 대로 또 네 열조 아브라함과 이삭과 야곱에게 맹세하신 대로 오늘날 너를 세워 자기 백성을 삼으시고 자기는 친히 네 하나님이 되시려 함이니라
	사 45:4	내가 나의 종 야곱, 나의 택한 이스라엘을 위하여 너를 지명하여 불렀나니 너는 나를 알지 못하였을지라도 나는 네게 칭호를 주었노라

	12제자	
	눅 6:13	밝으매 그 제자들을 부르사 그중에서 열둘을 택하여 사도라 칭하셨으니
12지파수	요 17:2	아버지께서 아들에게 주신 모든 자에게 영생을 주게 하시려고 만민을 다스리는 권세를 아들에게 주셨음이로소이다
	구원	
	계 14:1	또 내가 보니 보라 어린양이 시온 산에 섰고 그와 함께 십사만 사천이 섰는데 그 이마에 어린 양의 이름과 그 **아버지의 이름**을 쓴 것이 있도다
	구원	
	계 14:1-5	또 내가 보니 보라 어린양이 시온 산에 섰고 그와 함께 십사만 사천이 섰는데 그 이마에 **어린 양의 이름**과 그 아버지의 이름을 쓴 것이 있도다 내가 하늘에서 나는 소리를 들으니 많은 물 소리도 같고 큰 뇌성도 같은데 내게 들리는 소리는 거문고 타는 자들의 그 거문고 타는 것 같더라 저희가 보좌와 네 생물과 장로들 앞에서 새 노래를 부르니 땅에서 **구속함을 얻은 십사만 사천** 인밖에는 능히 이 노래를 배울 자가 없더라 이 사람들은 여자로 더불어 더럽히지 아니하고 정절이 있는 자라 어린양이 어디로 인도하든지 따라가는 자며 사람 가운데서 구속을 받아 처음 익은 열매로 하나님과 어린양에게 속한 자들이니 그 입에 거짓말이 없고 흠이 없는 자들이더라

"나는 알파와 오메가요
처음과 나중이요 시작과 끝이라
그 두루마기를 빠는 자들은 복이 있으니
이는 저희가 생명나무에 나아가며
문들을 통하여 성에 들어갈 권세를 얻으려 함이로다
개들과 술객들과 행음자들과 살인자들과
우상 숭배자들과 및 거짓말을 좋아하며 지어내는 자마다
성 밖에 있으리라"
(계 22:13-15)

제2절 하나님의 도피성 건축

> "여호와께서 또 모세에게 일러 가라사대 이스라엘 자손에게 말하여 그들에게 이르라 너희가 요단을 건너 가나안 땅에 들어가거든 너희를 위하여 성읍을 **도피성**으로 정하여 그릇 살인한 자로 그리로 피하게 하라 이는 너희가 보수할 자에게서 도피하는 성을 삼아 살인자가 회중 앞에 서서 판결을 받기까지 죽지 않게 하기 위함이니라 너희가 줄 성읍 중에 여섯으로 도피성이 되게 하되 세 성읍은 요단 이편에서 주고 세 성읍은 가나안 땅에서 주어 도피성이 되게 하라 이 여섯 성읍은 이스라엘 자손과 타국인과 이스라엘 중에 우거하는 자의 도피성이 되니니 무릇 그릇 살인한 자가 그리로 도피할 수 있으리라"(민 35:9-15).
>
> "이는 살인자가 대제사장의 죽기까지 그 도피성에 유하였을 것임이라 대제사장의 죽은 후에는 그 살인자가 자기의 산업의 땅으로 돌아갈 수 있느니라"(민 35:28).

1. 도피성의 역사적 의미

1) 도피성을 건축하는 이유

하나님은 율법에 사람이 고의로 상대방을 죽였을 때 피해자의 가족들이 살인한 사람을 죽여 보복하도록 하였다. 하지만 이 같은 보복 살인에 대한 내용에는, 이웃과의 불화로 인한 살인을 방지하기 위함일 뿐 아니라 이웃의 생명을 내 생명처럼 사랑하라는 의미가 담겨 있다.

도피성은 사람이 고의적인 살인이 아니라 실수로 오살하였을 때 피신하는 장소이다. 오살한 자가 피해자의 가족들로부터 죽음을 면하기 위해서 도피성으로 피신하여 살게 하였다. 도피성은 생명을 보호받는 보호처였다. 오살한 자가 피해자의 가족들 손에서 신속히 대피하려면 도피성이 그 지역에서 가까운 곳에 있어야 했다. 그래서 하나님은 모세를 통해 요단 강을 중심해서 동쪽에 세 성읍, 서쪽에 세 성읍을 세우도록 하였던 것이다. 여섯 도피성의 이름을 구속사적 의미로 도표에서 살펴보자.

2) 도피성의 지명과 지리적 위치

하나님은 요단 강을 중심으로 동쪽 지역에 도피성 세 성읍을 건축하고, 강 서쪽인 가나안 땅에 도피성 세 성읍을 건축하도록 하셨다. 요단강 동쪽에는 이미 아모리 왕 시혼과 그 족속들을 무찌르고, 또 바산 왕 옥과 그 족속들을 진멸하여 헤스본과 에드레이 두 왕국을 점령한 이스라엘의 두 지파 반이 머물고 있었다. 다시 말해 이미 점령한 땅에 르우벤 지파와 갓 지파와 므낫세 반 지파가 거주하고 있었다. 그들 두 지파 반이 거주하는 동쪽에 세울 도피성은 베셀과 길르앗 라못과 골란 지역이었다.

요단 강 서쪽의 도피성은 게데스와 세겜과 헤브론 지역으로, 이곳은 가나안 땅으로 이스라엘이 아직 점령하지 않은 지역이었다. 이 세 지역은 이스라엘이 가나안을 점령한 후에 도피성을 세울 곳으로 하나님께서 미리 정해 놓으셨던 것이다.

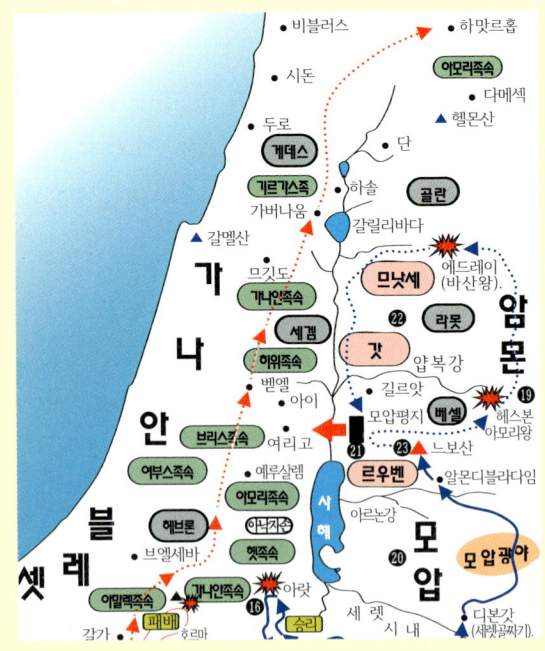

지도에서 여섯 도피

성의 위치를 참고하라. *(여섯 개의 회색 타원형)

"여호와께서 여호수아에게 일러 가라사대 이스라엘 자손에게 고하여 이르라 내가 모세로 너희에게 말한 도피성을 택정하여 부지중 오살한 자를 그리로 도망하게 하라 이는 너희 중 피의 보수자를 피할 곳이니라"(수 20:1-3).

2. 도피성의 구속사적 의미

	도피성의 기능	도피성의 영적 의미
도피성	⊙ 도피성은 보호처 ① 죄인의 생명 보호를 위해 세워진 **도피성**(민35:11) ② 이스라엘이든 타국인이든 피하는 도피성(민35:15) ③ 도피성 안에서 보장 받는 생명 구원(민35:26,27)	⊙ 도피성은 생명의 보호처이신 예수 예표 ① 죄인의 구원을 위해 세상에 오신 **예수**(막2:17) ② 예수를 믿으면 누구든지 받는 구원(요3:16) ③ 예수 안에서만 보장 받는 구원(요15:4-7; 롬6:23)
죄인	① 도피성에 피신하지 않으면 죽는 **살인자**(민35:12) ② 도피성에 피신할 때 생명을 얻는 살인자 ③ 살인자에게는 도피성이 시온소(출25:17,난외주)	① 예수께 피신하지 않으면 멸망 받는 **죄인**(요3:18) ② 예수 안에 피신할 때 구원을 받는 죄인 ③ 죄인에게 예수는 영혼의 시온소(요1:14,16,17)
도피성 이름	⊙ 여섯 도피성 ① 게데스는 '거룩한' 또는 '성소'를 의미(수20:1-3,7) ② 세겜은 '어깨'라는 의미 ③ 헤브론은 '교제'라는 의미 ④ 베셀은 '요새'라는 의미(수20:8,9) ⑤ 라못은 '높음'이라는 의미 ⑥ 골란은 '기쁨'이라는 의미	⊙ 여섯 도피성은 예수 예표 ① 거룩한 **성전**이 되시는 예수(요2:19-21) ② 어깨에 정사를 멘 **주권자**이신 예수(사9:6,7) ③ 성도와 **교제**하기를 원하시는 예수(고전1:9) ④ 성도의 **요새**로 피난처가 되시는 예수(시91:2) ⑤ 성도를 높여 주실 분은 **높으신** 예수(엡2:6) ⑥ 성도의 **기쁨**의 원천 되시는 예수(요15:11; 17:13)
대제사장	① 대제사장이 죽기까지 죄인을 보호(민35:28) ② 죄인을 자기 생명처럼 사랑한 대제사장 ③ 도피성의 제사장이 죽으면 귀가할 수 있는 죄인	① 대제사장이신 **예수**의 긍휼을 입은 죄인(히4:15,16) ② 죄인을 끝까지 사랑하시는 예수(요13:1) ③ 예수의 죽음으로 죄에서 해방된 죄인(요8:36; 롬8:1,2)

3. 도피성의 구속사적 의미(성구)

	도피성	
도피성	민 35:11	너희를 위하여 성읍을 도피성으로 정하여 그릇 살인한 자로 그리로 피하게 하라
	민 35:15	이 여섯 성읍은 이스라엘 자손과 타국인과 이스라엘 중에 우거하는 자의 도피성이 되니 무릇 그릇 살인한 자가 그리로 도피할 수 있으리라
	민 35:26,27	그러나 살인자가 어느 때든지 그 피하였던 도피성 지경 밖에 나갔다 하자 피를 보수하는 자가 도피성 지경 밖에서 그 살인자를 만나 죽일지라도 위하여 피 흘린 죄가 없나니
	예수	
	막 2:17	예수께서 들으시고 저희에게 이르시되 건강한 자에게는 의원이 쓸데없고 병든 자에게라야 쓸데 있느니라 내가 의인을 부르러 온 것이 아니요 죄인을 부르러 왔노라 하시니라
	요 3:16	하나님이 세상을 이처럼 사랑하사 독생자를 주셨으니 이는 저를 믿는 자마다 멸망치 않고 영생을 얻게 하려 하심이니라

도피성	요 15:4-7	내 안에 거하라 나도 너희 안에 거하리라 가지가 포도나무에 붙어 있지 아니하면 절로 과실을 맺을 수 없음같이 너희도 내 안에 있지 아니하면 그러하리라 나는 포도나무요 너희는 가지니 저가 내 안에, 내가 저 안에 있으면 이 사람은 과실을 많이 맺나니 나를 떠나서는 너희가 아무것도 할 수 없음이라 사람이 내 안에 거하지 아니하면 가지처럼 밖에 버리워 말라지나니 사람들이 이것을 모아다가 불에 던져 사르느니라 너희가 내 안에 거하고 내 말이 너희 안에 거하면 무엇이든지 원하는 대로 구하라 그리하면 이루리라
	롬 6:23	죄의 삯은 사망이요 하나님의 은사는 그리스도 예수 우리 주 안에 있는 영생이니라
	살인자	
	민 35:12	이는 너희가 보수할 자에게서 도피하는 성을 삼아 살인자가 회중 앞에 서서 판결을 받기까지 죽지 않게 하기 위함이니라
죄인	출 25:17	정금으로 속죄소를 만들되 장이 이 규빗 반, 광이 일 규빗 반이 되게 하고
	죄인	
	요 3:18	저를 믿는 자는 심판을 받지 아니하는 것이요 믿지 아니하는 자는 하나님의 독생자의 이름을 믿지 아니하므로 벌써 심판을 받은 것이니라
	요 1:14	말씀이 육신이 되어 우리 가운데 거하시매 우리가 그 영광을 보니 아버지의 독생자의 영광이요 은혜와 진리가 충만하더라
	요 1:16,17	우리가 다 그의 충만한 데서 받으니 은혜 위에 은혜러라 율법은 모세로 말미암아 주신 것이요 은혜와 진리는 예수 그리스도로 말미암아 온 것이라
	여섯 도피성	
	수 20:1-3,7	1-3. 여호와께서 여호수아에게 일러 가라사대 이스라엘 자손에게 고하여 이르라 내가 모세로 너희에게 말한 도피성을 택정하여 부지중 오살한 자를 그리로 도망하게 하라 이는 너희 중 피의 보수자를 피할 곳이니라 7. 무리가 납달리의 산지 갈릴리 **게데스**와 에브라임 산지의 **세겜**과 유다 산지의 기럇 아르바 곧 **헤브론**을 구별하였고
도피성 이름	수 20:8,9	또 여리고 동 요단 저편 르우벤 지파 중에서 평지 광야의 **베셀**과 갓 지파 중에서 길르앗 **라못**과 므낫세 지파 중에서 바산 **골란**을 택하였으니 이는 곧 이스라엘 모든 자손과 그들 중에 우거하는 객을 위하여 선정한 성읍들로서 누구든지 부지중 살인한 자로 그리로 도망하여 피의 보수자의 손에 죽지 않게 하기 위함이며 그는 회중 앞에 설 때까지 거기 있을 것이니라
	예수 예표	
	요 2:19-21	예수께서 대답하여 가라사대 너희가 이 성전을 헐라 내가 사흘 동안에 일으키리라 유대인들이 가로되 이 성전은 사십육 년 동안에 지었거늘 네가 삼 일 동안에 일으키겠느뇨 하더라 그러나 예수는 성전 된 자기 육체를 가리켜 말씀하신 것이라
	사 9:6,7	이는 한 아기가 우리에게 났고 한 아들을 우리에게 주신 바 되었는데 그 어깨에는 정사를 메었고 그 이름은 기묘자라, 모사라, 전능하신 하나님이라, 영존하시는 아버지라, 평강의 왕이라 할 것임이라 그 정사와 평강의 더함이 무궁하며 또 다윗의 위에 앉아서 그 나라를 굳게 세우고 자금 이후 영원토록 공평과 정의로 그것을 보존하실 것이라 만군의 여호와의 열심이 이를 이루시리라
	고전 1:9	너희를 불러 그의 아들 예수 그리스도 우리 주로 더불어 교제케 하시는 하나님은 미쁘시도다
	시 91:2	내가 여호와를 가리켜 말하기를 저는 나의 피난처요 나의 요새요 나의 의뢰하는 하나님이라 하리니
	엡 2:6	또 함께 일으키사 그리스도 예수 안에서 함께 하늘에 앉히시니
	요 15:11	내가 이것을 너희에게 이름은 내 기쁨이 너희 안에 있어 너희 기쁨을 충만하게 하려 함이니라
	요 17:13	지금 내가 아버지께로 가오니 내가 세상에서 이 말을 하옵는 것은 저희로 내 기쁨을 저희 안에 충만히 가지게 하려 함이니이다

대제사장		
대제사장	민 35:28	이는 살인자가 대제사장의 죽기까지 그 도피성에 유하였을 것임이라 대제사장의 죽은 후에는 그 살인자가 자기의 산업의 땅으로 돌아갈 수 있느니라
	예수	
	히 4:15,16	우리에게 있는 대제사장은 우리 연약함을 체휼하지 아니하는 자가 아니요 모든 일에 우리와 한결같이 시험을 받은 자로되 죄는 없으시니라 그러므로 우리가 긍휼하심을 받고 때를 따라 돕는 은혜를 얻기 위하여 은혜의 보좌 앞에 담대히 나아갈 것이니라
	요 13:1	유월절 전에 예수께서 자기가 세상을 떠나 아버지께로 돌아가실 때가 이른 줄 아시고 세상에 있는 자기 사람들을 사랑하시되 끝까지 사랑하시니라
	요 8:36	그러므로 아들이 너희를 자유케 하면 너희가 참으로 자유하리라
	롬 8:1,2	그러므로 이제 그리스도 예수 안에 있는 자에게는 결코 정죄함이 없나니 이는 그리스도 예수 안에 있는 생명의 성령의 법이 죄와 사망의 법에서 너를 해방하였음이라

"수고하고 무거운 짐 진 자들아
다 내게로 오라 내가 너희를 쉬게 하리라
나는 마음이 온유하고 겸손하니 나의 멍에를 메고 내게 배우라 그러면
너희 마음이 쉼을 얻으리니
이는 내 멍에는 쉽고
내 짐은 가벼움이라 하시니라"
(마 11:28-30)

제3절 **모세의 별세**

> "알몬디블라다임에서 발행하여 느보 앞 아바림 산에 진 쳤고"(민 33:47).
>
> "모세가 모압 평지에서 **느보 산**에 올라 여리고 맞은편 비스가 산 꼭대기에 이르매 여호와께서 길르앗 온 땅을 단까지 보이시고 또 온 납달리와 에브라임과 므낫세의 땅과 서해까지의 유다 온 땅과 남방과 종려의 성읍 여리고 골짜기 평지를 소알까지 보이시고 여호와께서 그에게 이르시되 이는 내가 아브라함과 이삭과 야곱에게 맹세하여 그 후손에게 주리라 한 땅이라 내가 네 눈으로 보게 하였거니와 너는 그리로 건너가지 못하리라 하시매 이에 여호와의 종 모세가 여호와의 말씀대로 모압 땅에서 죽어 **벧브올 맞은편 모압 땅**에 있는 **골짜기**에 **장사**되었고 오늘까지 그 묘를 아는 자 없으니라 모세의 죽을 때 나이 일백이십 세나 그 눈이 흐리지 아니하였고 기력이 쇠하지 아니하였더라 이스라엘 자손이 모압 평지에서 애곡하는 기한이 맞도록 모세를 위하여 삼십 일을 애곡하니라"(신 34:1-8).

1. 모세의 별세에 대한 역사적 의미

1) 애굽에서 출생한 모세의 생애

모세는 애굽에서 레위 족속인 아므람과 요게벳 사이에서 주전 1526년에 출생하였다(출 2:10, 6:20). 모세가 출생할 당시 바로는 애굽 18대 왕조의 첫 왕 아모세(B.C. 1584-1560)의 손자인 투트모세 1세(B.C. 1539-1514)였다. 그는 히브리인의 신생아 학살의 주역이었다. 이때 갈대 상자에 담겨 강물에 버려진 모세는, 때마침 강가에 나온 애굽의 공주에게 발견되어 바로의 궁중에서 공주의 양자로 학문과 무술을 배우며 성장하였다.

모세는 이스라엘 백성을 애굽의 노예 생활로부터 구출하여 가나안 땅으로 인도한 위대한 영도자였다. 그의 생애를 3기로 나누면, 첫째, 애굽의 바로 궁중에서 40년의 생활과 둘째, 미디안에서 양치기 40년의 생활과 셋째, 출애굽 한 이스라엘 백성과 광야 40년의 생활로 구분할 수 있다.

2) 모세가 생을 마친 곳의 지리적 위치

모세는 생애의 마지막으로 비스가 산 정상에서 가나안을 바라보았다. 모세는 이스라엘 백성을 요단 강 동편까지 인도한 후 벧브올 맞은편 모압 땅에 있는 골짜기에 장사되었다. 그가 하나님의 부르심을 받은 때는 주전 1406년경으로 120세의 나이로 생을 마감하였다.
*(지도에 부호 ㉓을 참고하라)

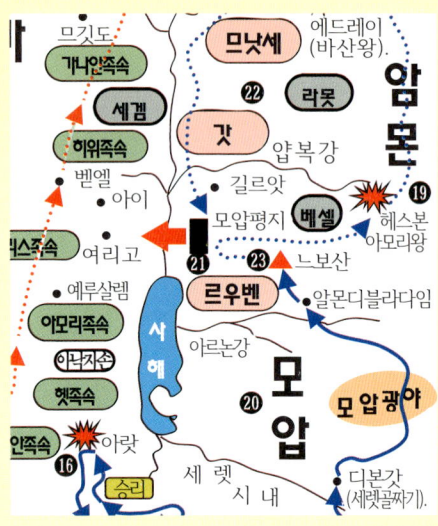

"그때에 내가 여호와께 간구하기를 주 여호와여 주께서 주의 크심과 주의 권능을 주의 종에게 나타내시기를 시작하셨사오니 천지간에 무슨 신이 능히 주의 행하신 일 곧 주의 큰 능력으로 행하신 일같이 행할 수 있으리이까 구하옵나니 나로 건너가게 하사 요단 저편에 있는 아름다운 땅, 아름다운 산과 레바논을 보게 하옵소서 하되 여호와께서 너희의 연고로 내게 진노하사 내 말을 듣지 아니하시고 내게 이르시기를 그만해도 족하니 이 일로 다시 내게 말하지 말라 너는 비스가 산 꼭대기에 올라가서 눈을 들어 동서남북을 바라고 네 눈으로 그 땅을 보라 네가 이 요단을 건너지 못할 것임이니라"(신 3:23-27).

3) 여호와에 대한 모세의 신앙심

모세는 히브리인의 혈통과 모태 신앙으로 태어나 어머니 요게벳의 기도와 신앙 교육으로 자랐다. 그는 바로의 궁중에서 죄악의 낙을 누리는 것보다 그리스도의 고난에 동참하는 신앙생활을 더 좋아했다(히 11:23-26).

또한 모세는 시내 산에서 율법을 받고 그 율법을 준수하며 여호와 하나님의 말씀 중심으로 살았을 뿐 아니라 백성을 하나님의 말씀으로 가르치며 인도하였다. 모세는 이스라엘 민족을 여호와의 신앙으로 굳게 세우고자 전심전력을 다했다. 그의 가슴속은 민족을 사랑하는 구원사상으로 충만했다(출 33:30-32).

4) 가나안을 갈망한 모세, 그리고 죽음

출애굽 한 이스라엘은 홍해를 건너 시내 산에 도착하여 11개월 5일을 지나 가데스 바네아로 올라갔다. 그곳에서 하나님을 불신임했던 1세대는 광야에서 모두 죽었고, 2세대는 모압으로 진입하여 요단강 동편의 두 족속을 진멸하였다. 백성이 몸을 추스르는 그 무렵 미인계 사건과 우상 제물로 유혹을 받아 하나님께 징계를 받았다. 이로써 하나님은 모세를 통해 이스라엘을 재정비하기에 이르렀고, 또 그의 후계자 여호수아를 세워 가나안 정복을 준비하게 하셨다. 모세는 이제 가나안 정복만 남겨둔 채 비스가 산 꼭대기에 오르게 되었다.

하나님이 비스가 산 꼭대기에서 가나안 전 지역을 보여주실 때 모세는 가나안 입성을 갈망했다. 하지만 하나님은 원하시지 않았다. 그것은 모세가 가데스의 므리바 물 사건으로 실수하여 하나님의 영광을 나타내지 않음으로 가나안 입성에 금지령을 받았기 때문이다.

하지만 모세는 가나안 땅에 들어가고픈 심정이 어느 누구보다도 간절했을 것이다. 그래서 하나님께 "구하옵나니 나로 건너가게 하사 요단 저편에 있는 아름다운 땅, 아름다운 산과 레바논을 보게 하옵소서"라고 간구하였다. 그러나 하나님은 모세에게 '너는 가나안 땅을 바라보는 것으로 만족하라'고 말씀하셨다(신 3:25-26).

하나님이 모세에게 가나안 입성을 금하신 것은 그를 그토록 사랑하셨기 때문이다. 모세가 가나안 땅에 들어갈지라도 그곳에도 여전히 육체의 고난과 슬픔과 전쟁뿐 아니라 백성들의 원망과 불평이 도사리고 있었다. 이에 하나님은 모세를 고달픈 육체의 몸에서 벗어나 비스가 산 벧브올 맞은편 모압 땅에 있는 골짜기에 장사함으로써 모세의 시신을 찾을 수 없게 하였다(신 34:1,5,6).

이때 천사장 미가엘이 모세의 시신을 알고 있는 마귀와 다투어 변론할 때 훼방하는 판결을 쓰지 못하고 '주께서 너를 꾸짖으시기를 원한다'고 하였다(유 1:9). 하지만 성도의 죽음을 귀중히 보시는 하나님은(시 116:15), 모세를 천국으로 데려옴으로써 영원히 안식하게 하였던 것이다.

하나님은 모세를 세상의 의식주로 염려하지 않을 영원한 천국으로 이끄셨다. 이는 모세에 대한 하나님의 극진하신 사랑이었다. 그 증표로 훗날 변화 산에 엘리야와 함께 영광 중에 나타난 모세는 구속주가 되시는 예수가 예루살렘에서 고난을 받으실 것에 대하여 대화를 나누었던 것이다(눅 9:28-31).

2. 모세 별세의 구속사적 의미

	모세의 생애	예수의 생애
성구	♣ 모세가 오실 예수에 대해 예언 "네 하나님 여호와께서 너의 중 네 형제 중에서 나와 같은 선지자 하나를 너를 위하여 일으키시리니 너희는 그를 들을지니라"(신 18:15)	♣ 베드로가 모세의 예언 성취를 선포 "모세가 말하되 주 하나님이 너희를 위하여 너희 형제 가운데서 나 같은 선지자 하나를 세울 것이니 너희가 무엇이든지 그 모든 말씀을 들을 것이라"(행 3:22)
소명·직임·사역	① 떨기나무 불속에서 **하나님 음성**을 들은 모세(출3:4) ② 하나님과 직접 **대화**한 모세(출19:19) ③ 하나님의 **음성**을 우레로 들은 백성들(출20:18,19) ④ 원망을 듣고 **돌팔매** 당할 뻔한 모세(출17:3,4) ⑤ 백성들을 위해 간절히 **기도**한 모세(출32:32) ⑥ **왕, 선지자, 제사장**을 겸직한 모세(신27:1, 18:15; 시99:6) ⑦ 하나님과 백성들 사이에 **중재자**였던 모세(출3:14) ⑧ 시내 산에서 하나님께 **계명**을 받은 모세(출20:1-17) ⑨ 하나님의 **영광**을 위해 충성한 모세(민12:7) ⑩ 백성을 위해 자기 몸 **희생**을 좋아한 모세(히11:25) ⑪ 이스라엘을 **가나안** 입구까지 인도한 모세(민33:48,49)	① 요단 강 공중에서 **하나님 음성**을 들은 예수(마3:16,17) ② 하나님 아버지와 직접 **대화**하신 예수(요12:28,29) ③ 하나님의 **음성**을 우레로 들은 유대인들(요12:28,29) ④ 미움 받고 **돌팔매** 당할 뻔하신 예수(요15:25;10:31) ⑤ 죄인들을 위해 간절히 **기도**하신 예수(눅22:41-44) ⑥ **왕, 선지자, 제사장** 삼직을 겸하신 그리스도(행4:27하) ⑦ 하나님과 사람 사이에 **중보자**이신 예수(딤전2:5) ⑧ 천국에서 **말씀**이 육신이 되어 오신 예수(요1:14) ⑨ 예수를 통해 하나님께서 받으신 **영광**(요13:31) ⑩ 죄인들을 위해 십자가에서 **희생**되신 예수(요1:29) ⑪ 택자들을 영원한 **천국**까지 인도하시는 예수(요14:1)
성품	① 세상 사람 중에 성품이 제일 **온유**한 모세(민12:3) ② 백성들을 자기 몸처럼 **사랑**한 모세(출32:32) ③ 백성들의 원성에도 **인내**하며 참은 모세(출17:3,4)	① 하나님의 **온유**하신 성품을 지닌 예수(마11:29) ② 생명을 다하는 그날까지 **사랑**하신 예수(요13:1) ③ 십자가에 운명하시기까지 **인내**하신 예수(눅23:46)
죽음	① 모세의 **출생**과 바로의 유아 학살(출1:15-22;2:1-3) ② 가나안을 보며 느보 산에서 **별세**한 모세(신34:6상) ③ 이스라엘이 알 수 없는 모세의 **무덤**(신34:6) ④ 영원한 가나안 **복지**(천국)에 입성한 모세(신34:5)	① 예수의 **탄생**과 헤롯 왕의 유아 학살(마2:11,16-18) ② 성부를 향해 갈보리 산에 **별세**하신 예수(막15:22,34) ③ 세상이 알고 있는 텅 빈 예수의 **무덤**(눅24:1-3,7) ④ 영원한 천국, 하나님의 **보좌**에 앉으신 예수(골3:1)

"천사장 미가엘이
모세의 시체에 대하여 마귀와 다투어 변론할 때에
감히 훼방하는 판결을 쓰지 못하고
다만 말하되
주께서 너를 꾸짖으시기를 원하노라"
(유 1:9)

3. 모세 별세의 구속사적 의미(성구)

소명·임직·사역	하나님 음성 출 3:4	여호와께서 그가 보려고 돌이켜 오는 것을 보신지라 하나님이 떨기나무 가운데서 그를 불러 가라사대 모세야 모세야 하시매 그가 가로되 내가 여기 있나이다
	하나님 음성 마 3:16,17	예수께서 세례를 받으시고 곧 물에서 올라오실새 하늘이 열리고 하나님의 성령이 비둘기같이 내려 자기 위에 임하심을 보시더니 하늘로서 소리가 있어 말씀하시되 이는 내 사랑하는 아들이요 내 기뻐하는 자라 하시니라
	대화 출 19:19	나팔 소리가 점점 커질 때에 모세가 말한즉 하나님이 음성으로 대답하시더라
	대화 요 12:28,29	아버지여 아버지의 이름을 영광스럽게 하옵소서 하시니 이에 하늘에서 소리가 나서 가로되 내가 이미 영광스럽게 하였고 또다시 영광스럽게 하리라 하신대 곁에 서서 들은 무리는 우레가 울었다고도 하며 또 어떤 이들은 천사가 저에게 말하였다고도 하니
	음성 출 20:18,19	뭇 백성이 우레와 번개와 나팔 소리와 산의 연기를 본지라 그들이 볼 때에 떨며 멀리 서서 모세에게 이르되 당신이 우리에게 말씀하소서 우리가 들으리이다 하나님이 우리에게 말씀하시지 말게 하소서 우리가 죽을까 하나이다
	음성 요 12:28,29	아버지여 아버지의 이름을 영광스럽게 하옵소서 하시니 이에 하늘에서 소리가 나서 가로되 내가 이미 영광스럽게 하였고 또다시 영광스럽게 하리라 하신대 곁에 서서 들은 무리는 우레가 울었다고도 하며 또 어떤 이들은 천사가 저에게 말하였다고도 하니
	돌팔매 출 17:3,4	거기서 백성이 물에 갈하매 그들이 모세를 대하여 원망하여 가로되 당신이 어찌하여 우리를 애굽에서 인도하여 내어서 우리와 우리 자녀와 우리 생축으로 목말라 죽게 하느냐 모세가 여호와께 부르짖어 가로되 내가 이 백성에게 어떻게 하리이까 그들이 얼마 아니면 내게 돌질하겠나이다
	돌팔매 요 10:31 요 15:25	유대인들이 다시 돌을 들어 치려 하거늘 그러나 이는 저희 율법에 기록된 바 저희가 연고 없이 나를 미워하였다 한 말을 응하게 하려 함이니라
	기도 출 32:32	그러나 합의하시면 이제 그들의 죄를 사하시옵소서 그렇지 않사오면 원컨대 주의 기록하신 책에서 내 이름을 지워 버려주옵소서
	기도 눅 22:41-44	저희를 떠나 돌 던질 만큼 가서 무릎을 꿇고 기도하여 가라사대 아버지여 만일 아버지의 뜻이어든 이 잔을 내게서 옮기시옵소서 그러나 내 원대로 마옵시고 아버지의 원대로 되기를 원하나이다 하시니 사자가 하늘로부터 예수께 나타나 힘을 돕더라 예수께서 힘쓰고 애써 더욱 간절히 기도하시니 땀이 땅에 떨어지는 핏방울같이 되더라
	삼직 신 27:1	모세가 이스라엘 장로들로 더불어 백성에게 명하여 가로되 내가 오늘날 너희에게 명하는 이 명령을 너희는 다 지킬지니라 *(왕직)
	신 18:15	네 하나님 여호와께서 너의 중 네 형제 중에서 나와 같은 선지자 하나를 너를 위하여 일으키시리니 너희는 그를 들을지니라 *(선지직)
	시 99:6	그 제사장 중에는 모세와 아론이요 그 이름을 부르는 자 중에는 사무엘이라 저희가 여호와께 간구하매 응답하셨도다 *(제사직)

소명·임직·사역	삼직	
	행 4:27하	…하나님의 기름 부으신 거룩한 종 예수를 거스려 *(그리스도 = 왕직, 선지직, 제사직)
	중재자	
	출 3:14	하나님이 모세에게 이르시되 나는 스스로 있는 자니라 또 이르시되 너는 이스라엘 자손에게 이같이 이르기를 스스로 있는 자가 나를 너희에게 보내셨다 하라
	중보자	
	딤전 2:5	하나님은 한 분이시요 또 하나님과 사람 사이에 중보도 한 분이시니 곧 사람이신 그리스도 예수라
	계명	
	출 20:1	하나님이 이 모든 말씀으로 일러 가라사대 *십계명(출 20:1-17)
	말씀	
	요 1:14	말씀이 육신이 되어 우리 가운데 거하시매 우리가 그 영광을 보니 아버지의 독생자의 영광이요 은혜와 진리가 충만하더라
	영광	
	민 12:7	내 종 모세와는 그렇지 아니하니 그는 나의 온 집에 충성됨이라
	영광	
	요 13:31	저가 나간 후에 예수께서 가라사대 지금 인자가 영광을 얻었고 하나님도 인자를 인하여 영광을 얻으셨도다
	희생	
	히 11:25	도리어 하나님의 백성과 함께 고난 받기를 잠시 죄악의 낙을 누리는 것보다 더 좋아하고
	희생	
	요 1:29	이튿날 요한이 예수께서 자기에게 나아오심을 보고 가로되 보라 세상 죄를 지고 가는 하나님의 어린양이로다
	가나안	
	민 33:48,49	아바림 산에서 발행하여 여리고 맞은편 요단 가 모압 평지에 진 쳤으니 요단 가 모압 평지의 진이 벧여시못에서부터 아벨싯딤에 미쳤더라
	천국	
	요 14:1	너희는 마음에 근심하지 말라 하나님을 믿으니 또 나를 믿으라
성품	온유	
	민 12:3	이 사람 모세는 온유함이 지면의 모든 사람보다 승하더라
	온유	
	마 11:29	나는 마음이 온유하고 겸손하니 나의 멍에를 메고 내게 배우라 그러면 너희 마음이 쉼을 얻으리니
	사랑	
	출 32:32	그러나 합의하시면 이제 그들의 죄를 사하시옵소서 그렇지 않사오면 원컨대 주의 기록하신 책에서 내 이름을 지워버려 주옵소서
	사랑	
	요 13:1	유월절 전에 예수께서 자기가 세상을 떠나 아버지께로 돌아가실 때가 이른 줄 아시고 세상에 있는 자기 사람들을 사랑하시되 끝까지 사랑하시니라
	인내	
	출 17:3,4	거기서 백성이 물에 갈하매 그들이 모세를 대하여 원망하여 가로되 당신이 어찌하여 우리를 애굽에서 인도하여 내어서 우리와 우리 자녀와 우리 생축으로 목말라 죽게 하느냐 모세가 여호와께 부르짖어 가로되 내가 이 백성에게 어떻게 하리이까 그들이 얼마 아니면 내게 돌질하겠나이다
	인내	
	눅 23:46	예수께서 큰 소리로 불러 가라사대 아버지여 내 영혼을 아버지 손에 부탁하나이다 하고 이 말씀을 하신 후 운명하시다

죽음	**출생**	
	출 1:15-22	애굽 왕이 히브리 산파 십브라 하는 자와 부아라 하는 자에게 일러 가로되 너희는 히브리 여인을 위하여 조산할 때에 살펴서 남자여든 죽이고 여자여든 그는 살게 두라 그러나 산파들이 하나님을 두려워하여 애굽 왕의 명을 어기고 남자를 살린지라 애굽 왕이 산파를 불러서 그들에게 이르되 너희가 어찌 이같이 하여 남자를 살렸느냐 산파가 바로에게 대답하되 히브리 여인은 애굽 여인과 같지 아니하고 건장하여 산파가 그들에게 이르기 전에 해산하였더이다 하매 하나님이 그 산파들에게 은혜를 베푸시니라 백성은 생육이 번성하고 심히 강대하며 산파는 하나님을 경외하였으므로 하나님이 그들의 집을 왕성케 하신지라 그러므로 바로가 그 모든 신민에게 명하여 가로되 남자가 나거든 너희는 그를 하수에 던지고 여자여든 살리라 하였더라
	출 2:1-3	레위 족속 중 한 사람이 가서 레위 여자에게 장가들었더니 그 여자가 잉태하여 아들을 낳아 그 준수함을 보고 그를 석 달을 숨겼더니 더 숨길 수 없이 되매 그를 위하여 갈 상자를 가져다가 역청과 나무진을 칠하고 아이를 거기 담아 하숫가 갈대 사이에 두고
	탄생	
	마 2:11	집에 들어가 아기와 그 모친 마리아의 함께 있는 것을 보고 엎드려 아기께 경배하고 보배합을 열어 황금과 유향과 몰약을 예물로 드리니라
	마 2:16-18	이에 헤롯이 박사들에게 속은 줄을 알고 심히 노하여 사람을 보내어 베들레헴과 그 모든 지경 안에 있는 사내아이를 박사들에게 자세히 알아본 그때를 표준하여 두 살부터 그 아래로 다 죽이니 이에 선지자 예레미야로 말씀하신 바 라마에서 슬퍼하며 크게 통곡하는 소리가 들리니 라헬이 그 자식을 위하여 애곡하는 것이라 그가 자식이 없으므로 위로 받기를 거절하였도다 함이 이루어졌느니라
음	**별세**	
	신 34:6상	벤브올 맞은편 모압 땅에 있는 골짜기에 장사되었고
	별세	
	막 15:22,34	22. 예수를 끌고 골고다라 하는 곳(번역하면 해골의 곳)에 이르러 34. 제구시에 예수께서 크게 소리 지르시되 엘리 엘리 라마 사박다니 하시니 이를 번역하면 나의 하나님 나의 하나님 어찌하여 나를 버리셨나이까 하는 뜻이라
	무덤	
	신 34:6	벤브올 맞은편 모압 땅에 있는 골짜기에 장사되었고 오늘까지 그 묘를 아는 자 없으니라
	무덤	
	눅 24:1-3,7	1-3. 안식후 첫날 새벽에 이 여자들이 그 예비한 향품을 가지고 무덤에 가서 돌이 무덤에서 굴려 옮기운 것을 보고 들어가니 주 예수의 시체가 뵈지 아니하더라 7. 이르시기를 인자가 죄인의 손에 넘기워 십자가에 못 박히고 제삼일에 다시 살아나야 하리라 하셨느니라 한대
	복지	
	신 34:5	이에 여호와의 종 모세가 여호와의 말씀대로 모압 땅에서 죽어
	보좌	
	골 3:1	그러므로 너희가 그리스도와 함께 다시 살리심을 받았으면 위의 것을 찾으라 거기는 그리스도께서 하나님 우편에 앉아 계시느니라

"문득 두 사람이 예수와 함께 말하니
이는 모세와 엘리야라 영광 중에 나타나서
장차 예수께서
예루살렘에서 별세하실 것을 말씀할새"
(눅 9:30-31)

결론

광야교회의 여정을 정리해 보자.

이스라엘 백성은 애굽의 바로 왕의 손아귀에서 벗어나 홍해를 건너 시내 산에 도착·체류하여, 하나님의 거룩하시고 의로우시고 선하신 율법과 계명뿐만 아니라(롬 7:12), 또 죄 사함을 받는 은혜로운 성막 제도를 받았다.

하나님은 이스라엘이 시내 산에 도착하기 전 노정에서 네 번이나 원망과 불평을 쏟아냈어도 백성을 징계하지 않으시다가, 시내 산에서 율법과 계명을 주신 이후부터는 원망과 불평을 할 때마다 징계하셨다. 하나님이 이스라엘을 징계하고도 용서하신 이유는 정결한 짐승으로 피 흘림의 제사, 즉 성막 제도가 있었기 때문이다.

또한 광야에서의 이적들은 훗날에 오실 구속의 종결자 예수 그리스도의 예표와 상징을 담고 있다.

에담에 출현한 구름기둥과 불기둥을 진두지휘한 하나님의 사자(출 13:21-22, 14:19-20), 쓴 물이 단물로 변화된 마라에서 하나님의 지시로 쓴 물에 던져져 희생된 나뭇가지(출 15:12-22), 하늘에서 매일 새벽마다 내린 만나(출 16:13-15), 반석에서 솟은 생수(출 17:6; 민 20:7-11), 광야에서 장대에 높이 달린 놋뱀(민 21:6-9) 등 많은 사건과 이적들을 살펴보았다.

광야에서 일어난 사건과 이적들로 인한 광야교회의 모습은 현대를 살아가는 성도의 삶을 잘 보여주고 있다. 성도는 광야교회의 인생과 다를 바 없다. 광야교회는 오늘날 세상을 살아가는 성도들의 표본과 거울이요 인생사이다. 성도의 인생이 광야교회의 여정에 고스란히 담겨 있다.

그것은 광야교회가 모세를 통해 애굽의 노예에서 해방되어 홍해를 건너 광야 40년의 생활을 마친 후 요단 강을 건너 가나안 땅에 입성한 것처럼, 마귀의 사슬에 매였던 성도가 예수로 인해 죄에서 해방과 자유를 얻음으로써 세례를 받고 광야 같은 세상에서의 삶을 살다가, 죽음의 사선인 요단강을 건너 영원한 땅 가나안 복지인 천국에 입성함을 상징하고 있다.

광야교회는 하나님의 사랑과 은혜로 무노동의 양식(만나, 메추라기, 생수)임에도 불구하고 그들은 원망과 불평으로 일관하였고, 더구나 구속의 은총에 감사하지 못했을 뿐 아니라 해방과 자유마저 만끽하지 못한 채 광야에서 생을 마감하고 말았다. 이는 세상을 살아가는 성도의 모습이라 할 수 있다.

믿음의 성도는 환경에 지배를 받지 않는다. 유대교에서 개종한 바울은 그리스도 안에서 고난과 시련의 연속이었지만 '어떠한 형편에든지 자족하기를 배우며' 환경을 초월하는 신앙의 삶을 살았다(빌 4:11). 그것은 바울에게 구원의 기쁨이 있었기 때문이다.

하나님의 자녀는, 잠시 머물다가 떠나는 세상에서 나를 구원해 주신 주 예수 그리스도의 영광을 드러내며 오직 그와 동행하는 삶만이 인간의 본분이요, 천국의 삶임을 잊지 말아야 할 것이다.

구속사로 본 광야교회의 여정

♣ 특허청에 특허 등록된 지도(등록 제30-0854431호)

광야교회 여정의 핵심 성구

▶ 광야교회의 여정은 이스라엘 백성이 장막 친 장소에서 일어난 사건과 이적의 위치에 부호[❶~㉓]를 붙여 성구를 달아 두었다.

❶ "이스라엘 자손이 라암셋에서 발행하여 숙곳에 이르니 유아 외에 보행하는 장정이 육십만 가량이요 중다한 잡족과 양과 소와 심히 많은 생축이 그들과 함께하였으며 그들이 가지고 나온 발교되지 못한 반죽으로 무교병을 구웠으니 이는 그들이 애굽에서 쫓겨남으로 지체할 수 없었음이며 아무 양식도 준비하지 못하였음이었더라 이스라엘 자손이 애굽에 거주한 지 사백삼십 년이라"(출 12:37-40).

❷ "그들이 숙곳에서 발행하여 광야 끝 에담에 장막을 치니 여호와께서 그들 앞에 행하사 낮에는 구름기둥으로 그들의 길을 인도하시고 밤에는 불기둥으로 그들에게 비취사 주야로 진행하게 하시니 낮에는 구름기둥 밤에는 불기둥이 백성 앞에서 떠나지 아니하니라"(출 13:20-22).
"숙곳에서 발행하여 광야 끝 에담에 진 쳤고"(민 33:6).

❸ "여호와께서 모세에게 일러 가라사대 이스라엘 자손을 명하여 돌쳐서 바다와 믹돌 사이의 비하히롯 앞 곧 바알스본 맞은편 바닷가에 장막을 치게 하라"(출 14:1,2).

❹ "그러므로 하나님이 홍해의 광야 길로 돌려 백성을 인도하시매 이스라엘 자손이 애굽 땅에서 항오를 지어 나올 때에"(출 13:18).
"여호와께서 모세에게 이르시되 너는 어찌하여 내게 부르짖느뇨 이스라엘 자손

을 명하여 앞으로 나가게 하고 지팡이를 들고 손을 바다 위로 내밀어 그것으로 갈라지게 하라 이스라엘 자손이 바다 가운데 육지로 행하리라"(출 14:15,16).
"모세가 바다 위로 손을 내어민대 여호와께서 큰 동풍으로 밤새도록 바닷물을 물러가게 하시니 물이 갈라져 바다가 마른땅이 된지라 이스라엘 자손이 바다 가운데 육지로 행하고 물은 그들의 좌우에 벽이 되니"(출 14:21,22).

❺ "모세가 홍해에서 이스라엘을 인도하매 그들이 나와서 수르 광야로 들어가서 거기서 사흘 길을 행하였으나 물을 얻지 못하고 마라에 이르렀더니 그곳 물이 써서 마시지 못하겠으므로 그 이름을 마라라 하였더라 백성이 모세를 대하여 원망하여 가로되 우리가 무엇을 마실까 하매 모세가 여호와께 부르짖었더니 여호와께서 그에게 한 나무를 지시하시니 그가 물에 던지매 물이 달아졌더라"(출 15:22-25상반절).

❻ "마라에서 발행하여 엘림에 이르니 엘림에는 샘물 열둘과 종려 칠십 주가 있으므로 거기 진 쳤고"(민 33:9).

❼ "이스라엘 자손의 온 회중이 엘림에서 떠나 엘림과 시내 산 사이 신 광야에 이르니 애굽에서 나온 후 제이월 십오 일이라"(출 16:1).
"저녁에는 메추라기가 와서 진에 덮이고 아침에는 이슬이 진 사면에 있더니 그 이슬이 마른 후 광야 지면에 작고 둥글며 서리같이 세미한 것이 있는지라 이스라엘 자손이 보고 그것이 무엇인지 알지 못하여 서로 이르되 이것이 무엇이냐 하니 모세가 그들에게 이르되 이는 여호와께서 너희에게 주어 먹게 하신 양식이라"(출 16:13-15).

❽ "네 하나님 여호와께서 이 사십 년 동안에 너로 광야의 길을 걷게 하신 것을 기억하라 이는 너를 낮추시며 너를 시험하사 네 마음이 어떠한지 그 명령을 지키는지 아니 지키는지 알려 하심이라"(신 8:2).

❾ "이스라엘 자손의 온 회중이 여호와의 명령대로 신 광야에서 떠나 그 노정대

로 행하여 르비딤에 장막을 쳤으나 백성이 마실 물이 없는지라"(출 17:1).

"여호와께서 모세에게 이르시되 백성 앞을 지나가서 이스라엘 장로들을 데리고 하수를 치던 네 지팡이를 손에 잡고 가라 내가 거기서 호렙 산 반석 위에 너를 대하여 서리니 너는 반석을 치라 그것에서 물이 나리니 백성이 마시리라 모세가 이스라엘 장로들의 목전에서 그대로 행하니라"(출 17:5,6).

❿ "이스라엘 자손이 애굽 땅에서 나올 때부터 제삼월 곧 그때에 그들이 시내 광야에 이르니라 그들이 르비딤을 떠나 시내 광야에 이르러 그 광야에 장막을 치되 산 앞에 장막을 치니라"(출 19:1,2).

"여호와께서 이 모든 말씀을 산 위 불 가운데, 구름 가운데, 흑암 가운데서 큰 음성으로 너희 총회에 이르신 후에 더 말씀하지 아니하시고 그것을 두 돌판에 써서 내게 주셨느니라"(신 5:22).

"모세가 성막을 세우되 그 받침들을 놓고 그 널판들을 세우고 그 띠를 띠우고 그 기둥들을 세우고 또 성막 위에 막을 펴고 그 위에 덮개를 덮으니 여호와께서 모세에게 명하신 대로 되니라"(출 40:18,19).

⓫ "너희가 다베라와 맛사와 기브롯 핫다아와에서도 여호와를 격노케 하였느니라"(신 9:22).

"백성이 여호와의 들으시기에 악한 말로 원망하매 여호와께서 들으시고 진노하사 여호와의 불로 그들 중에 붙어서 진 끝을 사르게 하시매 백성이 모세에게 부르짖으므로 모세가 여호와께 기도하니 불이 꺼졌더라 그곳 이름을 다베라라 칭하였으니 이는 여호와의 불이 그들 중에 붙은 연고였더라"(민 11:1-3).

⓬ "백성이 기브롯 핫다아와에서 진행하여 하세롯에 이르러 거기 거하니라"(민 11:35).

"여호와께서 그들을 향하여 진노하시고 떠나시매 구름이 장막 위에서 떠나갔고 미리암은 문둥병이 들려 눈과 같더라 아론이 미리암을 본즉 문둥병이 들었는지라"(민 12:9,10).

❸ "호렙 산에서 세일 산을 지나 가데스 바네아에까지 열하루길이었더라"(신 1:2).

❹ "아브로나에서 발행하여 에시온게벨에 진 쳤고"(민 33:35).
"레위의 증손 고핫의 손자 이스할의 아들 고라와 르우벤 자손 엘리압의 아들 다단과 아비람과 벨렛의 아들 온이 당을 짓고 이스라엘 자손 총회에 택함을 받은 자 곧 회중에 유명한 어떤 족장 이백오십 인과 함께 일어나서 모세를 거스르니라"(민 16:1-2).
"땅이 그 입을 열어 그들과 그 가족과 고라에게 속한 모든 사람과 그 물건을 삼키매 그들과 그 모든 소속이 산 채로 음부에 빠지며 땅이 그 위에 합하니 그들이 총회 중에서 망하니라"(민 16:32,33).

○ ❸을 참고하라.
"이는 신 광야에서 회중이 분쟁할 제 너희가 내 명을 거역하고 그 물가에서 나의 거룩함을 그들의 목전에 나타내지 아니하였음이니라 이 물은 신 광야 가데스의 므리바 물이니라"(민 27:14).
"정월에 이스라엘 자손 곧 온 회중이 신 광야에 이르러서 백성이 가데스에 거하더니 미리암이 거기서 죽으매 거기 장사하니라"(민 20:1).

❺ "너는 아론과 그 아들 엘르아살을 데리고 호르 산에 올라 아론의 옷을 벗겨 그 아들 엘르아살에게 입히라 아론은 거기서 죽어 그 열조에게로 돌아가리라 모세가 여호와의 명을 좇아 그들과 함께 회중의 목전에서 호르 산에 오르니라 모세가 아론의 옷을 벗겨 그 아들 엘르아살에게 입히매 아론이 그 산꼭대기에서 죽으니라 모세와 엘르아살이 산에서 내려오니 온 회중 곧 이스라엘 온 족속이 아론의 죽은 것을 보고 위하여 삼십 일을 애곡하였더라"(민 20:25-29).
"가데스에서 발행하여 에돔 국경 호르 산에 진 쳤더라 이스라엘 자손이 애굽 땅에서 나온 지 사십 년 오월 일일에 제사장 아론이 여호와의 명으로 호르 산에 올라가 거기서 죽었으니 아론이 호르 산에서 죽던 때에 나이 일백이십삼 세이었더라"(민 33:37-39).

⓰ "남방에 거하는 가나안 사람 곧 아랏의 왕이 이스라엘이 아다림 길로 온다 함을 듣고 이스라엘을 쳐서 그중 몇 사람을 사로잡은지라 이스라엘이 여호와께 서원하여 가로되 주께서 만일 이 백성을 내 손에 붙이시면 내가 그들의 성읍을 다 멸하리이다 여호와께서 이스라엘의 소리를 들으시고 가나안 사람을 붙이시매 그들과 그 성읍을 다 멸하니라 그러므로 그곳 이름을 호르마라 하였더라"(민 21:1-3).

⓱ "그들이 호르 산에서 발행하여 살모나에 진 쳤고"(민 33:41).
"백성이 호르 산에서 진행하여 홍해 길로 좇아 에돔 땅을 둘러 행하려 하였다가 길로 인하여 백성의 마음이 상하니라 백성이 하나님과 모세를 향하여 원망하되 어찌하여 우리를 애굽에서 인도하여 올려서 이 광야에서 죽게 하는고 이곳에는 식물도 없고 물도 없도다 우리 마음이 이 박한 식물을 싫어하노라 하매 여호와께서 불뱀들을 백성 중에 보내어 백성을 물게 하시므로 이스라엘 백성 중에 죽은 자가 많은지라 백성이 모세에게 이르러 가로되 우리가 여호와와 당신을 향하여 원망하므로 범죄하였사오니 여호와께 기도하여 이 뱀들을 우리에게서 떠나게 하소서 모세가 백성을 위하여 기도하매 여호와께서 모세에게 이르시되 불뱀을 만들어 장대 위에 달라 물린 자마다 그것을 보면 살리라 모세가 놋뱀을 만들어 장대 위에 다니 뱀에게 물린 자마다 놋뱀을 쳐다본즉 살더라"(민 21:4-9).

*(아랏과의 전투에서 승리하고 에시온게벨 방향으로 남하하는 16번, 17번[부호] 경로는 화살표를 아카바 만 홍해 길 경로에 표시해야 하지만 1차, 2차 가데스 왕복 길인 홍해 길에 이미 세 개의 화살표 경로가 복잡하여 시각적 효과로 16번, 17번[부호] 경로를 별도 S자 곡선처럼 경로[화살표] 폭의 사이를 넓혀서 그려 넣었다).

⓲ "그들이 호르 산에서 발행하여 살모나에 진 쳤고 살모나에서 발행하여 부논에 진 쳤고 부논에서 발행하여 오봇에 진 쳤고"(민 33:41-43).
"이제 너희는 일어나서 세렛 시내를 건너가라 하시기로 우리가 세렛 시내를 건

넜으니 가데스 바네아에서 떠나 세렛 시내를 건너기까지 삼십팔 년 동안이라 이때에는 그 시대의 모든 군인들이 여호와께서 그들에게 맹세하신 대로 진중에서 다 멸절되었나니 여호와께서 손으로 그들을 치사 진중에서 멸하신 고로 필경은 다 멸절되었느니라"(신 2:13-15).

⑲ "디본갓에서 발행하여 알몬디블라다임에 진 쳤고"(민 33:46).

"거기서 진행하여 아모리인의 지경에서 흘러 나와서 광야에 이른 아르논 건너편에 진 쳤으니 아르논은 모압과 아모리 사이에서 모압의 경계가 된 것이라"(민 21:13).

"시혼이 자기 지경으로 이스라엘의 통과함을 용납하지 아니하고 그 백성을 다 모아 이스라엘을 치러 광야로 나와서 야하스에 이르러 이스라엘을 치므로 이스라엘이 칼날로 그들을 쳐서 파하고 그 땅을 아르논부터 얍복까지 점령하여 암몬 자손에게까지 미치니 암몬 자손의 경계는 견고하더라"(민 21:23,24).

"돌이켜 바산 길로 올라가매 바산 왕 옥이 그 백성을 다 거느리고 나와서 그들을 맞아 에드레이에서 싸우려 하는지라 여호와께서 모세에게 이르시되 그를 두려워 말라 내가 그와 그 백성과 그 땅을 네 손에 붙였나니 너는 헤스본에 거하던 아모리인의 왕 시혼에게 행한 것같이 그에게도 행할지니라 이에 그와 그 아들들과 그 백성을 다 쳐서 한 사람도 남기지 아니하고 그 땅을 점령하였더라"(민 21:33,34).

"모세가 갓 자손과 르우벤 자손과 요셉의 아들 므낫세 반 지파에게 아모리인의 왕 시혼의 국토와 바산 왕 옥의 국토를 주되 곧 그 나라와 그 경내 성읍들과 그 성읍들의 사면 땅을 그들에게 주매"(민 32:33).

⑳ "여호와께서 내게 이르시되 모압을 괴롭게 말라 그와 싸우지도 말라 그 땅을 내가 네게 기업으로 주지 아니하리니 이는 내가 롯 자손에게 아르를 기업으로 주었음이로라"(신 2:9).

㉑ "이스라엘 자손이 또 진행하여 모압 평지에 진 쳤으니 요단 건너편 곧 여리고 맞은편이더라"(민 22:1).

"이스라엘이 싯딤에 머물러 있더니 그 백성이 모압 여자들과 음행하기를 시작하니라 그 여자들이 그 신들에게 제사할 때에 백성을 청하매 백성이 먹고 그들의 신들에게 절하므로 이스라엘이 바알브올에게 부속된지라 여호와께서 이스라엘에게 진노하시니라"(민 25:1-3).

"보라 이들이 발람의 꾀를 좇아 이스라엘 자손으로 브올의 사건에 여호와 앞에 범죄케 하여 여호와의 회중에 염병이 일어나게 하였느니라"(민 31:16).

○ 가나안 땅의 전 지역을 참고하라.

"여호수아가 그들을 위하여 실로 여호와 앞에서 제비 뽑고 그가 거기서 이스라엘 자손의 분파대로 땅을 분배하였더라"(수 18:10).

㉒ "너희가 줄 성읍 중에 여섯으로 도피성이 되게 하되 세 성읍은 요단 이편에서 주고 세 성읍은 가나안 땅에서 주어 도피성이 되게 하라 이 여섯 성읍은 이스라엘 자손과 타국인과 이스라엘 중에 우거하는 자의 도피성이 되리니 무릇 그릇 살인한 자가 그리로 도피할 수 있으리라"(민 35:13-15).

"이는 살인자가 대제사장의 죽기까지 그 도피성에 유하였을 것임이라 대제사장의 죽은 후에는 그 살인자가 자기의 산업의 땅으로 돌아갈 수 있느니라"(민 35:28).

㉓ "모세가 모압 평지에서 느보 산에 올라 여리고 맞은편 비스가 산꼭대기에 이르매 여호와께서 길르앗 온 땅을 단까지 보이시고 또 온 납달리와 에브라임과 므낫세의 땅과 서해까지의 유다 온 땅과 남방과 종려의 성읍 여리고 골짜기 평지를 소알까지 보이시고 여호와께서 그에게 이르시되 이는 내가 아브라함과 이삭과 야곱에게 맹세하여 그 후손에게 주리라 한 땅이라 내가 네 눈으로 보게 하였거니와 너는 그리로 건너가지 못하리라 하시매 이에 여호와의 종 모세가 여호와의 말씀대로 모압 땅에서 죽어 벧브올 맞은편 모압 땅에 있는 골짜기에 장사되었고 오늘까지 그 묘를 아는 자 없으니라 모세의 죽을 때 나이 일백 이십 세나 그 눈이 흐리지 아니하였고 기력이 쇠하지 아니하였더라 이스라엘 자손이 모압 평지에서 애곡하는 기한이 맞도록 모세를 위하여 삼십 일을 애곡하니라"(신 34:1-8).

구속사로 본 광야교회의 여정

1판 1쇄 인쇄 _ 2017년 12월 26일
1판 1쇄 발행 _ 2017년 12월 30일

지은이 _ 장관흥
펴낸이 _ 이형규
펴낸곳 _ 쿰란출판사

주소 _ 서울특별시 종로구 이화장길 6
편집부 _ 745-1007, 745-1301~2, 747-1212, 743-1300
영업부 _ 747-1004, FAX 745-8490
본사평생전화번호 _ 0502-756-1004
홈페이지 _ http://www.qumran.co.kr
E-mail _ qrbooks@gmail.com / qrbooks@daum.net
한글인터넷주소 _ 쿰란, 쿰란출판사
등록 _ 제1-670호(1988.2.27)
책임교열 _ 이화정·김영미

© 장관흥 2017   ISBN 979-11-6143-095-9 93230

책값은 뒤표지에 있습니다.
이 출판물은 저작권법에 의해 보호를 받는 저작물이므로 무단 복제할 수 없습니다.
파본(破本)은 구입처에서 교환해 드립니다.